Berthold Viertel — Studienausgabe in vier Bänden.
Band 2

Berthold Viertel

Kindheit eines Cherub

Autobiographische Fragmente

Herausgegeben von Siglinde Bolbecher und
Konstantin Kaiser

Antifaschistische Literatur und Exilliteratur —
Studien und Texte 4

Herausgegeben vom Verein zur Förderung und Erforschung
der antifaschistischen Literatur, A-1020 Wien, Engerthstraße 204/14

Berthold Viertel (Wien, 28. 6. 1885 — Wien, 24. 9. 1953), geboren als Kind jüdischer
Eltern, die aus Galizien kamen, flüchtete 1903 mit Karl, dem Sohn des Sozialisten
Victor Adler, aus der Mittelschule nach Paris, studierte dann in Wien, begann mit
Gedichten in Karl Kraus' „Die Fackel", wurde 1912 Dramaturg und Regisseur der
„Freien Volksbühne" in Wien. 1914—17 Militärdienst, danach Theaterkritiker in
Prag und 1918—21 Regisseur in Dresden (Durchsetzung des Expressionismus).
1923/24 Mitbegründer des freien Ensembles „Die Truppe" in Berlin, 1926/27 als
Regisseur in Düsseldorf. Ab 1922 Filmarbeiten („Nora", „Die Geschichte eines
Zehnmarkscheins"), 1928 Übersiedlung nach Hollywood (Fox Film und Paramount). 1932 erste Rückkehr nach Europa — im Jänner 1933 erlebte er den
Machtantritt Adolf Hitlers in Berlin. Emigration über Prag, Wien, Paris nach
London, wo er 1934—36 für Gaumont British seine letzten drei Filme dreht. Ab
1937 (bis 1947) nur gelegentliche Regiearbeiten, intensive Arbeit für die Exilzeitschriften „Das Neue Tagebuch", „Die Neue Weltbühne", „Austro American Tribune". Ab 1939 in New York und Santa Monica, Mitbegründer der „Tribüne für
freie deutsche Literatur und Kunst" und des „Aurora-Verlages". 1947 zweite
Rückkehr nach Europa, 1947/48 Radioregie bei der BBC in London, 1948—53
Inszenierungen u. a. am Zürcher Schauspielhaus, am Burg- und Akademietheater
in Wien und beim Berliner Ensemble Brechts. Übersetzung der Dramen Tennessee
Williams' und Arbeit an der Autobiographie.
Werke: Die Spur (Gedichte, 1913), Karl Kraus. Ein Charakter und die Zeit (Essay,
1921), Die Bahn (Gedichte, 1921), Die schöne Seele (Komödie, 1925), Das Gnadenbrot (Erzählung, 1927), Fürchte dich nicht! (Gedichte, 1941), Der Lebenslauf
(Gedichte, 1946); Dichtungen und Dokumente (Gedichte, Prosa, autobiographische Fragmente, 1956), Schriften zum Theater (Essays, 1970), Die Überwindung
des Übermenschen (Essays, 1989).

Siglinde Bolbecher lebt als Lehrerin einer Sozialakademie und freischaffende Wissenschaftlerin in Wien; Studien zur österreichischen Exilliteratur und über Arbeiterautobiographien; Gestalterin von Ausstellungen (Theodor Kramer, Kabarett
und Satire im Widerstand u.a.).

Konstantin Kaiser lebt als freischaffender Literaturwissenschaftler und Schriftsteller in Wien, Herausgeber u. a. von „Theodor Kramer 1897—1958. Dichter im Exil
(Wien 1983) und — zusammen mit Peter Roessler — „Dramaturgie der Demokratie" (Wien 1989).

„Das Windradl: als Glückssymbol, Talisman."

B.V., Sommer 1950

BERTHOLD VIERTEL

KINDHEIT EINES CHERUB
AUTOBIOGRAPHISCHE FRAGMENTE
Studienausgabe Band 2

Herausgegeben von Siglinde Bolbecher und Konstantin Kaiser

Gedruckt mit Unterstützung des Kulturamts der Stadt Wien, des Bundesministeriums für Wissenschaft und Forschung und des Bundesministeriums für Unterricht und Kunst.

CIP-Kurztitelaufnahme der Deutschen Bibliothek

Viertel, Berthold:
Studienausgabe: in vier Bänden / Berthold Viertel. Hrsg. vom Verein zur Förderung und Erforschung der Antifaschistischen Literatur. — Wien: Verl. für Gesellschaftskritik.
NE: Viertel, Berthold: [Sammlung]

Bd. 2. Kindheit eines Cherub: autobiographische Fragmente / hrsg. und mit einem Nachw. vers. von Siglinde Bolbecher und Konstantin Kaiser. — 1990
(Antifaschistische Literatur und Exilliteratur; Bd. 4)
ISBN 3-85115-125-9
NE: GT

ISBN 3-85115-125-9

© 1991. Verlag für Gesellschaftskritik Ges. m. b. H.
Kaiserstraße 91, 1070 Wien. Alle Rechte vorbehalten

Umschlaggestaltung: Astrid Gmeiner
Druck: rema print, Neulerchenfelder Straße 35, 1160 Wien

INHALT

Die Zukunft von gestern

Die Zukunft von gestern 9
Mein Urgroßvater mütterlicherseits... 9 Gespaltenes Ich 10
Auf der Reise des Lebens 14 Kindheits-Saga 15

Kindheit eines Cherub

Die sieben Jahre sind um 19 Der kleine Cherub 25 Marie 26
Wiederkehr eines kleinen Lebens 37 Die Menschenrassen 46
Die Kaiserstraße 51 Autobiographisch 54

„Die gefesselte Phantasie"

„Die gefesselte Phantasie" 59 Die Kindheit 64 Harry Heine 66
Jesus, der Jüngling 70 Goldfinger 71

Die Stadt der Kindheit

Die Stadt der Kindheit 73 I. Ankunft 73 II. Der Bahnhof 79
III. Die Strecke 82 IV. Die Mariahilferstraße 85
V. Das Mariahilfer Gymnasium 91 Der Jäger 95 Hartes Holz 99
Aro 106 Der Mitschüler Hitler 125

Fluchtversuche

Erinnerung an Peter Altenberg 131 Sada Yakko 138 Paris 139
Zürich 148 Der rote Weiß 155

Und im Kriege

Sonnenschein 165 Und im Kriege — 167 Auf der Flucht 168
Der alte Jude 170 Halicz 1915 174 Tod eines Lehrers 180
Heimkehr (4. Dezember 1948) 182 Erinnerung an Karl Kraus 184

Tod des Vaters

Das neue Haus 193   Retrospektiv 195   Tod des Vaters 198

Exil

Exil 211   Die Vergangenheit 211   Mutabor 216
Nobody's Nothing 227   Ein Brief 232   Reserl 240

Spätes Tagebuch

Tagebuchnotiz 10. Januar 1947   247   Ruinen in Wien 248
Die Herrengasse 249   Fragment Nr. X 252   Hermann Broch,
in memoriam 254   Spätes Tagebuch 258

Reflexionen

Memorabilien 263   Dichtung und Wahrheit 267
Heimkehr nach Europa 269

Anhang

Editorische Notiz 289
Konzepte zu den autobiographischen Fragmenten 292
Glossar 299   Nachwort 357
Personenregister 369

Berthold Viertel, New York, 40er Jahre

DIE ZUKUNFT VON GESTERN

Im Laufe unseres Lebens, unserer privaten Weltgeschichte, lernen wir den Zeitkoeffizienten gebrauchen, der uns verbraucht. Wenn erst alle unsere Wünsche, einer nach dem andern, widerlegt sind, steht unsere Zeit still. Womit noch ihre Mühle treiben, ohne das vorwärtsschießende Wasser des Wunsches? Unsere Wünsche sind heimgekehrt, in den noch unverbrauchten Wunschvorrat der Menschheit.

So arm an Zeit wir auch geworden sind, wir haben noch eine Frist. Wir blicken zurück, als könnten wir alles noch einmal beginnen. Die Kindheit rückt mit einem Schlage wieder nahe heran, in jäher Verkürzung. Da erkennen wir, daß unsere Gegenwart immer an der Zukunft von gestern gezehrt hat, welche die Vergangenheit von morgen wurde, und zwar ohne Übergang. Plötzlich ist die Einsinnigkeit der Zeit um ihren Sinn betrogen. Wir entdecken, daß die Zeit einen Januskopf auf ihren Schultern trägt; er blickt in beide Richtungen zugleich. Ginge dabei nicht unser Leben drauf, wir könnten uns einbilden, die Zeit sei eine Illusion, eine Sinnestäuschung; allerdings eine unvermeidliche. Sie ist aber zugleich unser Verbrennen. Darauf ist alles, was die Menschen angeht, eingerichtet. Die Annahme, daß die Sonne selbst — das Zentrum der Wärme — sich ausgibt, erscheint uns immer begreiflicher. Ist das ein Trost für den, der Abschied nehmen muß? Es scheint so. Denn die Menschen haben daraus Religionen gemacht.

Mein Urgroßvater mütterlicherseits soll ein Wunderrabbi gewesen sein, namens Neumann. Ich habe keine Nachforschungen über diesen Mann angestellt und die Mitteilung von seiner Existenz als ein Gerücht aufgenommen. Ich selbst hätte es, unter den Umständen meiner Väter, wohl nur zu einem Rabbi gebracht, der sich wundert. Oder auch bereits damals zu einem Ungläubigen, der das Ärgernis erregt. Das Ärgernis erregen, auch das ist eine Art Frömmigkeit, ein natürlich gewachsener und notwendiger Zweig der Orthodoxie.

Gespaltenes Ich

So und so viele Kilogramm Papier: das ist es, was vielen Zeitgenossen von ihrem Leben übrig geblieben ist. Die sie von der Bühne der Aktion verdrängt haben, waten in Blut. Die Abgedankten müssen sich auf Papier beschränken. Ihre Autobiographien sind Surrogate für ein Leben, das sie überlebt haben.

Ich habe in verschiedenen Perioden meines Daseins versucht, meine Biographie zu schreiben. Eigentlich sammle ich Daten für sie seit meiner frühen Kindheit. Aber es blieb beim immer wieder aufgenommenen, immer wieder ein Fragment ergebenden Versuch. Die verschiedenen Ansätze, längere und kürzere, mögen einander ähneln; benützen sie doch dasselbe Material. Aber sie unterscheiden sich voneinander doch mehr als sie sich gleichen, in Auffassung und Stil. Allmählich bin ich dieser Disparatheit auf den Grund gekommen. Es hat nicht *ein* Mensch meine Erfahrungen gemacht. Meine Erlebnisse verteilen sich auf mehrere Personen, die sich in mir abgelöst haben.

Deshalb war, trotz meiner innigen Bemühungen seit frühester Kindheit, keine Einheit zu erzielen. Deshalb war es mir auch immer wieder unmöglich, mit meinem Bericht fortzufahren. Die Person Y. konnte den Faden nicht aufnehmen, wo die Person X. abgebrochen hatte.

Jede dieser Personen versuchte sich durchzusetzen und zu etablieren: ihre Philosophie zu finden, ihre Religion, ihre Lebens- und Liebespartner. Ich sagte zuvor: sie wurde abgelöst, ich hätte sagen sollen: sie wurde verdrängt, physiologisch und psychologisch. Der Wechsel erfolgte nicht bewußt, nicht mit Absicht und Willen. Er geschah. Genau besehen, gingen an einem Tage mehrere Charaktere durch die Wohnräume meines Ichs. In manchen Augenblicken waren mehrere gleichzeitig anwesend. Es entspann sich ein Kampf zwischen ihnen, unhörbar und unsichtbar. Oft griffen zwei in mir nach dem gleichen Objekt, behinderten einander und verfehlten so ihr Ziel. Es konnte ein und dieselbe Frau sein, um die es ging. Dann wieder waren mehrere Frauen, meistens zwei, begehrt oder geliebt;

jedes Ich strebte nach der seinigen. Liebeshandlungen, die am gleichen Orte und zu gleicher Zeit stattfanden, waren dennoch nicht gleichzeitig. Zwei verschiedene Perioden hatten sich ineinander geschachtelt. Es ist wohl bei vielen, wenn nicht bei allen Menschen so, daß die eine Handlung noch der Pubertät, die nächste bereits dem Greisenalter angehört. Auch in den Ländern und bei den Nationen sahen wir verschiedene historische Epochen durcheinander leben; getreu bis aufs Kostüm. Das Tierreich repräsentiert einen großen Teil der Erdgeschichte. Gleichzeitigkeit ist ein dialektisches Phänomen.

Ich bewundere die außerordentliche Einheitlichkeit der Persönlichkeit und des Lebensstiles in mancher Biographie, zum Beispiel in der Stendhals. Es scheint so, als ließe sich der ganze Mensch in einem Aphorismus ausdrücken. Ist das nun ein Naturprodukt oder das Resultat einer durchdringenden Arbeit? Stendhal muß als ein Meister der Integrierung angesehen werden. Wie jeder große Künstler spaltet er sich in mehrere Gegenspieler, Helden und Antagonisten des Helden, von den sie umgebenden Nebenfiguren, den Chargen, abgesehen. Aber er arbeitet mit großer und erfolgreicher Konsequenz an der bewußten Profilierung seines Ichs, welches die Folge der sorgfältigsten Auswahl ist. Was herauskommt, ist nichtsdestoweniger ein bipolares Individuum, der skeptische Enthusiast. Er experimentiert ununterbrochen an der Herstellung dieser einzigen, unverwechselbaren Person. Er hat mehrere Autobiographien begonnen, großangelegte, Fragment gebliebene Skizzen. Er hat die Person, die er aus seinem Material herauszubilden versuchte, in Verkleidungen gesteckt: wie Rembrandt, der unermüdliche Selbstporträtist, sich zu verkleiden liebte. Die Versuche der Selbstdarstellung nehmen bei Stendhal einen geradezu wissenschaftlichen Charakter an; der Historiker ist an ihnen ebenso beteiligt wie der Psychologe. Nachträglich hat es sich herausgestellt, daß dieser Nachnapoleoniker an der Herausstellung eines neuen Typus gearbeitet hat, des modernen Menschen. Er war und blieb dabei auf sein Ich angewiesen, als auf sein ihm historisch anvertrautes Material.

Wir alle arbeiten zeitlebens an unseren Biographien, auch wenn wir keine Selbstbiographie schreiben. Wir versuchen sie zu leben. Wir streben ununterbrochen danach, unserer Person

Einheit und Bedeutung zu verleihen — ebenso, wie jedermann sein eigenes Gesicht modelliert. Darüber an anderer Stelle.

Ich erwähne in diesem Zusammenhang den vielumstrittenen Kierkegaard, der rastlos bestrebt war, verschiedene Iche aus sich herauszustellen, nur um sie alle zu verleugnen. Er gab ihnen Pseudonyme, hinter denen er das eine Ich versteckte, auf das es ihm ankam: das des gläubigen Christen. Diesem, das er sein wollte, wurden die anderen aufgeopfert, die er auch nicht war. Das war keine Charade, kein Maskenball, bei dem punkt zwölf die Masken gelüftet werden: es war ein ständiges Experimentieren auf ein tief erstrebtes Ziel hin. Ob es erreicht wurde? Die Beantwortung dieser Frage überlasse ich denen, die sich in Dingen der Religion kompetent wissen oder glauben. Ich weiß nicht, ob Kierkegaard ein gläubiger Christ war oder nur ein großer Schriftsteller. War er ein Psychologe? Die Psychologie ward ihm zum Material einer eigensinnigen Dialektik, der Dialektik eines Willenskranken von ungewöhnlicher Willenszähigkeit. Dieser da, im scharfen Gegensatz zu Stendhal, sträubte sich dagegen, ein moderner Mensch zu sein. Statt die Konsequenzen aus seiner historischen Situation zu ziehen, wollte er den geschichtlichen Prozeß oder wenigstens rückläufig machen; die französische Revolution annulieren, die Aufklärung widerrufen. Das Erlebnismaterial, das ihm zur Verfügung stand, war von bedenklicher, aber selbstgewählter Kargheit: eine aufgehobene Verlobung, ein symbolischer Akt für alles, was er aufheben wollte. Danach beurteilte er das ganze Liebesleben der Menschheit — falsch; und zwar mit bewußter Bejahung des Absurden, welches er das Paradoxe nannte. Alles in ihm drängte ins moderne Bewußtsein, er wäre ein schneidend scharfer Revolutionär gewesen. Aber er dachte à rebours. Die Fragestellung: „entweder — oder" ist bei ihm selbstverräterisch; er hatte beides in sich und entschied willkürlich. Er dachte gegen sich selbst. Mit seiner Proklamierung Gottes wurde er der Mitbegründer einer späteren Gottlosenbewegung: der sogenannten Lebensphilosophie. Seine vielen Iche waren irreführend; er verfügte nur über zwei. Und es setzte sich jenes Ich durch, das er verleugnen wollte. Jenes Ich aber, für das er sein reales Leben schwermütig, das heißt eigensinnig, aufopferte, blieb der Wunschtraum eines Kranken: ich glaube, eines sozial Erkrankten. Der Wunsch nach Religion kann das Symptom einer sozialen, einer gesellschaftlichen Erkrankung sein, die ein besonders sensitives Individuum als seinen eigenen Spezialfall erlebt und mißversteht. Der geistige Reaktionär ist oft nur ein angelegter Revolutionär, der sich seine historische Rolle versagt hat. Das Leid der Selbstverhinderung (Selbstverstümmelung) kann außerordentlich ergreifend und dadurch sehr verführerisch wirken. Das ist der Zauber des Romantikers, der aus seiner Zeit in die Vergangenheit flieht, weil ihm die Zukunft, die er mehr als nur ahnt, mißfällt.

Wie viele Selbstbiographien sind camouflierte Krankheitsgeschichten. Daß sie meistens einen Lebensbankrott beschreiben ist nicht verwunderlich: es begründet ihre Ersatzfunktion.

Wer viele Leben lebt, kann nicht alle gründlich leben. Er stückelt Bruchstücke zusammen. Er bewegt sich über disparate Augenblicke hin. Die Kontinuität reißt immer wieder ab. Vergeblich kämpft die Erinnerung gegen das Fragmentarische, das Vor- und Nachläufige eines solchen Lebenslaufes. Es ist tragisch, daß auch solch ein vielfacher, zusammengesetzter Mensch mit Menschen einheitlicher, verwurzelter Art und tief gegründeten Schicksals zu tun hat — tragisch für diese seine Partner, Eltern, Freunde, Geliebte.

Der Kampf des Bewußtseins gegen Verschüttungen, Abreißen des Fadens, Aussetzen der Individualität, gegen ein periodisches Vergessen, das diesem Tatbestand notwendiger Weise entspricht. Der ewige Anfänger und Aufhörer, der unvermeidliche Stümper. Dem seine Werke, nach immer neuem Anfang, sich immer wieder auflösen — wie das Gespinst der Penelope, die es absichtlich tut, weil der rechte Freier fehlt. Mein ganzes Leben ist solch eine vergebliche Webearbeit. Der rechte Freier hat gefehlt? Der Beruf? Die Berufung? Die Epoche? Ort und Zeit? Zweifellos gibt es eine sozial und historisch bedingte — oder verstärkte — Schizophrenie.

Auf der Reise des Lebens

Irgendwann, auf der Reise des Lebens, blicken wir auf — und wir wissen den Ausgang nicht mehr.
Sagt nicht, jeder wisse ihn.
Gewiß, von den Unzähligen, die mit uns auf dem Wege sind, werden die meisten — keineswegs alle —, wenn gefragt, mit einer Mutter und vielleicht sogar mit einem Vater herhalten, mit irgendeiner Familie, mit ein paar näheren Umständen, von denen sie wissen, daß sie die ihrigen waren. Ein Land war das ihrige, und ist sogar geblieben, auch wenn es sich seither beträchtlich verändert hat. Eine Stadt, ein Dorf, eine Landschaft, eine Schule. Es mag ihnen ein Park einfallen, wo sie als Kinder spielten, eine Wiese, eine Eisenbahnstation, von der aus es öfter irgendwohin ging — und sie erinnern sich noch, wohin. Eine Schenke, die der Halbwüchsige, verbotener Weise, besuchte. Die Straßenecke seines ersten Stelldicheins mit einem Mädchen, dessen Gesicht, dessen Namen er sogar beschwören kann. Eine andere Ecke, wo Straßenschlachten mit Knaben seines Alters stattfanden, der geographische Punkt, der ihn als Helden sah — oder das Durchhaus, wo er heimlich dem Feldzug entsagte, wo er umkehrte und davonlief. Ein Plakat, vor dem er sich seiner Mannbarkeit bewußt wurde. Er erkennt ein Buch wieder, mit Eselsohren und Tintenflecken, in dem er für die Prüfung stuckte, oder ochste, je nach seiner Zuständigkeit. Die Lokalität, wo sich ein Wendepunkt im Leben eines Menschen vollzog, kehrt in späteren Jahren oft durch einen Geruch wieder, und nicht immer durch einen lieblichen. Es haben Blumen ihm den Weg durch das Chaos gewiesen, aber auch Äser. Aber auch alle Erkennungszeichen, wie sämtliche Sinne sie aufbewahren, sind wichtig, denn die Reise ging durch dunkle, auch fürchtige Strecken, und manchmal glaubte der Mensch zu empfinden, daß er auf dem Weg zur Hölle war oder nach einem noch weit schrecklicheren Orte, für den es weder einen Namen, noch einen Begriff gibt — ja, etwa auf dem Wege zum Verbrechen. Es gibt Verbrechen, die vom Gesetz nicht geahndet werden, und sie sind oft grauenvoller als der Mord. Solche Verbrechen können im Traum, und nur im Traum begangen werden — ja, sie waren nur geträumt, nicht etwa bei

Tage, nicht vom Bewußtsein geplant, sondern sie stießen dem Menschen im willenlosen Zustand des Traumes zu, aber sie gehören von da ab zum Inventar seiner Existenz, sie sind mit unvertilgbarer Schrift auf dem Steckbrief seines Ichs vermerkt, denn er war fähig, sie zu träumen, und keine Traumdeutung, mag sie noch so wissenschaftlich verfahren, nimmt sie ihm wieder ab. Und ich meine nicht Verbrechen gegen die bürgerliche Moral. Sie mögen überhaupt in keinem Kodex enthalten sein, und doch erleben wir sie als Verbrechen, und sie brandmarken uns. Wer dieses liest, werfe seinen Stein, das kann er, aber was gemeint ist, vermag er sich nicht vorzustellen, und er würde Ähnliches, wenn es ihm zustieße, oder das Gleiche, anders registrieren. Es stößt aber keinem Menschen das Gleiche zu.

Kindheits-Saga

Wir alle beginnen so früh mit unseren „Sagas" — und wir dichten so viele davon, je nach Bedarf (jeder Mensch sein eigener Haus- und Hof-Dichter): daß es wirklich schwer ist, nach Jahr und Tag Ordnung in dieses Chaos zu bringen. —

Alle diese Geschichten, mit dem Ich als Helden, die jeder Mensch sich verfaßt, so viele Rollen sich auf den Leib schreibend: jeder Mensch schleppt sie mit sich herum, ganze — höchst ungeordnete und unausgelüftete — Bibliotheken davon. Dieses sind die wahren Privat-Bibliotheken. Jeder Mensch verschließt in sich sein eigenes Byzanz, Alexandria und Padua, sein British Museum mit der gestohlenen Akropolis. —

Selten die Menschen, welche diese ihre inneren Bibliotheken in Gebrauch nehmen und behalten gelernt haben. —

Man wird hineingeboren in etwas, das man erst später erkennen, erleiden und definieren wird. —

Das also war Wien, im Jahre 1885 der europäischen Zeitrechnung. Ich wurde dort und dann geboren, in die Welt befördert, aber ich war nicht dabei. Mein Vater und meine Mutter waren dabei, ein Arzt, eine Hebamme — und viele Väter und Mütter, von denen ich herkomme, die sich aber ins Dunkel verlieren. Es war schwierig, etwas von ihnen zu erfahren. Sie waren Juden, sie kamen zunächst aus Galizien, dem damals österreichischen Teil Polens. Der Name der Familie ist ein verstümmeltes deutsches Wort, das auf eine Stadt in Deutschland hinweist, die im Mittelalter eine berühmte jüdische Gemeinde beherbergte. So mögen meine Väter sich durch das deutsche Mittelalter durchgezwängt, durchgekämpft und durchgelitten haben. Noch nachträglich eine erschütternde, eine herzmarternde Perspektive! —

Die Herkunft eines Juden ist meistens von undurchdringlichem Dunkel erfüllt. Diese wahrhaft ägyptische Finsternis pflegt schon bei der dritten Generation nach rückwärts zu beginnen. Die ausmerzende Hand der Diaspora hat die Lebenslinien dieser Familien vernichtet. Der Fluch: „In der Zerstreuung sollst du leben!" — ist oft vom Schicksal schrecklich ernst und wörtlich genommen worden. Und welchen Grad von innerer und äußerer Zerstreutheit erreicht oft solch ein Mensch, der der Sohn ist, der Sohn von alledem, Sohn des Ghettos, Sohn der Vertreibung, der Wanderung, der immer neuen Ankunft in unerforschten und vielleicht ewig unerforschbaren Gegenden, wo der Sprachgeist fremder Völker wie jener Engel mit dem flammenden Schwerte abwehrend vor dem Paradiese einer Heimat steht. —

Es ist kein Jude geboren, dessen Väter und Vorväter nicht das Brot der Verfolgung gebrochen und wieder ausgebrochen haben — Verfolgung um der Verfolgung willen, mit zu diesem Zweck herangebrachten Gründen.

Es ist merkwürdig genug: Man kann oft von der Vorgeschichte eines jüdischen Menschen so wenig Bestimmtes sagen, aber einiges ganz bestimmt. Er ist ein Jude, also ist er aus der Geschichte herausgeworfen — und doch, auf schwierigen Wegen, in die Geschichte wieder hereingebracht.

Was immer das sein mag: Judentum —: Zugehörigkeit zu einer Rasse, einem Volk oder Reste davon, Reste einer Religionsgemeinschaft, einer geistigen Prägung, die durch und durch gegangen ist: jedenfalls, dieses Etwas ist — posthistorisch. Es hat Historie gehabt, ein Land (um es zu verlieren), Priester, Könige, einen eigenen Gott und dessen Gebote und Gesetze. Die Geschichte der Juden scheint zum größten Teil die Geschichte eines Gottes (oder Götzen) zu sein, Geschichte eines Bekenntnisses und von dessen Folgen. Ob, was aus Ägypten auswanderte, vielleicht nichts anderes gewesen ist als ein Abhub von Völkern und Rassen, ein Gemisch und Gemengsel, eine proletarisierte Masse von Pyramidenbauern, eine „Notgemeinschaft" schon damals —: jedenfalls, unter dem Sinai-Gesetz hat sich das als Volk konstituiert, als ein Volk im historischen Sinne. Es ist nicht wichtig für den Nachkommen, hier Legende von beweisbarer Wirklichkeit zu sondern. Dieses Bekenntnis, dieser Gott mag der Sohn oder Vetter anderer Götter sein. Und seine Geschichte mag nachträglich in Linie gebracht worden sein, von geistig entschlossenen Männern, etwa in der babylonischen Gefangenschaft. Die Lehre selbst ist, wie man weiß, eine Mischung von Legende, Chronik der Zeiten, Lehre und Dichtung, zuerst einmal zusammengefaßt und - geleimt zu einem Buche, das historisch bestimmt war, „Buch der Bücher" zu werden, Sämerei europäischer Kulturen, die mit dem Judentum nichts Weiteres und nichts Näheres zu schaffen haben wollen. Man könnte sogar sagen: die Geschichte der Juden ist die Geschichte eines Buches, die Geschichte dieses einen Buches zunächst. (Wahrscheinlich ist das auch, oft genug, gesagt worden.)

Aber, jedenfalls, Teil der Geschichte ist das alles, gewisse (wenn auch viel-deutige) historische Bedeutung. Nur wollte es schon dem Knaben (den ich erinnern will) vorkommen, als wäre alles Jüdische von Anfang an nur mit einem Fuße in dem gstanden, was man Geschichte nennt. Daß das so war, oder gewesen sein könnte, gehörte zur Saga dieses Knaben. — (Ich nenne es willkürlicher Weise „Saga", mit einem nordischen Ausdruck, den an sich der Teufel holen möge, weil er oft genug von falschen Lehrern, Wasser trübenden Mythologen mißbraucht worden ist. Gemeint ist jene Legenden- und Märchenbildung um das Ich herum, die in der dunkelsten Kindheit beginnt, den Keim jeder Seele und die Schöpfung jeder inneren Kontinuität, jeder inneren Lebensgeschichte — und das ist jeder individuellen Weltgeschichte — ausmacht.) [...]

Es ist schwer, vierzig Jahre später zu den Wurzeln einer Kinderseele zurückzukehren. Besonders schwer, wenn das sich selbst dichtende Ich soviele Wälder und Gärten über diesen Wurzeln aufgebaut hat, wenn soviele dieser inneren Landschaften durch Katastrophen zugrundegegangen sind. Das Ich hat so triftige Gründe, zu vergessen und sich falsch zu erinnern, falsch, weil um- und umdichtend. Der ernsthafte Versuch, die innere Kontinuität ein Leben lang zu erhalten, ist an sich ein heroischer, und keiner kann da restlos wählerisch in den Mitteln und Methoden sein, keiner, der lebendig, das heißt: ohne Aufgeben der „Logik" — zu entrinnen wünscht. Die Logik, die ich hier meine, ist allerdings Märchen-Logik. Die innere Kontinuität, der lebendige Zusammenhang der Erlebnisse, welche die Erinnerung lebendig erhält, ist, was ich „Idealität" nennen würde, da ich deutsch und humanistisch geschult bin. Man mißt die Tatsachen an dem Ideal, das man von sich selbst hat, und biegt sie sich zurecht. Es gilt da Biegen oder Brechen. Wer dieses biegende „Man" ist, das am Biegen zu zerbrechen in Gefahr ist, darüber streiten sich die Psychoanalytiker. Aber sie haben es, die Psychoanalytiker, wesentlich leichter als der Psycho-Synthetiker, der jeder Mensch ist, und, auf Gedeih und Verderb, zu sein hat. [...]

Ich wollte, ich wäre dieser Knabe wieder, um seines Umgangs mit den jüdischen Propheten willen. Er kannte sie alle, er unterschied ihre Gesichter, ihre Bärte, ihren Stil, ihr Schicksal, die Merkmale ihrer Innerlichkeit: Natürlich zählte er sich zu ihnen, glaubte — mit bangen Zweifeln — einer von ihnen zu sein. Das war sein frühestes Geheimnis. Gott hatte auch ihn berufen, glaubte er oft. Und in langen Nächten legte er brennende Rechenschaft ab. Diese Nächte, eine nach der anderen, waren ein endloses Zwiegespräch mit dem unsichtbaren Partner, mit ihm, von dem man sich kein Bild machen darf und nie eines machen durfte, weshalb er sich rein erhalten hat. Denn er ist nichts als der Brennpunkt der Seele, das Ziel, wohin die Wünsche und Ängste sich wenden, der Ort aller Bedenken, aber auch aller Weisungen und Befehle. Er ist nicht der brennende Dornbusch und nicht die zürnende Wolke. Das alles sind nur seine Zeichen und Merkmale, die Blindensprache, die er den Menschen gegenüber (deren Sehen ja nur eine Form von Blindheit, eine Blendung durch die Dinge ist) gebrauchen muß. Aber er ist keine Abstraktion, kein Gespenst und Schemen, kein Gedankengerüst — denn er ist die leidenschaftliche Zuwendung zu ihm, dem oft so leidenschaftlich Abgewendeten. Nur leidenschaftliche Seelen können mit ihm umgehen. Und nur wer die Wüste kennt, weiß, wo auf Erden er zuerst „erschienen" ist.

KINDHEIT EINES CHERUB

Die sieben Jahre sind um

I

In meinen mit Recht verwunderten Augen spiegelte sich, unter anderem, die alte Kaiserstadt Wien, von der jeder gehört hat. Ich war also in einer Monarchie geboren, wenn auch in einer rapid absterbenden; und zwar im letzten Viertel des neunzehnten Jahrhunderts, das ich — ebenso wie die Monarchie — mit Ach und Krach überlebt habe. Das neunzehnte Jahrhundert starb erst richtig am Beginn des zwanzigsten, es krepierte im und am ersten Weltkrieg unseligen Angedenkens. Es gab da, knapp vor dem Ende, eine ganze Reihe phosphoreszierender Licht- und Luft-Erscheinungen, eine Art Regenbogen vor dem Gewitter. Körper pflegen ja in der Fäulnis ganz wundervoll zu leuchten. Die soziale Fäulnis der Menschenwelt tritt in Erscheinung durch die Farbenpracht der Illusionen, der sich kein Gemüt, jung oder alt, völlig entziehen kann. Viele unserer Dichter wußten davon ihr fragwürdiges Lied zu singen.

Was spiegelten die Augen des Knaben? Oh, pflichtgemäß, die Pferdebahn und die Gasbeleuchtung, die petroleumgenährte Hängelampe im Speisezimmer und das Öllämpchen im Schlafzimmer des Kindes und die anderen unveränderlichen Lichtkörper, Sonne, Mond und Sterne, all das in der Zeitfolge des Bemerkens. Und was sie beleuchteten: die Szenerie der Welt, in die das Kind ungefragt hineingeboren war, die rasch wechselnden und die mehr bleibenden Dekorationen dieses Theaters, in dem der Knabe erst spielte und dann mitspielte, während er versuchte, seine Rolle zu lernen; und, siehe da, es waren viele Rollen, eine nach der anderen, und nicht jeder war er gewachsen, indessen er heranwuchs. Im Winter, im Frühjahr und dann wieder im nächsten Herbst war die Stadt seine Szene, aber während des Sommers wurde sie aufs Land hinausverlegt; das war so der Brauch damals im Kleinbürgertum auch schon bei mittlerer Wohlhabenheit.

Als der Knabe noch für sich allein spielte, war er nicht nur die Hauptperson, sondern geradezu der Held des Stückes. Die Rebellenkönige, die Disteln in der verwilderten Gartenhecke hat er noch eigenhändig geköpft, ohne viel Federlesens, denn die hatten ihr Leben verwirkt. Da gab es noch ungeschmälerte Siege und Triumphe. Freilich ändert sich das, wenn die Schule beginnt. Es ist der soziale Zweck der Schulerziehung, das zu ändern.

Der Knabe war in einer Straße geboren, die hieß Mariahilferstraße. Und das nächste Haus seiner Kindheit lag in der Kaiserstraße. Das sind so Namen, die sich für immer einpflanzen. In der Kaiserstraße wohnte er schräg gegenüber einer Kirche, deren Uhr die Stunde schlug, und deren Glocken den Abendsegen einläuteten. Sie erklangen wohl auch zu anderen Tageszeiten. Aber die am Abend, um sieben, hatten es dem Gemüt des Knaben angetan.

In der Mariahilferstraße gab es auch eine Kirche, vor der das Denkmal des Komponisten Josef Haydn stand, eines schlichten Mannes im Biedermeierrock. Es gab überall Kirchen in der Stadt, ältere, zeitgeschwärzte, und jüngere, in lichter Zierlichkeit, wuchtige Türme und solche in Filigran, einem steinernen Spitzengewebe gleichend, das steil in den Himmel geschnitten war. Wien, eine Haupt- und Residenzstadt katholischen Glaubens, hatte sich vom frühen Mittelalter an mit Kirchen gefüllt, sie machten einen wesentlichen Teil der Bevölkerung aus. Zwar gab es ebensoviele und mehr Wirtshäuser und Kaffeehäuser, daran war gewiß kein Mangel. Aber auch wer in einer Kirche beten wollte, konnte nicht in Verlegenheit geraten.

Der Knabe gehörte zwar nicht dem katholischen Glauben an, wohl aber taten das die Dienstmädchen, die ihn mitnahmen zum Beten. Sie belehrten ihn auch im Glauben; aber das war ein Geheimnis, er durfte zuhause nichts davon erzählen, das versprach er ihnen, und er hielt getreulich sein Versprechen. [...]

II.

Meine Mutter pflegte mir zu erzählen — aber vielleicht ist dieser Anfang bereits falsch. Sie „pflegte" nicht, sie mag es wohl ein oder das andere Mal erzählt haben; und möglicherweise nicht einmal mir, sondern meiner Schwester, die es wieder mir erzählt hat. Meine Schwester, obwohl sie fünf Jahre jünger ist als ich, nähme da in meinem Gedächtnis die Stelle der Mutter ein, die beiden verschmölzen ineinander: eines jener chemischen Experimente, wie die Erinnerung sie in ihren geheimen, unterirdischen Laboratorien vorzunehmen pflegt, für ihre besonderen Zwecke. Es mag aber auch sein, daß die Mutter es mir selbst erzählt hat, in späteren Jahren, als sie behäbig geworden war und, auf ihren schweren Leib hinunterblickend, sich des schmächtigen Mädchens erinnerte, vor zwanzig oder fünfundzwanzig Jahren.

Ich besaß bis vor kurzem eine Photographie meiner Mutter aus dieser Zeit, ihrer Brautzeit. Sie war damals, wie gesagt, ein mageres Mädchen mit großen Augen, deren den Beschauer nicht einmal streifender Blick einen hungrigen Ausdruck hatte. Soweit ich ihn deuten konnte, war es der Hunger der idealistischen, etwas bleichsüchtigen Mädchen dieser Zeit nach einem Lebensmittel, das für sie nicht erhältlich war: nach Romantik. Dazu stimmten die übrigen Details des Bildes: ein etwas hohler Zug um die Wangen — als ob sie Luft einzögen —, die Fransen der in die Stirn gekämmten Haare, die hochgeschlossene Bluse mit den breiten Ärmeln, die ganze, durchaus nicht unfreundliche, aber eher puritanische Schmucklosigkeit der geradesitzenden Person.

Man kann nicht sagen, daß dieses Bild bereits die Schwermut vorhersagte, der später die Frau nicht ganz entkam, als sie erst einsehen gelernt hatte, daß die Schwärmereien der Jugend von der Reife des bürgerlichen Lebens als optische Täuschungen des Herzens verabschiedet werden müssen. Später lugten die Augen meiner Mutter mißtrauisch aus Furchen hervor, die ich mit den Schießscharten einer befestigten Burg verglich. Es ist bemerkenswert, wenn auch nur für mich, daß ich später meine Mutter in betreff ihrer Mädchenaugen enteignete; daß meine eigenwillige und ungerechte Phantasie diese Augen meiner verstorbenen Amme Marie zuteilte. Dieser Augenraub war wohl die Rache dafür, daß meine Mutter, gerade als mein Jünglingsalter begann, ästhetische Ansprüche an sie zu stellen, dick und schwer geworden war. Auch mag es eine Art Strafe gewesen sein, weil nicht sie, sondern Marie mich gesäugt hatte; und wiederum eine Entschädigung, die der Frühverstorbenen zukam, der das Leben nicht Zeit ließ, dick und schwer zu werden.

Jedenfalls paßte das einzige erhaltene und schließlich im Wirrwarr meiner Existenz abhanden gekommene Jugendbild meiner Mutter zu dem, was sie — an sich keine gesprächige Frau — mit mehr Stolz als Wehmut erzählte: daß nämlich in den Monaten der Brautzeit mein Vater, als er sie am Abend von dem Geschäft abholte, in dem sie als Verkäuferin angestellt war, ihr jedesmal zur Begrüßung die Hand geküßt habe. Auch an ein Bild meines Vaters aus jener Zeit erinnere ich mich dunkel; er war damals ein schlanker und gut aussehender junger Mann, von einer mehr positiven und aktiven Gemütsart: seine frei und ungewöhnlich schön ausgebildete Stirn, seine kurze und aufwärts, vorwärts deutende Nase und ein Zug von etwas krauser Besinnlichkeit sind ihm bis ins hohe Alter geblieben.

Sie waren damals beide Handelsangestellte, er in einem Möbelgeschäft, sie in einem Schirmgechäft. Sie machten sich kurz nach der Hochzeit beide selbständig und hatten nun ihre eigenen Geschäfte, obwohl sie die daraus entstehenden Sorgen zu teilen pflegten. Zweifellos bedurfte er ihres Rates sowohl wie sie des seinigen. Ich habe Mutter und Vater, soweit ich mich erinnern kann, nie bei einer Zärtlichkeit ertappt, obwohl ich weiß, daß sie einander in lebenslanger Liebe ergeben waren. Die Folge der Handküsse vor der Ehe waren im Laufe der Zeit drei Kinder, ein Knabe und zwei Mädchen. Ein viertes Kind, männlichen Geschlechtes, starb im Alter von zwei Wochen und zwar bei der Beschneidung.

Ich erinnere mich nur wenigen Schmuckes, den meine Mutter besaß und den sie nur selten anlegte. War da nicht ein Korallenkettchen, das sie um den Hals trug? Hartnäckig schreibt die Erinnerung meiner Mutter die Koralle als ein Symbol zu, und zwar eine blaßrosafarbene Koralle. Bestimmt weiß ich, daß sie einen Ring mit einem solchen Stein hatte, einen schmalen Goldring: denn den schenkte sie mir, was mir noch heute unbegreiflich erscheint. Ebenso unbegreiflich, wie daß ich ihn versetzte, als ich, siebzehn Jahre alt, nach Paris durchbrannte — um die vier Francs, die ich dafür bekam, gegen einen Rinderbraten und ein Boc Bier einzutauschen. Ich löste ihn auch nicht wieder aus, so groß waren meine Leichtfertigkeit und Pietätlosigkeit jedem Besitz gegenüber, nicht nur in jenen Jahren. Damals, als ich zum ersten Mal vom Elternhaus fortlief, war ich ein Hans im Glück, oder glaubte es zu sein. Ich hätte auch ein Königreich gegen eine Mahlzeit umgetauscht.

Meine Mutter ist nie eine gesellige Natur gewesen, sehr im Gegensatz zu meinem Vater. Er mußte seine Geschäftsfreunde treffen, was an jedem Nachmittag, die Sonntage ausgenommen, im Kaffeehaus geschah. Er spielte dort auch Karten mit ihnen, aber es war ihm mindestens ebenso wichtig, durch seinen Witz zu glänzen und jedermann mit seinem Rat zu versorgen. Er war ein Mann, ein feuriger und tätiger Mann, den die öffentlichen Angelegenheiten etwas angingen. In Wahrheit ist er bis ans Lebensende, trotz seiner Tüchtigkeit, ein Kind geblieben; und so wie das Mädchen, das er rechtschaffen geliebt hatte, in der Ehe immer mehr zur Mutter wurde, wurde er aus einem Liebhaber mit zunehmendem Alter immer mehr ihr Kind, ein eigensinniger, temperamentvoller und etwas vorschneller Sohn, der immer wieder zu der schwer nehmenden, kritischen und gern besorgten Frau zurückkehrte, um sich ihren Rat, und auch ihren Tadel zu holen; oft, wenn es zu spät war, um eine seiner heißblütigen Unbesonnenheiten wieder gutzumachen. So zum mindesten habe ich mir das zurechtgelegt.

Was „der Mann" tat, war durchaus nicht immer, was meiner Mutter als das Richtige erschien. Ich meine damit keineswegs nur Frauengeschichten, an denen es wohl auch nicht gefehlt haben mag. Davon trat jedenfalls für die Kinder wenig in Erscheinung. Ich glaube nicht, daß meine Mutter eine besonders gute Geschäftsfrau war, obwohl sie es zu einem sauberen und modischen Laden auf der Mariahilferstraße brachte, den sie Jahre lang hielt. Es muß seine Gründe gehabt haben, daß mein Vater schließlich auf der Auflösung bestand. Die Mutter zog sich ins Privatleben zurück, aber er besprach alle seine Geschäfte mit ihr, in gründlicher, manchmal erregter Unterhaltung. Beide hüteten sie, mit großer Strenge, das Ideal eines ehrenhaften Handels und Wandels; aber meine Mutter machte sich dort Skrupel, wo ihn der Unternehmungsgeist erfaßte und verlockte. Er strebte ins Weite, und wollte auch hoch hinaus, es verlangte ihn nach äußerem Ansehen, nach bemerkenswerten und bemerkten Erfolgen. Sie wollte festhalten, einschränken, sichern, bewahren — vor allem sich, ihren Seelenfrieden, ihre innere Kontinuität bewahren. Sie liebte es, gute Bücher zu lesen und ins Burgtheater zu gehen. Sie hatte Sinn für literarischen und künstlerischen Wert. Mehr als alles aber liebte sie die Natur, mit der Inbrunst einer Großstädterin.

Meinen Vater dagegen langweilte es, still zu sitzen und einem fremden Gedankengang zu folgen, der ihm ja doch nur durch die Rösselsprünge seines eigenen, lebhaften und findigen, aber unbelehrten und schwer belehrbaren Denkens unterbrochen und durchkreuzt wurde. Daher las er selten ein Buch zu Ende. Sollte er gar im Theater die Konsequenz einer bedächtig eingefädelten Handlung über sich ergehen lassen, dann hielt er einen solchen prächtig aufgemachten Zwang erst recht nicht lange aus. Er legte den Kopf schief, und es fielen ihm Fälle aus dem Leben ein, die durch seine Beihilfe, seinen Rat in eine andere Richtung gelenkt werden konnten; oder Anekdoten mit witziger Pointe, wie er viele noch von seinem Vater übernommen hatte und immer neue täglich aufschnappte. Es drängte ihn, sie sofort zu erzählen, und er hörte bereits das Gelächter, das sie erregten — während auf der Bühne der erhaben-bürgerliche Tonfall des Hofschauspielers Adolf Ritter von Sonnenthal die Herzen der Umsitzenden — ganz besonders aber das Herz meiner Mutter schmelzen machte.

Vielleicht die tiefste Liebe meiner Mutter gehörte jedoch dem Wiener Wald. Sobald es Frühjahr wurde, drängt sie hinaus. Der Aufenthalt der Familie auf dem Lande vom Mai oder Juni bis September bereitete meinem Vater, der nicht in der eingemotteten und heißen Stadtwohnung zurückbleiben durfte, wie er vielleicht gerne gewollt hätte, nicht geringe Ungelegenheiten. Er mußte täglich am Morgen mit der Eisenbahn hinein- und am Abend wieder hinausfahren. Dieselbe Reise war später auch den Kindern auferlegt, solange die Ferien noch nicht begonnen hatten. Sonntag blieb mein Vater draußen und verging vor Ungeduld und Langeweile. Die Mutter wieder war seinetwegen in die Nähe der Stadt gebannt, sie wäre für ihr Leben gerne immer weiter vorgedrungen, bis zum Semmering, bis nach der Steiermark, bis in die Alpen. Erst im späteren Alter, als wir alle aus dem Hause waren, als sie bereits eine kranke und hinfällige Frau geworden und er kein ständiges Geschäft mehr besaß, brachte sie den Mann zu ausgedehnteren Reisen.

Kurz vor ihrem Tode hat meine Mutter noch das Meer gesehen.

[Der kleine Cherub]

Wenn Mama ins Theater ging, saß Franz beim Frisieren hinter ihr. Die Friseuse war da und drehte Löckchen mit einem heißen Brenneisen, das sie manchmal mit einem Finger berührte, den sie an ihren Lippen naß gemacht hatte. Dann zischte das Eisen auf.

Kerzen brannten zu beiden Seiten des Toilettetisches. Die Rouleaus an den Fenstern waren heruntergelassen, damit die Leute vom gegenüber liegenden Hause nicht hereinschauen konnten. Die Mama saß auf einem Tabouret, das aus seidenem Stoff war und keine Lehne hatte, sodaß die Friseuse dicht hinter ihr stehen konnte. Mama war schon in großer Abendtoilette, mit nackter Brust und nackten Schultern; aber ein darüber hingeworfener Frisiermantel deckte das ganze zu. Nur unten sah die schwarze, funkelnde Paillette hervor. Mama litt immer an heftiger Nervosität, wenn sie ins Theater ging. Die Friseuse — eine dicke, schwammige Person — hatte darunter zu leiden; sie wurde oft angefahren. Der Knabe verstand die Stimmung seiner Mutter. Er fühlte, mit empfindlichen Nerven, die feierliche Vergnügungssucht, die hinter all der Gereiztheit schwelte. Noch mußte sie an sich herumbrennen und herumzupfen lassen, bald würde sie aber frei und die Hauptperson sein, von den Menschen wie eine Königin behandelt, beneidet und angestaunt. Der Knabe hätte es nicht in Worte fassen können, aber er witterte es und trank es ein. Er wußte, daß seine Mutter eine schöne und verwöhnte Frau war. Er kannte im Schönbrunner Tierpark die Pfauen, die er mehr liebte als die Affen und sogar die Bären. Die Pfauen schlugen ihr Rad und stolzierten damit einher, sich nach allen Seiten drehend, damit sie von überall her gesehen würden. Ganz dasselbe tat Mama, wenn sie fertig gemacht war, erst vor der Friseuse, die mit ihrer etwas talgigen Bewunderung nicht sparte, dann vor dem Vater, wenn er sie abholen kam (und der wurde immer ungeduldig dabei, manchmal sogar vor ihm, dem kleinen, aber ritterlichen Franz). Und obwohl ihm das Weinen nahe war, weil er nicht mitgehen durfte, brachte er doch seine Komplimente ganz fließend heraus, besser als ein Erwachsener. Der kleine Cherub machte in solchen Fällen seine schönsten Engelsaugen. Nur, wenn er zum Abschied geküßt wurde, konnte er sich nie enthalten, seine Arme um den Nacken der Mutter zu werfen und sie dicht an sich heranzuziehen. Er preßte sie dann mit der Kraft der Verzweiflung an sich und atmete ganz wütend ihr Parfüm ein — obwohl das gegen die Abrede war und stets die Drohung hervorbrachte, daß ihm von nun an nie wieder erlaubt sein würde, der Schmückung seiner Mama beizuwohnen. Während der Vater fluchte, weil mit dieser Drohung noch immer nicht Ernst gemacht worden sei. — Natürlich weinte der Knabe immer ein wenig, nachdem der Wagen, den Franz vom Fenster aus aufgeregt beobachtete, die Mutter in die von Gaslaternen erleuchtete Nacht entführt hatte.

[Marie]

I.

Hinter den grünen Hügeln der Hochquell-Wasserleitung bei Wien wohnte damals noch Gott.

Bestimmt nicht weit davon lag: *Gottes Sommeraufenthalt.*

Der ganze Sommer in Weidling-Au war von der Anwesenheit Gottes durchwärmt und angeheimelt.

Und das Wiener Trinkwaser wurde von Gottes Nähe so wohlschmeckend, so labend.

Die grünen Hügel waren eigentlich steinerne Reservoire, deren Dach über den Erdboden emporragte, während das Wohngemach des Wassers in der Erde steckte. Weil aber diese Dächer mit Gras bewachsen waren, das ohne Grenze in die Wiese überging, waren es Hügel. Hügel mit eisernen Türen beiderseits.

Ich erstieg die Hügel und ließ mich ihren sanften Hang hinab rollen, bald diesseits, bald jenseits. Und ich horchte hüben und drüben an den Türen, legte Wange und Ohr an das Eisen und hörte drinnen, in der verschlossenen Kammer, das Hochquellen-Wasser hausen und sausen.

Gott war bestimmt nicht weit.

II.

Eine Wiese hieß die Himmelswiese. Sie hing über höhere Hügel hin, als es die Hochquellen-Wasserhügel waren. Dort ging Gott spazieren.

Ich wußte, daß er gern abends ausging. Und doch begegnete ich ihm nie.

Ich hätte bestimmt die Augen zugemacht, wenn er herangenaht wäre. Es mußte ja ein warmer, abendgoldener Hauch von ihm ausgehen, ihn anzukündigen, damit jedermann den Hut ziehen und beiseite treten könnte.

Ich wollte aber nicht wegtreten und ihn auch nicht grüßen. Ich wollte tun, als erkannte ich ihn nicht, und ganz langsam an ihm vorübergehen, mit klopfendem Herzen. Aber bestimmt würde ich dann doch zu laufen beginnen und im Laufen die Augen schließen. Denn wer hält es aus, Gott nicht zu vermeiden?

Aber Gott würde meine kleine List durchschauen, daß ich nur so tat, als kennte ich ihn nicht, um ihm ganz nahe sein zu können. Und mit geschlossenen Augen würde ich fühlen, wie Gott über mich lächelte. —

Aber ich begegnete ihm nie. Wahrscheinlich, weil ich damals immer viel zu früh heim mußte, wo das „Nachtmahl" dann auf unserem Tisch stand.

III.

Papa las die Zeitung. Er schien dieses so häßlich nach Druckerschwärze riechende Papier, das wie von tausend toten Insekten besät war, mit etwas schrägem Blick zu durchbohren. Papas hohe, slawisch geschweifte Stirne war dabei schmerzlich gerunzelt. Las er die Zeitung gern? Oder war er nur dazu verpflichtet wie jeder Geschäftsmann, jeder Bürger und Mann? Gehörte die Zeitung nicht zu einem ordentlichen Manne wie der Kredit, die protokollierte Firma, die Taschenuhr und das Taschenmesser? Wir alle schwiegen, wenn Papa die Zeitung las. Sogar die polnische Amme meiner Schwester schwieg.

Papa war aus der heißen Stadt gekommen. Tagsüber brannte er dort in der Hölle, vielleicht zur Strafe dafür, daß er uns Kinder in die Welt gesetzt hatte.

Später verstand ich, daß Papa nicht gar so ungern in der sommerlichen Stadt sich mit seinen Geschäften und mit der Hitze plagte. Dafür konnte er mittags länger im Kaffeehaus weilen, in der Gemeinschaft der Männer. Er galt etwas bei den Männern, er war der witzigste von allen und der hochherzigste. Seine warmblütige Hilfsbereitschaft stand in Ehren. Auch wer über sein Herz lächelte, schätzte ihn um seines Herzens willen. Mein Vater ist immer ein inoffizieller Präsident in der Republik der männlichen Herzen seines Stadtbezirks gewesen. Er stand über dem protzigen Judengeld, vor dem er aber eine kindliche Achtung hatte. Er gehörte zum reinen Stamm und nicht zur Rotte Korah.

IV.

Sonntage waren arg. Besonders Sonntage in der Stadt.

Aber es gab einen Trost damals: das Fahren mit der Pferdebahn.

Ich durfte neben dem Kutscher stehen, der auf (wie mir heute vorkommt) einem Schusterbock saß. Der Kutscher roch in seinem harten Kommißstoff nach Pferden.

Es war ein Glück zuzusehen, wie die runden Hüften der Pferde tanzten, wie die Pferde mit den Schweifen schlugen. Drückten sie manchmal einen Pferdeapfel heraus, dann sah ich ernst und mit Würde zu.

Wenn ich neben dem Kutscher stand, lernte ich von ihm und von Pferden: Würde.

Der Kutscher hatte die Pflicht, Warnsignale zu geben, indem er seine Glocke anschlagen ließ, die er mit dem Fuß in Bewegung setzte.

Für mich stellte sich dieser Vorgang so dar, daß der Kutscher das Recht hatte zu läuten und die Passanten auf der sonntäglich überfüllten Straße mit seiner Glocke zu dirigieren.

Scharen von Leuten rannten dann an uns vorbei, ihre Kinder mit sich schleppend, als wäre ein aus dem Ufer getretener Fluß oder ein rasch heranwachsender Feuerbrand hinter ihnen her.

Und dabei war es doch nur die Pferdebahn, die man aufhalten konnte, indem man mit lässig ausgestrecktem Arm nach den Zügeln griff. —

Noch heute, nach einem sehr bewegten Leben in aller Welt und Sphäre, nach Weltkrieg und Weltuntergang, finde ich diese Bewunderung des Signale gebenden Kutschers in mir vor.

Wohin ist inzwischen die Pferdebahn gekommen?

Vielleicht ist sie eingestellt in einer Remise für Pferdebahnen im Jenseits der platonischen Ideen, im Himmel der abgeschafften und von der Entwicklung der Formen verdrängten Modelle, die aber ihrer Zeit dereinst gute Dienste geleistet haben.

V.

Marie blieb vier Jahre lang bei mir; nachdem sie meine Amme gewesen war, wurde sie meine Kinderfrau. Dann verließ sie mich, weil sie die Erde überhaupt verlassen mußte. Sie übersiedelte von meinem Kinderzimmer geradewegs in den Himmel.

Ich war dessen gewiß, daß sie dort oben gut aufgenommen war. Aber ich sorgte mich doch ein wenig. Als es eines Tages — Monate nach Maries Tod — heftig regnete, mahnte ich mein neues Kinderfräulein, indem ich nach dem Himmel deutete: „Wir müssen einen Schirm hinaufschicken, für Marie!"

Und am liebsten wäre ich sofort ausgegangen, um in Mamas Schirmgeschäft auf der Mariahilferstraße einen besonders schönen Schirm für die selige Marie auszusuchen.

Papa hatte ein Möbelgeschäft. Dort waren viele Zimmer aufgebaut, zwischen denen man herumgehen konnte wie in vielen Wohnungen, die zueinander offen waren, sodaß man ohne Türe von der einen Wohnung in die andere gelangte.

In allen diesen Wohnungen roch es braun und scharf nach Beize. Ich liebte es, dort herumzugehen und mir zu erzählen, ich wäre nun in einer unterirdischen Stadt.

Warum unterirdisch? Warum mußten alle meine Städte unterirdisch sein? Waren die Städte an der Erdoberfläche nicht schon Gefängnis genug?

Später träumte ich Nacht für Nacht, aber noch vor dem Einschlafen, daß ich geknebelt und gebunden in eine unterirdische Stadt geschleppt wurde, wo es nach Vaters Möbeln roch. Und dort wurde ich dann gemartert und drangsaliert und mußte einem rohen Volk dienen.

Noch später, bevor diese endlos ausgesponnenen Träume ganz aufhörten, wurde ich immer zusammen mit einem jungen Mädchen entführt, und wir dienten beide unterirdisch.

Aber schließlich gelang es mir, meiner Gefährtin zur Flucht zu verhelfen. Die Liebe gab mir den nötigen Verstand und den Löwenmut für solch ein Unternehmen. —

Kamen diese Träume daher, daß ich so lange ein krankes Kind gewesen bin? Jedenfalls schwanden sie, als ich kräftig und daher selbst roh wurde. Dann gehörte ich auch zum rohen Volke, dem man dient, solange man lebt. — [...]

VI.

Ich war ein krankes Kind und oft aufgegeben. Dennoch war mein Kindermädchen Marie kränker als ich. Sie starb an der Schwindsucht, wie viele seelenvolle Wiener Mädchen. Morbus Viennensis.

Viel später hörte ich, daß meine Marie eigentlich an meinem Onkel gestorben war.

Mein Onkel war das Genie der Familie, und deshalb konnte er, trotz der Armut seiner Eltern, studieren. Seine Lehrer waren katholische Geistliche. Sie bewunderten die Gaben des armen Judenjungen und feuerten seinen Ehrgeiz an.

Er studierte mit der sich zerfressenden Leidenschaft des Auserwählten, der aus der Tiefe kommt; und für den alles nur Ziel ist, Ziel über ihn hinauf. Er lief im Sonnenbrand der Pubertät einen steilen Berg hinan, und der Atem ging ihm aus, wie er so manchem ausgegangen ist. Er wurde krank nach der glorreichen Schlußprüfung. „Schwach auf der Brust", nannte man das in Wien; man zeigte dabei auf die eigene Brust und legte bedauernd den Kopf schief.

Er war nun ein homo maturus, reif für den Arzt. Er mußte eine Pause machen. Pausen, das sind die großen Versuchungen für die Ehrgeizigen. Wenn das Schicksal einen Ehrgeizigen zu einer Pause zwingt, dann will es ihn gründlicher prüfen als der strengste Lehrer. Bist du, glänzender Maturant, auch wirklich maturus — für den nächsten Berg?

Nun, der nächste Berg meines Onkels war der Semmering.

Ihn zu retten, ihn und vielleicht auch mich gesund zu machen, beschloß meine Mutter, mit ihrer Tradition zu brechen und in diesem Sommer so märchenhaft weit zu reisen, nicht nur bis zu den Hügeln der Hochquellen-Wasser-Reservoire in Hütteldorf-Hacking, sondern bis zu den Hochquellen selber und den Bergen, aus denen sie entsprangen.

So fuhren wir bis nach Gloggnitz, aber ich habe keine Erinnerung an diese meine erste Reise und an den großen Jungen von einem Onkel, der für einen Sommer an Kindesstatt genommen war.

Ich glaube nur, daß er nie noch vorher Ferien in der Natur gehabt hatte! Und dieses war seine Pause.

Wenn man die Natur kennt, braucht man Marie nicht gekannt zu haben, und man braucht keine Photographie von ihr zu haben, um zu erraten, daß mein Onkel sich in Marie verliebte. Er hatte wohl noch nie geliebt und nichts gelebt.

Marie starb daran. Sie starb den Tod der Schwindsüchtigen im Kindbett.

So glaube ich es gehört zu haben, obwohl ich niemals danach fragte. Ich weiß auch nicht, ob das Kind lebte, ob es lebt. Und ich werde nie danach fragen. Mein Onkel aber war nicht dazu zu bringen, seine Studien fortzusetzen. Er widerlegte die Hoffnung der Lehrer, der Eltern, der Geschwister. Er trat eine glänzende Zukunft unter die Füße.

Er machte Schluß mit sich. Oder begann er erst? Er verschwand aus der Stadt und von uns allen fort. Er wurde etwas ganz Ungeistiges und Unjüdisches: Eisenbahnbeamter. Später war er jahrelang Vorstand einer kleinen, verschlafenen Station. Noch später heiratete er eine harte Frau. Wenigstens erschien sie allen fremden Menschen so hart, als ob sie nie eine Jugend gehabt hätte. Vielleicht war sie nur so hart geworden, weil sie, auch sie — wie er — eine Jugend gehabt hatte. Vielleicht vereinigten sich die beiden Menschen, um zwei getrennte Gräber gemeinsam verfallen zu lassen.

So endete das Genie der Familie.

VII.

Meine Mutter aber verfehlte sich niemals mehr gegen ihre Tradition, unseren Sommer in der lieblich bescheidenen Nähe Wiens zu verbringen.

Erst als wir Kinder alle groß und mißglückt waren, erst als sie uns unseren Schicksalen hatte überlassen müssen (Schicksale fragen niemals unsere Eltern um Erlaubnis): wagte sie sich wieder weiter hinaus, von den Hügeln zu den Bergen. —

Vielleicht ist Marie deshalb so lebendig in mir geblieben, weil so viel über sie geflüstert, weil am Ende auch über sie geweint wurde.

Vielleicht ist aber alles, die ganze Geschichte von Marie und meinem Onkel, dem verunglückten Genie der Familie, nur erdichtet und geträumt.

Es taucht ja unser ganzes Leben aus Träumen hervor, um wieder in sie zurückzusinken. Und ich habe die Grenze niemals so genau zu ziehen versucht.

Ich weiß nicht einmal, ob Marie wirklich Marie geheißen hat. Für die Legende, für mein Herz heißt sie heute noch immer so.

Noch viel später glaubte ich oft, mitten im aufgeregtesten Leben, einen Hauch ihres christlichen Wesens zu spüren; einen sehr stillen Atemzug, der nur vernommen werden konnte, wenn alles andere verstummte.

Es kam vor, daß ich einem Mädchen nachstrebte und plötzlich stockte vor dem Gefühl, ja doch nur auf Maries Ebenbild zugegangen zu sein — und Marie verfehlt zu haben, indem ich vor einem fremden Mädchen anlangte.

Gewisse Dinge wie ein silbernes Herz, an einem schwarzen Samtband um den Hals zu tragen, sprechen mir von Marie. Oder jener schmale Goldring mit einer blassen Koralle, der eigentlich der Jugendring meiner Mutter war, ihr Mädchenschmuck, den sie mir geschenkt hat, und den ich später in Paris versetzte.

Von einem frühen Bild meiner Mutter glaubte ich, daß es Marie ähnelt.

Ganz gewiß, Marie war ein blutarmes, sehr schmuckloses Mädchen. Und doch war sie der christliche Engel eines Knaben, der dem jüdischen Gotte glühend anhing. Marie war ein österreichisches, ein katholisches Herz. Ich verehrte in ihr die geborene und gestorbene Christin. Aber vielleicht dankte ich ihr auch den Genius einer Landschaft, die keiner ganz vergißt, der in ihr Kind gewesen ist.

Ich glaubte zu wissen, daß ihr erstes Kind, jenes, das sie verließ, um mich zu nähren, bald darauf gestorben war. Und ich machte mir Vorwürfe, das sei für mich und durch mich geschehen. Um meinetwillen hatte Marie ihr Kind verlassen, und so mußte es sterben, während ich mit dem Leben davonkam. Marie — oder ihrem Gedenken — glaubte ich zu verdanken, daß mein allzu aufgeregtes Leben in Sanftmut begann. Die zitternd besorgte Liebe meiner Eltern habe ich oft gefürchtet, wie einen Spiegel, der mich mir selber prophezeite.

Etwas von der stillen Fassung, welche den österreichischen Charakter so heroisch machen kann, lebte in Marie — und starb mit ihr aus meinem Leben weg. [...]

VIII.

Marie ist eine meiner tiefsten Erinnerungen — eine Erinnerung ohne Gesicht. Wenn ich mich ihres Gesichtes entsinnen will, glaube ich dessen gewiß zu sein, daß Marie ein sternäugiges Geschöpf gewesen ist.

Wenn ich mich über den halbverschütteten Brunnen meiner Kindheit beuge, strahlen mir die gespiegelten Augensterne Maries entgegen.

Es gibt solche Wesen, die von den Augen her leuchten, während der übrige Mensch im Schatten zu gehen scheint.

Ich sammelte als Knabe heimlich Photographien solcher Frauen. Man legte damals im Hause meiner Eltern nicht viel Gewicht auf Photographien, so konnte ich sie unbemerkt entwenden. Ich nahm sie aus der Lade der Kredenz im Speisezimmer, trug sie mit mir herum und sprach leise mit ihnen.

Ich erinnere mich an zwei: Beides die Bilder von früh Verstorbenen. Die eine war, glaube ich, eine russische Dame mit einem vollen Gesicht und Augen, die etwas verrückt zu sein schienen, verrückt vor Glück.

Und es war ein Glück, von dem die Wangen, und gar erst die Lippen nichts wußten.

Die andere tief Verehrte war Polin. Sie hatte ein schmales Antlitz, mit einem Umriß wie ein Violinenton. Deren Augen leuchteten fast traurig, verwundert darüber, daß in ihrem geringen Selbst ein solches Leuchten war, ein Diamant in einer armen Stube. An sie erinnere ich mich aber genau, ich weiß, daß sie zu Besuch kam, und ich weiß, wie herzlich sie lachen konnte. Sie war die junge Frau eines weißhaarigen Mannes, aber sie starb lang vor ihm. —

Diese Photographien lagen in meinen Schulbüchern, und ich betrachtete sie während des Unterrichtes unter dem herabgeschobenen Pultdeckel meiner Schulbank. —

Was Maries Gesicht anlangt, so verschwamm es mir mit den Jugendbildern meiner Mutter — und später mit den Bildern der Kaiserin Elisabeth von Österreich.

An der Legende dieser Frau hat ein Volk gedichtet, ein Volk von Völkern, die einander haßten, aber die Kaiserin liebten, die nicht ihre Kaiserin sein wollte. [...]

Schon die Kinder liebten die schlanke Reiterin auf sich bäumendem Pferde.

Sie war in strenger Weise lieblich. Und so lieblich, so einsam!

Sie gab dem Pferde die Sporen — und sprang hinweg über einen Thron in die Einsamkeit. Die Kaiserin der Einsamkeit war sie.

Sie war die erlauchte Fremde. Sie war auf Reisen, solange sie lebte. Sie kam immer vom Meer oder aus dem Gebirge. Sie kehrte heim, um nicht zu bleiben.

Was alles traf sie, ohne ihren Weg aufhalten zu können! Winkte sie der tote Sohn hinüber? Aber sie war mehr seine edlere Schwester als seine Mutter für die Legende.

Zuletzt traf´sie, an einem fernen See, eines sonnigen Tages, ein Stilett mitten ins Herz.

Der Mörder der Legende! Als wäre einer ausersehen gewesen, mit einem einzigen Stich diesem Herzen auf der ewigen Wanderung einen Schlußpunkt zu setzen.

Und so kehrte die Kaiserin Elisabeth heim von ihrer letzten Reise, um zu bleiben.

Ich sah die Heimkehr als junger Mensch. Die Kaiserin kam mit der Westbahn, die mir so wohlvertraut war, denn sie hatte mich in alle Sommer meiner Kindheit getragen.

Nun, eines Abends, brachte die Westbahn die Kaiserin heim. Von den Gaslaternen auf der Mariahilferstraße waren die Glaskörper abgenommen, so flackerten die offenen Flammen der Flambeaux düster-feierlich in der Abendluft.

Die Luft war stumm von dem schweigenden Volk zu beiden Seiten der Straße. Eine unendliche Versammlung entblößter Köpfe den Weg der Heimkehr entlang, den ein Sarg ging.

Es war so still, daß man sagen mußte: man hörte keine Seele weinen! Atemlosigkeit war der letzte Gruß an die Kaiserin der Einsamkeit.

Als ob mehr Frieden in jedem Herzen wäre, weil Elisabeth nicht mehr wandern mußte. Und als ob doch jedes Herz beklagte, nun ruhiger zu sein.

Sie, der die Volksgunst scheu auf den Wegen folgte, die doch alle wegführten — nun brachte der Tod sie zurück. —

IX.

Ich erinnere mich der Sommernachmittags-Stunde, als ich von dem Sohn unseres Hausbesorgers (so wurde der Hauswart genannt) erfuhr, welchem heimlichen Treiben von Mann und Weib wir Menschen-Kinder alle unser Erdendasein verdanken.

Lichtscheu wie der Akt selbst war das Deuten und Bedeuten des hochaufgeschossenen Jungen, der, mich Kleineren in eine Mauerecke drückend, mit gierigem Eifer seine Wissenschaft in mich hineinflüsterte, die ihn zu beglücken und doch peinvoll zu erregen schien.

Ich schaute ihn an, wie er schluckte und sein Adamsapfel an dem dürren Halse auf und niederging. Der Junge sah wie ein hungriges Huhn aus, und seine Augen rollten künstlich herum, als wäre seine arme Seele mit Ruhelosigkeit geschlagen.

Ich war gräßlich bestürzt, voll zorniger, bitterer Scham und einen Moment lang wie auf den Kopf geschlagen.

Aber wirklich nur einen Moment lang! Dann war ich wieder obenauf und in der glücklichen Lage, den Burschen einen Lügner zu heißen. Und mochte er noch so beteuern, feierlich die Hand hochrecken und rufen: „Ich schwör dir's bei der heiligen Seel und nicht leben soll ich, wenns nicht wahr ist!" Und wenn er auch zugesehen haben wollte, wie seine eigenen Eltern es machten — „auch, oft!", sagte er und preßte seine Hand beteuernd an seine Wange —: ich wußte es doch besser und triumphierte über ihn wie der weiße Engel über den schwarzen.

Es konnte ja nicht sein! Und wenn auch alle Frauen der Welt, Marie und überhaupt alle fähig gewesen wären, das unnennbar Grausige zu erleiden: *niemals* die Kaiserin Elisabeth!

X.

Die Liebe wurde mir erst später zweifelhaft. Als Knabe von noch nicht vier Jahren verstand ich sie besser.

Keuschheit und Sinnlichkeit haben dieselbe Wurzel. Jedes Kind *ist* diese Wurzel.

Das Kind zählt nur bis eins.

Wer zwei sagt, meint ich und du.

Drei gar heißt: er, sie und es.

Für manche Kinder gibt es nur: er.

Für andere nur: du. Für dritte nur: ich.

Aber alle meinen sie mit allem: *ich!* Wenn sie es auch nicht behaupten.

Kinder „beobachten" nicht, wie man gerne erklärt. Sie greifen und nehmen.

Dann *haben* sie, und das bedeutet bei ihnen: sie und es.

Der Verstand ist die Phantasie des Kindes. Deshalb sind die phantastischesten Kinder verständiger als die nüchternsten Erwachsenen.

Begreifen ist noch ein Märchen. Der Verstand der Kinder bewegt sich im Sprung vorwärts. Es ist der Sprung in die Legende!

Kinder lieben Märchen nur, solange sie sie für wahr halten. Märchen, die lügen, hassen sie.

Das Märchen ist ihre Weltgeschichte, die Wissenschaft der Kinder.

Mit dem Kinde wächst die Legende jedes Menschen heran.

Aber so mancher Mensch trägt seine Legende verdorrt und verwelkt, eine Leiche, in seiner Brust.

XI.

Es wird vom Kaiser Franz Josef erzählt, daß er eines sonnigen Tages in Ischl, als ein Kind ihm Blumen reichte, diesem Kinde militärisch salutiert haben soll, ohne es auch nur angesehen zu haben.

Man muß die österreichische Landschaft kennen, um die Empörung der aufgeklärten Österreicher über diese Handlung des repräsentativen Greises zu verstehen.

Das Kind wird anders empfunden haben. Es verlangte nicht, als Kind behandelt zu werden. Es sah einen Greis und einen Kaiser in einer Person. —

Es war damals schon sehr spät in Österreich, hoch an der Zeit. Die Sonnenuhr zeigte auf Abend.

Ich kann mich niemals ganz des Kinderwahnes entschlagen, daß — anders als im Reiche Karls des Fünften — die Sonne *nur* in Österreich auf und unter ging. Obwohl ich die Naturtatsache selbst in beiden Hemisphären wahrgenommen habe.

Aber die Musik des Sonnenauf- und Untergangs hörte ich nur zuhause. Nur in Österreich sah ich das Spiel der Schatten, die ganze Entschleierung, das zarte Lüften der Nacht — und das langsame Bedecktwerden der Erdbraut mit ihren Geheimnissen.

Und zuletzt ist die Sonne in Österreich untergegangen, um nicht wieder aufzugehen.

Wiederkehr eines kleinen Lebens

I.

Wie weit geht die Erinnerung zurück? Wa ist jedem von uns erzählt und dann in das Panorama des Erlebens aufgenommen worden? [...] Ich schlief mit einer meiner Tanten, der schönen Fanny, in einem Zimmer. Sie ging später als ich zu Bett und verlöschte wohl manchmal das Öllämpchen — ein mit Öl gefülltes Glas, in dem ein Kork mit eingesetztem Docht herumschwamm. Wenn ich dann erwachte, war es dunkel, und ich schrie vor Angst und weckte meine Tante. Wahrscheinlich störte sie das Licht beim Schlafen, obwohl es nur ein kleines, etwas unruhiges Flämmchen war, das, wenn der Docht zu brutzeln begann, flackernde Schatten erzeugte. Ein heimliches und heimisches Licht, das meiner Kindheit beim Träumen half.

Ich lag gern wach im Bett, wenn das Öllämpchen mir Gesellschaft leistete. An der Wand gegenüber hing ein billiges, aber romantisches Gemälde, wie man sie damals in kleinbürgerlichen Häusern begünstigte. Es muß etwas Watteau-Ähnliches gewesen sein. Ein Kahn langte auf einem sommerlichen Flusse vor einem Lustschloß an. [...] Das Eigentümliche an der Sache war, daß dieses Schloß plastisch wurde und zur Lebensgröße heranwuchs. So war ich imstande, mich persönlich ins Innere zu begeben und an der Festlichkeit, einem lärmenden Bankett, teilzunehmen. Wichtiger als das: ich konnte mich jederzeit in das Schloß flüchten und dort verborgen halten. Dort war ich für niemanden erreichbar und vor allen Unannehmlichkeiten sicher, gegen Strafe und Gewissensbisse geschützt. Nun gab es nicht viel Strafe in meiner Kindheit, aber an Unannehmlichkeiten und Gewissensbissen war kein Mangel. Der Zauber blieb jedoch nur wirksam, solange ich keine Menschenseele in das Geheimnis einweihte. Es hat auch nie jemand davon etwas erfahren; ich erwähnte es erst im reifen Alter, als meine Eltern und meine Lehrer nicht mehr am Leben waren. Ich besaß also einen Geheimschlüssel zu einer anderen Welt, und das gewährte mir eine Art von Sicherheit. Ich erfand auch Gefahren, aus denen ich mich in das Schloß rettete. Ich spielte mir im Innern dieses schlechten Bildes viele Szenen vor, deren Held ich war. Vielleicht ist das Bild daran schuld, daß ich später zum Theater ging.

II.

Vom Hörensagen weiß ich auch, daß ich ein kränkliches Kind gewesen bin, das an der englischen Krankheit und an Stimmritzenkrämpfen gelitten haben soll. Ich will bei dieser Gelegenheit erwähnen, daß das Ghetto kaum mehr als zwei Generationen weit hinter mir lag. In Wien gab es vorzügliche Kinderärzte. Ich erinnere mich an einen Doktor Pollaczek, der uns Kinder mit seiner goldenen Uhr spielen ließ, oft zum Abendessen dablieb und meinem Vater, der es liebte, jüdische Witze zu erzählen, ein geduldiges und gefälliges Publikum abgab.

Meiner Kränklichkeit zuliebe, und weil ich der — noch dazu gefährdete — einzige Sohn war, wurde ich verwöhnt. Ich scheine an meinem Spielzeug mit nervöser Inbrunst gehangen und auf meine Freuden mit terroristischem Eigensinn bestanden zu haben. Ich zappelte, heulte und schlug um mich, wenn ich nicht bekam, was ich mir wünschte. Ich scheute auch nicht davor zurück, große theatralische Szenen zu machen. Meine Tante erzählte mir später oft, was ich zu treiben pflegte, wenn mir ein Windradel zerbrach und nicht sofort ein neues zu beschaffen war. Windradel waren an Stäben drehbar befestigte bunte Papierschleifen, die der Wind — den es in Wien genug gab — in Bewegung setzte. Sie wurden im Frühjahr auf den Straßen der inneren Stadt, wo die verwöhnten Kinder spazieren gingen, verkauft; auch in den Gärten und im Prater, besonders am Praterstern, wo die Tegetthoffsäule stand. Ob sie auch im Wien der nationalsozialistischen Ostmark noch erzeugt und verkauft werden? Jedenfalls: ich rang die Hände und beklagte mich bei Gott und den Menschen: „Hoppam Windradel!"

Natürlich frage ich mich, ob es sich ziemt, solchen privaten Kleinkram zu überliefern, sei es auch nur in der Form persönlicher Aufzeichnungen, die ein späterer Leser auf seine eigene Gefahr zur Kenntnis nimmt. Aber es ist eine Tatsache: im gleichen Augenblicke schreiben Hunderte von Zeitgenossen ihre Autobiographien — besonders Flüchtlinge, Emigranten, gescheiterte, entzweigebrochene Existenzen, die im Exil vergeblich altern, eines organischen Lebensabschlusses beraubt, auch wenn sie nicht buchstäblich umgebracht worden sind. Und sie alle klammern sich an die kleinen Züge, als wären es herumschwimmende Balken in einem Schiffbruch; oder als hätten sie nichts Wichtigeres zu bergen aus dem Wrack ihrer Existenzen. Sie schreiben die Geschichte ihres verpfuschten Lebens, um sich zu rechtfertigen, um ihre Niederlage zu erklären, ihre guten Absichten zu belegen — oder um sich am Ende noch selbst zu beweisen, daß sie überhaupt gelebt haben. Es muß schon so sein: das Detail beglaubigt sie, indem es ihre Darstellung wahrscheinlicher macht. Aber jene andern, die

Autobiographien verfassen aus pietätvoller Sentimentalität, und um sich an ihrem Lebenslauf zu erbauen, bevor er abläuft; ja um sich, ehe sie sterben, selbst zu rühmen, weil sie befürchten, daß es sonst keiner sachverständig und ausführlich genug tun wird: auch sie verweilen mit Behagen bei den Muttermalen und Sommersprossen ihres Lebens: denn die kleinen Züge sind es, welche sie vom Nachbarn unterscheiden; sie verleihen der leidenschaftlich geliebten Person, dem eigenen Selbst, die Einzigkeit.

Am Ende läuft ja alles Geschichtenerzählen, auch das Erzählen der Weltgeschichte, auf eine Anekdotensammlung hinaus. So auch der Mythos der Einzelperson, der mit ihr heranwächst, auch durch begangene Verbrechen nicht abgebrochen wird und sogar im Wahnsinn den inneren Faden nicht verliert. Das ist wahrhaftig ein Seil, das jeden mit der Ewigkeit verbindet. Wenn der erst jüngst geborene Mensch noch mit „er" von sich spricht, schreibt er dieses „Er" bereits mit einem großen Anfangsbuchstaben. Handelt es sich doch um die Hauptperson! Er, der Dreikäsehoch, hat heute den Mond vom Himmel heruntergeholt und ihn von der Köchin blitzblank scheuern lassen, weil Flecken darauf gewesen waren. Solche Geschichten — in der Tat große Dichtungen — werden gestammelt, und man muß genau hinhören, um sie zu verstehen. Sie bleiben nicht hinter dem Gilgamesch oder hinter den religiösen Epen von Josua oder Samson an Verdichtung bedeutender Vorgänge zurück. Ich glaube, daß diese Privatsagas die Urquellen des Seelenlebens sind, aus ihnen baut sich die individuelle Seele auf. Es sind zuerst Selbstgespräche, bevor sie sich an das Ohr eines Du, eines Zeugen wenden. Heldenlieder, preisend den einzigen Helden, den es gibt, bevor das Ich, geschweige denn das Du überhaupt erfunden sind. „Er" hat gestern die Distelkönige geköpft: er besingt damit die größte Schlacht aller Zeiten. So entwickelt sich das Innenleben: so wird das Ideal geboren und großgehätschelt, dem wir zeitlebens nachstreben, mit dem wir unser reales Selbst vergleichen, vor dem es sich zu rechtfertigen hat.

Jeder Mensch trägt diese Anekdotensammlung seiner eigenen Geschichte bis zum Tode mit sich herum: zumindest jeder Mensch, der etwas auf sich hält, jeder ethische Mensch. Er dichtet immerzu an den einzelnen Vorgängen, gestaltet sie aus;

er dramatisiert sie, auch wenn er bereut und sich verurteilt. Mancher Selbstmord dürfte als die letzte Anekdote eines Lebens gedichtet sein, um des wirksamen Schlusses, des folgerichtigen und klappenden Abgangs willen. Da hängt sich der Held an die Türklinke, geschwind, geschwind, während seine Sekretärin zum Lunch gegangen ist; sie wird ihn hängen finden, wenn sie zurückkommt und die Türe zu öffnen versucht: ihr Schrei, ihr Entsetzen sind vorher mitgedichtet. Alle Menschen sind, als Historiker ihrer selbst, Künstler. Und oft habe ich jene beneidet, die ihre Kunst restlos dem Eigengebrauch erhalten, die eigentlichen Privatmenschen.

Wie bereits gesagt: jeder, der zur Geschichte einer Person etwas beizutragen hat, wird zugelassen: die Funktion der Tanten. Mitarbeiter sind erwünscht; Lieferanten von Material, das sorgfältig eingefügt wird, sodaß keine Bruchstelle bleibt: bald weiß der Mensch selbst nicht mehr, ob er einen Zug erlebt oder nur zugesteckt bekommen hat. Auch Erfindungen sind willkommen, sobald sie in den Stil passen; sie werden immer wieder überarbeitet, bis sie einverleibt und ein Teil der Erinnerung geworden sind. Auch der häßlichste, sogar der uneitelste Mensch erfindet sich sein eigenes Gesicht, bis der Spiegel es so wiedergibt, wie es zu sein hat — wie es allein ertragen oder genehmigt werden kann: daher das Erschrecken, wenn die photographische Platte oder das Filmband nicht mitspielen.

Wenn ich an die Menschen denke, die sich stumm und schmucklos geopfert haben; oder die ohne Aufenthalt oder Beschönigung einer Sache dienen, dann schäme ich mich dieser unbeträchtlichen Betrachtungen. Das heißt: es gehört zu meinem persönlichen Mythos, an solche Menschen zu glauben und mich vor ihnen zu schämen.

III.

Sich zu schämen: die Geschichte der Literatur — ein Scherbenberg menschlicher Haltungen und Verhaltungen — kennt wenige Autobiographien mit diesem Leitmotiv. Wer überhaupt schreibt, bedeckt nur zu gerne seine Scham mit einem noch so unzulänglichen Feigenblatt — gar wer über sein eigenes Leben Buch führt. Autobiographen sind Bilanzfälscher von

Beruf, auch wenn sie über ihren Bankrott Rechnung legen. Sie bieten ihre Data zum Verkauf an — und wer kauft gern Entmutigung? Mißerfolg ist eine wenig begehrte Ware. Wer ihn hat, pflegt ihn zu verstecken — oder doch so zu arrangieren, daß er, auf irgendeiner Rückzugslinie, als Teilerfolg erscheint. In den Vereinigten Staaten Nordamerikas werden die Toten geschminkt. Autobiographien sind Särge, in denen geschminkte Tote zur Schau stehen.

Sich zu schämen! Wage ich auch nur einzugestehen, *wann* ich hier sitze und Vergangenes abspule? Wann immer es herauskommt: das Erscheinungsjahr wird mich in Verlegenheit setzen. Es gehen große und schreckliche Dinge in der Menschenwelt vor. Aber war das nicht immer so — und dennoch tat jedes Ich das seine, kleine, scheinbar für dieses jeweilige Ich Ersprießliche.

Eine meiner frühesten Erinnerungen fällt in das Jahr 1889. Eines damaligen Tages erschien die Zeitung schwarzumrändert, ich bilde mir ein, diesen schwarzen Rand, der die Ermordung eines Thronfolgers umschloß, tief in mich aufgenommen zu haben. Ich muß in die öffentliche Bibliothek gehen und nachforschen: vielleicht hatte die Zeitung damals gar keinen schwarzen Rand. Aber ich glaube zu wissen, daß meine schöne Tante Fanny rotgeweinte Augen hatte, und ebenso das Dienstmädchen Anna. Fanny war eine blonde, volle Schönheit, mit delikatem Teint und einem sanften Profil, mit dem Gemmenprofil einer Lavinia. Diese edle Römerin diente im Schirmgeschäft meiner Mutter auf der Mariahilfer Straße als Verkäuferin, ebenso die jüngere, dunklere, mehr gewöhnliche Netti, auf deren Nasenspitze die Torheit saß. So habe ich mir als Kind diese Personen zurechtgelegt, und das gleiche gilt von den übrigen Charakteren, die bei mir auftreten werden, in dem Privattheater meiner Erinnerung, das vor meinem inneren Ludwig dem Vierzehnten spielt. Jedes Ich sein eigener Sonnenkönig, sein spezieller „L'état c'est moi". Alle die Personen sind mit meiner Saga verwachsen, aus ihr heraus und in sie hineingewachsen. Sie haben kein Eigenleben, oder doch nur jenes, das ihnen zuzubilligen sie mir abgenötigt haben, indem sie mich hemmten oder mir Grenzen setzten, oder indem sie auf meine erotische Phantasie, auf meinen dramatischen Instinkt, auf die Lyrik oder das Mitleid in mir wirkten. Es sind Mitspieler oder

Gegenspieler, oft nur Komparserie. Die Hauptperson war ja von vornherein gegeben. In Beziehung zu meiner Mutter waren beide Tanten dienende Geschöpfe, wenn sie auch über Anna standen, dem Dienstmädchen, richtiger der Köchin, die ihre Hauptlebenszeit in der Küche verbrachte, wo sie auch die Wäsche wusch. Bügeln tat sie in der kleinen Kammer, dem Kabinett, wo sie auch schlief. Das Bügelbrett, auf zwei Stuhllehnen ruhend, wo es nicht genug fest lag, hatte neben ihrem Bett kaum noch Platz. Ich setzte oder legte mich dann aufs Bett, und sie sang mir Lieder vor, Schubert, oder deklamierte Gedichte, mit Vorliebe Schiller. Wenn sie kochte, breitete sie mir ein Tuch auf dem Küchentisch aus, der mir dann als Ruhelager diente. So lernte ich die Klassiker kennen, noch ehe ich in die Volksschule kam. Anna war eine lustige Person, sie lachte gern — aber sie weinte ebenso gern. Auf die Bewegung des Gemütes kam es ihr an. Ich erriet frühzeitig, daß sie durch diese Eigenschaft dem Volke angehörte. Volk war etwas Gutmütiges, leicht Gerührtes — denn so war Anna. Ich erinnere mich nicht, daß sie mir jemals böse gewesen wäre, obwohl ich von meinem Herrenrecht, mit ihr herumzubefehlen, leicht Gebrauch machte. Uns verband die gemeinsame Gefühlswelt, die wir freigebig miteinander teilten, die Welt der Märchen, der Lieder und der Klassiker. Die Eltern erfuhren erst davon, als ich „Der Taucher" von Friedrich Schiller auswendig wußte und ihn einmal beim Abendessen unaufgefordert hersagte. Alle, besonders die Tanten, staunten über meine Aufgewecktheit. Aber kein Mensch wunderte sich, daß ich alles das frei aus dem Gedächtnis singen und sagen konnte, wovon ich in meinem ganzen Leben nur wenige Strophen und Melodien zurückbehielt.

Die Vorgänge jenes Abends, als sich die Kunde vom Doppelselbstmord Rudolfs von Habsburg und der Baronin Vetsera tagsüber verbreitet hatte, sind mir geläufig. Aber ich vermute, daß ich sie mir später gedichtet oder jedenfalls ergänzt habe, denn ich war damals erst vier Jahre alt. Als der Vater aus seinem Möbelgeschäft kam, abgehetzt und immer etwas aufgeregt, war Anna verweint und das Gulyas angebrannt. Als dann die Mutter, die gleichfalls verweinte Tante Fanny und die etwas verbockte Tante Netti — sie war die jüngste und derbste der Schwestern, wurde gehofmeistert und von Fanny um ihren

Anteil an Romantik geschmälert — aus ihrem Schirmgeschäft, das länger offen war, eintrafen, fanden sie den Vater mißmutig hinter seiner Zeitung. Er sah schlimme Zeiten voraus. Der Thronfolger war als ein Liberaler bekannt, verschrien und beliebt gewesen und wahrscheinlich auch wegen seines Liberalismus — er verkehrte sogar mit jüdischen Journalisten und soll für deren Zeitungen eigenhändig Leitartikel geschrieben haben — aus dem Wege geräumt worden. Diese Lesart konnte nie ganz berichtigt werden, auch nicht, als der Kaiser dem Amtsblatt erlaubte, die näheren Umstände der Katastrophe zu veröffentlichen. Nicht nur war es dem katholischen Monarchen schwer gewesen, zuzugeben, daß der Thronfolger Selbstmord verübt hatte — was er dem Sohne wohl nie verzieh; aber dieser Tat war die Ermordung der Vetsera vorausgegangen — was er ihm, falls es geheim geblieben wäre, wohl eher verziehen hätte. Tante Netti stimmte dem Vater zu, auch sie hatte gehört, daß die Pfaffen es dem Rudolf besorgt hatten. Tante Fanny verteidigte den Anteil der Liebe an der Tragödie. Ihr Gefühl bäumte sich gegen die Hartherzigkeit des Herrschers auf, der seinen Sohn dem Staatsinteresse aufgeopfert, ihn erst zu einer verhaßten Ehe gezwungen und dann, als das Herz doch seine eigenen Wege ging, ihn und die treue Geliebte in den Tod gejagt hatte. Als Anna das verbrannte Gulyas auftrug, wußte sie es wieder anders: ein Nebenbuhler des Prinzen bei der Vetsera, ein junger Offizier, habe ihm bei der Jagd den Schädel eingeschlagen; die Vetsera sei erst nachher umgebracht worden, sozusagen um dem Kinde einen Namen zu geben. Sie begoß die Wahrheit dieser Geschichte mit einem neuen Tränenstrom, gestand aber dann, durch den Widerspruch der Herrschaft kleinlaut geworden, zu, daß der Mörder auch ein heißblütiger und rotbärtiger Förster gewesen sein könnte. Hätten die Leute damals die haarsträubenden Details gewußt, die später von dem Begräbnis der Baronin Vetsera bekannt wurden, ihre gespenstische Wagenfahrt als Leiche, als wäre sie ein lebendiger Fahrgast; und wie ihre Mutter vom Grabe der Tochter ferngehalten wurde — ihr monarchisches Gefühl wäre vielleicht doch erschüttert gewesen, wenn auch nur leise.

Dieses Gefühl ertrug und überlebte manchen harten Stoß und ein weitverbreitetes Geheimwissen, das übrigens in aller Munde war, von den Lastern und Verbrechen der Dynastie und vom tiefeingewurzelten Elend, von Mißbrauch und schleichendem Siechtum unter dem Glanz und Gepränge des Staates. Bei den Habsburgern wiederholten sich, je länger, je lieber, weit entwickelte Liebeshändel mit bürgerlichen Mädchen und morganatische Ehen unter Verzicht auf die Gottgesalbtheit und ihre angestammten und vererbten Privilegien. Solche Anzeichen einer wachsenden Verbürgerlichung wurden von den Untertanen viel mehr als Symptome des Verfalls empfunden als die Liederlichkeit der Lebensführung, das über alle Stränge Schlagen im Genuß, wie es bei einzelnen Aristokraten auftrat. Jener Erzherzog Otto, der, hoch zu Pferde, einen Leichenzug aufgehalten haben soll, um in elegantem Sprunge über Sarg und Leidtragende zu setzen, war nichtsdestoweniger oder gerade deshalb ein Liebling der sogenannten Volksseele. Die öffentliche Meinung gebärdete sich in solchen, vielleicht nur erfundenen Fällen keineswegs moralistisch. Vielleicht waren sie gerade um des herzerhebenden Übermutes willen erfunden, von dem sie ein glanzvolles Beispiel gaben. Wir kannten schon als Gymnasialknaben mythische Vorgänge, wie jene andere Anekdote: daß derselbe Otto in den nächtlichen Gängen des berühmten Hotel Sacher dem englischen Gesandten splitternackt, jedoch mit umgeschnalltem Säbel und umgehängtem Maria Theresia-Orden begegnet sein soll. Vielleicht war es auch ein anderer Orden, das Wesentliche daran sind Begriff und Atmosphäre einer glorreichen Korruption, in die wir Kinder des Wiener Bürgertums hineinwuchsen, gleichviel ob wir der katholischen oder der israelitischen Religionsgemeinschaft angehörten.

Gleichviel ob unsere Eltern sich ihres bodenstämmigen Patriziats bewußt waren, und zwar mit nicht geringem Stolz, der sich erst allmählich in ein bissiges Ressentiment gegen Zugewanderte und frisch heraufkommende Klassen kehrte; oder ob sie Juden waren, erst kürzlich der Emanzipation teilhaftig geworden, sozusagen erst gestern aus dem Ghetto entlassen und von der Ausnahmsgesetzgebung befreit: sie alle empfanden die österreichisch-ungarische Monarchie als den Privatbesitz einer erlauchten, deshalb aber doch menschlichen Familie. Der darin enthaltene Widerspruch störte sie nicht; das Absurde daran enthielt eine Art von Sicherung auf Lebensdauer. War die Dauerhaftigkeit trotz aller Schwächen des

Systems erwiesen, so konnte man sich nur umso mehr auf sie verlassen. Dies gehört zu den schlüssigsten Argumentem, die für die Erhaltung einer Monarchie überhaupt vorgebracht werden können. Ähnlich verhält es sich mit den Religionen, sobald sie erst Staatsreligionen geworden sind. Man braucht nur den entferntesten Schimmer von ihnen zu haben, zugleich mit dem beruhigenden Gefühl, daß sie ein Chaos menschlicher Beziehungen und Bestrebungen zusammenhalten. Erkannte Mißstände erweisen nur umso schlüssiger die Tragkraft. Ein nörgelndes Beamtentum mußte sich umso pedantischer an den Buchstaben auch der meistveralteten Gesetze klammern. Eine brutal zugreifende Polizei, ergänzt durch ein gerieben Spitzeltum, erhielt den Staat de jure und de facto. So spielten wir Knaben mit einem Kreisel, der auf dem Kopfe stand; der aber nicht umfiel, weil wir ihn peitschten.

Die Menschenrassen

Ob der fünfjährige Junge damals du warst — du, mein ehemaliges Knaben-Ich, täte eigentlich nichts zur Sache, da der unbedeutende Vorfall fast sechzig Jahre zurückliegt: wenn es nicht die Kontinuität des Errötens gäbe in einem noch so zersplitterten und zerfaserten Menschenleben. Noch nach neunundfünfzig Jahren, deren Erleben über ein Weltmeer und zwei Kontinente sich ausdehnt und zwei Weltkriege und die große Revolution einschließt (nebst einigen kleineren Revolutionen) und das erst recht mitten in der gewaltigsten Umwälzung mitinbegriffen ist: wacht ein alter Mann in einer Nacht des Exils schmerzhaft auf, weil er in schwerem Schlafe schamrot geworden ist wegen einer Handlung, die er als noch nicht schulpflichtiger Knabe begangen hat.

Er rechnet sich sein damaliges Benehmen auch noch heute zu. Das Strafregister (schon die Erinnerung ist Strafe), das er solcherart starrsinnig weiterführt, wird bald abgeschlossen und mit ihm begraben sein. Sein Bewußtsein erlischt als eine flackernde Ölfunzel, das ist das Ende davon. Sollten eine

Handvoll Anekdoten von dem Manne übriggeblieben sein, so ist das immerhin mehr als nichts. Mögen sie sich sogar eine Zeitlang erhalten, so verlieren sie doch das Persönliche. Stadt und Gegend, wo sie spielten, sind inzwischen vielleicht kaum wiederzuerkennen. Wo das Haus stand, mag eine Ruine lungern, oder auch nur ein Loch klaffen, eine Zahnlücke im Häusergebiß: und auch das nur, bis da ein neues Haus steht. Diese letztere Möglichkeit ist die bei weitem hoffnungsvollste Aussicht: die auf neue Häuser, in denen andere Kinder sich das Anrecht erwerben auf ein Erröten im Alter. Eine wahrhaft menschliche Art von Kontinuität.

Die Eltern hatten den fünfjährigen Knaben zur Hochzeitsfeier einer Tante, die im Haus der Großeltern stattfand, mitgenommen. Es war ein Ausflug in eine unterschiedliche Welt, vom Bezirk Mariahilf in die Leopoldstadt, die den Charakter eines — wenn auch freiwilligen — Ghettos aufwies. Die Großeltern hatten, mit ihren sechs noch unverheirateten Kindern, drei männlichen, drei weiblichen Geschlechts, dort eine, im Vergleich zur bürgerlichen Wohnung der Eltern, proletarische Behausung inne. Dort gab es keine gewichsten Parkettböden und keine Teppiche und Bettvorleger, keine Bilder und Stickereien an mit gemusterten Tapeten bekleideten Wänden, keine Nippes auf Etageren, keine gotischen oder romanischen Kredenzen und keine Stühle mit geschwungenen Beinen, keine bauchige Hängelampe. Nackte, dürftige Möbel standen da, die nicht von Politur und Beize glänzten, und die weißen Leinengardinen hingen auf simple Weise an den Fenstern hinunter; man hatte verabsäumt, sie elegant zu raffen. Aber es war sauber dort, und in der Morgensonne hätte das ganze ein freundliches Aussehen gehabt.

Von alledem hatte der Knabe sich in späteren Jahren überzeugt. An jenem Abend war das Wohnzimmer festlich herausgeputzt. Ein Buffet mit kalten Speisen und Salaten war, wahrscheinlich mit Hilfe der ältesten, wohlhabenden Tochter, gleich einem Altar errichtet worden. Feineres Geschirr, Porzellan und Glas, ferner silbernes Besteck waren entliehen worden. Zu den Gästen gehörten wohlhabende Geschäftsleute in ihren Feiertagskleidern, und sicherlich auch ein angesehener Rabbiner, der dem weltlichen Fest eine geistliche Würde verlieh. Auch das hat der Knabe bei späteren Gelegenheiten dieser

Art mit mehr Bewußtsein, als er damals aufbrachte, wahrnehmen können.

Gewiß wurden auch damals teils komische, teils sentimentale Gedichte aufgesagt, die einer der Onkel geliefert hatte. Ein zweiter Onkel besaß einen viel gerühmten Tenor, den er zu Ehren seiner Schwester zweifellos erklingen ließ. Es muß Wein getrunken, häufig getoastet und viel gelacht worden sein. Die Sache zog sich hin, und der Knabe verfiel in einen tiefen Schlaf, aus dem ihn aufzuwecken und nach Mariahilf zu transportieren die Eltern nicht das Herz hatten. So ließen sie ihn bei den Großeltern zurück, wo er, wie sie wußten, gut aufgehoben war.

Der Knabe erwachte, als der Morgen graute, und fand sich in der fremdesten Umgebung, in einem breiten Bett zwischen zwei fremden ruhenden Gestalten, die sich, auf sein Geschrei hin, rechts und links von ihm aufrichteten. Es waren die Großeltern, und sie erschienen ihm furchtbar und abstoßend über die Maßen in ihren schmucklosen Leinenhemden, der Großvater mit seinem langen, bereits grauen Bart, und die rundliche Großmutter, deren Kopf entblößt war von dem glatten schwarzen Scheitel, den sie sonst über dem nach religiöser Vorschrift kurzgeschnittenen Haar der verheirateten Frau trug. Nun wies dieser Kopf einen gelblich-weißlichen Flaum, und der entsetzensvolle Eindruck des Knaben war, daß sie einem gerupften Vogel glich und ihn an die Hühner erinnerte, denen die Köchin die Federn ausgerissen hatte. In der Panik, die ihn erfaßte, in seiner Verzweiflung überwog, als er erst begriffen hatte, wo und bei wem er war, die Empörung darüber, daß er, ohne daß er gefragt worden wäre, in der Fremde ausgesetzt worden war, und zwar von seinen Eltern, also von Menschen, denen er grenzenlos vertraut hatte. Ein Vertrauensbruch gröbster Art, das war es, und er brachte den Knaben zur Raserei: Er schrie und tobte, er schlug mit den Fäusten nach rechts und links aus. Wo war geblieben, was ihn sonst anheimelnd umgab, in seinem Zimmerchen, das durch ein Öllämpchen auch in der Nacht vertrauenerweckend gemacht wurde! Wo waren die nahen Gegenstände, der Teppich vor dem Bett, die dicht geschlossenen Rouleaus und die Fenstervorhänge! Sooft er einen Blick auf das grausig kurze Kopfhaar seiner Großmutter warf, die er nie vorher so entstellt gesehen hatte — denn die Perücke gab ihr ein freundlich-jugendliches Aussehen —, schrie er lauter und wandte sich voll Abscheu ab. Er heulte wie ein Wolf im winterlichen Walde. Aber der Wolf war auch ein kleiner Snob, der sich in einem reicheren Bette, zwischen ästhetischer ausgestatteten Großeltern rascher beruhigt hätte. Das war es, was der heutige Greis, nun selbst weißhaarig und im Laufe der Jahre durchaus nicht an jedem Morgen in einem vom Luxus hergerichteten Bett aufgewacht, dem Anfänger seines Lebens übelnimmt, ihm und damit sich selbst.

Die Großeltern mochten von einem solchen Konflikt, der ihnen zwar natürlich vorgekommen wäre, sie aber doch geärgert hätte, nichts ahnen. Sie verabreichten dem Enkel nicht eine, wenn auch sanfte Tracht Prügel, die ihm geholfen hätte. Sie überließen ihn schließlich, nachdem sie ihm gut zugeredet hatten, seinem hysterischen Weh, das sich zu einem allzu hörbaren Weltschmerz gesteigert hatte. Sie kehrten ihm rechts und links den Rücken zu. Schlafend oder nicht schlafend, aber jedenfalls in stoisches Schweigen versunken, schienen sie das herzzerbrechende Schluchzen des Kindes nicht mehr zu hören, bis es endlich doch verstummte. Es war dieses Klagen ein Sich-Beklagen und ein Anklagen gewesen, und ein solches verliert seinen Sinn, wenn kein Ohr da ist, es aufzunehmen. Die Großeltern hatten sieben Kinder aufgezogen und sie durch arme Verhältnisse hindurch gesteuert, sie wußten Bescheid um die Empörungen der Anfänger des Lebens, die ja doch alle klein beigeben mußten. Einsames Weinen wird stiller und stiller, und das gesunde Kind seufzt sich in den Schlaf, wenn es seinen Willen, und sei es auch nur den nach Beachtetwerden, nicht bekommt. Daß es vorher insgeheim einen bald kleineren bald größeren Fortschritt macht in der Erkenntnis der Wirklichkeit, wie sie nun einmal beschaffen ist, das gehörte zur Ordnung der Dinge und daher zur notwendigen Erziehung.

Als der Knabe erwachte, schien Sonne durchs Fenster, und es gab Kuchen zum Kaffee. Der Großvater war längst ins Geschäft gegangen, die Großmutter hantierte in der Küche. Der Knabe hatte zu warten, bis der jüngste Onkel aus der Schule kam und ihn, während der Mittagspause, zurück nach Hause brachte. Er weinte nicht mehr, er aß auch vom Kuchen, aber er wurde dadurch nicht umgänglicher. Mit verbissenem Gesicht verhielt er sich stumm und verweigerte jede Antwort, ein renitenter Häftling.

Die Großmutter, eine bäuerliche, einst schön und umworben gewesene Frau, drang nicht weiter in ihn. Sie ließ ihn einfach gewähren. Zwar kämmte sie ihm die blonden Locken und hielt ihn dabei, als er sich sträubte, mit resoluter Kraft fest. Aber weder ärgerte sie sich, noch schmeichelte sie dem Kinde ihrer Tochter, die ihrerseits ein besonders gutwilliges Kind gewesen war und es durch fleißige Arbeit und die richtige Gattenwahl zum Wohlstand gebracht hatte. [...]

Um den Benjamin der Familie zu beschäftigen, während sie die Wirtschaft versah, gab die Großmutter ihm eines der Schulbücher ihres jüngsten Sohnes, der selbst erst sechzehn Jahre alt war. Sie konnte weder schreiben noch lesen, aber sie suchte ihm eines mit Bildern heraus. Es war ein Geographiebuch, das sie ihm aufgeschlagen reichte. Dort waren die verschiedenen Menschenrassen abgebildet, mit ihren typischen Köpfen und Antlitzen, ihren Landschaften und Behausungen, ihren Werkzeugen und Schmuckgegenständen. Und dies war es, was dem Knaben plötzlich die Fremde, gegen die sich noch eben sein Herz verkrampft hatte, in ein Paradies verwandelte: das noch Fremdere, ja das Exotische, und doch geheim Vertraute, heimelte ihn an. Anders konnte er sich später das sofortige tiefe Interesse, die Anziehung, ja Bezauberung nicht erklären, die von diesen zum erstenmal erblickten Menschenköpfen ausging: vom Neger, dem Indianer, dem Mongolen, dem Kaukasier, von ihren Wigwams und Zelten, den Höhlenbauten der Vorzeit und den Hütten der Eskimos, und was noch alles er in dem wunderbaren Buche fand, in dem er nun stundenlang blätterte, ohne den Text entziffern zu können. Es gibt ja nicht nur in der Kindheit aufschließende Stunden, die Kenntnis bereichernd und die Erfahrung befruchtend, sie können sich sogar im höchsten Alter einstellen, bei Menschen, die auch dann noch über einen Rest von Kindheit verfügen. Aber es ist dann nicht mehr jene erste Neuheit der Welt, jenes Aufblitzen der Wirklichkeit, die plötzliche Erhellung und Erweiterung des Horizontes, der uns immer umgibt und immer flieht. Wenn Plato das Wissen ein Erinnern nennt, so beschreibt er damit das plötzliche Vertrautwerden des Fremden, das zum Wissen wird. Die voneinander sonderbar verschiedenen und einander doch so ähnlichen Menschenköpfe dämmerten dem Knaben damals in der empfänglichen Stunde. Das Ereignis der Nacht hatte ihn auf die Ankunft neuer Dinge vorbereitet, gerade dadurch, daß das Band der Gewohnheit gewaltsam gezerrt und gelockert worden war. Es scheint ein so starres Band zu sein und ist doch so elastisch, auch wenn die Streckung weh tut. Jedenfalls fand der Enkel sich bei den Köpfen der Wilden mehr zu Hause als bei den Gesichtern der Großeltern. Auch dies hier war Familie, aber von einem weiteren und darum freieren Umfang. Als dann der Onkel, der fast selbst noch ein Knabe war, kam und den Knaben nach Hause brachte, wurde ihm zuerst einmal das Buch und jedes seiner Bilder unter die Nase gehalten. Und noch auf dem längeren Wege, der sich zu einem eine Stunde lang währenden Spaziergang ausdehnte, während sie so Hand in Hand dahinschlenderten, wurde der Ältere von dem Jüngeren rastlos mit Fragen bestürmt, und mußte erklären und erzählen, soviel er selbst wußte. Es war ein schöner, warmer Apriltag. Sie gingen zuerst durch einen alten Wiener Park in der Leopoldstadt, den Augarten, den Josef II., der Aufgeklärte, dem Volke geöffnet hatte. Sie gingen über die Ringstraße und über die Mariahilferstraße, am Denkmal eines anderen Josef, des Tondichters Haydn, vorbei, wo sie dann schon nahe am Hause der Eltern des Knaben waren.

Es war vierundzwanzig Jahre vor dem ersten Weltkrieg, und dreiundvierzig Jahre vor jener Epoche, da so viele Kinder, ihrer Rasse wegen, sich noch ganz anders in einer unvergleichlich fremderen Fremde ausgesetzt fanden, ihres Heims, ihrer Eltern, ja ihrer Identität beraubt und den grausamsten, barbarischesten Menschenfeinden ausgeliefert.

Die Kaiserstraße

Die Kaiserstraße führe geradewegs nach Brünn, sagte man mir — oder war es Prag? Die Seidengasse bog von der Kaiserstraße ab. Man gelangte durch sie auf den Gürtel. Dort waren einst die Mauern der Stadt gestanden. Nun lagen da Parkanlagen. Oder war das noch nicht so in der frühen Kindheit, in den Neunzigerjahren des vorigen Jahrhunderts? Ich weiß es nicht.

Ich könnte nachlesen darüber — aber was für einen Sinn hätte das? Da doch, in der inneren Welt eines Menschen, nur das Wert hat — und wert ist, zu bleiben —, was die Erinnerung bewahrt. Ich weiß nur, daß damals noch die Pferdebahn lief. Der uniformierte Kutscher saß auf einem Bock, er hatte eine Decke unter seinem Hintern — und der Hintern der Pferde tanzte vor ihm her. Er schnalzte dazu mit der Zunge, und manchmal griff er nach der Peitsche. Das alles: Kutscher, Decke, Bock und Peitsche, roch nach Pferd, nach Pferdemist. Wir Kinder liebten diesen herben, gutherzigen Geruch. Wir liebten den Moment, wenn die Pferde ihren Mist abwarfen — wenn sie das taten, obwohl sie doch ärarische Pferde und im Dienst waren. Uns gefiel die Geburt des Pferdeapfels, sie war ein Mysterium, und als erbaulich und erquicklich empfanden wir es, wie reinlich die Absonderung des Pferdemistes erfolgte. Etwas daran wirkte so klipp und klar. Es erinnerte uns an das Abspringen der Früchte von den Kastanienbäumen im Herbst. Aber die Pferdeäpfel hatten mehr den Charakter eines Mysteriums, denn sie kamen warm aus dem Leib des Pferdes. Man erfuhr das besonders im Winter.

Hinter dem Gürtel erstreckte sich die Schmelz, ein brachliegender Wiesengrund. Dort gab es auch den Schmelzer Friedhof, ehemals eine Begräbnisstätte, damals bereits ein Kinderspielplatz.

Eigentlich war das ein verwilderter Garten, mit den umgefallenen Kreuzen, den zertretenen Grabhügeln sehr geeignet für die Spiele der Kinder. Die Kinder spielten Verstecken zwischen den Gräbern, die Toten in den Gräbern. Judenkinder haben ungewöhnlich viel Herz für solche Plätze. Hereditäre Erinnerungen an das Ghetto mögen da mitspielen.

In der Seidengasse wohnten wir. Da wohnte auch, zwei Stockwerke über uns, das christlich stille Paar, die alte Mutter-Witwe und ihr etwa zwanzigjähriger Sohn. Tief katholische Leute. Ich staunte die vielen simplen Heiligenbilder in ihren kühlen, dunklen Zimmern an. Der Gekreuzigte war da mehrfach zu sehen, er, von dem man nicht sprach. Er war auch lebend und wandelnd da, sein Kreuz tragend und die Schüler belehrend, er war da mit der Ehebrecherin, die er freisprach, und mit den Pharisäern, die ihm vergeblich den Zinsgroschen aufzudrängen trachteten. Immer hatte er seinen Heiligenschein um den schräggestellten Kopf. Er war ein schöner, etwas voller Mann in theatralischer Tracht und mit regelmäßigen, sanft geölten Locken. Seine großen blauen Augen sahen mich an, und ich glaubte zu verstehen, daß er mir wohlgesinnt war. Man sah ihn auch von schönen und gutherzigen Frauen umgeben. Sie bewegten sich wie er in langen, faltenreichen Gewändern, und ihre Augen schauten nicht weniger groß und mild als die seinigen. Ich ging damals noch nicht zur Schule, und ich beschloß, Marie — unsere Köchin — nach dem Manne zu fragen, von dem man nicht sprach. Doch das mußte heimlich geschehen.

Der Sohn der Witwe hieß Joseph. Er zeigte mir alte Bücher. Davon habe ich mir den Ringtheaterbrand gemerkt. Dieses Wiener Theater war abgebrannt, bevor ich zur Welt kam. Viele Menschen, die dort das höhere Vergnügen gesucht hatten, gingen dabei elend zugrunde, nach Menschenart, fürchterliche Szenen hatten sich abgespielt, auch nach Menschenart. Joseph zeigte mit seinem katholischen Daumen auf die Flammen, die über dem gemalten Gebäude zusammenschlugen. War es eine Photographie? Ich weiß es nicht mehr. Ich wußte damals den Unterschied noch nicht. Alle Bilder kamen damals noch von ihm, dem alles Wissenden, alles Sehenden, dem Zeugen jeder Szene auf Erden und in den Himmeln.

Mehr Beziehungen ergaben sich nicht zu dem Jüngling Joseph, als daß er mir die Bilder vom Ringtheaterbrand zeigte, und daß er mich eines Tages mitnahm auf die Schmelz, als er ausging, um einen Papierdrachen steigen zu lassen. Er hatte den Drachen selbst gebaut, aus Zeitungspapier, und ich durfte anwesend sein, da er den langen Schwanz erzeugte. Ich staunte aus ganzem Herzen die Form des Luftwunders an, die Rippen aus nacktem Holz und die losen Papierbüschel, die, in Abständen an die Schnur gereiht, hinterher flattern sollten. Wir pflegen uns Dinge zu merken, die uns so tief wohlgefallen haben.

Autobiographisch

1.

„Soweit Erinnerung zurückzutasten vermag, find ich den *Widerspruch* in mir, den Widerspruch in vielen Formen, Masken und Verkleidungen." Dies könnte der erste Satz sein, den ein Patient auf dem Sofa eines Psychoanalytikers äußert. Aber heißt das nicht das Roß vom Hintern her aufzäumen? Ebenso richtig könnte der ursprüngliche Drang zur Bejahung, die Neigung eines zärtlichen, kränklichen Knaben zur Schwärmerei, zum Enthusiasmus an den Anfang gesetzt werden. Hätte er sich nicht gerne, allzugerne eingefügt und angeschmiegt? War er doch kein stiernackiger Rebell aus einem Überschuß an Mannscharakter, wie er sich oft auch in einem Dreikäsehoch zeigt. Gewiß, dieses Kind war unabhängig von Anlage, seine Empfindung immer schon labil, eine abweichende Magnetnadel. Seine Phantasie schweifte ab von dem jüdischen Kleinbürgertum seines Elternhauses im Wien Kaiser Franz Josefs I. Dieses Milieu heimelte ihn nicht an, und er unternahm frühzeitig seine Fluchtversuche, die sich oft in einer Geste erschöpften und nur symbolischen Charakter hatten. So ergriff er schon im Kinderzimmer die Gelegenheit, in das Innere eines Bildes an der Wand zu entfliehen, das nachts, unter der zuckenden Beleuchtung eines Öllämpchens, sich in die Tiefe zu erstrecken und zu öffnen begann. Es stellte im Vordergrund einen Fluß und ein auf ihm anlangendes Boot dar, aus dem zwei Kavaliere zwei jungen Damen galant heraushalfen. Im Hintergrund wartete auf sie ein Barockschloß, in dem auch der Knabe als ein gleichberechtigter Gast empfangen zu werden wünschte. In stillen Nachtstunden ward ihm diese Sehnsucht erfüllt, während seine Tante Fanny im Bett an der gegenüberliegenden Wand mit regelmäßigen Atemzügen sanft und friedlich schlief, wie es der geruhsamen Fülle ihrer blonden Schönheit entsprach. Natürlich wußte weder sie noch ein anderes Familienmitglied um die Besuche, die er der glänzenden Gesellschaft im Schlosse abzustatten pflegte. Seine Abwesenheit, die oft stundenlang gedauert haben mußte, blieb unbemerkt, und sooft die Tante erwachte und gewohnheitsmäßig herüberblickte, fand sie ihn unverändert in seinem Bette liegen, das noch vor kurzem ein Gitterbett gewesen war. Diese Eskapaden hielten noch an, als Georg bereits die Schule besuchte. Nennen wir ihn bei diesem Namen, den er dem seinigen vorgezogen hätte. So oft etwas in der Schule schief ging, floh Georg nachts in das Schloß, dessen Tor vor ihm aufsprang, in dessen kerzenerhellten Räumen er sich verlor. Er empfand es keineswegs als eine Demütigung, wenn die Herren und Damen, die dort in einer endlosen Flucht glänzender Gemächer tafelten, zechten, tanzten und Karten spielten, sich wenig um ihn kümmerten. Er fand sich unschwer eine Ecke, von der aus er ungestört das lustvolle Treiben beobachten konnte, und in die ihm kein Lehrer, kein Mitschüler zu folgen vermochte. Niemand wußte, wo er war, das allein genügte ihm schon. Er gab sich nicht Rechenschaft darüber, ob er auch als Gast im Schlosse Knabe blieb, oder ob er für die Zeit seiner Visite zauberhaft herangewachsen war. Trotz dieser seine Person betreffenden Unbestimmtheit fühlte er sich im Schlosse wohl, wie im Mutterleibe, hätte er später, mit kinderpsychologischen Kenntnissen ausgerüstet, gesagt. Es war Sommer im Bilde, die Damen trugen leichte Battisttoiletten und Strohhüte, und durch die offenen Fenster des Schlosses kam mit den Tüllvorhängen die Sommernacht herein. Das blieb so, auch wenn die immer dicht geschlossenen Fenster des Kinderzimmers beschneit und vereist waren. Man vernahm dort in stillen Nächten die Schläge einer Kirchenuhr, und auch im Schloß schlug eine Uhr, nur heller, glänzender. Dort verging eben eine größere Zeit. —

2.

Dem sechzigjährigen Manne, der diese Erinnerungen an den Knaben niederschreibt, aus dem er, wie der Dichter sagt, einstmals herüberglitt, ist seitdem ein halbes Jahrhundert vergangen, als wäre es ein kurzer nächtlicher Besuch hinter der Wand des Kinderzimmers gewesen. Ihm scheint, er sei nicht älter geworden. Sein weißes Haar und sein zerknittertes Gesicht — wie das eines alten Schauspielers — strafen ihn Lügen. In diesem Gesicht geht zu viel vor. Aber dem Manne ist, als wäre das alles schon in der Seele des Knaben vorgegangen.

Er hat die Verbindung mit dem Knaben immer zu halten getrachtet. Fraglich, ob ihm das geglückt ist, oder ob e r es sich nur einbildet. Zweifellos war die innere Leitung oft völlig unterbrochen gewesen. Handlungen und Unterlassungen sind begangen worden, die vor dem Knaben nicht verantwortet werden konnten. Es war oft unmöglich gewesen, in die Wand zu schlüpfen und sich hinter ihr zu verbergen; auch mit dem Kopf durch sie zu rennen, wollte nicht gelingen. Der aus dem Knaben Georg heranwachsende Jüngling und Mann fand sich ausgesperrt aus jeder Art von Mutterleib; er mußte in der Realität verbleiben und ihr standhalten, sie durchmachen, sie erleben und erledigen, oder vor ihr erlebt und erledigt werden. Und das ist recht so, muß recht sein, mit allem Unrecht, das darin enthalten ist. Es ist das Wesen der Wirklichkeit, daß sie sich nicht mit der Saga erschöpfen läßt, die das Kind, mit sich als dem Helden, zu dichten beginnt von dem Augenblick an, da es von sich als „ich" spricht, und nicht mehr als „er". Dieser Mythos ist die Keimzelle des Seelenlebens, der Entwurf der Individualität, die sich in der Wirklichkeit zu behaupten hat. Beide, sowohl die Wirklichkeit als die Individualität, werden während der Lebenszeit eines Menschen nicht fertig. Beide bleiben Fragment. Sie kommen auch im günstigsten Falle nur im Großen und Ganzen zur Deckung untereinander, oft klafft es bedenklich zwischen ihnen. Nur für kurze Zeitstrecken durchdringen sie einander, ohne Verzeichnung und Verzerrung. Der Fluchtversuche sind viele, und keiner gelingt endgültig; bis auf den einen, am Ende.

Es ist auch die Frage, wieviel der Alte von dem Knaben Georg wahrheitsgetreu berichten kann, und wieviel er an ihm herumgedichtet hat, einen Ahnenkult betreibend, der sich auf ein Kind beschränkte, da mit anderen Ahnen wenig Staat zu machen war. Vieles, was er vor sich als Erinnerung ausgibt, wußte er nur vom Hörensagen: die Tanten Eva, Fanny, Netti haben es ihm erzählt, oder die Amme Anna, die Köchinnen Marie, Bertha, Gusti.

So soll der Knabe in der Schloßperiode lange, seidene, blonde Locken gehabt haben, die ihm auf den Kragen einer Matrosenbluse fielen. So weit er sich seiner Haare entsinnen kann, waren sie dunkelbraun, fast schwarz und eher struppig. Von dem Märchenprinzen, den die Tanten ihm später in schmelzenden Elegien, wie Zauberinnen, vorgesungen haben, gibt es eine Photographie. Sie zeigt den Prinzen auf einem Schemel in einer romantischen Felsenlandschaft sitzend, wie sie im Jahre 1892 Mode war. Er hält einen Reifen, mit dem er zu laufen pflegte, senkrecht vor sich hingestellt, hält ihn mit beiden Händen. Die Matrosenbluse ist da, und eine kleine runde Schirmkappe auf seinem Kopf, aus der die Locken quellen. Es ist wahr, der Knabe blickt ein wenig aus der Wirklichkeit hinaus und über sie hinweg.

„So warst du", sangen die Tanten traurig und verzückt zugleich, „ein Engel!" Aber sie erzählten auch andere Geschichten. Daß eines Tages eine Wäscherin, indem sie die Hände entsetzt zusammenschlug, zu Georgs Mutter gesagt habe: „Jessas, der Bua kriegt ja an Buckel!" Daraufhin habe die Mutter schlaflose Nächte mit Weinen und Sich-Grämen verbracht. Als ob keine anderen, noch viel ärgeren Verkrümmungen zu befürchten gewesen wären als die des Rückgrats, die jedenfalls nicht erfolgte. Verkrümmungen des Charakters zum Beispiel, dadurch hervorgerufen, daß ein Kind in falscher Sicherheit gewiegt und mit Illusionen großgepäppelt wird, waren mit viel mehr Grund zu erwarten. Aber das lag außerhalb der Sorge der braven, kleinbürgerlichen, wiener Mutter. Wiegte sich doch das ganze Kaiserreich in falscher Sicherheit und verschlang noch mehr Illusionen als gezuckerte Mehlspeisen.

Dem Knaben Georg wuchs zwar kein Buckel, aber er machte mehr Kinderkrankheiten durch als nötig und litt an einer Art Epilepsie. Er erlitt Stimmritzenkrämpfe, wenn er seinen Willen nicht durchsetzen konnte. Er liebte leidenschaftlich sogenannte Windradeln, bunte Papierschleifen, die der Wind um einen Stab herumdreht. Der Frühjahrswind in Wien tat das gerne, und so wurden Windradeln an allen Straßenecken, besonders der inneren Stadt feilgeboten. Wer immer den Knaben spazierenführte, die Eltern, die Tanten, die Dienstmädchen, mußte ihm unablässig Windradeln kaufen. Wurde das unterlassen, dann rang er verzweifelt die Hände und heulte: „Hoppam Windradl!". Nützte das nichts, dann warf er sich auf die Erde und bekam einen Stimmritzenkrampf.

Auch diese Geschichte trugen die Tanten vor, im verzückt-elegischen Singsang. Und deshalb sei sie hier festgehalten.

DIE GEFESSELTE PHANTASIE

[„Die gefesselte Phantasie"]

[...] Als ich die erste Theater-Vorstellung sah, war ich, wenn ich mich recht erinnere, ein etwa zehn Jahre alter Knabe. Man könnte das Datum bestimmen, wenn man feststellte, wann im Wiener sechsten Bezirk, in Mariahilf, das Raimundtheater eröffnet wurde, und zwar mit der „Gefesselten Phantasie", einem Zaubermärchen von Raimund. Das war vor einem halben Jahrhundert, und ich erinnere mich an das Stück nur ungenau. Darin gab es drei böse Zauberschwestern. Im Verlaufe einer Intrige entführten sie die Phantasie, ein geflügeltes, schönes Mädchen, und verwahrten sie gefesselt, um die Dichter eines feindlichen Königreiches zu lähmen, indem ihnen die Inspiration entzogen wurde. Merkwürdiges Mittel einer Sabotage, die sich, wie wir wissen, auf weit wenig wunderbare Art erreichen läßt! Die Wirklichkeit trifft es ohne Entführungen, es bedarf keiner Zauberschwestern, um die Dichtung eines Landes mit Unfruchtbarkeit zu schlagen. Gerade die Entwicklung der Wiener Volkspoesie nach Raimund gewährt ein ausgezeichnetes historisches Beispiel für solche Vorgänge. Welch ein Zaubermärchen, die Realität! Wien verwandelte sich in Großwien, auf dem Terrain der geschleiften Wälle erstand die Ringstraße, die Petroleumlampen verwandelten sich in Auerbrenner und diese wieder in elektrische Leuchtkörper, aus der Pferdebahn wurde die Tramway, und aus dem Wiener Volksstück die Operette, aus dieser wieder jenes moderne Weltstadt-Produkt eines denaturierten Amüsements, das sich als ein vorzüglicher Exportartikel erwies für ein Allerwelts-Bürgertum, das wunderbarerweise durch die Routine einer so glattgesellschaftlichen Laune nicht in Melancholie versetzt war.

Für die vormärzliche Schwermut des naiven Volksdichters und Volksschauspielers Raimund hätte wohl schon eine böse Vorahnung einer solchen großindustriellen Entwicklung genügt, um ihn in den Selbstmord zu treiben. Konnte er auch nur ahnen, daß eines Tages, an jedem Abend jedes Sommertages, auf der offenen Operettenbühne in „Venedig in Wien" (Venedig im Prater) der eiserne Rathausmann mit dem Donauweibchen tanzen würde, wobei der weibliche Partner sang: „Du von Eisen, ich von Stein, piekfein!"? Das zu sehen und zu hören, wurde ich, kaum ein Jahrzehnt später, nicht müde, es bot dem jungen Nihilisten, zu dem ich mich damals bereits empor oder hinab entwickelt hatte, das sinnfällige und sinnengefällige Beispiel eines Tanzes am historischen Abgrund, in den, wieder zehn Jahre später, die Österreichisch-Ungarische Monarchie tatsächlich versinken sollte, ein halbes Jahrhundert, nachdem die bürgerliche Revolution, 1848, blutig unterdrückt worden war. [...]

In der „Gefesselten Phantasie" entführten die Zauberschwestern nicht nur jenen holden Schmetterling, der eine Mädchenfee war, die Inspiration in Person, sondern auch einen Rüpel, einen Dialektkomiker, den Harfenisten „Nachtigall", der in einem Gasthaus der Vorstadt Gstanzeln zur Klampfn und zum Wein vortrug und der, vom bösen Zauber angerührt, vor den Augen des Publikums unter Blitz und Donner versank. Der Wiener Boden öffnete sich unter ihm und er fuhr hinunter, um drunten sich mit der gefesselten Phantasie, als einer Mitgefangenen, vereint zu finden. Hier sah ich als Knabe einen der letzten überlebenden Raimundspieler, einen Herrn Fröden. Ein Hofnarr wurde von dem später als Shylock und Lear in Berlin und New York berühmt gewordenen Darsteller Schildkraut verkörpert. Unter den Zauberschwestern gab es Frau Wilbrandt-Baudius und Fräulein Barsescu, nachherige Heroine des Burgtheaters. Ich sehe sie alle noch vor mir, sie sind mir unvergeßlich geblieben, trotz allem, was ich in dem folgenden halben Jahrhundert auf der Bühne des Theaters und auf der Bühne des Lebens gesehen habe. Diese Gestalten und Gestalter, die ersten, die ich im Rampenlicht erblicken durfte, haben ein Weltenchaos ohnegleichen in meinem viel erschütterten und viel geschüttelten Inneren überlebt. Sie seien hier bedankt!

In dem Zaubermärchen Raimunds, das mein erstes Theatererlebnis war, trat also der Volkssänger als komische Figur auf, und doch glaube ich mich zu erinnern, daß die gefesselte Phantasie seinen Dialekt begnaden sollte und ihm zum Sieg im

Wettbewerb mit dem hochdeutschen Hofpoeten verhelfen. Es wäre eine geringe Mühe, das alte Stück wieder zu lesen und herauszufinden, ob Raimund es so gemeint hat. Aber ich will es in diesem Augenblick nicht wieder lesen. Ich beharre starrköpfig auf meiner Erinnerung, die dem Harfenisten rechtgibt. Jedenfalls hat er mir die unterirdische Türe zu der Wiener Volksdichtung geöffnet.

Ein mir zufällig in die Hände geratenes Reclam-Büchel führte mich zu Shakespeare und damit in das Innerste der Weltgeschichte, zum Theater hinter allem Theater, wo die unsterblichen Helden auf ihren Auftritt warten. Der Held hieß Brutus, der Gegenheld Julius Caesar. Caesar war der Tyrann, und er erhielt seinen verdienten Lohn. Vielmehr, er bezahlte seine Schuld mit seinem Leben, und daran berauschte sich das Gefühl des Knaben. Höhere Gerechtigkeit waltete, aber Brutus hatte sein Blut für das Blut Caesars zu geben, ohne daß damit die Freiheit erkauft worden wäre. Was den Knaben beglückte, war die Unbedingtheit dieses Geschehens, obwohl und gerade weil es zu nichts Gutem führte: die unbestechliche Gerechtigkeit dieses Handels, die ungehemmt und unablenkbar über alles und über alle hinwegschritt. Dadurch war mit einem Schlage das Leben dramatisch bedeutend geworden. Das war die Verführungskraft des dramatischen Dichters, auf junge Seelen wirkend und am Beginn des Lebens den Tod ins Spiel bringend, als einen Gegenstand hochgesinnter Verachtung.

In der Schule lasen wir gleichzeitig Caesars eigenen Bericht über seine gallischen Kriege im Urtext. Das war mühsam und desillusionierend. Leider! Je mehr wir uns plagten, um diese allzuerwachsene, in mehr als einer Hinsicht fremde Sprache zu entziffern, um so trockener kam sie uns vor, auch wenn sie uns durch ihre Regelrichtigkeit imponierte. Wir wanden uns zwischen den Kanten der strengen, grammatischen Logik des klassischen Latein hindurch, um, mühsam genug, zur politischen Logik des Rechenschaftsberichtes zu gelangen, den ein Mann gab, den wir besser zu kennen glaubten, als er sich selbst darstellte. Mir hatte ihn jedenfalls Shakespeare besser und glaubwürdiger dargestellt. Aber auch jene Mittelschüler, die Shakespeare nicht gelesen hatten, weigerten sich, den Caesar anzunehmen, wie er sich in seinen Tagebüchern gab; denn der war in ihren Augen ein sehr gewöhnlicher Mensch und nicht ein

Caesar, wie ihre Knabenphantasie ihn aus dem Geschichtsunterricht empfangen hatten. Der Caesar aus dem „Bellum Gallicum" erschien ihnen überhaupt nicht als ein Römer, wie er ihnen vorschwebte, wenn sie sich beim Nationenspiel im Esterhazypark als Römer eintragen ließen, und zwar stolzen Mutes. Als Römer liefen sie wie die Hirsche, um vom Ball, der Kugel, dem Schicksal nicht getroffen zu werden. Die zögernden wohlüberlegten Bewegungen, von denen der Heerführer Caesar berichtete, hätten ihnen beim Nationenspiel nicht geholfen. Ihm, dem authentischen Caesar, fehlte es ganz einfach an jeder höheren, der Heldenverehrung entsprechenden Authentizität. Diese bürgerlichen Jünglinge waren in die Geschäfts- und Börsenbewegungen ihrer Väter, deren Reinertrag ihnen doch die Teilnahme am privilegierten Unterricht des Gymnasiums ermöglichte, nicht eingeweiht, und der Lehrplan hielt jede Kenntnis dieser Art von ihnen fern, sorgfältig vermeidend, daß eine diese Gegenstände ergreifende Wißbegierde in ihnen erwache. Daher waren sie für die Erkenntnis konkreter Wahrheiten schlecht vorbereitet.

So erging es auch mir. Ich muß zugeben, daß ich damals mit dem Shakespeareschen Caesar gleichfalls nicht genug anzufangen wußte. Gerade was Shakespeare ihm zu verleihen trachtete, Realität, die Realität eines ängstlichen Tyrannen, konnte ich ihm nicht ohne Geringschätzung zubilligen. Ich wußte aus Erfahrung, daß er sich nicht leicht agieren ließ. Diese Erfahrung wiederholte sich später auf dem Theater — auf unserer Art von Theater, wie es damals war und großen Teils heute noch ist; und dazu gehörten die Zuschauer, wie sie in unseren Breiten heute noch sind. Ich brauchte ja nur die Probe auf das Exempel zu machen, indem ich den Caesar Shakespeare's selbst spielte; das tat ich damals mit allen Figuren, die mich beim Lesen meiner Lieblingsstücke anzogen. Auch mit dem Brutus kam ich nur teilweise zurecht. Am leichtesten, wo er freiheitsglühend fühlte und handelte. Gewiß, daß auch Helden Menschen waren, hatte ich begriffen, daß sie von Vorahnungen geplagt und von Geistern heimgesucht, zuletzt vom Tod, zwar nicht bezwungen, aber heimgeholt wurden. Schwermut spielte ich gerne, auch Verzweiflung, kurz alles, was sich fühlen und groß vortragen ließ, noch dazu in der Sprache Shakespeares, die mir vom Anfang an, weil sie sich so dramatisch gebärdete, als eine natürlichere Sprache zusagte. Auch das Betragen politischer Menschen verstand ich, von Shakespeare dargestellt, sofort, den hohlwangigen Cassius, der sogar einem Caesar Schrecken einjagte. Aber der Bruch in den Haupt-Charakteren erwies sich zuerst als störend, sobald ich sie zu spielen versuchte. Dagegen wirkte die Grobheit des unwirschen Casca ungemein erfrischend und befreiend, ihn spielte ich zu allererst und mit besonderer Vorliebe. Gerade seine Unmittelbarkeit war es, die mich sofort von Shakespeare überzeugt hatte. Daß Casca den Caesar so unumwunden verachtete, machte dessen Rolle nicht schwierig. Und seine Kritik erstreckte sich auch auf den Caesar des Bellum Gallicum und rächte an ihm den Zwang und die Mühe, die er den nachgeborenen Schülern verursachte.

Der Cassius hatte genug vom Casca in sich, dem Brutus dagegen fehlte zuviel von Casca. Casca übertrug ein freilich anarchistisches Freiheitsgefühl auf mich, das zu meiner Situation in Haus und Schule paßte. Dieses Gefühl fand, wie ich sofort verstand, in der großen Welt, an Höfen seinen besten Ort. So machten, als ich bald darauf bei Schiller anlangte, die bäuerische Revolte des Wilhelm Tell, oder gar die als Wunder hingestellte Entschlossenheit der Jungfrau, ja selbst die doch meiner Situation verwandte social-rächende Räuberromantik in den böhmischen Wäldern trotz der jugendlichen Berauschtheit, die der Pubertät wohl ansteht, weniger zur Darstellung verführenden Eindruck auf mich als der ränkesüchtige, hochpolitische Fiesco. In diesem Drama agierte ich jedermann gern und mit ganzem Herzen: der putschende Herzog selber, Verrina, den wahren Republikaner, den galgenhumorigen Mohren, die lustige zähneblankende Anarchie in Person, und sogar Gianettino Doria, den ungebundenen Wollüstling, den großmäuligen Säufer, dessen Beseitigung ich ebenso gerne erlitt wie verursachte.

Nicht „Kabale und Liebe", das mich, der ich bald darauf Ibsen und Zola las, durch sein bürgerliches Pathos zwar begeisterte, aber doch eher befremdete, wohl aber den Fiesco spielte ich immer wieder mit meiner um einige Jahre jüngeren Schwester, die ich in meinen Kult der dramatischen Darstellung eingeweiht hatte. Als Bühne diente uns das geräumige Sofa im Schlafzimmer der Eltern. Ich erdolchte meine Schwester als Fiescos Gattin und stürzte ihre Leiche ins Meer, das heißt auf den Teppich hinab, der ihren Sturz mildern sollte. Aber sie fiel ungeschickt und stieß sich die oberen, scharfen Schneidezähne durch die Unterlippe. Davon ist eine Narbe geblieben, welche meine Schwester bis ins hohe Alter an jene glücklichen, weil inspirierten Zeiten gemahnen mag. [...]

Die Kindheit

Die Kindheit ist — in diesem Augenblick, da ich sie nicht ersehne, nicht beweine und doch beschwöre — ein milder Sommerabend.

Das Licht des Abends scheint noch hier und ist doch schon drüben. Ob das Herz es weiß oder nicht, jetzt erst vertraut das Herz so ganz, so gleichmäßig, so im Gleichgewichte dem Abendlichte.

Ein runder weißgedeckter Abendtisch steht mitten im Hof eines Landhauses. Hier waltet der bürgerliche Abend und vollführt ein strenges Idyll nach allen Regeln der Kunst. Der Vater sitzt da, die Mutter. Sie erwarten das Abendessen. Der Vater schweigt, und also schweigt auch die Mutter. Ich bin zwölf Jahre alt und bin ein Schüler. Ich halte ein Buch auf den Knien und lese. Es ist ein seelenverzehrendes Buch, „Zriny", ein Drama von Theodor Körner, eine Helden-Tragödie. Theodor Körner ist das große Glück aller noch embryonalen Heroen. Wenn ich Theodor Körner lese, werde ich ein Gott, hoch über allen Gewölken. Das ist die Kindheit.

Nun wird mir, wie es sich gehört, das Lesen unter dem Abendtisch verboten, und zwar zum ersten Mal. Nachdem es mir aber zum zweiten Mal verboten worden ist, reiße ich mich von dem Buch los. Damit ist der Tag leider zuende.

Dann werde ich abgeschickt, meine Schwester zu holen, die im Garten mit fremden Kindern immer noch spielt. Ich weiß ganz genau, daß meine Schwester, die siebenjährige Helene, noch lange nicht genug gespielt hat, und daß die fremden Kinder nur meinen Eltern fremd sind, meiner Schwester sind sie tief vertraut. Ich bringe die Schwester. Sie kommt gehorsam mit, aber sie ist in außergewöhnlicher Verfassung, zerrauften Haares und fiebernd. Ja, fiebernd, oder betrunken — von Herzenswein trunken, von Wundern verwirrt — denn das Spiel war ein Wunder ohnegleichen! Und verzweifelt ist meine Schwester. Verzweifelt — denn sie kann und kann es nicht begreifen, nicht und nicht, daß das Spiel jetzt, gerade jetzt, um Gotteswillen jetzt unterbrochen werden mußte, unterbrochen werden konnte! Wie konnte — ja um Gotteswillen! Ohne hinzusehen, weiß ich doch ganz genau, daß meine Schwester Helene jetzt unter dem Tisch die Hände ringt. Tränen rinnen über den Blumenkohl in ihren Teller. Auf der Stirn des Vaters erscheint seine allergefährlichste Ader. Die Mutter sitzt in angstvoller Spannung da, in Bereitschaft, um die Katastrophe, wenn sie schon nicht aufzuhalten sein sollte, wenigstens sofort zu vertuschen. Die Katastrophe ist im Familienleben niemals aufzuhalten, auch jetzt nicht. Helene — so heißt auch die Heldin Theodor Körners, im „Zriny" — Helene bricht in Tränen aus, sie heult, sie wischt mit dem ihr nächten Zipfel des Tischtuchs das saure Wasser aus ihren Augen, das dennoch weiter in den Teller rinnt und ihr die Speise versalzt und verbittert. Es ist ein Unglück.

Aber das allerallergrößte Unheil bedeutet es, daß der Vater schweigt, daß er mit betonter Seelenruhe über unsere weinende Helene hinwegblickt und ihr Malheur gar nicht bemerkt. Die Mutter unternimmt zwar einen äußerst diplomatischen Rettungsversuch, auf ihre kühne und verantwortungslose Weise. Sie schiebt nämlich eine für alle Fälle rasch geschälte Birne auf einem Teller dicht in Helenens Nähe. Und Helene faßt sich. Noch ein paar gewaltsame Seufzer aus zuckendem Herzen, das sich immer wieder zusammenkrampft — die Agonie des Kinderschmerzes. Dann verspeist Helene die Birne. Die Mutter atmet auf. Der Abend erhellt sich wieder.

Erst später sagt der Vater mit seiner allerallerärgsten Ruhe, die wirklich keine Hoffnung auf Gnade übrigläßt: „Heute wird nicht weitergespielt." Sonst ist noch eine halbe Stunde nach dem Abendessen erlaubt, bis halb neun: Heute ist diese halbe Stunde, diese letzte, sonst immer noch gegönnte halbe Stunde, diese Gnadenfrist des Herzens ganz einfach verboten. Helene muß um acht Uhr ohne weiters ins Bett. Die Fensterläden werden geschlossen, die Lampe wird ausgelöscht — Schluß!

Ich schaue zu Helene hinüber. Wird sie es begreifen können? Sie, die nicht begreifen konnte, daß das Spiel abbrach — wird dieselbe Helene begreifen können, daß dieses Spiel sich niemals wieder fortsetzt? Niemals wieder! Denn ins Bett — ins Grab! Man schläft ein, ob man will oder nicht — man erlischt, wie die Lampe — Augenlider zu, man stirbt!

Der Vater sagt zwar noch, kühl begütigend: „Morgen ist auch ein Tag." Aber wer glaubt es ihm! Wer kann ihm das glauben!

Gerade dieses alles nun, was Helene nicht glaubt, was Helene nicht begreift, soll sie ja eben lernen. Dazu ist jetzt Kindheit. Aber sie kann es nicht glauben. Sie kann es nicht begreifen.

Harry Heine

Heinrich Heine war der erste Dichter, den ich las.

Goethe, Schiller, Uhland —: die lernte ich, als sechsjähriger Knabe, durch unsere Köchin kennen, eine der Marien vom österreichischen Lande, welche Balladen und Romanzen auswendig wußte. Ich lag auf dem Küchentisch, Marie hatte ihr graues Tuch unter mich gebreitet. Sie verrichtete ihre tägliche Arbeit, und dazu sprach sie Verse: „Der Taucher", „Der Kampf mit dem Drachen", „Die Bürgschaft", „Heideröslein", „Des Sängers Fluch". Es war eine heroische Welt, in die sie mich einführte, die Welt des deutschen Idealismus — eine Welt des Hochsinns, der Großmut, der Treue, der Selbstaufopferung — eine Welt, die jedes Kind versteht — an die nur ein Kind glauben kann. — Um das zehnte Jahr herum entdeckte ich Lessing: „Wie die Alten den Tod gebildet." Der Tod war ein schöner Jüngling mit einer gesenkten Fackel. Der Ernst, die große Würde des Daseins berührte meinen Geist. Es gab also auch etwas über dem Herzen. —

Ich habe hier nicht meine Biographie zu schreiben. Ich spreche also nicht von der inneren und äußeren Bedingtheit des Kindes, das ich war. Aber das Koordinatensystem muß eingezeichnet werden. Es handelt sich um einen jüdischen Knaben,

1885 in Wien geboren. Vor allem anderen hatte er mit der Bibel gelebt und war mit den Propheten umgegangen. Aber diese Erfahrung war sein Geheimnis geblieben. Die Realität war anders, Wien eine katholische Stadt, Marie eine Christin. Es gab die Schmelz, eine Wiese mitten in der Stadt, wo man Papierdrachen steigen ließ. Es gab im Sommer den Wiener Wald, die Hügel am Wien-Fluß. Durch die Stadt ging die Pferdetramway. Abends brannten Petroleumlampen. Und die Kirchenglocken läuteten zu bestimmten Stunden. Die Schwestern, nach mir geboren, hatten polnische Bäuerinnen als Ammen. An Märchenbüchern hatte sich frühes Entsetzen genährt. Als der Knabe zum erstenmal zur Schule ging, liefen halbwüchsige Lümmel ihm nach und höhnten: „Judelach, hep hep." Die Lehrer schienen nichts davon zu wissen. Der Religionslehrer wußte wieder nichts von den jüdischen Propheten; es hatte wenigstens den Anschein. Oder wollte er nur kein Aufheben davon machen? Jedenfalls fühlte der Knabe, daß es unangebracht wäre, mit dem alten Manne darüber zu sprechen.

Heinrich Heine kam später, im dreizehnten Jahr. Der Dichter war Mithelfer, Vorschubleister der Pubertät — wie die Venus von Milo im Konversationslexikon, einem verbotenen Buche.

Das Buch der Lieder war nicht verboten, wohl weil die Eltern es nicht kannten. Da war er also: der saloppe Rhythmus, der so glatt einging und so leicht nachzuahmen war. Da waren die Rosenlippen, die Mündchen, die Augen wie Sterne, da war die ganze sinnige-minnige Blumensprache und Sprache durch die Blumen, das tönte und höhnte, das reimte sich oder fraß sich, das schimmerte und flimmerte wie Diamantenpracht in des Herzens Nacht, das schäumte und träumte, das grub sich ins Gehör und in die Nerven. Es war eingängig, es floß in die Sinne und ins Blut. Verführung und Bestrickung gingen davon aus, und es sprang von den Fingerspitzen wie elektrische Funken, die eine Elektrifizierung des jugendlichen Lesers bewiesen. Das Schwüle, Treibhausartige dieser Lyrik nährte die Unreife. Und machte sofort produktiv.

Ich sehe noch die Hefte vor mir, in die ich damals Gedichte schrieb, wie Heine sie in mir erweckt hatte. Da kamen sie wieder, die mittelalterlichen Mädchen, die Nixen und die Lemuren. Da war sie, die Gräberliebe des Buhlen mit dem blutsaugenden Vampir, die Leiche als Braut und das schöne Scharfrichterstöchterlein mit dem dünnen weißen Hälschen und dem blutroten Haar. Nachahmung war die sofortige Folge dieser Lektüre. Und die weitere Folge, daß ich mich durch das ganze Werk Heines, Prosa und Lyrik, fraß. Durch die florentinischen Nächte, Hochzeit mit Statuen, durch alle die geschichtlichen Reminiszenzen, Mauren und Inder, Baal- und Astarte-Dienst, Tanz der hochgeschürzten Töchter um das goldene Kalb, Paukenschläge und Gelächter, Entjungferung in der ägyptischen Schatzkammer, Marchesen und Grisetten, Donna Clara und das Kousinchen aus Hamburg, kühle Engländerinnen und — wo immer wir uns gleich verstanden, wenn wir im Dreck uns fanden. Das Nackte und das Halbangekleidete, der Torso der Statuen und das im zuckenden Augenblick ertappte Leben (wie die Maus von der Katze), die Griechensehnsucht des Nazareners, die Libertinage, die sexuelle Routine, das Karikaturzeichnen am Rand des Schulheftes (nur daß die Schule hier das Leben war), die Eselsohren und Tintenkleckse im Buch der Weisheit: all das ergriff der Knabe gierig und vermehrte damit den Aufruhr der Sinne, dessen Sättigung noch verwehrt war. Was mir damals entging, war der Lazarus, der Märtyrer seines physischen Verfalls — und der soziale Revolutionär, der Prediger der sozialistischen Hoffnung. Aber alles, was davon der Pubertät diente, tauchte in den „eigenen" Gedichten auf: die Enthauptung von Königen sowohl wie auch die Absetzung des Gottes und die Wiedereinführung der Götter und Götzen, dieser Symbole des Unbewußten, das zur Herrschaft kommen will. Nichts von diesen Heften habe ich je aufbewahrt. Sie fielen alle dem Ekel und dem reinigenden Feuer anheim. Die aufdämmernde Kritik verscheuchte die Nachtgespenster. Und Heine wurde mit dem Fluch belegt. Er wurde tabu — verurteilt zur Vergessenheit. Er blieb zurück in der Rumpelkammer der Kindheit wie anderes zerbrochenes und beschmutztes Spielzeug auch.

So verhinderte er selbst die Identifizierung. Vielmehr: die Identifizierung wurde gerade da nicht bewußt, wo sie gegeben war. Der Judenknabe, dem „hep hep" nachgerufen wurde, mitten im sachlichen Vorkriegs-Wien, verstand instinktiv den kleinen Harry aus Düsseldorf. Derselbe Napoleon hatte in

Schönbrunn Obelisken gepflanzt und die Emanzipation der Juden ein gut Stück vorwärts gebracht. Auch das katholische Mittelalter war noch fühlbar genug, hier in Wien, um es mit dem Rheinland von damals, mit der Romantik von damals zu verschmelzen. Auch die deutsche Klassik hatte der Judenknabe in Wien gerade hinter sich (und wäre es auch nur in einem Dutzend Gedichte und einer edel-magisterlichen Abhandlung) — genauso wie jener Harry — und Harrüh. (Eselsmotiv).

Nichts, was dazugehörte, war ja im damaligen Europa wirklich vorüber. Das Zeitalter der Aufklärung nimmt ja ebenso wenig ein Ende wie der Mystizismus. Das Mittelalter war damals weiß Gott noch stark genug in Wien — und ist es noch heute. Und in Deutschland hat es eben erst wieder höchst blutig begonnen. Der Scharfrichter mit dem Beil ist eben wieder auferstanden — nur daß sein Töchterlein sich schönstens dafür bedanken würde, mit einem Judenknaben zu buhlen (widrigenfalls das Mägdlein der Jurisdiktion und Technik ihres eigenen Herrn Vaters verfiele). — An der deutschen Universität Wiens erlebte ich, als ich ein Knabe war, den Hinauswurf der Juden durch die deutschnationalen Studenten. Heine berichtet von seinen damaligen teutonischen Kommilitonen:

Sonderbar! trotz ihrer Unwissenheit hatten die sogenannten Altdeutschen von der deutschen Gelahrtheit einen gewissen Pedantismus geborgt, der ebenso widerwärtig wie lächerlich war. Mit welchem kleinseligen Silbenstechen und Auspünkteln diskutierten sie über die Kennzeichen deutscher Nationalität! Wo fängt der Germane an? Wo hört er auf? Darf ein Deutscher Tabak rauchen? Nein, behauptete die Mehrheit. Darf ein Deutscher Handschuhe tragen? Ja, jedoch von Büffelhaut. (Der schmutzige Maßmann wollte ganz sichergehen und trug gar keine.) Aber Biertrinken darf ein Deutscher, und er soll es als echter Sohn Germanias; denn Tacitus spricht ganz bestimmt von deutscher Cerevisia. Im Bierkeller zu Göttingen mußte ich einst bewundern, mit welcher Gründlichkeit meine altdeutschen Freunde die Proskriptionslisten anfertigen, für den Tag, wo sie zur Herrschaft gelangen würden. Wer nur im siebenten Glied von einem Franzosen, Juden oder Slawen abstammte, ward zum Exil verurteilt. Wer nur im mindesten etwas gegen Jahn oder überhaupt gegen altdeutsche Lächerlichkeiten geschrieben hatte, konnte sich auf den Tod gefaßt machen, und zwar auf den Tod durchs Beil, nicht durch die Guillotine, obgleich diese ursprünglich eine deutsche Erfindung und schon im Mittelalter bekannt war, unter dem Namen „die welsche Falle".

Man vergleiche damit, was heute in Deutschland geschieht, man sieht dann wohl die Verschärfung, aber es läßt sich die Identität gewiß nicht verkennen. Es ist, als würde jetzt ausgeführt, was damals geplant worden war.

Kein Wunder also, daß jenseits der Pubertät der Heine der „Harzreise" es war, der den Halbwüchsigen verzauberte. Von da: Atta Troll — Wintermärchen. Die entsprechenden Mitschüler des Wiener Judenknaben.

Was der erotische Heine bewirkt hatte — der poète maudit: *sexuelle Emancipation* (vom Elternhaus, dessen *Juden-Moral*) — das repräsentierten um 1900 herum Peter Altenberg und Frank Wedekind, Karl Kraus: die Hurenanbetung, Otto Weininger. —

[Jesus, der Jüngling]

Ich konnte mir in der Schule die Jahreszahl des Vertrages von Verdun nicht merken; ich mußte sie zweitausendmal abschreiben und weiß sie noch immer nicht. Aber ich erinnere mich jener Nacht, da ich saß und schrieb und schrieb, es wollte kein Ende nehmen. Und es hat kein Ende genommen, es tut mir noch heute, nach vierundvierzig Jahren, leid um diese Nacht. Indessen: was für ein furchtbarer Name ist das: Verdun! Wieviele haben dort ihr Leben gelassen. Aber in meinem Leben hat Verdun nur die Bedeutung dieser einen Nacht.

Eine andere Nacht aus der gleichen Lebensperiode: ich war damals fünfzehn Jahre alt. Ich kniete in unserem Klosett auf dem Boden und schrieb. Ich konnte nicht in meinem Zimmer schreiben, denn der Lichtschein hätte die Eltern im angrenzenden Schlafzimmer geweckt, sie hätten mich zu Bett geschickt. Das Heft lag auf dem Deckel des Klosetts. Ich schrieb ein

Drama in Versen, das längst verloren gegangen ist. Der Held meines Stückes war Jesus. Jesus, der Jüngling, der, von Frühlingsweh gepeinigt, eines Nachts nicht schlafen kann und der Stadt entläuft. Sein Blut treibt ihn hinaus. Sehnsucht tut weh, das wußte ich damals besser als heute. Draußen, am Rande der Stadt, trifft Jesus die junge Witwe. Auch sie kann nicht schlafen, denn es ist Frühling, und sie steht vor dem Tor ihres Hauses. Dort geschieht die Begegnung. Die Witwe legte eine Hand auf ihre Wange, um zu fühlen, wie heiß ihre Wange ist. Jesus hat Schüttelfrost. Sie umarmen sich: aber als Jesus das junge Weib in seinen Armen hält, wird sie ihm zur Schwester. Er weint Tränen darüber, seine Tränen vereinigen sich mit den ihrigen. Die Nachbarn kommen und wollen die junge Witwe steinigen. Er beschützt sie und spricht das große Wort: „Wer von euch ohne Sünde ist." Dieses Stück war vierzig Seiten lang, das weiß ich noch. Ich kniete und schrieb bis zum Morgen, dann kroch ich ins Bett, weinte und hatte einen Schüttelfrost. Meine Eltern wußten nichts davon, und ich zeigte mein Werk keinem Menschen.

Goldfinger

Auch ein Jude war im Gymnasium mein Freund Goldfinger, welcher stotterte. Das zog mich zu ihm hin. Sogar Moses hat gestottert. Warum? Weil Stottern ehrlicher ist, als geläufig sprechen. Das zog mich schon in der Kindheit auch zu Moses hin. So viele Juden sprechen leider geläufig, deshalb hat der Prophet gestottert. Und mit schwerer Zunge stotterte er zu Gott: „Herr se-ende ihn, den An-dern, ihn, A-aron, damit e-er spri-icht!" — Und Aaron ging und sprach.

Ich ging und sprach, ich sprach begeisterte Löcher in meinen Freund Goldfinger. Immer nach der Schule umwanderten wir — Goldfinger und ich — endlos die Häusergevierte und verdoppelten, vervierfachten unseren Nachhauseweg. Alle die Straßen bedeckte ich mit triumphierendem Gespräch, daß es dick aufgeschichtet lag. Und darüber hin schwankte das

Schweigen meines Freundes Goldfinger. Sagte ich, daß ihn ihn liebte, weil er stotterte? Ich liebte ihn, weil er schwieg.

Er hat kaum je geantwortet, wieviele Fragen ich ihm auch gestellt haben mag. Und so dringende Fragen! Ich mußte sie alle selbst beantworten. Da habe ich mich oft widerlegt. Die schönste Antwort gab mir aber doch eines Tages Goldfinger. Eine seiner wenigen Manifestationen, und deshalb unvergessen! Es war damals, als ich auf dem Nachhauseweg Goldfinger zu beweisen pflegte, daß es keinen Gott gibt. Ein halbes Jahr bewies ich es ihm, Tag für Tag, stundenlang. Er hörte mich ruhig an, aufmerksam wie immer, mit ernst-freundlichen Nasenlöchern. Und wenn ich mich mit einer rhetorischen Frage jählings ihm zudrehte, nickte er sofort lebhaft einstimmend, nickte wie ein Pferd. Und doch wußte ich, daß er mir kein Wort glaubte. Das regte mich auf. Ein Beweisfieber schüttelte mich, ich überstürzte, überstapelte Gründe, Scheingründe, Hintergründe, Gegengründe. Nichts. Goldfinger blieb munter und unberührt. Er blieb bei Appetit für die geistige Nahrung unseres Gesprächs. Er sprach manchmal sogar: „Nun —", wenn ich zu lange aussetzte, weil mein Atem aufgebraucht war. „Du stupide Plattnase!" brüllte es in mir, „Du heimlicher Geizkragen, Glaubensfilz, der da Religion aufgespeichert hat. Entwertete Münze! Einen ganzen Berg Glauben hast Du Dir unterirdisch zusammengescharrt, Du Dieb und Hehler, Du geistiger Fresser bei Hungersnot. Dabei ist der ganze Hollunder keinen Heller wert. Na, warte nur, Du! Wucherer mit falschem Geld!" Und ich fuhr fort fortzufahren.

Als ich schon beinahe endgültig verzweifelte, innerlich in kalten Schweiß gebadet, da — plötzlich — war es mir gelungen. Ja. Goldfinger, ein kleiner, runder Knabe mit einem runden Gesichtchen, das gewiß seiner Mutter ähnlich sah — Goldfinger blieb stehen, mitten auf der Straße. Goldfinger war blaß geworden wie ein Junge, dem übel ist. Ich hatte ihn überzeugt. Es gab keinen Gott. — Da öffnete Goldfinger endlich seinen Mund und sprach: „Hä-hä-hättest Du-u mir's n-ur ni-i-icht gesa-agt!!!"

DIE STADT DER KINDHEIT

I. Ankunft

An einem trüben Dezembermorgen des Jahres 1948 war er am Westbahnhof eingetroffen.

In jenem Café schräg gegenüber dem Bahnhof pflegte sein Vater nachmittags in immer der gleichen Gesellschaft von Geschäftsleuten seinen Kaffee zu nehmen und Karten zu spielen. Die Mutter liebte dieses Caféhaus nicht, das dem „Mann", wie sie ihn nannte, eine Art zweite Existenz bot, in die ihr der Eintritt verwehrt war. Sie kam nie dahin, der Knabe selten; erst der Gymnasiast suchte den Vater dort auf, um irgendeiner schleunigen Erledigung willen, zu der er den Vater nicht entbehren konnte: etwa der Unterschrift eines Strafzettels; oder es war einfach Geld, das er brauchte und von der Mutter nicht zu verlangen wagte. Es ergaben sich hie und da lächerliche Geheimnisse zwischen dem Vater und ihm: so hatte der hoffnungsvolle Sohn zwanzigmal den Satz schreiben müssen: „Ich will eine Ente werden." Der geistreiche Lehrer der Naturgeschichte hatte dem Jüngling durch diese beschämende Hausaufgabe den Hang zur Geschwätzigkeit rechtzeitig austreiben wollen, was aber nicht gelang.

Der Vater, dessen Unterschrift erforderlich war, las, seufzte, warf dem Sohn einen bekümmerten Blick zu und ging an einen anderen, unbesetzten Tisch, um seinen ehrlichen Namen unter das absurde Dokument zu setzen. Er schüttelte den Kopf, Böses ahnend, das später auch eintreffen sollte. Gerade die Albernheit der zwanzigmal wiederholten Formel flößte dem Vater, der ein scharfsinniger Kopf war, Besorgnis ein. Er kannte den Lehrer der Naturgeschichte persönlich, denn dieser hatte ihn bereits mehrere Male zu sich bestellt, um ihn auf gewisse Mängel im Charakter des Söhnleins warnend aufmerksam zu machen; wie Unaufmerksamkeit, Trägheit und Unreinlichkeit; die letztere war an den Fingernägeln und an den Büchern, den Heften des Knaben leicht nachzuweisen. Dem Vater hatte der Sokrateskopf des nicht mehr jugendlichen Professors Respekt eingeflößt: die wülstigen Lippen, denen ihr satirisches Lächeln von Natur aus zukam. Dieses Lächeln hatte einen menschenkennerischen, leise weltverachtenden Ausdruck; es war dabei herablassend und leutselig, zugleich aber von einer milden, leise schmerzlichen Traurigkeit, die nicht viel Hoffnung übrigließ. Der Vater, ein im praktischen Leben stehender Mensch, mochte sich wohl der Einsicht nicht verschließen, daß dieser langjährige Lehrer am Mariahilfer Gymnasium ein Sonderling war, aber kein unweiser, kein weltfremder. Einen fast vierzehnjährigen Jüngling in zwanzigmaliger Wiederholung die Beichte ablegen zu lassen: „Ich will eine Ente werden", das mochte einem Kaufmann als eine eigentlich recht naive, wenn nicht einfach boshafte pädagogische Maßnahme erscheinen. Es war dem Vater kaum möglich zu begreifen, wie tief durchdrungen der Professor von der Naturgeschichte war, die er seit zwanzig Jahren lehrte. Für ihn war die Menschenwelt nur eine etwas höher dressierte Spielart der Tierwelt, in die sie jederzeit zurückfallen konnte. Er pflegte es gar nicht zu verhehlen, daß er im Grunde seines Herzens für das Entenvolk mehr Vorliebe und auch mehr Vertrauen übrig hatte als für die klein- oder großbürgerliche Jugend des sechsten Wiener Bezirkes, Mariahilf, die in die Erkenntnis der Natur einzuführen sein ihm längst zweifelhaft gewordener Beruf war. Er sah die verwöhnten, überernährten Knaben, sobald sie in das Stadium der Pubertät gerieten, sich in unruhige, lebenshungrige kleine Raubtiere verwandeln, die bald mehr nach dem Zoologischen Garten als nach dem Elternhaus rochen, strich sich den bereits ergrauenden Sokratesbart, den er mit seinen überlangen Nägeln sanft zu kämmen pflegte, und lächelte zynisch.

Daß er solch einen mit der Seele wie mit der Stimme mutierenden Jüngling zwanzigmal — und zwar kalligraphisch, sonst mußte die Übung wiederholt werden, bis sie gelang — aufschreiben ließ: „Ich will eine Ente werden", sollte nicht nur den Sohn, sondern auch die Eltern erziehen und deren größenwahnsinnige Überschätzung der eigenen Sprößlinge herabstimmen.

Fünfzig Jahre waren seit jenem lächerlichen, demütigenden Vorfall vergangen, ein halbes Jahrhundert, und, wie immer wieder hinzugesetzt werden müßte, welch ein halbes Jahrhundert! Aber der Heimkehrende sah sich noch immer dortstehen, zwischen den Kaffeehaustischen, während die Tarockpartie unterbrochen werden mußte, damit sein Vater die absurde Devise seines Stammhalters unterschreiben konnte. Der Sohn stand gleichmütig da, im Innersten ungerührt. Er warf einen verachtenden Blick auf die untersetzten, spießbürgerlichen, manchmal auch mit falscher Eleganz herausgemachten Figuren der Spielpartner seines Vaters, lauter Geschäftsleute vom Grund, unter denen sein Vater eine geachtete, eine beinahe bevorrechtete Stellung genoß, obwohl manche von ihnen viel mehr Geld machten und ein viel schickeres Dasein führten als er; sein Rechtssinn war ebenso anerkannt wie sein Scharfsinn. Er konnte besser Witze erzählen als sie, er konnte sie aber auch beraten, wenn sie in eine Klemme gerieten, sei es auch eine besonders schwierige zivilrechtlicher Natur, obwohl er kein studierter Mann war; auch hatte er, was den meisten von ihnen fehlte, Geschmack.

Der Gymnasiast seinerseits achtete, wenn auch mit weniger Aufmerksamkeit als sie, seinen Vater, nur vermied er jede Aussprache mit ihm, da sie beide, bei grundverschiedener Anschauung in allem und jedem, leicht in Hitze gerieten, was zu unerquicklichen Streitereien geführt hätte. Es war nicht eigentlich die Gymnasialbildung, welche den tiefen Abstand zwischen Vater und Sohn herbeigeführt hatte. Auch daß der Sohn Gedichte, lyrische Dramen und kritische Abhandlungen schrieb, hätte ihn nicht notwendigerweise von den Eltern getrennt, die gelegentlich ins Deutsche Volkstheater und ins Burgtheater gingen und eine Klassikeraufführung, sogar eine Schnitzlerpremiere zu schätzen wußten; besonders die Mutter hatte und pflegte Vorlieben dieser Art. Der Vater brachte im Theater, wie auch sonst, selten die Geduld auf, anderen Leuten — und mochten es Hofburgschauspieler sein — längere Zeit zuzuhören. Er legte bald den Kopf schief und dachte sich bessere Repliken aus, als sie auf der Bühne erteilt wurden. Die Handlung durchschaute er zu rasch oder gar nicht, und er vertrug es schlecht, wenn die Mutter ihm nachträglich, mit noch immer vor Begeisterung glänzenden Augen, einen romantischen oder sentimentalen Tatbestand erklären wollte, der sich auf der Bühne mit entwaffnender Hochherzigkeit ergeben hatte. Dies war ein für allemal das Bereich der Frau und ihrer Kompetenz überlassen.

In solchen Dingen hatten sich die Mutter und der Sohn früher, bis zu dessen vierzehntem Jahr, bis zur Schnitzlergrenze, wohl verstanden. Eines Sommers hatte der Sohn der Mutter sogar den ganzen „Kampf um Rom" von Felix Dahn, den ganzen falschgeherzten Riesenwälzer Wort für Wort vorgelesen, für den Leser wie für die Zuhörerin eine Leistung von geradezu mythischen Ausmaßen. Die Dekadenz des römischen Kaiserreichs und das Heldentum der Ostgoten hatten es dem Tertianer angetan, der kein Karl-May-Leser war, obwohl er den Lederstrumpf in all seinen Verkleidungen und den weisen Indianer Chingachgook bis zu dessen Selbstverbrennungstod im Urwalde leidenschaftlich geliebt hatte. Aber das waren verflossene Perioden der Gemütsentwicklung. Vergessen waren die Propheten des alten Bundes, die er, jenseits der Religionsstunde, in einem vergilbten Buch für sich entdeckt hatte, eine Entdeckung, deren Geheimnis der Knabe mit keiner Menschenseele teilte. Er hatte den heiligen Urzorn dieser großen Unabhängigen, die gegen die Verkommenheit der Könige und gegen das in Staat und Stadt üppig wuchernde Unkraut scheltend tobten und erst nach dem Untergange einen für immer anbrechenden Frieden prophezeiten, wie feuriges Gift in sich eingesogen und gefühlt, daß er damit einer verbotenen Neigung fröne: denn er bezog diese Brandreden auf eine Gegenwart, die er noch nicht kannte, aber ahnte. Auch den streitbaren, auf gegenseitigem Recht begründeten Bund des wortkargen Vaters Abraham mit seinem allmächtigen Freunde, dem Herrn, dem er Altäre aus unbehauenen Steinen baute, hatte er bewundert; und er hatte bezweifelt, daß sein eigener, leiblicher Vater dem Judentum angehöre; denn würde er ihn, seinen einzigen Sohn, auf das Gebot des Herrn hin geopfert haben?

Das alles war längst vorbei und in die dunklen Gewölbe des Vergessens, die unter dem Bewußtsein liegen, hinabgestoßen worden. Der Novize des Geistes hatte seitdem Lessing und Shakespeare und Heines „Romanzero" kennengelernt, ihre Werke in einfachen Reclam-Büchlein, nach den Weisungen des jüngsten Bruders seiner Mutter, der als Kontorangestellter seines Vaters im Hause weilte, nach und nach angeschafft. Die Folge davon war ein leidenschaftlicher Atheismus gewesen, zu dem er sich in einer Denkschrift, aber auch in hitzigen Debatten mit einigen Mitschülern, die diesen „Fall" — im Doppelsinn des Wortes — durchaus nicht mit Diskretion behandelten, bekannt hatte. Die Kenntnis davon war bis zu seinem Vater gedrungen und hatte den Mann, der sonst zufrieden gewesen wäre, daß sein Sohn eine Erziehung genoß, die ihm nicht zugänglich gewesen war, mit bitterer Sorge erfüllt. Hier war zweifellos ein Beginn des Aufruhrs und der Sittenverderbtheit gegeben.

Die Mutter teilte die Sorge des Mannes, wenn sie sie auch zu beschwichtigen trachtete. Daß der Sohn, statt seine Hausaufgaben zu machen, mit der um fünf Jahre jüngeren Schwester die Dramen Schillers aufführte und einmal als Fiesco das ihm blind ergebene Mädchen als Fiescos Gattin mit einem Lineal erdolcht und vom Schiffe ins Meer — das heißt: vom Sofa hinunter auf den Teppich geworfen hatte, so daß sie sich die oberen Schneidezähne durch die Unterlippe schlug: das mochte, wenn nur keine Narbe zurückblieb, hingehen. Aber die damals, nach der dritten Geburt, nicht mehr so gesunde und etwas schwerfällig gewordene Frau hatte Auftritte mit dem jähzornigen Knaben, die sie für dessen Geisteszustand fürchten ließen.

Einmal hatte sie in aller Unschuld behauptet, daß die häuslichen Ungeziefer, Flöhe und Wanzen, durch Zeugung aus dem Staube entstünden, während ihr der Sohn entgegenhielt, daß Flöhe und Wanzen, genau so wie die Menschen, ihr Leben dem geschlechtlichen Umgang verdankten. Als sie sich weigerte, diese Deutung als Tatsache anzuerkennen, hob der Knabe das schwere und kostbare Porzellanservice vom Waschkasten und schwur, er würde das Service zerschmettern, wenn die Mutter sich nicht sofort zur Wahrheit bekehrte. Das rief der Mutter den Eigensinn in Erinnerung, den das Kind gezeigt hatte, wenn ihm ein Lieblingswunsch — etwa der nach mehr und immer mehr Windradln — aus pädagogischen Gründen nicht erfüllt wurde. Er verfiel bei solchen Gelegenheiten manchmal in Stimmritzenkrämpfe.

Trotzdem zog die Mutter auch die heftigsten Ausbrüche dieser Art dem Schweigen vor, das der Sohn nun schon seit einiger Zeit den Eltern und Verwandten gegenüber wahrte, er, der doch — wie die ihm auferlegte Strafarbeit verriet — im Umgang mit Schülern seines Alters die Geschwätzigkeit einer

Ente, besonders während der Unterrichtsstunden, an den Tag legte. Sie hatte ihn dabei ertappt, daß er Ibsen und Zola las — „Gespenster", „Nana" und „L'assommoir" — und den Mann gefragt, ob das nicht zur Kenntnis der Professoren gebracht werden müsse. Sie wußte nicht, daß er sich mit dem Klavierlehrer, der Peter Altenberg in einem Bordell kennengelernt hatte, über den Dichter, der ihrem kleinbürgerlichen Verständnis unerreichbar blieb, unterhielt. Wie hätte sie ahnen können, daß gerade in jenen Tagen Peter Altenberg ihrem vierzehnjährigen Sohn eine Audienz im Café Central gewährt hatte, und daß der Herausgeber der seit zwei Monaten erscheinenden „Fackel" im Briefkasten der Zeitschrift einen Brief des Jünglings nicht nur beantwortet, sondern sogar des Zitierens gewürdigt hatte, einen Brief, welcher einem vorhergegangenen Aufsatz der Zeitschrift, der den Religionsunterricht in der Mittelschule kritisch behandelt hatte, widersprach, dabei aber selbst die schnödeste Verachtung der Lehrmethoden kundtat, eine Verachtung, so voll milder Überlegenheit, daß niemand in dem Schreiber einen Gymnasialschüler vermutet hätte.

Das Ärgste aber war: ein heimliches Abonnement bei der Leihbibliothek Last in der Operngasse. Das erste entliehene Buch war „Hunger" von Knut Hamsun gewesen. Und seitdem gab es kein Halten. Der Minderjährige verschlang täglich während des Unterrichts mindestens einen Band jener gefährlichen Dekadenzliteratur, gegen die der Kritiker des Leibblattes der Familie wetterte, wenn er sie überhaupt erwähnte: Przybyszewski, Strindberg, Wedekind, Anatole France, Prévost, und wie sie alle hießen, die anarchistischen und nihilistischen Totengräber der bürgerlichen Kultur.

Kein Wunder, daß der Jüngling, wie er da zwischen den Tischen des bürgerlichen Caféhauses stand, wo sein Vater residierte, sich als ein abgebrühter Verbrecher vorkam, auf den der Steckbrief seines Naturgeschichtsprofessors längst nicht mehr paßte. —

II. Der Bahnhof

Noch sah er das Caféhaus nicht, er wartete noch bei der Kontrolle des großen Gepäcks, als schon diese Szene, diese eine von unzähligen, vergessenen und nicht vergessenen, vor seinem inneren Auge stand. Ihm fiel die forsche Jugendlichkeit der Zollbeamten auf, ihre vergleichsweise Eleganz und muntere Beredsamkeit, nachdem er wahrgenommen hatte, wie arm und abgenützt, wie schmutzig und von Bretterhütten umgeben der alte Bahnhof jetzt sich darbot. Durch wieviele Zollämter war der Heimkehrer gegangen in den letzten dreißig Jahren mit ihren mehrfachen Emigrationen, die er immer wissender durchmachte, seitdem er, im Jahre 1928, nach Amerika aufgebrochen war!

Die Stadt der Kindheit hatte er eigentlich am 1. August 1914 für immer verlassen, als er — war es nicht auch vom Westbahnhof? — mit seinem Militärkoffer in den ersten Weltkrieg gereist war. Es war damals ein schicksalhafter Aufbruch gewesen: der mit Leidensgefährten vollgepfropfte Zug; die Angehörigen, die weinend zurückblieben. Ihn hatte sein Vater herbegleitet, die Mutter und die Schwestern befanden sich auf dem Lande, zum Sommeraufenthalt, der nicht unterbrochen werden durfte.

Sein Vater hatte im Jahre 1905, am Beginn des russisch-japanischen Krieges, durch einen unglücklichen Zufall seine linke Hand verloren. Der Zufall war insofern kein Zufall gewesen, als die Hast des Vaters, die ihn veranlaßt hatte, nach dem Hut zu greifen, der ihm vor das Rad des eben verlassenen Stadtbahnzuges gerollt war, mit dem Ausbruch des Krieges in ursächlichem Zusammenhang stand. Er hatte rasch nach Rußland gelangen wollen, um ausstehende Gelder, die gestundete Bezahlung für exportierte Möbel, einzutreiben. Der von Ungeduld geplagte Mann, der es immer eilig hatte, auch wenn andere Leute zu bummeln oder jedenfalls gemächlich ihren Weg zu nehmen pflegten; der, von seinem heftigen Pulsschlag angetrieben, auch in ruhigen Zeiten lieber lief als ging, hatte an jenem bösesten Tage seiner Existenz triftigen Grund zur Eile. Der Export nach Rußland war der ihn beglückende Erfolg seines kaufmännischen Strebens gewesen, das er als eine Art Pioniertum empfand. Er langte an jenem Tage statt in Moskau auf einem Wiener Operationstisch und damit am Ende seiner kühnen, jedoch ehrenhaften Handelsoperationen an. Die Gelder verfielen, und das väterliche Geschäft verfiel zunächst dem Konkurs, den er, bei allem Wagemut eines kleinen Mannes, nie für denkbar gehalten hätte. Das höllische Schreckgespenst aller soliden bürgerlichen Geschäftsleute hatte ihn beim Laufen eingeholt und überholt. Der Krieg, die geschäftliche Spekulation im Großen, hatte sich in seine, verhältnismäßig bescheidenen, Spekulationen eingemischt.

Und nun war wieder Krieg, ein Weltkrieg, der das Ende der österreichisch-ungarischen Monarchie und, wie sich bald zeigte, zugleich den Anfang vom Ende der europäischen Zivilisation bedeuten sollte. Den Anbruch der blutigen Barbarei erlebte der Vater nicht mehr, er starb Ende Dezember 1932. Aber den 1. August 1914 machte er in voller Rüstigkeit mit. Er sah zu, wie der Sohn seinen Militärkoffer packte, der Sohn, der — ein Intellektueller, Schriftsteller aus dem Café Central und Theaterregisseur der Wiener Volksbühne — zu allem eher geeignet war als zum Kriegführen oder zum Kofferpacken. Der Vater konnte das ungeschickte Hantieren des damals Neunundzwanzigjährigen nicht länger mit ansehen. Er stieß den Sohn beiseite, warf alles aus dem Koffer wieder heraus und machte sich selbst an die Arbeit. „Ich werde dir zeigen, wie man Koffer packt — mit *einer* Hand!" Er schnaubte zornig und die Ader auf seiner hohen Stirne sprang vor.

Der Sohn stand mit schlechtem Gewissen dabei und sah der wunderbaren väterlichen Hand zu, die mit Sicherheit und Eleganz das Werk verrichtete, dessen er mit zwei Händen nicht fähig gewesen war. Und er begriff, daß der Mann durch seinen mit stolzer Verachtung gemischten Zornesausbruch sich Luft machte, um den bangen Schmerz loszuwerden darüber, daß der einzige Sohn in den Krieg ging, für den der damals Vierundfünfzigjährige, ein Mann von praktischen Erfahrungen, mit einer Hand sich immer noch tauglicher erachtete. Als der Zug, unter dem Gejohle der Eingerückten, die nicht ahnten, in welch ein gewaltiges Unglück sie da hinausfuhren, sich langsam in Bewegung setzte, sah der Sohn, selbst tränenlos, den Vater, eine mittelgroße, bescheidene Gestalt mit einer Hand und einem losen Ärmel dortstehen und nicht etwa weinen, sondern den Kopf schütteln und ihn dann — diesen eigensinnigen, selbstbelehrten Kopf — mit einer für ihn charakteristischen Bewegung auf die linke Seite legen.—

Auch diese Szene — wie so viele, viele andere seit der frühesten Kindheit — spielte auf dem Westbahnhof. Ein andermal war es, zwölf Jahre vorher, als der Siebzehnjährige von Schule und Haus fortlief, eines Nachts einfach durchging und sich heimlich auf den Weg in die vermeintliche Freiheit machte, nach Paris! Er hatte den Erlös vom Verkauf seiner Schulbücher, seiner Klassiker, ferner eines Meyerschen Konversationslexikons — und ein Hilfsarbeiterbuch in der Tasche; denn dieser heimliche Ausbruch sollte herausführen aus der Welt des Gymnasiums, das dem Jüngling als eine vom Leben ausschließende Strafanstalt erschien, heraus aus der bürgerlichen Kultur, die er für überlebt und verloren hielt. Das Ziel war Paris, die wahre Weltstadt! Das eigentliche Ziel lag jedoch weiter und näher als irgendeine Stadt. Anlangen wollte der Jüngling damals in der Zukunftswelt des Proletariats, dem er sich einreihen, in dem er verschwinden sollte, um damit dort anzukommen, wo das richtige Leben begann, das einzige, das wert sein würde, gelebt zu werden.—

Dieses war der erste mißglückte Versuch einer Emigration gewesen. Der illusionäre Versuch eines kindischen bürgerlichen Anarchisten, der von der Organisation der französischen — wie aller europäischen — Arbeiterschaft nichts wußte und sofort, ein gutwilliger, aber ungeschulter, unbelehrter Eindringling, bereits an ihren Außenwerken scheiterte.

Nach ein wenig Hungern, ein wenig traumhaftem Herumlaufen auf den Boulevards erfolgte die freiwillig-unfreiwillige Rückkehr in das Literatencafé, in die Wiener Bohème, die keine war, in die bürgerlich-überbürgerliche Welt der Kunst, des Theaters, die ihn gerne aufnahm und der er für sein ganzes Leben verhaftet blieb. Wieder traf er am Westbahnhof ein und ging sofort ins Kabarett, um Zeuge davon zu sein, wie sein damaliger Gott, Frank Wedekind, im zerknitterten Frack auftrat, seine anarchistisch-zynischen Couplets mit weinerlicher Stimme zur Laute sang und von den Wienern mit faulen Eiern beworfen wurde.— Und jetzt, nach mindestens drei weiteren Emigrationen, die ihn nach Berlin, nach Hollywood, nach New York und London geführt hatten, traf er also wieder hier ein, auf dem verarmten Bahnhof der verarmten Stadt seiner Kindheit. Die alte Enge umfing den Gealterten, und die munteren

Zollbeamten prüften sein Gepäck, auf dem die Zettel der Städte seiner vielfachen Emigrationen klebten.

III. Die Strecke

War es wirklich der Westbahnhof gewesen, von dem aus er an jenem längst vom Wandkalender gerissenen 1. August in den Krieg fuhr? Das ließe sich nach dem Namen des Kaders, zu dem er damals einrückend gemacht wurde, leicht feststellen. Die Erinnerung, die oft ein so schlechtes Gedächtnis ist, bestand in diesem Augenblick einer verjährten Heimkehr darauf, alles schicksalhaft Wichtiggewesene an Abfahrt oder Ankunft dem Westbahnhof zuzuschreiben, es, wenn auch widerrechtlich, auf ihn zu konzentrieren, der seit der Kindheit das Ausfalltor zum blühenden Land gewesen war. So viele bürgerliche Familien betrachteten den Landaufenthalt, die Flucht aus der Stadt, als ein Privileg, von dem unbedingt Gebrauch gemacht werden mußte. Wir Kinder liebten diesen Ausnahmezustand, der schon vor den Ferien einsetzte, und zweifelten nicht daran, daß er uns zukam. Verdient oder nicht, berechtigt oder nicht, der Greis mußte zugeben, daß er in seinem ganzen Leben kaum etwas Besseres gehabt hatte; nur daß er eben das Schlechtere später dem allzu bequemen Glück seiner Kindheit vorzog. Um dieser drei Monate im Jahr willen war und blieb er für immer in dieser Landschaft verwurzelt: in dieser gezähmten, großstadtbenachbarten Landschaft, dem Wiener Wald, den Voralpen, einem Geschenk der Natur im Bunde mit einer Zivilisation, die ihre Segnungen gewiß nicht auf alle Teile der Bevölkerung erstreckte, die aber länger als anderenorts einen idyllisch behaglichen Zustand festhielt für die, die es sich leisten konnten.

Dank Josef von Schöffel, dem streitbaren Mödlinger, war der Wiener Wald in der Gründer- und Spekulantenzeit des österreichischen Kapitalismus nicht verschachert und abgeholzt worden. Diese Täler und Hügel, die geforsteten Wälder mit ihren gebahnten, saubergehaltenen Wegen standen in der Erinnerung unversehrt und unvergleichlich da; so wie sie auch, solange es ein deutsches Sprachgut geben wird, für immer weiterleben werden in der vormärzlichen Prosa Adalbert Stifters, welcher der unvergleichliche Dichter dieser Natur gewesen ist. Mit ihm wetteifert, allerdings bereits in hektisch-epigrammatischer Kürze, sein später skurriler Nachfolger Peter Altenberg, der seine Augen, seine Lungen hier vom Tabakrauch der Caféhäuser, vom Champagnerdunst der Nachtlokale Wiens zu reinigen begnadet war. Damals freilich hatte niemand mehr genug Muße, um sich in der Stifterschen Epik zu verlieren und zu finden. Die Stille und Würze dieser lieblichen Gegenden, die bisher die größten geschichtlichen Katastrophen überstanden haben, mußten den Lesern telegraphisch mitgeteilt werden.

Aber der Wiener Wald hat sich ja auch in die Oberwelt unvergänglicher Töne geflüchtet: er klingt weiter bei Mozart und Schubert, und bei dem wild aufgewühlten, donnergrollenden Beethoven. So hört ihn das arme reiche Amerika und weiß nicht mehr, was es da hört. Eine weit fortgeschrittene, aber nicht nahe angelangte Menschheit besitzt nicht mehr — oder noch nicht — das, was nicht nur Ferienglück der Wohlhabenden sein müßte und dürfte. Es gibt auch heute noch Riesenbestände an unverarbeiteter Natur, es gibt gewaltige, zauberhafte Natur in Fülle; es können viele Gegenden in Europa, in allen Weltteilen an Lieblichkeit mit dieser heimatlichen wetteifern, und sie übertreffen sie an Wildheit, an bizarren und gewaltigen Monumenten der Entwicklungsgeschichte der Erde. Auch die moderne Jugend Österreichs hat sich von diesen sanften Tälern nicht festhalten und in die Arme schließen lassen, sie ist längst zu überschauenderen Höhen emporgeklommen. Aber gehegter und gepflegter, menschlichkeitsnäher — so schien es dem Heimkehrer — hatte er nirgendwo, nicht in Cornwall, das er liebte, und nicht in Kalifornien, dessen Sonne ihn bezauberte und lähmend verwirrte, eine Zuflucht seines Irrens gefunden.

Es war wohl die Kindheit, die, während er auf die Abfertigung seines Gepäcks wartete, bei diesen weich gefühlten Gedanken mitmusizierte. Er glaubte sich verhältnismäßig frei von dem Zwange, die Kindheit sentimental zu verfälschen. Er hatte früh begonnen, ihre Zustände und Verhältnisse kritisch zu sondieren. Ihre Wirren, ihre Ängste waren unvergessen. Dennoch wußte er seinen Eltern Dank, daß sie Jahr um Jahr von der Westbahn Gebrauch gemacht hatten, mit kleinbürgerlicher Vorsicht von Station zu Station weiterdringend, von Hütteldorf-Hacking nach Hadersdorf, nach Weidlingau, nach Purkersdorf, nach Preßbaum, Rekawinkel bis nach Neulengbach. Weiter kamen sie nicht, solange er als Kind bei ihnen lebte, denn sie waren an Wien gebunden, an die Schule, welche die Kinder bis zum 1.Juli täglich besuchen mußten, an das Geschäft, das der Vater auch im Sommer weiterbetrieb. Auch an der Südbahnstrecke hatte die Familie sich bis Mödling, bis in die Hinterbrühl vorgewagt, aber das erst in späteren Jahren, als der Sohn schon recht erwachsen und auf weniger kindheitsfromme Ferien bedacht war.

Die eigentliche Kindheit lag für ihn an den stadtnahen Orten der Westbahnstrecke. Den Wienfluß entlang, an den Hängen und Waldrändern, auf den Waldwegen und im Dickicht hatte der kleine Städter, meistens allein herumstreifend, jene romantischen Abenteuer, die alle Knaben in der Natur, sei es auch in einer so zahmen, immer haben werden — welche Tatsache diesen Erwähnungen Zeit- und Ortlosigkeit gibt und sie, in ihrer Einfalt, vor dem Veraltetwerden bewahrt. Jagdglück und -unglück, an Käfern und Schmetterlingen erfahren; Sammeleifer im Dienste der Botanik und der Kristallographie; das intime Verhältnis zu Moosen und Farnen, zu Schwämmen und Beeren; kindliche Grausamkeit und Panik; Überwältigtwerden durch Sonnenglut, so daß man, einen Hang in der Mittagshitze mehr in jähem Lauf als durch besonnenes Steigen erobert habend, hinstürzte, keuchend dalag und zu verbrennen glaubte; Verirrtsein im Walde und die Nacht nähert sich, der Specht zählte, unbekümmert um die Angst des Knaben, die verrinnende Stunde; Gerüche mysteriöser Art, von Harz, vom Moschuskäfer, von der Blattwanze; die Libelle, die den Knaben auf der hitzigen Verfolgung in den Bach lockte; eine Welt von Zeichen, die Duft und Licht, in Mischungen und Brechungen, reichten und weiterreichten; und immer wieder der Abend mit seinem Weben und immer ferneren Glänzen, Sonnenabschied, in aller Stille eine letzte Verklärung verbreitend, ein Hinunter und Hinüber feierlich vollziehend. Dazu die heimlichen und unheimlichen Geräusche, das Knacken, Surren, das Rufen der Vögel und der plötzliche Schreck ihres Aufflatterns; das Kleingewimmel der Tierwelt, das Hervorschlüpfen, über den Weg Laufen, das Huschen und Krabbeln, Heransurren, Vorbeiflitzen: abwechslungsreich und unergründlich, wehrlos und bewaffnet; der Mücken- und Bienenstich; die Heimtücke der Brennessel; das Starre giftiger Beeren, vor denen man gewarnt war...

Lächerlich der späte Versuch, das alles zu beschreiben: das Rüsselhafte, Flaumige; Spinnweb, der sich ums Gesicht legte; das Knacken der Käferpanzer, auf die man trat. Eine Natur ohne wilde Tiere, und doch hatte sie für das Kind Wildheit; und dann wieder eine andere Wildheit, als das erwachende Geschlecht im Knaben alles mit neuen Andeutungen und Anspielungen erfüllte. Und bald, vielleicht allzubald, mischten sich in diese fieberartigen Erregungen die ersten Liebestollheiten.

IV. Die Mariahilferstraße

An den Orten seiner Kindheitssommer hatten diesen heimkehrenden Peer Gynt — der Vergleich war ihm nicht neu, er hatte sich ihm aufgedrängt, da er zum vorletzten Male, im Sommer 1932, aus Amerika heimgekehrt war — der Schnellzug vorbeigeführt, als sie noch im nächtlichen Dunkel, in regnerischer Vernebelung lagen. Auch im winterlich grauenden Morgen war kaum ein Stationsname zu erkennen, während er vorbeiflitzte. Aber nun konnte der Heimgekehrte sehen, was er allzugut gekannt hatte. Und er sah, als er die Mariahilferstraße entlangging — den Weg, den er acht Jahre lang täglich zum Gymnasium gegangen war — die Stadt, in diesem Bezirk wenigstens, unzerstört vom Kriege. Unbeschädigt von Bombenwürfen war sie hier und hatte doch erbärmlichen Schaden gelitten. Sie habe sich zwar mächtig erholt, in den letzten Jahren, erzählten ihm in London regelmäßige Besucher Wiens seit dem Friedensschluß, er würde das schon selber sehen, wenn er die innere Stadt betrat, wo, zwar zwischen einigen bedeutenden Ruinen, sich schon wieder neuer Luxus, mit den frischen Vorräten eleganter Waren prahlend, zeigte. Aber wie ärmlich und häßlich war alles hier, diese abgenützten Häuser, die unschöner Nutzen gebaut hatte. Der Betrieb ging weiter, aber diese Fassaden, unbekümmert vor Verwahrlosung, schrien nach neuem Anstrich und Verputz, nach Reinigung und Auffrischung. Das Menschengewimmel war da, aber wie verarmt, wie verelendet sahen die Menschen aus! Sie waren die gleichen geblieben, wie er sie gekannt hatte, aber sie schienen seltsam reduziert zu sein, rettungslos provinziell geworden in Kleidung und Gehaben, aber aus einer verarmten Provinz stammend. Es war hier nicht der bizarr-mittelalterliche, breughelhafte Anblick, den die Menschen im Rheinland, wo er vor einem halben Jahr gewesen war, geboten hatten: mit ihren formlosen Hosen und Hüten, ihren verquollenen Schuhen und mit ihren ausgemergelten, verwitterten, verhärteten Gesichtern, wie sie da schleppten und karrten oder traubenartig an überfüllten Straßenbahnwagen hingen. Hier wie dort gingen sie jedoch mit Rucksäcken und Bündeln, hier wie dort waren sie von der Not, von schlimmer Erfahrung roh gezeichnet. Hier wie dort hatten freilich die jungen Mädchen und die zur Schönheit verpflichteten Frauen aller Stände aus dem Mangel eine Mode einen Stil gemacht, und das Kopftuch konnte lieblicher sein als ein New Yorker Hutmodell der reichtumüberlasteten Fifth Avenue.

Die Moden wechseln mit dem Wechsel der Geschichte, und Altmodisches kehrt auf höherer oder tieferer Spiralwindung wieder. Aber der Grundtypus erweist sich oft als erstaunlich, ja erschreckend dauerhaft. Shakespeare, der in „Maß für Maß" behauptet, daß Böhmen an das Meer grenzt, hat in dem realistisch-ernsthaften Lustspiel, das mit märchenhafter Grazie an einem Traumspiel vorbeikommt, Wien geschildert, als ob er dessen satirischer Bürger gewesen wäre: es ist lebenstreu gezeichnet, wie es sich durch Jahrhunderte in wesentlichen Zügen treu geblieben ist. Die Lucios und Claudios könnten auch, nur plaudernder, in einem Schnitzlerstück, schärfer profiliert in einer Nestroy-Posse, auftreten, und der Schatten jenes verteufelten Angelo soll erst vor kurzem wieder auf dem Ballhausplatz wahrgenommen worden sein. So glaubte der Heimkehrende den Ausdruck der Gesichter, der ihm das Herz bedrückte, hier schon im Sommer 1932 — zur Zeit der Weltkrise — erblickt zu haben: einen Kaspar-Hauser-Ausdruck, der ihn fragen machte: „Was hat man dir, du armes Kind, getan?" Schuldlos-schuldig sah mancher aus, von seinem Gewissen belastet für etwas, das getan zu haben oder gewesen zu sein er sich kaum erinnerte. Das Gedächtnis der Menschen gleicht oft einem Einbrecher, der seine Spuren so gut verwischt hat, daß er sie selbst nicht mehr aufzuspüren vermöchte. Da gab es allerdings für einen Wiener, der zu Hause geblieben war, viel zu gedenken, viel und vielerlei. Hatte doch auch der Heimkehrende in seiner nicht allzulangen Lebenszeit Wien, die Kaiserstadt, gesehen, die Weltstadt, die Metropole eines Riesenreiches; und dann Wien, das der Wasserkopf genannt wurde, das Wien der als kleinstaatlicher Rest übriggebliebenen Republik Deutsch-Österreich. Das Wien der Ostmark, eines Grenzländchens des Dritten Reiches, hatte er meiden müssen und nur zu gerne gemieden. Dessen Fackelzüge hatten sich in gewaltige Schadenbrände verwandelt; und wer damals für jenen Sohn Österreichs gestimmt hatte, der sich zur in aller Welt gefürchteten Gottesgeißel auswuchs, der mochte heute daran verzagen, je wieder für irgend jemanden oder irgend etwas zu votieren. Aber die Geschichte ist kein Daunenbett, das man sich über den Kopf ziehen kann, um weiterzuschlummern, besonders wenn man so böse aufgeweckt wurde. Auch hatte sich nachher, nach dem Zusammenbruch des zwölf Jahre währenden Tausendjährigen Reiches, als eine konsequente Folge tiefster historischer Mißratenheit, so viel neue Not und Plage ergeben, daß man lieber den Folgen die Schuld zuschob und die Ursache in eine glücklichere, gedeihlichere Vorzeit umlog. Auch das ist Menschenart: ein falsches „Maß für Maß", das den Wienern nie fremd gewesen ist.—

Für wen wird diese Gedankenflucht, dieser regellose Sturz der Empfindungen festgehalten? Wer soll das je lesen, es sich gar zu Herzen nehmen? Die Emigranten im Ausland wittern mit Recht in jeder zartfühlenden Umschreibung den Kompromiß, den beginnenden Verrat in jeder Sympathiekundgebung mit der menschlichen Schwäche, sei es der des Gegners, sei es der eigenen. Die auf der anderen Seite des Bruches stehen, der zwischen dem erhalten wollenden Westen und den Fünfjahresplänen des Ostens verläuft, dulden zwar den historischen Rückblick, der die Zukunft beglaubigt, aber nicht die Reminiszenzen privater Natur, die eine schlechte Vergangenheit sentimental entschuldigen und verklären sollen. Sie verabscheuen sogar in der Lyrik den Privatbesitz an Erinnerung, wie ihn auch das bankrotteste Ich sich heimlich zurückgelegt haben mag. Das lyrische Ich sagt jedoch „Ich" und bleibt dabei auch im Untergang einer Welt. Wozu also „Er" sagen, da es sich doch, genau besehen, um den Dialog zwischen zwei Ichen handelt, einem gewesenen und einem gegenwärtig seienden, besten Falles werdenden?

Der Knabe, der vor sechzig Jahren hier in der Kaiserstraße, gegenüber der Kirche, in einem Kabinett schlief, in dem nachts, zum Schutz gegen die Angst, ein Öllämpchen brannte, ist nicht der Alte, der an diesem Dezembermorgen mitten auf der Fahrstraße stehenbleibt, um zum Zifferblatt der Kirchenuhr emporzustarren, als könnte ihm dieses das Geheimnis der Zeit verraten. Sie sind nicht die gleiche Person, die beiden, so gerne der Ältere es wahrhaben möchte, obwohl er doch darauf bestehen müßte, weitergekommen zu sein, oder doch jedenfalls weiter herum. Der Knabe war noch sehr klein, als er von sich per Er sprach, und sagte: „ER will das haben!" Hätte er damals schon schreiben können, er hätte bestimmt vor das Er, als das er sich fühlte, einen großen Anfangsbuchstaben gesetzt, oder zwei große Buchstaben gemalt, wie es sich eben jetzt als notwendig herausgestellt hat.

„Er": damit begann die Saga vom Ich, jenes private Heldenepos, welches das Wachstum der Individualität begründet und sie begleitet, koste es, was es wolle. Es wird oft schwierig, die innere Kontinuität, auf die es dabei abgesehen ist, zu halten, sobald das Ich begonnen hat, ich zu sagen und sich seine Gefühle, seine Gedanken, gar seine Taten und Unterlassungen zuzurechnen. Denn dieses Ich benimmt sich nicht immer, wie es möchte und sollte, und es benützt daher sein Gedächtnis, um auszumerzen, zu stilisieren, umzulügen. Darin, diesem Epos vom Ich zuliebe, ist jeder sein eigener Homer, und gerne blind, wo die Tatsachen sich nicht nach dem inneren Bilde fügen wollen. „Streich aus und geh weiter", sagte zu sich selber ein autobiographischer Dichter, der sonst wahnsinnig geworden wäre. Und ein anderer, der kranke Proust, machte, daß sein Leben stillstand bis zum Tode, er ließ nichts Neues mehr herein und lag jahrelang auf seinem Totenbett, bis er die Zeit seines Lebens, die er verloren gab, zurück aufgehaspelt und in die subtilste Häkelei verarbeitet hatte: ein wahrer Sisyphos der Erinnerung, ein Tantalus der Vergangenheit, ein Historiker des Details, das nur für ihn Wert besaß, den Wert des Erfahrenhabens zu seiner verlorenen Zeit. Dieses Wiederbeginnen eines Sterbenden vom Ende her, dieser endgültige Verzicht auf jede

Zukunft, die nicht in der Vergangenheit beschlossen war, die subjektive Ewigkeit des Gewesenen: das war, menschlich begriffen, nicht ohne Heroismus, dieser Wahnsinn hatte Methode: es war die Absage an die Welt ohne ihn, die doch ohne ihn und gegen ihn weiterging. So handelt ein Ich, das eine Kultur repräsentierte, die ein Proust, ihres Todes gewiß, als Letzter besaß. Er konnte nicht ausstreichen und weitergehen, denn da ging nichts weiter.

Der Mensch ohne Furcht und Hoffnung, die der Gegenwart und der Zukunft gelten, der Mensch ohne neuen täglichen Wunsch für sich *und* für die, welche nach ihm kommen, ist kein Mensch mehr, sondern, wenn er dann noch Künstler bleibt, eine Mumie in einem Museum: es sei denn, er schüfe sich, ein moribundus und dennoch welch ein artifex, ein Königsgrab in seiner eigenen Pyramide.

Es liegt in jeder Erinnerung, welche die innere Kontinuität eines Individuums um ihrer selbst willen pflegt, die Proust-Gefahr. Das gilt für historische Perioden, die sich nicht durchstreichen lassen und weitergehen wollen. Es gilt auch für Städte, denn auch sie sind Individualitäten. Es galt für dieses Wien mit seinem nicht sterbenkönnenden Barock. Sogar seine Ruinen — das sollte der Heimkehrende nicht ohne Schaudern erkennen, als er, eine Viertelstunde später, bei der beschädigten Stephanskirche angelangt war — waren schön, sie hatten die Barockform angenommen. Aber hier, in der armseligen und doch gerade durch ihre Häßlichkeit menschlicheren Vorstadt, war nichts vom Museum, wenn nicht von dem Museum seiner eigenen Vergangenheit, die keine Barockschönheit aufzuweisen hatte.

Hier ging er auf den Wegen des Knaben, der er gewesen. An jeder Ecke kam der dem Alten entgegen und sah ihn aus den großen Augen unter der Matrosenmütze an. „Schämst du dich noch für mich, wie ich mich oft aufgeführt habe?" fragte der Knabe. — „Ja." — Der Alte mußte zugeben, daß er manchmal aus dem Schlafe auffuhr und sich für den Knaben schämte. Aber war es nicht auch umgekehrt, hatte nicht auch der Knabe sich des Alten zu schämen? Glücklicherweise wußte der Knabe nichts davon und fragte nicht danach, der Alte hätte statt seiner fragen müssen; und das hatte er oft getan.

„Hier ist die Zieglergasse, hier ging ich in die Volksschule. Erinnerst du dich des ersten Schultages? In der Seidengasse überfielen mich ein paar halbwüchsige Jungen, die 'hepp hepp!' riefen und mich zu Boden warfen. Ich hatte mich in blinder Wut auf einen von ihnen gestürzt, nun lag ich da und wäre beinahe von einem Kohlenwagen überfahren worden. Ich heulte schrecklich, denn meine neue Schultasche war übel hergerichtet, auf die ich so stolz gewesen war, die schönen Griffel — alle zerbrochen, der Schwamm von der Tafel gerissen! Ich war mir mit den schmutzigen Fingern ins Gesicht gefahren, der Lehrer wusch es mir an der Wasserleitung und ermahnte mich, gütig, nicht zu raufen auf dem Weg zur Schule. Ich hatte ihm verschwiegen, was vorgefallen war; ich wollte lieber für einen Raufbold gelten, und auch zu Hause sagte ich nichts. Niemand sollte von dem Schimpf erfahren, der mir angetan wurde." — „Was ist dir viel angetan worden", sagte hier der Alte zum Knaben. „Sei nicht wehleidig und nachträgerisch. Es waren harmlose Zeiten, da du in der Zieglergasse zur Schule gingst. Gerade damals, in den Jahren 1891 bis 1895, wurdest du in Weidlingau, Purkersdorf, Preßbaum zum Dichter. Du mußtest eben früh lernen, zu einer Minorität zu gehören, das war gut für dich. Damals gab es nicht nur den Lueger, der den 'Sozialismus des dummen Kerls', wie Engels den Antisemitismus nannte, ins Leben rief; der Dr. Victor Adler hatte die österreichische Sozialdemokratie geschaffen. Nun haben sie beide Denkmäler, und nach dem Dr. Lueger heißt ein ganzer Platz. Der eine machte einen Kleinbürgerputsch, der ihn zum Bürgermeister machte, der andere keine Revolution. Wieviele, die damals ungeschoren blieben, sehnen sich nach diesen Zeiten zurück!"

Der Knabe könnte einwenden, er habe mit dem leibhaftigen Hitler die gleiche Schulbank gedrückt. Nur wußte er es damals noch nicht. — Wir waren inzwischen bei der Amerlinggasse angelangt, und da lag es noch, das Mariahilfer Gymnasium. Und hinter ihm der Esterhazypark, in dem so heiß „Nationen" gespielt wurde, vom Brunnen aus. Jede Nation lief aus Leibeskräften, um nicht vom Ball getroffen zu werden. Der Knabe war inzwischen um einige Köpfe gewachsen und durfte mitspielen. Jeder wählte die Nation, die er sein wollte. Da gab es den stolzen Griechen; aber der Knabe, in seinem früh geweckten Minoritätenbewußtsein, zog es vor, ein Trojaner zu sein. Das waren klassische Nationen, die der Lektüre der Ilias ihr Dasein verdankten, wie der Indianer dem Lederstrumpf. Aber die modernen Völker waren auch da: der Deutsche ließ sich zwar als Germane aufschreiben, dem Dr. Schönerer zuliebe; der Franzose, der Engländer, der Pole, sie erwarben sich mit dem Namen den ihnen eigentümlichen Nationalstolz, der Türke war eher ein Humorist, der Araber verriet feurigen Hochmut; aber um ein Tscheche zu sein, brauchte es eine tüchtige Portion Trotz. Den Juden, der mit Starrsinn einer sein und bleiben wollte, hätte es damals ohne den Dr. Lueger überhaupt noch nicht gegeben.

V. Das Mariahilfer Gymnasium

Auch das Gymnasium stand noch, das acht Lebensjahre gekostet hatte und dennoch nicht absolviert wurde. Ein Jahr, das vierte, wurde repetiert und nachgesessen, und knapp vor dem Ende der siebenten Klasse, jener unvergleichlichen Septima einer bereits überfällig gewordenen Empörung gegen den Stundenplan, erfolgte die Flucht, die aus der bürgerlichen Welt endgültig hinausführen sollte, die aber nicht gelang, denn sie führte den Ausreißer nur umso entschiedener, und auf kürzestem Wege, zurück in die bürgerliche Kultur, welcher er nie entkommen sollte. — Das Gebäude, ein freundlicheres Zwing-Uri einer milderen, nur geistigen Unterdrückung, schien vor Alter noch gelber geworden zu sein, und es mutete nun noch ärarischer an als damals, noch mehr k. und k., als da es der Monarchie angehörte. In seiner Schlichtheit vertrat es einen längst gewesenen Stil, der durch den ersten Weltkrieg widerlegt worden war. Das heutige Wien hat solcher friedlich und vergangen anmutenden Häuser noch viele, ganz abgesehen von seinen Barockschlössern, den Zeugen eines spielerischen Prunkes, die eine Aristokratie in ihrer breiten Machtfülle gebaut hatte, während die Schule den bürgerlichen Stempel auf ihrer verhältnismäßig niedrigen Stirn trug. Dennoch wirkte sie heute, mit dem riesigen Bunker, dem architektonischen Produkt des 20. Jahrhunderts, im Rücken, vornehm und beschaulich, als ein Überbleibsel ehemals priesterlicher Pädagogie, die säkularisiert wurde, um dem geistigen Wohle liberaler Untertanen zu dienen.

In die Fenster des Lehrerzimmers strömte, wenn sie wolkenfrei war, die Sonne, und verursachte, bei Kaiserwetter im Juni, Hitzeferien, bis die alljährlichen Sommerferien ausbrachen und die Schüler in den Wienerwald oder ins Salzkammergut entließen. In diese Fenster schauten freilich keine Wälder und keine Berge, sondern es lugte, an der Hinterfront des Gebäudes, eben der winzige Esterhazy-Park herein und versuchte den Unterricht zu stören. Merkte das der Lehrer, so wurden die Jalousien heruntergelassen. Es ergab aber den lohnenderen Schabernack für die den Fenstern zunächst sitzenden Schüler, wenn sie beim ersten zudringlicheren Sonnenkringel aufsprangen, um sich ungeheißen der Verdunkelung zu befleißigen. Die Erinnerung wußte nur von einem Professor, der gegen den Ausschluß der Sonne protestierte. Das war jener eigenpersönliche Lehrer der Naturgeschichte, dessen der Heimgekehrte sofort nach der Ankunft am Westbahnhof gedacht hatte. Dieser alternde Philosoph war in der Quarta schon sehr kränklich gewesen. Er saß auf dem Katheder, auch an sonnigen Frühlingstagen in seinen langen militärischen Mantel gewickelt, den Puls seines linken Armgelenks mit seiner rechten Hand ständig abgreifend, und rief den voreiligen Rouleauschließern zu: „Seid's froh, daß euch die Sonne bescheint!" Dazu lächelte er mit grämlichem Sarkasmus, traurig und menschenverachtend. So saß er noch da in der Erinnerung des ihn lange und immer noch Überlebenden.

Der skeptische Menschenkenner mit dem schon damals grauen Satyrbart hat den Absturz seiner Landsleute ins Tierische, ja ins unausdenkbar Viehische, das sich als „Volksgemeinschaft" durch die sonderbarsten Taten, mindestens durch deren einverständliche Duldung, kundgab, nicht mehr erlebt. Wahrscheinlich hätte er sich kaum gewundert, auch wenn er die seiner Zuchtrute Entwachsenen damals nicht hätte so und so oft kalligraphisch schreiben lassen können: „Ich will ein Wolf werden!", oder: „Ich will eine Hyäne werden!" Doch gab es wohl kaum einen Atavismus, den er ihnen nicht von vornherein zugetraut hätte, besonders wo sie im Rudel auftraten, als wollten sie einen Urzustand repetieren.

Er pflegte im Unterricht die sokratische Methode anzuwenden. Indem er, vorgebeugter Gestalt, zwischen den Bankreihen einherschritt, hielt er, bald rechts, bald links, zwischen den langen Nägeln seiner ausgestreckten Hand ein Insekt, eine Pflanze, oder ein Gestein hin und fragte: „*Was* sehen Sie?" Besonders falsche Antworten entlockten ihm ein: „Oi, oi!", das in manchen Fällen geradezu grollend klang. Meistens zückte er nur, indem er das schlecht wahrgenommene Objekt dem Zunächstsitzenden unter die Nase schob, sein verzichtendes Lächeln, wobei er nie die Geduld verlor.

So selten der Mann auch strafte, er war gefürchtet und gehaßt, wohl weil die Jünglinge sich durchschaut und ertappt fühlten; durchschaut in ihrer geistigen Trägheit, die sich nur beim Schwindeln als hurtig erwies; ertappt bei ihrem Mangel an Beobachtungsschärfe und Geistesgegenwart. Auch der sich seiner nicht ohne Liebe, gewiß nicht ohne einen Respekt, der an Ehrfurcht grenzte, Erinnernde hatte sich oft vor der nur in seinem Lächeln sich äußernden Kritik gefürchtet. Einmal geschah es, daß der Lehrer, unhörbar heranschleichend, den Schüler in flagranti ertappte, wie der, statt dem Unterricht zu folgen, mit Tinte Ornamente in sein Schulheft malte. Aus seiner tiefen Selbstvergessenheit aufgeschreckt, behauptete der arme Sünder zuerst, er habe diese künstlerischen Übungen vor Beginn der Unterrichtsstunde betrieben. Ein sehr mißbilligendes „Oi,oi!" erklang. Der Lehrer nahm, ohne Übereilung, das vollgeschmierte Heft aus den Händen des Schülers, der es unversehens fortträumen wollte, ergriff dessen rechten Zeigefinger und schwärzte ihn an der noch frischen Tinte der Zeichnung, damit ihre Form verwischend. Dann warf er das Heft aufs Schreibpult, schritt auf das Katheder zu, setzte sich und schwieg eine gute Weile. Schließlich sagte er: „Wenige von euch, wenn überhaupt welche, werden sich in späteren Lebensjahren, als Berufstätige und Familienväter, bei einem Manne namens Schopenhauer Rat holen. Er war kein übler Kenner der Menschen, dieser Mann Schopenhauer. Er bemerkt irgendwo in seinen Schriften zur Lebensweisheit, daß manche Leute den Unfug, den sie treiben, *brauchen*, um sich ihr Dasein überhaupt zur Evidenz zu bringen. Das heißt also: unterließen sie ihre Dummheiten, dann würde ihnen gar nicht bewiesen sein, daß sie leben!" Er lächelte grämlich in sich hinein und setzte seinen Vortrag fort.

Gerüche sind reitende Boten der Erinnerung, Melodien auch, vergangene Menschen aber werden oft an ihrem Lächeln herangebracht. Es gibt eine Art Lächeln, welche man das österreichische Lächeln nennen könnte, glaubte der Heimkehrende feststellen zu dürfen. Wenn es freilich dergleichen gab, so nicht nur eine Art davon, sondern mehrere, ja viele, darunter sehr widerwärtige, rohe und brutale Spielarten. Das breite, platte Sumperlächeln war ein solches, und das spitze, oder weich zerrinnende des Bürokraten. Es gab da noch ein brutal männliches Lächeln, das eines Mannes, der noch Ohrringe trug, oder kleine runde Platten in den Ohrläppchen. Dieser Mann wischte mit flacher Hand die Brotkrümel vom Tischtuch, und seine Hand war schwer und fleischig; sie konnte aber auch knochendürr sein und deshalb nicht weniger gewalttätig. Es gab ein Lächeln des Besserwissens und Üblermeinens. Alle diese und andere Spielarten des Lächelns, die in Österreich vorkamen, wie besonders das pfäffische und das jesuitische Lächeln, hatten mit jenem, das die Physiognomie des alten Lehrers heraufbeschworen hatte, nichts gemein, oder nur verschwindend wenig. Seines war das Lächeln der *österreichischen Skepsis*, das selten so weise und zugleich traurig auftrat wie bei ihm, wenn auch bei ihm zugleich mit seiner menschenverachtenden Miene; obgleich ein Gran Menschenverachtung dem Lächeln der österreichischen Skepsis immer beigemischt ist. (Nur nicht jenem liebenswürdigen Lächeln, dem unvergeßlichen des verehrungswürdigen Dauergastes des Café Central, des Dr. Alfred Schwoner, der sich — als erster— erschoß, als die nationalsozialistischen Myrmidonen in Wien einmarschierten. Sein Lächeln hatte genau dort, wo bei dem des Naturgeschichtslehrers die Verachtung begann, etwas rührend Hilfloses, Kindliches, sich bescheiden, ja demütig Entschuldigendes: ein nicht die eigene, wohl aber die allgemeine menschliche Schwäche Verzeihendes.)

Wo kam es her, das österreichische Lächeln in all seinen Formen und Arten? Es hatte die Schule Metternichs durchgemacht und den Vormärz; es wußte um die so blutig niedergeschlagene Revolution von 1848; und ein aufmerksamer Beobachter konnte es im ersten Weltkrieg, schon im August 1914, sogar bei k. und k. Generälen wiederfinden, Männern in Uniform, welche die Kriegsbegeisterung der Pflege durch den

Auditor und der Heilung durch den Strick anvertrauten, die aber selbst nicht an den Sieg glaubten und daher von vornherein nicht an den Krieg, als dessen Folge sie das Ende der Monarchie, den Verfall des Staatengebildes Österreich-Ungarn voraussahen. Bei diesen grausamen Bewahrern eines Erbes, das sie selbst als längst verschleudert erachteten, sah das Lächeln freilich anders aus als etwa bei der frommen, rechtgläubigen Domestikenseele des Valentin im „Verschwender". Ja, anders lächelte der melancholische Märchendichter Raimund, bevor er sich entleibte, anders jener tröstliche Adalbert Stifter, der vergebens in die Natur, in die hinterwäldlerische Idylle geflohen war, bevor er sich die Kehle durchschnitt; anders der zum Überleben satirisch gerüstete Nestroy. Anders, aber ihnen allen verwandt, lächelte also unser sokratischer Lehrer, der aus seiner Praxis der Naturgeschichte sowohl als auch aus jener der bürgerlichen Erziehung gelernt hatte, die Menschen nicht zu überschätzen. Da ein Schüler, in feiger Angst, ihm dreist ins Angesicht log, zog er sich, nicht ohne Ekel, auf seinen erhöhten Sitz zurück, in die Einsamkeit, und ließ die Klasse einen seltenen Blick tun hinter seine weise, lächelnde Abwehr. Der Lehrer verriet in diesem müden und schwermütigen Augenblick den für ihn erlauchten Namen *seines* Lehrers, des bürgerlichen Pessimisten Schopenhauer, der alles eher gewesen war als ein gelernter Österreicher.

Der Jäger

Der Naturgeschichtslehrer war nicht der einzige gute Mann gewesen, der seine Schüler durch Verachtung zur Selbstachtung erzog. —
Er trug gewöhnlich einen Lodenanzug und ein Jägerhütchen mit einem Gemsbart daran und wohnte nicht in Wien. Er wohnte in Wiener Neustadt, also in der Provinz. Ein und eine halbe Stunde fuhr er zur Schule und ebensolange wieder zurück. So hat er unter Opfern und Strapazen sein Prinzip aufrechterhalten, ein Provinzlehrer zu sein. Denn er haßte die Großstadt.
Die Klasse nannte ihn den Jäger und seine Stunde das Jägerlatein, obwohl er in Deutsch unterrichtete und man ihn sich schlecht auf der Jagd vorstellen konnte.

Denn er war unförmig, Falstaff-mäßig dick, eine Kugel mit runden, roten Wangen und einer ebenso runden Glatze, sobald er das Jägerhütchen ablegte. Es ging von ihm, seiner überaus soliden Form zutrotz, das Gerücht, daß er dreißig Jahre lang auf seine Jugendliebe gewartet und sie, nachdem sie endlich Witwe geworden war, geheiratet hatte — Provinzler, der er war. Nun fuhr er, wenn er in die Provinz fuhr, heim zu seiner Jugendliebe, immer wieder heim zu ihr. Er war ein urbaner, klassisch gebildeter Mann bei alledem.

Sein Gesicht war ebenso behäbig wie der ganze Mensch, aber es hatte einen strengen, geraden Zug, und kannte man ihn nicht, so machte es einen geradezu grimmigen Eindruck. Meistens war jedoch Ruhe darüber hingesponnen, in hundert und dreißig Fältchen um die klugen Maulwurfsaugen.

Eines Tages, die Glocke zu seiner Stunde hatte eben geschlagen, betrat er das Klassenzimmer, während zwei Schüler einander noch mörderisch prügelten, und das in vollem Ernste. Er blieb stehen, beobachtete den schonungslosen Kampf noch eine Weile, während er die Hände auf dem runden Bauche hielt und seine Daumen umeinander kursieren ließ. Schließlich sagte er, mit der größten Ruhe: „Seid's ihrs oder werdt's ihrs?" Dann bestieg er seine Lehrkanzel und, mit einem Seitenblick auf die beiden Kämpfer, die an der Wasserleitung ihre Wunden wuschen: „So und jetzt muß ich in diesem Jahr wieder einmal den Faust durchnehmen. Interessieren tut's mich nicht, und Zweck hat's keinen. Na los!" Er seufzte.

Die Handlung beider Teile in logischem Zusammenhang vorzutragen, diese Meisterleistung wurde schließlich am Ende des Semesters dem Klassendümmsten abgefordert. In unserer Quarta fiel dieses Los auf einen hochaufgeschossenen Beamtensohn, der, wenn ihn nicht schläferte, an gähnendem Hunger litt. Er pflegte, mit Vorliebe in den Deutschstunden, meistens sanft zu schlummern, und zwar mit offenem Munde und offenen Augen, jedoch ohne laut zu atmen oder gar zu schnarchen. Der Jäger hatte ihn, während Gedichte vorgelesen wurden, mit einem „piff, paff!" manchmal aufgeweckt, obwohl es ihm, wie er gestand, leid tat, das friedliche Dahindämmern dieses zu rasch und zu hoch wachsenden Murmeltieres zu stören.

Schließlich kam also der Tag des Jüngsten Gerichts, die Stunde der Faust-Nacherzählung. Die Klasse erwartete nicht ohne wollüstige Spannung den Galimathias, der sich aus dem zögernden, stotternden Munde des zur Opferung Ausersehenen herauswinden würde.

Die Erwartung wurde nicht enttäuscht. Schon im ersten Teil verheddterte sich Franz H. rettungslos, manchmal in einen unverfälschten schottenfelderischen Dialekt verfallend, der ihm auch nicht weiterhalf. Der Jäger ließ sich sein Wild nicht entwischen. Er wollte genau hören, warum und worin der durch das höchste Streben ausgezeichnete Faust dem Erdgeist, den er beschworen hatte, *nicht* glich. Das zu wissen, beharrte er, sei wichtig, damit die Schüler sich nichts Falsches einbildeten. Auch wie der „Magister gar" eigentlich dazu kam, den Text der Bibel zu verbessern und kurzer Hand hinzuschreiben: „Am Anfang war die *Tat!*", wollte der Peiniger im Detail erklärt haben. Die nicht gefragten Zeugen dieser Amts- und Opferhandlung hatten leicht lachen. Ein politisch völlig apathischer k. u. k. Jüngling wie Franz, der weder Schönerianer noch Luegerianer, weder Antisemit noch Sozialdemokrat war, empfand die Beschwörung des Erdgeistes als überflüssig, und mit dem Worte „Tat" verband er keinen Begriff. „Was ist das, eine Tat?" fragte nun der Jäger in die Runde. Ein Spaßvogel antwortete hurtig: „Eine im Parlament verabreichte Ohrfeige" — „Watschen", rief er sogar, sich blitzschnell verbessernd und platzte lachend heraus. Er wurde wegen Unfugs in die letzte Bank verwiesen. Andere, Höherstrebende, beschworen den Geist Cäsars, und wieder andere den des Tyrannenmörders Brutus, was schon näher an die Sache heranführte: Es „brandelte" bereits, wie es im Spiele hieß, wenn der Suchende dem versteckten Gegenstand näher kam. Dann wurde noch Hermann der Cherusker genannt, und, im aufreizenden Gegensatz zu ihm, Herostrat, wobei es der Jäger — für diesmal — bewenden ließ und sich seufzend entschloß, dem grundsätzlichen Gegensatz zwischen Wort und Tat ein paar vernünftige Worte zu widmen. Die Klasse hegte die Befürchtung, daß daraus ein Thema für eine Hausaufgabe oder für einen in der Schule zu verfassenden Aufsatz herauswachsen könnte, und einige begannen sogar mitzuschreiben. Aber der Jäger winkte ab, und nun hielt Franz H. bereits bei der Gretchen-Episode, und das war wie Freibier, oder sonst ein ungezügeltes Volksfest. Sogar der Vorzugsschüler vergoß Freudentränen. Während einer, der später Journalist wurde, aufzeigte und fragte, ob nicht Arthur Schnitzler in „Liebelei" das gleiche Thema behandelt habe. Der Höhepunkt des kollektiven Vergnügens war erreicht, als der Jäger diesem vorwitzig Modernen nicht ohne Verdrießlichkeit Recht gab. Es stellte sich heraus, daß der spät seine Geliebte geheiratet habende Mann — kein Romantiker, sondern ein realistischer Skeptiker mit einem kugelrunden, kerngesunden Menschenverstand — kein Anhänger der Gretchen-Episode, aber auch kein sie überwertender Bewunderer der Tragödie des Wiener „süßen Mädels" war. Er schloß, ziemlich grimmig, die immer mehr in Spaß oder in unliebsame Wahrheitsfindung entartende Debatte und ließ es bis zu Faust II. nicht erst kommen. Dieser Teil bleibe ohnedies auch einem Obergymnasiasten, der sich bis zur Matura durchgeschwindelt habe, unverständlich. —

Es war die letzte Unterrichtsstunde am Nachmittag, aber es fehlten noch zehn Minuten zum Glockenschlag, und der Jäger überließ die Klasse sich selbst; was er übrigens nicht selten tat, wenn er Hefte und Hausaufgaben durchzusehen oder Privatbriefe zu schreiben hatte. „Macht's, was ihr wollt's!" sagte er. Und wir machten, was wir wollten. Von Zeit zu Zeit, wenn es zu laut wurde, warf er einen Blick herunter und gebrauchte sein Lieblingswort: „Nur vernünftig!" Die Fünf-Uhr-Glocke schlug, und ein Tohuwabohu entstand. Der Jäger erhob sich und setzte sein Jägerhütchen mit dem Gemsbart auf: „Wart's nur, bis ihr zum Militär kommt's!" Er war ein Prophet. —

Die Skeptiker und Sardoniker hatten besser erkannt, wo die Uhr der Zeit stand, als die Pedanten unter den Lehrern. Unter denen wurde mehr gelitten, aber von dem Eingetrichterten und Eingedroschenen noch weniger behalten. Das Prinzip selbst, dem die damaligen Beherrscher der Kindheit dienten, hatte zu wanken begonnen, und die Zuchtrute konnte es nicht stützen. Die Lehrer waren schon damals alt, jetzt sind sie alle nicht mehr am Leben. Und auch der Schüler ist inzwischen alt geworden und morgen nicht mehr da. Die letzten Dezennien Weltgeschichte haben ihn wahrlich mit Zuchtmeistern bekannt gemacht, mit denen verglichen die Tyrannen seiner Kindheit wohlwollende Bedrücker gewesen sind; auch wenn sie die Schuld trifft einer durchaus ungenügenden Vorbereitung auf das, was kam. Über Bank und Börse verlautete in jenen ehrwürdigen Hallen nichts. Die Geschichte war gefälscht, ad usum Delphini, oder ad majorem gloriam eines nur durch ein vorsichtiges Zaudern noch zusammengehaltenen Reiches. Was das Ringen der Völker um Selbständigkeit und organisches Wachstum, was gar die nur mit Anführungszeichen erwähnte „soziale Frage" betraf, so hätte das Gymnasium in der Amerlinggasse ebensogut in der Stratosphäre liegen können. Dort trug sich allem Anschein nach ebenso die Reform der Griechen, wie die Verschwörung des Catilina und der Aufstand des Spartacus zu. Trotzdem besteht die Erinnerung des ehemaligen Zöglings auf Anekdoten, die hart an die Schulhumoresken grenzen, und hält einige Zeitalter fest, jeder Schüler wahrscheinlich andere, die geeignet sind, ihm die Kindheit wiederzubringen.

Hartes Holz

In memoriam auch eines braven Mannes, der ein Menschenalter lang Latein und Griechisch unterrichtete, bis in die letzten Jahrzehnte des neunzehnten Jahrhunderts hinein. Er biß dabei verzweifelt an seinen ergrauenden Schnurrbartenden.

In seinen Stunden knackte es, als ob Holz gehackt würde. Hartes Holz die Syntax, hartes Holz die Schülerschaft. Hart: so wollte er selbst erscheinen. Er hackte staccato, ein trockenes, aber taktsicheres Staccato. Es gab bei ihm griechische Übungssätze wie: „Wenn du deinen Vater nicht getötet hättest, wärest du ein guter Mensch geblieben." Es handelte sich, wie jeder, der Griechisch gelernt hat, weiß, um den Gebrauch des Aorists, nicht, wie der Ungelernte glauben könnte, um einen fundamentalen Lehrsatz der Moral. Einen solchen, der zugleich die richtige Abwandlung des Verbums verlangte, hätte ein Lehrer fünfzig Jahre später seinen Wiener Schülern aufgeben können mit der geänderten Lesart: „Wenn du deinen Bruder nicht geschunden hättest, du wärest ein guter Mensch geblieben."

Die Schüler liebten übrigens die damalige Form des Übungssatzes, dessen häufige Wiederkehr sie, ohne ihr sie nie verlassendes Bedürfnis nach Heiterkeit zu verraten, sehnsüchtig erwarteten.

Dieser Lehrer war ein verbissener Verehrer des Tacitus. Er hackte fortissimo Hinweise auf die Keuschheit der germanischen Jünglinge, die erst mit dreißig Jahren das Weib erkannten. Er wollte die Jünglinge ertüchtigen. Er liebte Prüfungen, die rapide Kreuzverhöre waren. Er rief die Schüler blitzartig auf, so daß, binnen kurzem, die ganze Klasse drankam. Fragen und Antworten sollten nur so splittern. Die Antworten taten es nur nicht immer. Blitzartig, auf einen der Schüler deutend, oder seinen Namen rufend: „Der Aorist von —" Verbum. Keine Antwort. Nächster Takt: der Lehrer, der sein Notizbuch in der Hand hielt, zückte den Bleistift, um ein Nichtgenügend einzukritzeln. Setzte aber, über das Büchlein gebeugt, zwei oder drei Takte aus, bis dem Schüler das Wort eingesagt worden war, dann, mit Härte: „Na, wissen Sie es *jetzt?*" Jetzt wußte es der Schüler. Nächste Frage!

Es gab bei ihm nur eine Strafe: sich hinausstellen. Noch knapp vor der Matura strafte er so, mit dem Pranger. Man stand also die ganze Stunde draußen am Katheder und mußte mit Bleistift mitschreiben. Oft standen zehn Sünder rings um das Katheder aufgereiht und sahen aus wie die hölzernen Apostel, denn im Verlauf der Stunde wurden sie steif.

Er war in der Quarta unser Klassenvorstand, als die Sache mit dem roten Adamsberger passierte. Adamsberger war der rothaarige, schlaksige Sohn einer armen Witwe, der den Gymnasialunterricht auf Grund eines Stipendiums genoß. Für sein Alter hochaufgeschossen, steckte er in Anzügen, die ihm zu groß, vor allem zu weit und bestimmt nicht nach seinem Maß angefertigt waren. Diese Anzüge verdankte er wohltätigen Erwachsenen, sie wirkten ebenso abgebraucht wie seine Schulbücher, die ja auch in antiquarischem Zustande auf ihn gekommen waren. Adamsberger, der, wie um seinem Namen Ehre anzutun, durch seinen übergroßen Adamsapfel auf seinem langen, mageren Halse auffiel, mag ein verschmitzterer Knabe gewesen sein, als nach seinem gewöhnlichen Verhalten zu schließen war. Er schien immer eifrig bei der Sache zu sein, sprang hurtig auf, wenn ein Lehrer ihn beim Namen nannte, und entsprach in allen Gegenständen gleichmäßig genügend, obwohl er Latein, Griechisch und Mathematik nur schwer in seinen roten Schädel hineinbrachte. Er wußte, daß er nicht zurückbleiben durfte, sonst war es um sein Stipendium geschehen und er mußte, wenn nicht gleich in die Lehre eines Handwerks gehen, so doch in die Bürgerschule abwandern. Ob ihn nun diese Möglichkeit schreckte, oder ob er um seiner Mutter willen stuckte, das wußten seine privilegierten, einer höheren Klasse angehörenden Kollegen nicht, da sie ihn zwar leutselig behandelten, aber keines näheren Umgangs würdigten.

Der gute Adamsberger, der an nichts so reich war wie an Sommersprossen, die seinen kreideweißen Teint punktierten, wußte um seine Grenzen. Dennoch ritt ihn, an einem strahlenden Frühlingstage, der Teufel. Es geschah in der Kalligraphiestunde, knapp vor deren Ende um zwölf Uhr mittag — die Sonne schien prächtig herein, ohne daß jemand die Jalousien heruntergelassen hätte, und der unbeliebte, ziemlich stupide Kalligraphielehrer schlummerte sanft auf dem Katheder und überließ die Klasse ihren eigenen Gelüsten —, da also, fünf Minuten vor Unterrichtsschluß, geschah es, daß Adamsberger bei dem seltsamsten Frevel ertappt wurde. Vielleicht hatte die brodelnde, flüsternde und knisternde Stille, die nur von einigem heimlichen Glucksen und Wiehern unterbrochen wurde, den dösenden Lehrer aufgeweckt. Er schlug plötzlich die Augen auf und sah, er wußte erst nicht was, aber er erhob sich, kam eiligen Schrittes vom Katheder herunter auf eine Gruppe von Schülern in den letzten Bänken zu, deren Mittelpunkt Adamsberger bildete, und die zu tief in ein geheimnisvolles Treiben versunken war, als daß sie sich rasch genug hätte lösen und den Gegenstand ihres sie absorbierenden Interesses verschwinden lassen können.

Was sie aber um alles in der Welt hätten verschwinden lassen müssen, war ein größerer Karton, auf den der unglückselige Adamsberger mit rotem Bleistift ein nacktes weibliches Wesen mit ausladenden Formen gezeichnet hatte, deren primitiv dargestelltes Geschlecht, vergrößert, als Zielscheibe für Schüsse, die mit Schreibfedern als Pfeilen abgegeben wurden, dienen sollte und soeben noch gedient hatte. Die bald näher, bald ferner dem Zentrum gelandeten tintigen Einschüsse waren deutlich genug zu sehen. Wie man zu Protokoll geben mußte, daß damals gerade Kalligraphiestunde und hoher Mittag war, so hätte man auch angeben können, es sei eben höchste Pubertät, und zwar nicht nur für Adamsberger, gewesen. Und damit basta! Damit wäre der Vorfall in der Hauptsache am besten abgetan gewesen. Vielleich hätte hinzugefügt werden sollen, die Sonne habe geschienen und der Lehrer habe geschlafen. Ferner noch ein Wort über die Langeweile des Kalligraphieunterrichts im allgemeinen und bei diesem Lehrer mit dem geröteten Gesicht eines Gewohnheitstrinkers im besonderen. Aber so ging es nicht zu. Die Zielscheibe wurde konfisziert und Adamsberger, nur er, mit näheren Angaben ins errötende Klassenbuch geschrieben. Die Sache wollte es, sie rollte.

Die Klasse war von der Sensation, welche dieser Fall erregte, zutiefst gepackt. Es kam bei der Schülerschaft wenig Entrüstung auf, es wurde überhaupt nicht für oder gegen Adamsberger Partei genommen. Die Erinnerung weiß nichts dergleichen zu berichten. Es war kein solcher Fall, keiner für ein etwa sich regendes soziales Empfinden, oder gar für echte Solidarität. Die Erinnerung überliefert dagegen deutlich genug das Bild der weinenden Mutter, der Witwe Adamsberger, wie sie auf dem Katheder vor dem Kalligraphielehrer kniete und die roten Hände rang. Oder wurde diese Shakespearsche Szene erst nachträglich hinzugedichtet, der dramatischen Vollständigkeit halber?

Überliefert ist ferner in den inneren Annalen des ehemaligen Augenzeugen der eigentliche Höhepunkt, die Peripetie der Tragödie, die Haupt- und Staatsaktion: die feierliche Ausstoßung des räudigen Schafes Adamsberger. Das Zeremoniell, das dabei waltete, ist unvergessen. Der Kalligraphiebonze wohnte der Feierlichkeit nicht bei; der Klassenvorstand erschien, vom Direktor der Anstalt begleitet; der Direktor — von den Schülern „Aro" genannt, weil er stets dieses griechische Adverb statt des deutschen „also" gebrauchte — sehr ernst, im Schlußrock. Auch Adamsberger hatte seinen dunkelblauen Sonn- und Feiertagsanzug angelegt. Er schwitzte fürchterlich, der rote Schopf sträubte sich über seiner nassen Stirne, und sein Adamsapfel ging auf und nieder. Die Schüler hatten, auf das Kommando „Setzen", ihre Plätze eingenommen, Adamsberger trat auf Geheiß aus seiner Bankreihe und stand nun allein da, ein Gezeichneter. Der Direktor las, sich mit mehreren verlegenen „aro"'s unterbrechend und weiterhelfend, das Urteil vor, welches das Ende von Adamsbergers Gymnasiallaufbahn und so und so viele zum Fenster hinausgeworfene Spargroschen der Wäscherin, die seine Mutter war, bedeutete. Lügt die Erinnerung nicht, so schloß der Direktor mit einer Sentenz wie: „Mögen Sie — aro — auf Ihrem ferneren Lebenswege Ihre —

aro — Verfehlung wieder gut machen, zum Troste Ihrer braven Mutter!" Der Direktor räusperte sich. Die Klasse, die seine Weichherzigkeit kannte, vermutete, daß ihm Tränen in die Stimme geraten waren. Adamsberger weinte nicht, nur sein Adamsapfel fuhr rascher auf und nieder. Die ausgestreckte Hand des Direktors bemerkte er wohl nicht. Er ging ab, ohne von irgendjemand Abschied genommen zu haben, und ward nicht mehr gesehen.

Die Unterrichtsstunde, die seinem Verschwinden unmittelbar folgte, verlief korrekt und eintönig. Aus dem Esterhazypark begann die Sonne zudringlicher zu werden, sie versprach einen heißen Tag. Die Jalousien mußten heruntergelassen werden.

Es ist noch hinzuzufügen, daß nicht lange darauf den Griechischlehrer und Klassenvorstand dieses Jahres, der ersten Quarta, die sich besonders tief in die Erinnerungen eingegraben hat, während einer Lehrerkonferenz, in der vielleicht des allzu ärgerlichen Falles des Schülers Adamsberger und der etwa daher stammenden sittlichen Angestecktheit der Klasse Erwähnung getan wurde, der Herzschlag traf. So bekam das Holz einen letzten bitteren Sprung. Er verschied in den Sielen.

Es war das Jahr, in dem die erste „Fackel" erschien und der Knabe von damals seine Unschuld verlor. Kurz vorher war auch sein Gottesglaube draufgegangen.

Er fiel also durch, er wurde Repetent. Die Quarta zum zweiten Mal, mit noch mehr Zeit für heimliche Lektüre, für Strindberg und Wedekind, die er wörtlich nahm; für Schopenhauer, „Welt als Wille und Vorstellung", und für Stirner, „Der Einzige und sein Eigentum"; für Kant, „Die Kritik der reinen Vernunft", für Ibsen und Zola, „Gespenster" und „Nana", für „Peer Gynt" und „Brand"; für Schnitzler und Hofmannsthal, „Der Tor und der Tod" und „Gestern", die Elegien des Wiener Olymp; für die erste Burgtheaterpremiere und Alfred Polgars Kritiken; für den „Simplicissimus" an jedem Donnerstag, der den Anschluß an das revolutionäre Deutschland gab.

Er schrieb damals sein Gedicht „*Farewell*".

Da Schuld und Irrtum mich befleckt,
Da mein verräterischer Sinn,
Wie Gott ihn mir ins Hirn geheckt,
Den Nacken mir zerbricht: fahr hin,
Du Kindertraum vom Ehrenschild!
Ans Steuer greife, starke Hand!
Und steure mutig, denn es gilt
Die Fahrt durch keines Freundes Land!

So begrüßte der Pennäler das neue, das zwanzigste Jahrhundert; mit solchen Vorgefühlen! Die Pubertätsträume, die dem Sündenfall bei einem Straßenmädchen vorhergegangen waren, drehten sich — es war ein Traum in vielen, fiebergeschüttelten Fortsetzungen — um barbarische Banden, die, aus einer unterirdischen Stadt hervorbrechend, den Knaben und später auch ein gleichaltriges Mädchen, in das er sich während der Sommerferien verliebt hatte, in ihre sich unterhalb Wiens ausbreitende Unterwelt verschleppten und sie dort folterten und zu grausigen, besudelnden Handlungen zwangen. Der Besuch bei einem Mädchen der Spittelberggasse war eine Erlösung von diesem periodischen Albdruck. Denn die gutmütige, etwa sechsundzwanzig Jahre alte Brünette, in deren Arm sich der von Fiebern gejagte Knabe eines Nachmittags, direkt vom bürgerlichen Tee der Mutter kommend, geflüchtet hatte, benahm sich selbst sehr mütterlich und überaus zartfühlend und liebevoll. Sie warnte den Knaben, der ihr seine Unschuld sofort eingestanden hatte, gegen ihr eigenes Interesse, vor öfteren Wiederholungen derartiger Ausflüge, belehrte ihn über die Gefahren der Ansteckung, und während sie dem Verstummten und Geistesabwesenden das Haar aus der Stirne strich und ihm die Krawatte band, empfahl sie ihm eine jüngere Freundin in der Gutenberggasse, mit der Versicherung, daß diese eine anständige, verläßliche Person sei, von der ihm nichts Böses drohe. Es fehlte nicht viel und der Adept hätte der eigenen Mutter dieses Erlebnis erzählt, das keinen widerwärtigen Eindruck bei ihm hinterlassen hatte, und auf das er stolz war; das er daher auch keineswegs allzu geheim hielt. Er begriff es nicht, als in dem darauffolgenden Sommer der Vorzugsschüler der Klasse, S., ein bemerkenswerter junger Mensch von großer Reife, der durch Stundengeben die kinderreiche Familie seiner

Eltern erhielt, übrigens ein genial begabter Mathematiker, sich unangesagt bei ihm einstellte, um ihm wegen der Verschleuderung seiner Unschuld an eine ungeliebte, gekaufte Frau ins Gewissen zu reden und ihm die Folgen in aller Schwärze auszumalen, mehr noch die moralischen als die medizinischen Folgen. Es war ein feierlicher Akt der Kollegialität. S. hatte einen Zeugen mitgebracht, einen befreundeten Realschüler namens Fischer, der, so wie er selbst, bereits den Ernst des Lebens kannte und Sprachunterricht gab, indem er jede Lektion vorher zuerst selbst lernte, denn er konnte, um sich über Wasser zu halten, sich nicht auf die Sprachen beschränken, die er bereits kannte. Die freundschaftliche Würde der diskreten Warnung machte tiefen Eindruck. Aber sie konnte nicht aufkommen gegen die großen Autoritäten eines Verlaine, eines Baudelaire, Peter Altenbergs und Frank Wedekinds! Die soziale Bedeutung der Prostitution wurde nur so verstanden, als ob die Huren die Zwänge der bürgerlichen Welt heroisch durchbrochen und sich durch die Freiheit ihrer anarchischen Lebensweise zu den vollberechtigten Gefährtinnen der Künstler und Dichter gemacht hätten. Es handelte sich dem Novizen des Lebens übrigens nicht darum, literarische Vorbilder zu imitieren, sondern die eigentlichen Ideale, für die man sich mit Leib und Seele, also auch mit dem Leib, einsetzen mußte, hießen Natur und Wirklichkeit. Die Klasse gründete damals einen Fußballklub, einen der ersten in Wien. Bald schloß sich der Riege ein Freudenmädchen an, das zwar nicht Fußball spielte, aber Unfrieden und Eifersucht unter den Sportgenossen erregte, indem sie ihre nicht ungraziöse Gunst bald dem einen, bald dem anderen Burschen zuwendete. Auf Bezahlung erhob sie keinen Anspruch, wohl aber auf Speis und Trank und ihre Rechte als eine schnippische, sich gerne amüsierende Gefährtin. Die Erinnerung stellt fest, daß der Knabe sich von ihr in schüchterner Distanz hielt. Aber als ein Kollege in ihrer Abwesenheit schmutzige, herabwürdigende Bemerkungen über sie machte, schlug er ihm ins Gesicht. Der Geschlagene, ein dicker, stattlicher Bursche, der lispelte, hatte ein sanftes Vollmondgesicht, das, auf den Schultern eines reifen Mannes, fünfunddreißig Jahre später in der Emigration auftauchte. Es war immer noch dasselbe gutmütige Bubengesicht unter bereits angegrautem Haar. Die Striemen der Ohrfeige waren längst vergangen, trotzdem sah sie der ritterliche Angreifer von ehemals, zu seinem Leidwesen, wie durchgeblendet. Nun waren sie beide ältere Männer, Greise im Vergleich zu damals, beide sorgenvolle Emigranten in Hampstead, wo sich damals so viele Emigranten ansiedelten. Und gerührt schüttelten sie einander die Hände.

Dies war das einzige Mal im Leben, daß der zur Zeit der Wiederbegegnung Fünfzigjährige einem Menschen ins Gesicht geschlagen hat.

Aro

„Aro" war der eigentliche, der höhere Griechischlehrer. Er fungierte auch als Leiter des Gymnasiums, und das mit Recht. Denn er glaubte, ohne jede Skepsis, an den klassischen Humanismus und seine Ziele. Sie hießen für ihn „Kalokagathia", die erreichte Einheit und Harmonie des Guten und Schönen, und damit des Seelenzustandes der Sophrosyne, der ausgeglichenen Waage des Wollens und Fühlens. Er war ein modern verkleideter Hellene, und daß er einige Male in jedem Satz „aro" statt „also" sagte, bewies nur, daß er Griechisch nicht nur unterrichtete, sondern auch griechisch dachte. Auch sein Deutsch, die k. und k. Unterrichtssprache, gliederte sich, wenn man genauer hinhörte, in griechische Perioden. Ein goldener Widerschein der Sonne des Mittelmeeres umspielte seinen rötlichen Bart, seine rötliche Glatze und die Goldfassung seiner leuchtenden Brillengläser.

Eines Tages veranstaltete er einen Elternabend im Festsaal der Anstalt, der sich ihm zu Ehren schön gefüllt hatte. Und „Aro" hielt eine hochgemute Rede. Leider kam darin, als ein humoristischer Schnörkel, der Satz vor: „Der Ehemann kennt, so behauptet ein griechischer Tragiker, zwei schöne Tage: der eine, an dem er die Frau heimführt, der andere, an dem er sie zu Grabe trägt." Niemand lachte, worüber Aro erstaunte. Für ihn war solch ein Wort goldener Humor, stoisch gefaßte Weisheit, antik, also unanfechtbar und für alle Zeiten gültig. Doch wurde ihm dieser Witz aus dem Euripides übelgenommen. Zuerst nahmen die Mütter übel, dann die Väter. Ein verdorbener Elternabend.

So mußte Aro leiden für sein Griechentum. Niemand verstand ihn richtig, nicht die Eltern und auch nicht die nächste Generation, die der Schüler: die Eltern in ihrem versteckten Merkantilismus, skeptisch aus ihrer Lebenspraxis, die Schüler, skeptisch aus Anarchie und Dekadenz. Wie leicht war dieser kindisch Unschuldige mißzuverstehen. In ihm lebte die Seele Platos wieder auf, zu seinem Glück nur die Seele. Er liebte es, sympathische Jünglinge, wenn er ihnen den Homer erläuterte, beim Kopfe zu fassen. Mancher Schüler bebte zurück. Da sagte Aro: „Beben Sie doch nicht zurück, wenn ich Sie beim Kopfe fasse!" Und das strahlende Auge des Lehrers, das schwärmerisch zur weiß getünchten Decke aufblickte, sprach und sang in griechischen Perioden: „Oh, ihr Jünglinge! Ihr Guten und Schönen! Warum — aro — bebt ihr zurück vor den Händen des Lehrers? Fürchtet ihn nicht! Schreckt nicht zurück vor der Leidenschaft seines Lehrens! Denn seine Göttin ist auch in unseren zugleich nüchternen und rohen Tagen die Sophrosyne geblieben, die goldene Waage, das heilige Maß in der menschlichen Brust!" —

Einmal jedoch, so berichtet die Erinnerung, vergaß sich sogar Aro und glitt, unversehens fehltretend, auf den falschen Weg, der zu den Gemeinplätzen der modernen Zeit leitete. Es geschah an der berühmten Stelle der „Ilias", als der gekränkte Achill sein Haupt in den Schoß der Halbgöttin Thetis, seiner Mutter, barg und sich dort ausweinte. Aro glaubte diese Stelle entschuldigend erläutern zu müssen. Hier verriet sich, meinte er, der frühe gesellschaftliche Zustand, den getreu zu beschreiben Homer am Herzen lag. Einem heutigen Offizier würde ein solches Betragen, ein so ungehemmtes Geständnis kindlichen Fühlens — aro — mit Recht nicht mehr hingehen.

Die Erinnerung gibt an, daß sich hier ein Schüler — der es, wie sich zeigt, nicht vergessen hat — zwar nicht durch Aufzeigen zum Einspruch meldete, aber heftig den Kopf schüttelte. Aro, durch dieses unzweideutig und pantomimisch ausgedrückte Nein empfindlich gestört, fragte nach dem Grunde der Verneinung. Und er bekam ihn zu hören. „Daß ein Held im Schoße seiner Mutter zu weinen imstande sei und sich erlaube, es auch reichlich zu tun, erst das mache ihn zu einem wahren Helden, der nicht, wie bei schlechten Dichtern, aus bemaltem Holz oder glattem Gips bestehe, sondern ein Menschenherz in der Brust trage. So flüchte sich bei Kleist ein moderner Held, ein Offizier, sogar ein preußischer, in der Todesangst nicht etwa nur zur Mutter, sondern ohne Scham und Zögern zu seiner Braut und gestehe ihr seine schlotternde Angst offen ein, die er, um bei dem idealistischen Mädchen als ein Held zu gelten, gerade vor ihr hätte verbergen müssen — nach der Meinung eines Philisters, aber nicht nach dem besseren Wissen eines Dichters, der den Menschen die Wahrheit zu geben habe, die unverstellte, unverhohlene Wahrheit! Und was für den Prinzen von Homburg recht sei, das sei für den Achill — Griechentum hin oder her! — nur zu billig." Aro errötete bei diesem ungestümen Angriff, der allen Respekt hinter sich gelassen zu haben schien. Er faßte sich aber und fragte: „Sollte ein Dichter den Menschen nicht mehr als die Wahrheit zu geben haben, nämlich das Ideal?" — „Nein", schrie der Schüler förmlich verzweifelt auf, als ginge es um Tod und Leben, „das Ideal *ist* die Wahrheit!" Hier standen sie einander gegenüber, die ältere und die neuere Zeit, und schrien sich an. Wieder überzog das Antlitz des Lehrers eine hohe Röte. „Setzen Sie sich", befahl er, denn der renitente Schüler war aufgesprungen. „Das führt uns zu weit. Setzen Sie sich und bleiben Sie nach der Stunde hier, dann haben wir einige freie Zeit, um unseren Gegensatz erörternd auszutragen."

Es war die letzte Stunde des Vormittags-Unterrichts, die von elf bis zwölf, gewesen; und anschließend fand die Debatte zwischen Lehrer und Schüler statt, die sich unvermutet in die Länge zog. So kam es, daß der Schüler verspätet am elterlichen Mittagstisch eintraf, und daß er eine Einladung des Direktors an den Vater mitbrachte, der letztere möge ihn sobald als tunlich besuchen.

Die Debatte gestaltete sich unkonventionell und in heftigen Steigerungen. Der Schüler führte sie mit einer leidenschaftlichen Erbitterung, die sich seit längerer Zeit in ihm angesammelt hatte. Sie gab dem Lehrer einen Aufriß, warum dieser nicht unintelligente Zögling zum Repetenten, zum grollenden Nachsitzer geworden war; zu einem Vertreter jener Schülergattung, die das Lehrziel nicht erreichte und mitgeschleppt werden mußte, solange noch Hoffnung auf bessere Leistung bestand. In Latein hatte der Quartaner genügend, in Griechisch kaum noch und schließlich nicht mehr. In Mathematik war er ganz und gar durchgefallen.

In der Diskussion über Wahrheit und Ideal, Ideal und Wahrheit rückte der Schüler dem Lehrer sofort mit Ibsen und Zola auf den Leib, jenen damals die Öffentlichkeit erregenden Autoren, von denen der klassische Humanist nur aus der Lektüre seines Leibblattes wußte, wie unersprießlich und unerfreulich sie waren. Er hatte nichts von ihnen gelesen, aber immer wieder gehört, daß ihre Werke gegen die Regeln der öffentlichen Sittlichkeit verstießen, daß sie Skandale erregten, und daß Jugendliche vom Besuch ihrer Dramen, von der Lektüre ihrer Romane fernzuhalten waren. Dieser Schüler aber zitierte sie geläufig; die Personen, die in diesen Stücken und Büchern vorkamen, waren ihm so wohlvertraut, als bildeten sie seinen täglichen und stündlichen Umgang. Ja, er schien anzunehmen, daß ihre intime Kenntnis die Voraussetzung für alles Denken und Handeln war. Er behauptete klipp und klar, man könne eher auf Homer, auf Cäsar und Livius und Virgil verzichten als auf Gerhart Hauptmann und auf Richard Dehmel, dessen dithyrambische Lebensverkündigung ihn gerade damals zu entflammen begann, und die er nun gegen den armen Aro entlud, der den komischen Namen Dehmel nur von der Firmentafel eines Leckerbissengeschäftes auf dem Kohlmarkt her kannte, von dem er so beiläufig wußte, daß es den Rendezvousort der mondänen Gesellschaft bildete, und das er daher nie betrat. Er bekannte, kopfschüttelnd, seine völlige Unkenntnis, und der Knabe trug ihm das Lied von den Webern vor, die, um die Herren der Welt zu werden und ihren ihnen gebührenden Anteil an den Gütern des Lebens einzuheimsen, „nur Zeit" brauchten. Diesen revolutionären Refrain kehrte der Repetent nun, flammenden Angesichts, gegen das humanistische Gymnasium, das den jungen Menschen ihre beste Zeit und Kraft raube, und sie, die Gefangenen, hindere, das Leben kennenzulernen, das Leben — und, setzte er emphatisch hinzu, auch den Tod!

Aro hörte diese Tiraden mit sichtlich wachsendem Unbehagen an, und es begann ihm die Erkenntnis zu dämmern, daß er es nicht nur mit einem Irregeleiteten, sondern vielmehr sogar mit einem Irrsinnigen zu tun habe. Was hier erforderlich war, schien nicht der Lehrer, nein, der Arzt zu sein.

„Kennen Sie Knut Hamsun?" fuhr der außer Rand und Band geratene Schüler fort, als wäre er der Prüfer und sein Direktor hätte diesmal das Examen zu bestehen. „Auch nicht? 'Hunger', 'Pan', 'Mysterien'? Der Held von Hunger, das ist der Dichter von heute, der neue Homer, das Genie, das von der Gesellschaft ausgestoßen ist und der nackten Notdurft, dem Hunger überliefert. Jawohl, das Buch schildert keine längst vergangenen Heldentaten, es besteht nur aus Hungerdelirien, aber in ihnen verrät sich mehr Inspiration und geistige Wahrheit als in den Idyllen Ovids. Leutnant Glahn, der Naturmensch in 'Pan', wird zum Selbstmörder, jawohl, ebenso Nagel, der schwärmerische Held von 'Mysterien', ein neuerer Werther, den, wie den Leutnant Glahn, die Liebe dahinrafft, denn den glücklichunglücklich Liebenden zieht der Tod an, weil er der Liebe verwandt ist, weil das Übermaß des Lebens an den Tod grenzt. So wird der Tod dem, der das Leben wegwirft, sobald es gewöhnlich zu werden droht, zum höchsten Augenblick des Lebens!" — „Aber Sie sind doch jung", schaltete der Lehrer ein, „Sie wollen doch nicht sterben, sondern leben, nicht wahr?" Ihm bangte, denn Schülerselbstmorde waren damals keine Seltenheit. „Sie sagen doch selbst: 'Nur Zeit!' Ihr — aro — Dehmel sagt es, nicht wahr? Oder habe ich Sie nicht richtig verstanden, mein junger Freund?" — Der Repetent schluckte. „Ich — ich glaube, daß erst im Tode alle Rätsel gelöst, alle Gegensätze ausgeglichen werden — daß wir erst im Tode das Leben, das Bild von Sais, enthüllen und erkennen können — daß es daher gilt, den Tod bewußt zu erleben — daß wir alle uns dazu erziehen müßten — und daß wir alle Tiefen des Lebens aufsuchen müssen, auch die verbotensten, die furchtbarsten und die ekelhaftesten, um an ihnen zu erstarken!" — „Das ist meine Religion", fügte er hastig hinzu. „Denn an Gott glaube ich seit vorigen Sommer nicht mehr!" Das war der nicht unschmerzlich klingende, leidenschaftliche, ja vor Leidenschaft zitternde Schluß des Bekenntnisses.

Es folgte ein längeres Schweigen. Aro, in seiner hellenischen Güte, hätte gerne auch diesen absurden Schüler beim Kopfe gefaßt, um ihn zu beruhigen und ihm Vertrauen beizubringen. Aber er beherrschte diesen Impuls und zog seine Hände hinter seinen Rücken zurück. Dann sagte er, mit größtmöglicher Sanftmut: „Sie lesen — aro — zu Hause, statt ihre Lektionen zu lernen, alle diese Bücher, die Ihnen noch gar nicht zugänglich sein sollten und die Sie verwirren, denn Ihnen fehlt noch die zu dieser Privatlektüre nötige Reife. Sie lesen sogar — aro — während des Unterrichts, unter der Bank, wie ich einige Male zu bemerken glaubte, solche 'Literatur'! Sie lesen womöglich auch — aro — Zeitungen?" — „Ja", bestätigte der entsetzliche — im Grunde vielleicht nur arme, kranke, vom Elternhaus vernachlässigte — Schüler. „Besonders die Mordfälle!" — „Um Gotteswillen, warum *das*?" „Der Mörder ist der verlorene Sohn der Gesellschaft. Er stürzt sich mit einem Kopfsprung in das Verbrechen, weil er keinen anderen Ausweg weiß. Da hat unlängst ein neunzehnjähriger Student im Wienerwald seine Geliebte ermordet. Ein Buckliger. Sein Mädchen wollte ihn verlassen. Er wußte keinen anderen Weg, sie sich zu erhalten. Das hat er selbst gesagt. Er hat die Tote, nachdem er sie erwürgt hatte, mit Blumen bekränzt. Er ist nicht davongelaufen. Man fand ihn bei der Leiche, als er sie bettete, sie besser hinlegen wollte. Er rechnete damit, daß er zum Tode verurteilt würde. Er hat nicht um Gnade gebeten." — „Ein unglücklicher junger Mensch, aro. Aber doch kein Vorbild, kein 'Held', oder? Sie würden ihn — aro — begnadigen?" — „Ich — ich würde ihm selbst die freie Wahl überlassen, zwischen Tod und Leben. Auf die freie Wahl kommt es an! Jedenfalls würde ich ihn gerne vor Gericht verteidigen. Die Verhandlung steht bevor. Ich denke Tag und Nacht an diesen Menschen!" — „Nun", sagte Aro begütigend, „ein Verteidiger in Strafsachen, das wäre — aro — ein Beruf, auf den Sie hinarbeiten könnten, wenn Sie sich inzwischen die Zeit nehmen wollten, etwas zu lernen, damit Sie dieses Ziel auch tatsächlich erreichen können. 'Nur Zeit' — sagt nicht so — aro — Dehmel? Was Sie brauchen ist Geduld. Vor allem Geduld. Und mehr Vertrauen zu Ihren Lehrern — ja, und zu Ihren Eltern. Wissen übrigens Ihre Eltern um — aro — Ihre Gedanken, Ihre Gefühle — und darum, was Sie lesen vor der Zeit lesen?" — „Meine Mutter weiß, was ich lese!" — „Ihr Vater — dieser ehrenwerte Mann, weiß nichts davon?" — „Ich glaube nicht." — „Aro — grüßen Sie ihn von mir, und sagen Sie ihm, daß ich ihn gerne — sobald er Zeit hat — wieder einmal sprechen möchte. — Wir beide haben für heute genug miteinander gesprochen, nicht wahr. Aro, Sie können jetzt nach Hause gehen, mein Freund."

Aro wußte nicht, daß der überfällige Quartaner gerade damals ein Gedicht „Den fünfzehnjährigen Selbstmördern" geschrieben hatte, das zehn Jahre später sein erster lyrischer Beitrag in der „Fackel" werden sollte:

Das Heute habt ihr nicht gekannt.
Eine Ahnung hat euer Herz verbrannt.
Die Angst hat vortags zu euch gesprochen.
Ein Kuß im Traum hat euch gebrochen.

Aber er fühlte, daß der junge Mensch — der freilich in seinem Gedichte von den jugendlichen Selbstmördern Abstand nahm — gefährdet war.

Dem Vater sagte er mit seinen Warnungen nichts Neues, der Mutter noch weniger. Sie war schon früh in tödlichen Schrecken versetzt worden durch eine alte Wäscherin — die aber nicht irgendeine alte Wäscherin war, da sie die Gabe der Prophetie besaß. Das alte Weib behauptete, der damals vier Jahre alte Sohn, mit dem sie sich beim Wäschewaschen geneckt hatte, würde sich zu einem Buckligen auswachsen. Das geschah nun keineswegs, wenigstens war von außen nichts zu bemerken. Das Kind durchlief gehorsam die übliche Reihe der Kinderkrankheiten: Masern, Diphterie, Mumps. Es war sogar rachitisch und litt eine Zeitlang an Stimmritzenkrämpfen; dies, wenn ihm ein Herzenswunsch nicht erfüllt wurde, zum Beispiel der nach immer mehr Windradln. Dann warf sich der Knabe auf die Erde und schrie und tobte, bis er in Stimmritzenkrämpfe verfiel.

Gleichwohl sah er damals wie ein kleiner Engel aus, gerade in der Zeit seiner ärgsten Anfälligkeit. Blonde Locken fielen ihm in weichem, seidigem Gewelle auf den Matrosenkragen hinab. Wenigstens erzählten ihm das seine Tanten, als sein Haar bereits nachgedunkelt war, als er auch seine Seidenlockigkeit längst eingebüßt hatte. Eine Kinderphotographie zeigte ihn aus etwas späterer Zeit. Er saß erhöht auf irgendeinem kaschierten Felsen, wie solche damals in den photographischen Ateliers wuchsen. Vor ihm stand ein Reifen, den er mit beiden Händen festhielt, als ob er gefürchtet hätte, daß er ihm gestohlen werden könnte. Das Gesicht unter der Matrosenkappe hatte einen fragenden, etwas verwunderten Ausdruck, den er viel später an seinem Vater wiederzuerkennen glaubte. Die Augen, ja eben, die waren nicht ganz von dieser Welt. Die hatten wohl der Wäscherin schon früh die Idee von einem Buckel eingegeben, der noch nicht da war, der aber auch nicht kam. Eine der Hauptkrankheiten der bürgerlichen Kinder jener Zeit war, daß sie alle an österreichischen Illusionen litten, eine Art innerer Buckel, den die meisten ihr Leben lang nicht loswurden.

Der Buckel kam nicht, die seltsamen Erregungszustände blieben. Sie entzogen sich immer mehr der Beobachtung und Beurteilung der Eltern, denn der Knabe hatte begonnen, sich der Familie — mit Ausnahme der älteren, seiner Lieblingsschwester, die aber damals erst ein Kind von zehn Jahren war — zu entfremden. Noch einen Verwandten, einen kürzlich angeheirateten Onkel, Max, bevorzugte er. Dieser war allerdings ein Sonderling, der auch mit der eigenen Familie nicht zurechtkam und seine besonderen Wege ging. Er war um fünf Jahre älter als der Knabe und verdiente sich bereits sein Brot, er war in einer Bank angestellt. Er sprach wenig und pflegte statt mit Worten mit einem stillen, ironischen Lächeln zu antworten, das den gerne und viel sprechenden, sich immerzu äußernden Knaben nicht abzuschrecken, sondern eher anzuziehen schien.

Seit einiger Zeit waren die beiden ungleichen Freunde, der Quartaner und der Bankbeamte, besonders an Sonn- und Feiertagen, unzertrennlich. Max hatte keine Gymnasialbildung genossen, aber er befand sich literarisch auf dem laufenden. Vielleicht schrieb er selbst, wenn aber, so nur insgeheim. Nie kam etwas zum Vorschein, das er selbst verfaßt hätte. Dagegen sammelte er mit Leidenschaft und großer Findigkeit literarische Leckerbissen, besonders feuilletonistischer und epigrammatischer Art, Sprachkunstwerke kleineren Formats. Die schnitt er im Caféhaus aus Zeitungen und Zeitschriften aus und brachte das Diebsgut seinem jüngeren Freunde, der gerade damals selbst das Café Central zu frequentieren begonnen hatte. Dort trafen sich die beiden aber nur selten, obgleich Max die Verehrung des Knaben für Peter Altenberg und Alfred Polgar, für Karl Kraus teilte. Er war zu scheu, um sich in die unmittelbare Nähe dieser großen Zeitgenossen zu begeben, sondern klemmte sich in irgendeine Ecke des äußeren Saales, in dem das gewöhnlichere, unliterarische Publikum, Anwälte, Ärzte, Advokaten, verkehrte, und verbarg sich hinter einem größeren Zeitungsblatt. Max war ein Wiener Spaziergänger, wie es sie damals noch gab: er nahm an allem teil, was sich ereignete, aber nur als Außenseiter, als ein Beobachter, der sich in nichts einmischte und die anderen für ihn leben und sich darstellen ließ. Daher liebte er die Plätze, wo das Leben pulsierte, wo es öffentlich sichtbar wurde. Und dahin nahm er den lebensdurstigen Gymnasiasten mit, auf Plätze, wohin dieser sich allein nicht gewagt hätte: in die dem Publikum geöffneten Gärten und Parks, auf den Rennplatz (aber ohne zu wetten), in den Spielsaal (aber ohne zu setzen), in das Nachtcafé (aber ohne je ein Mädchen an den Tisch zu laden oder sie an dem ihrigen aufzusuchen). Sein ironisches Lächeln zeigte an, daß er etwas erblickt hatte, was der Beobachtung würdig war, oder etwas aus einem Gespräch aufgeschnappt, das vom Nebentisch her zu hören war. Beobachten, belauschen, höchstens einen kleinen Dialog anspinnen, etwa mit einer Kellnerin, einem Betrunkenen, das war alles. Max besaß höchst entwickelte, immer zur Aufnahme bereite Sinne für die Theatervorstellung, die Wien immerzu gab, bei Tag und Nacht, auf dem Graben, wo mittags der Korso der eleganten Welt stattfand, in der Hauptallee, im Volksprater, bei den Ringelspielen, die einen unerschöpflichen Augenschmaus boten und unmittelbar, ohne daß man sich selbst der Drehung hingeben mußte, teilnehmen ließen an dem leichten Sinn, an der orgiastischen Lebensfreude des naiven Volkes, der erwachsenen Welt, die es den Kindern gleichtat, mit ihnen wetteiferte und sie überbot. Ein Flaneur von der Art des Max sähe heute an all diesen Orten, soweit sie sich überhaupt wieder zu beleben beginnen, einen Gespensterreigen. Karl Kraus sah ihn schon damals, noch vor dem ersten Weltkrieg, den Gespensterreigen der Gesellschaft Groß-Wiens, der Haupt- und Residenzstadt der Monarchie, der damaligen Stadt der Weltausstellungen und des Blumenkorsos. Er sah den hippokratischen Zug. Max kam es darauf nicht an. Dem Spaziergänger handelte es sich nicht um eine Diagnose. Trotzdem war auch er ein Lehrer, einer der inoffiziellen, die der Schüler sich selbst suchen mußte, und die im Laufe der Jahre, während die Reife zunahm, eine lange Reihe bildeten, bis zu Karl Marx und Freud, die nach Dostojewski kamen. Das heißt: der Schüler gelangte auf seiner triebhaften Lebenssuche zum immer nächsten, und doch war es, als ob der eine ihn dem anderen reichte, zur Fortsetzung der Lehre.

Max' Freude an der abwechselnden Buntheit des Lebens und seiner Typen hatte freilich kein soziales Vorzeichen, keine historische Richtung. Oder er wollte, daß der Schüler auf solche Dinge von selbst käme. Er nahm ihn mit zu den Wohltätigkeitsfesten, an denen Aristokratinnen und Schauspielerinnen die Zahlungskräftigen in ähnlicher Weise anlockten wie die Mädchen in der Spittelberggasse, die sie vielleicht, unter der Devise der Wohltätigkeit, gerne imitierten. Ein Glas Champagner bitte, ein Kuß, ja warum nicht ein Kuß? Max führte seinen Adlatus ebenso auf die Ringstraße, wenn am ersten Mai die Arbeiter, mit roten Nelken, in geschlossenen Reihen marschierten, Großmütter, Frauen und Kinder mit dabei. Er lehrte ihn bei solcher Gelegenheit selbst eine Nelke anstecken, damit er nicht als Beobachter auffiele, und er brachte ihm, fein ausgeschnitten, den Aufruf Victor Adlers in der Arbeiterzeitung, durch den der Gründer der österreichischen Sozialdemokratie die Genossen aufforderte, sich des Alkohols zu enthalten, der sie erschlaffe und ihre Kampfkraft lähme, und ihr Krügel Bier zu opfern für die Sache — auch er eine Lehrernatur, freilich eine hochbedeutende. Max betrachtete auch diesen Zeitungsausschnitt mit den gleichen Augen, die vor lauter Sich-Wundern so rund geworden waren, die rundesten Augen, die je einer hatte. Nichts charakterisierte, für die Erinnerung, Max genauer als die sozusagen ziellose, parteilose Rundheit seiner Augen, denen der ironisch geschlängelte Mund widersprach.

Woher wußte die Erinnerung das? Hatte der Knabe den Beobachter beobachtet? Jedenfalls war er ihm sehr zugetan, während die Eltern ihn ablehnten und ihn für einen Verführer hielten. Vielleicht hatten sie etwas über ihn gehört, wovon der Knabe nichts ahnte. Kaum! Aber die Eltern sind eifersüchtg. Der eigene, einzige Sohn, obwohl noch so klein, entzog sich ihnen, hatte sich losgelöst, ging Wege, die sie nicht kannten, in ein Leben hinaus, dem sie mißtrauten, das ihnen soziale Fremde bedeutete, den Gesellschafts-Dschungel, voll Lockung und Gefahr, aus dem ein giftiger Brodem aufstieg, besuchte übelbeleumundete Plätze, und das in Gesellschaft eines zweideutigen Menschen, mit dem sie nichts gemein hatten, mit dem sie nicht einmal die gemeinsame Sprache verband, denn er sprach nicht zu ihnen, lächelte sie nur höflich an, und dieses Lächeln war verschlagen, ja verkniffen, ausweichend. Was verband ihren Sohn, einen werdenden Studenten, für dessen höhere Bildung sie das Geld verdienten, mit diesem unbedeutenden Bankbeamten, der nicht höherstrebte, der es liebte, herumzustrawanzen? Warum zog er dessen Umgang nicht nur dem der Eltern, sondern auch dem mit seinen Gymnasialkollegen, seinen Altersgenossen vor? Die Schule hatte nicht die Macht, diesen Verkehr zu unterbinden, und den Eltern half es nichts, ihn zu verbieten. Sie hatten es bereits getan, es war nutzlos gewesen. Der Knabe hatte dekretiert: dies sei sein Freund! Und damit basta! Und er fuhr fort, spät nach Hause zu kommen, hastig das Mittagessen, das am Sonntag ein festliches war, hinunterzuschlingen und wortlos zu verschwinden, um zu nachtschlafender Zeit heimzutappen in die Wohnung der Eltern, die er fast nur mehr wie ein Zimmerherr benützte — dieser halbwüchsige Bursche, dem erst der Schnurrbart zu keimen begann, der nicht zu Ende mutiert hatte und eigentlich noch kurze Hosen tragen sollte, den freilich die Lehrer bereits siezten, und der auch schon im vorigen Sommer in die Religionsgemeinschaft aufgenommen wurde. Freilich hatte auch der Vater in diesem Alter bereits begonnen, sich auf eigene Füße zu stellen und selbständige Geschäfte zu machen. Und in Ostgalizien pflegten die jüdischen Jünglinge mit vierzehn Jahren in den Stand der Ehe zu treten. Das war noch so vor einigen Generationen im Ghetto Sitte gewesen. Aber dort sagte man „Sie" zu den Eltern, und der Respekt der Kinder war noch durch die Religion geheiligt und verbürgt gewesen.

Freundschaft! Auch der Vater hatte, als ein aufgeweckter, große Hoffnungen erregender Jüngling, Freundschaften gepflegt mit Gleichaltrigen, Jüngeren und Älteren, und noch heute legte er Wert auf seine Geschäftsfreunde und Kaffeehausfreunde. Ja, er hatte sich sogar Freunde unter seinen Tischlern herangezogen, denen er Arbeit und Erwerb gab, und mit denen er ein patriarchalisches Verhältnis aufrechterhielt. Einige dieser primitiven Männer, deren Einfalt er bemitleidete, die aber oft über einen gewissen gesunden Verstand und sogar über Mutterwitz verfügten, duzte er, was sie sich nicht ohne Schlauheit gefallen ließen. Sie waren leider nur zu oft Trinker, die, was sie verdient hatten, augenblicklich vergeudeten, so daß ihr Brotgeber auf den Ausweg verfallen war, Teile ihres Lohnes zurückzuhalten und sie direkt an die Frauen auszuzahlen. Hielt sich einer darüber auf, dann las er ihm ordentlich die Leviten und versöhnte ihn dann durch eine neue Bestellung. Er war davon durchdrungen, daß diese unwissenden und, wie er sie beurteilte, kindlichen Männer nicht nur seine Funktion als Arbeitgeber, von dem und seinen geschäftlichen Erfolgen sie mit Kind und Kegel abhingen, sondern auch seine Freundschaft, seine, wenn auch eigenmächtige, Vorsorglichkeit schätzten. Sie, welche die Möbel mit ihren kräftigen und geschickten Händen herstellten, waren vom Geschmack, von den genauen Angaben ihres Arbeitgebers abhängig; und von seiner Fähigkeit, die Ware an die Käufer zu bringen, seien es nun Privatleute, die er überrredete, seien es Kaufleute, die selbst keinen Geschmack und keine Findigkeit besaßen, und die nicht das Zeug hatten, mit Kunden hier, mit Tischlern dort umzugehen. Freilich hatte das patriarchalische Vertrauensverhältnis mit den Möbeltischlern, das dem feurigen und hitzigen Manne schmeichelte und ihn, über den Gelderwerb hinaus, menschlich befriedigte, beträchtliche Risse erhalten, als der Antisemitismus sich durchzusetzen begann. Vor der letzten Gemeinderatswahl hatte der Vater sich sogar mit einigen Geschäftsleuten zusammengetan, welche beschlossen, Tischler, die ihre Stimmzettel für die antisemitischen Kandidaten abgaben, zu boykottieren. Es wurde ihnen wegen Wahlbeeinflussung der Prozeß gemacht, und der Vater, der sich keinen Verteidiger nahm, sondern seine Sache, zugleich die der ihm verbündeten Kaufleute, selbst führte, hatte sich und sie bei Gericht herausgehauen und einen Freispruch erzielt, was die Achtung, die er auf beiden Seiten, bei Arbeitgebern und Arbeitnehmern, genoß, bedeutend erhöhte. Nur auf seinen eigenen Sohn, von dem er nicht einmal wußte, ob er die Leistung seines Vaters zur Kenntnis nahm, hatte er nicht den geringsten Einfluß, was den ehrgeizigen und feinfühligen Mann bitter kränkte.

Und nun hatte eine so hervorragende, allgemein geschätzte Persönlichkeit wie der Gymnasialdirektor eingestanden, daß auch er mit dem Jüngling nichts anzufangen wisse. Zwar würde dieser, bei der ihm nicht abzusprechenden Intelligenz, die er wohl — aro — von seinem Vater habe, die zum zweiten Male unternommene Quarta spielend absolvieren. Aber gerade darin, daß dieses Schuljahr die jugendlichen Kräfte nicht voll beanspruchen und binden würde, liege eine gewisse Gefahr. Leider zeigten sich, beim Übergange des Knaben zum Jüngling und Manne — aro —, gewisse Anlagen, die zu beobachten, zu überprüfen und in die richtigen Wege zu leiten — aro — ein Arzt die berufene Instanz wäre. Jedenfalls müsse die Privatlektüre des Schülers und sein Umgang unter Kontrolle gehalten werden. Das sei allerdings nicht leicht zu bewerkstelligen. Er, der Direktor, habe selbst einen ehrgeizigen, nunmehr die Quinta besuchenden Sohn, der vorderhand nicht davon abzubringen sei, Schauspieler zu werden. Aber glücklicherweise nähre sich sein und seiner Freunde und Kollegen Geist an den deutschen Klassikern. Sie bereiteten eben eine szenische Darstellung von Goethes „Tasso" vor. Ein inniger Umgang mit einem Werke dieser Art, auch wenn er zur Zeit von der Beschäftigung mit anderen Fächern einigermaßen ablenke, könne schließlich nur von Nutzen sein. Dagegen — aro — ... Und nun folgte eine gekürzte Wiedergabe der stattgehabten Diskussion zwischen Schüler und Lehrer, soweit der letztere sie, in seiner Unschuld, begriffen hatte.

Freundschaft! Sie kann entstehen und bestehen zwischen einem Hahn und einem Pferd, sogar zwischen Hund und Katze, zwischen Lebensgenossen, die der Zufall zusammengebracht hat, zwischen Schicksalsgenossen. Ein Knabe an der Grenze des Mannwerdens sieht, mit sich änderndem Auge, die Welt, wie sie damals war, ungeordnet, chaotisch und bizarr. Ein Erfahrener weist hin auf Realitäten, Skurrilitäten. Der Knabe war schon vorher, selbständig, auf Entdeckungen solcher Art ausgegangen und hinter Menschen auf der Straße hergelaufen; hatte Liebespaare und Einzelgänger verfolgt, etwa eine junge Verkäuferin, die bei Geschäftsschluß auf der abendlichen Mariahilferstraße ihren Weg nach Hause ging, müde, hungrig, und doch in Träumerei versponnen; oder einen hinkenden Mann. Der Neuling des Lebens fraß das Verhalten der Mitlebenden in sich hinein, versuchte zu erraten, was sie fühlten, dachten, die unzähligen Fremden und doch Mitgefangenen, sie alle auf der Jagd nach ihrem Vorteil, ihrer Bestimmung, ihrem Glück. Der Novize urteilte, mit dem Vorurteil seiner Phantasie, sprach schuldig oder frei auf einen Blick hin, einen Zug in einem Gesicht. Die sonderbare Passion, Daten des menschlichen Verhaltens zu sammeln, sie aufzuspeichern, als wäre es für einen späteren Bedarf, mochte einen Hinweis bieten auf eine Anlage, ein Talent, das eines Tages zu einem Lebensberuf führen konnte. Es bestand zweifellos eine Verbindung zwischen diesem Jagdeifer, den eben nur ein Außenseiter wie Max verstand und in bestimmtere Wege leitete, und dem ebenso leidenschaftlichen, allzuhäufigen Theaterbesuch, der im neunten Lebensjahr mit dem ereignishaften Glück einer Aufführung von Raimunds „Die gefesselte Phantasie" begonnen, zu häuslichen Darstellungen von Klassikern, Theodor Körner, Schiller, Shakespeare geführt hatte, und bald auch zu kritischen, ja theoretischen Untersuchungen, die vorläufig heimlich betrieben und zu Papier gebracht wurden. Es lag völlig außerhalb des Bereiches der damaligen Schulerziehung, die sich auf die Schulstunden und — während der Frühjahrsmonate — auf ein paar Klassenausflüge in die Umgebung Wiens beschränkte, einem Schüler auf so eigenwilligen und phantastischen Wegen zu folgen. Ein Mitteilungsbedürfnis seinerseits konnte nicht aufkommen. Im Gegenteil! Er verheimlichte Neigungen dieser Art instinktiv auch vor den Eltern, die sich über sie geängstigt, und vor den Kollegen, die ihn um ihretwillen ausgelacht hätten. Wozu es ihn trieb, das befremdete auch ihn. Es war ein auch ihm selbst verdächtiges Treiben, da es sich mit einem Sexualdrang vermischte, der weder durch die Tanzschule noch durch die sich, selten genug, anknüpfenden Bekanntschaften mit gleichaltrigen Mädchen seiner Gesellschaftsklasse zu beruhigen war. Eine auf der Mariahilferstraße vorbeipassierende Frau, Dame oder Mädchen aus dem Volke, erregte erwachsenere Träume mit unbestimmtem, vieldeutigem Ausgang. Was bei solchen Abenteuern, die keiner anderen Ermutigung bedurften als eines zufälligen Blickes, der nicht einmal dem Beobachter gelten mußte, mitgeträumt und mitgesponnen wurde, war die vielfache Beziehung zwischen den Leuten, den Individuen und Typen in ihren unerschöpflichen Möglichkeiten; ein wahres Kaleidoskop des Lebens, dessen Spiel zu verfolgen der Novize nicht müde wurde. Das Chaotische darin reizte ihn, trieb ihn aber auch zur Schwermut, ja zur Verzweiflung. Das bewiesen die gedichtartigen Aufzeichnungen, die, den Skizzen eines Malers vergleichbar, seine Notizbücher und zahllose Zettel völlig regellos zu füllen begannen. Von diesen wurde auch Max wenig oder nichts gezeigt. Denn es bestand ein ausgesprochener Gegensatz zwischen ihnen. Max hatte sich anscheinend außerhalb des menschlichen Getriebes begeben, weil es ihn ergötzte, zuzuschauen, ein Voyeur des Lebens-Kaleidoskopes, obwohl doch sein Alter ihm gestattet hätte, einzugreifen und mitzumachen. Sein junger Freund aber litt nicht nur darunter, ausgeschlossen zu sein — gewiß auch das —, sondern auch an eben dem Chaos, das er als einen Zustand, und zwar als einen krankhaften, verderblichen erkannte, da draußen in der Wirklichkeit und zugleich in seinem eigenen Inneren. Wie sehnte er sich, wie verlangte er nach einer Liebesbefriedigung, die ihm seiner Jugend wegen damals noch nicht gewährt werden konnte, mehr noch aber und immer dringender nach einer Gemeinschaft, die es, wie er täglich schärfer erkannte, auch zwischen den Erwachsenen nicht gab, unter den herrschenden Lebensbedingungen gar nicht geben konnte. Oft und immer ausgesprochener, als er an Jahren und Erfahrung zunahm, rannte er wie ein hungriger Wolf durch die mit buntem, lockendem Leben übervollen Straßen von Wien, darbend nach menschlicher Erfüllung. Daher sein glühend-schmerzliches Verständnis für den Verbrecher des Hungers und der Liebe, der, was die Gemeinschaft ihm nicht gab, sich mit Gewalt nahm, einen Zustand der unfruchtbaren Ausgeschlossenheit durchbrechend, die Ketten der Sitte sprengend, und lieber von den Bluthunden der Gesellschaft, von der Polizei, zu Tode gejagt, von einem eiskalten Richter abgeurteilt, als in seinen heißesten Wünschen nicht beachtet. Daher auch die Identifizierung der Liebessehnsucht mit der Todessehnsucht, die einen Aro so peinlich erschreckt hatte, obwohl er sie in der bügerlichen Kunst der Zeit, am großartigsten im Alfresco Richard Wagners, längst hätte feststellen können. So war der schlechte Schüler des Gymnasiums vorbereitet, das heißt, er hatte eben begonnen, sich selbst vorzubereiten auf eine Lösung und Befreiung, die ihm erst dämmern sollte, als er genug in Schopenhauer, Dostojewski und Wagner geschwelgt hatte: die des radikalsten Sozialismus, der ihm freilich nur als eine Utopie vorgaukelte. Doch das hatte noch seine Wege.

Der Hausarzt lachte nur — wie er seinem Patienten, den er seit der frühesten Kindheit gekannt hatte, nach Jahren erzählte

—, als der besorgte Vater ihn noch am Tag seines Besuches beim Direktor Aro aufsuchte und ihm dessen Diagnose vorlegte. Inzwischen war der gefährdete Knabe von einst ein Mann geworden und hatte bereits seine ersten Erfolge als Regisseur der Wiener „Volksbühne" hinter sich. „Der brave Schulmeister schlug damals vor, dich deiner überreizten Nerven wegen einen praktischen Beruf ergreifen zu lassen statt eines intellektuellen, der schließlich deine geistige Umnachtung zur Folge haben könnte. Das würde bedeutet haben, daß dein Vater seine und deine Hoffnungen begrub — und daß du vielleicht nie zu deinem wahren Berufe und zu deinen Erfolgen gekommen wärest." — „Er hatte so Unrecht nicht, und ich habe, einige Jahre später, meinem Vater das gleiche vorgeschlagen. Das geschah freilich erst in der Septima." — „Und war, wenn nicht Wahnsinn, so doch Verrücktheit, wie du jetzt wohl selbst einsehen wirst." — „Ich weiß nicht." Und die Erinnerung blendete zurück.

„Wo willst du noch hin, heute Abend, kaum daß du das Essen hinuntergeschlungen hast?" — „Ins Café Museum." — „Wen triffst du dort?" — „Max." — Der Vater: „Ich habe dir den Verkehr mit diesem Menschen schon einmal verboten!" — Die Mutter, klagend: „Warum sitzt du nicht ein wenig mit uns? Warum läufst du immer davon, zu einem Fremden?" — „Max ist nicht fremd. Er ist mein Freund!" — Der Vater: „Ist dein Freund dir mehr als deine Mutter?" — „Ja." — Da schlug der Mann dem Knaben ins Gesicht. Das hatte er noch nie getan. Er zitterte dabei. Auch der Sohn zitterte, nahm sich aber zusammen und sagte kalt: „Das beweist nichts." Der Sohn hat es nie vergessen, wie schnöde ruhig und verstockt er damals seinem Vater gegenüberstand, als warte er auf den nächsten Schlag, entschlossen, ihn nicht abzuwehren, vielmehr ihn durch Apathie, durch betonte Wehrlosigkeit zu widerlegen. Aber kein weiterer Schlag kam. Aus den Augen des Vaters blickte den Sohn der ernsteste Lebensschmerz eines guten Mannes an, der sich in dieser gewiß nicht herbeigewünschten Situation nicht zu helfen wußte. Freilich war der Sohn in diesem Augenblick selbst nichts weiter als ein unglücklicher Schemen, eine verzerrte Spiegelung des tiefernsten Vatergesichts ihm gegenüber.

Aber dieses fünfzehnjährige Gespenst liebte seinen Freund und wollte hinaus in sein eigenes Leben.

Der Vater schob die Mutter, die vermitteln wollte, beiseite. Diesmal sollte die Sache zum Austrag kommen. Es war dringend notwendig, das Übel mußte an der Wurzel gefaßt werden. „Du, ein gebildeter Mensch, rennst mit diesem grinsenden Absolventen einer Handelsschule herum. Was hat er dir zu bieten? Wahrscheinlich bringt er dich in schlechte Gesellschaft. Der Direktor hat mir deine Ansichten erzählt. Eines Tages gehst du noch zu einem üblen Frauenzimmer!" — „Das habe ich schon getan", sagte mit zitternder Ruhe der Sohn. Er fühlte sich verpflichtet, die Wahrheit einzugestehen, nun, da er gefragt wurde. Was er getan hatte, war sein Recht gewesen; er mußte es behaupten, auch wenn sein Vater ihn darum nochmals geschlagen hätte.

Die Mutter brach weinend in einem Stuhl zusammen. Alles war also verloren! Sie fühlte sich offenbar einer Ohnmacht nahe. Es trieb den Sohn hin zu ihr, die Erinnerung beschwört es. Sie war, die Mutter, damals schon eine kranke Frau, welche ihre vier Geburten schlecht überstanden hatte. Sie war dick und schwer geworden, wollte nur die wenigsten Menschen sehen, neigte zur Melancholie.

Der Vater hatte, bevor diese Szene stattfand, die beiden Schwestern des Knaben ins Kinderzimmer geschickt. Er wollte mit dem Sohn allein abrechnen, nur in Gegenwart der Mutter. Nun erschien das ältere der beiden Mädchen, die zehnjährige Helene, die dem Bruder ergeben war und erraten hatte, was vorgehen sollte, in der Tür des Speisezimmers. Als sie die Mutter in Verzweiflung schluchzen sah, von einem großen Unglück niedergeworfen, dessen Urheber, wie sie wußte, ihr bleich und starr dastehender Bruder war, brach auch sie in lautes Weinen aus.

Der Vater aber, wie von diesem zweistimmigen Weinen gejagt — oder war es, weil er in seinem einzigen Sohn einen werdenden Verbrecher, einen bereits Verlorenen sah — rannte mit kurzen Schritten zum Fenster, riß es auf und machte Miene, sich aus dem dritten Stockwerk aufs Pflaster der Straße zu stürzen. Da hörte der Sohn sich sagen, und seine Stimme klang uralt: „Aber wozu dieses Theater?" Er sah den Rücken seines Vaters sich aufrichten und unbeweglich werden. Und dann —

ja, dann verließ der Vater das Zimmer, fliehenden Schrittes, und ohne sich umzusehen. Das Fenster blieb offen. Der Sohn ging hin und schloß das Fenster. Erst dann weinte auch er, mit einem Weinen, in dem die mutierende Stimme des Jünglings sich brach. —

Kleinbürgerliches Speisezimmer aus den neunziger Jahren des neunzehnten Jahrhunderts, das du ausersehen warst, den würdigen Schauplatz für solche Szenen aus dem Familienleben abzugeben, mit deinen schweren, dunkel gebeizten Möbeln; der wuchtigen, geschweiften Kredenz mit ihren Säulen und Bastionen, diesem ausladenden Altar eines wohlbestellten Mahles des Wohlhabens, welches gern mit einem ähnlich ausladenden Schmerbauch prahlte! Der mächtige, quadratische oder ovale Tisch, mit breiten gedrehten Säulen statt der Füße, die übrigens an die Stand- und Geh-Säulen der Mütter und Matronen dieser Klasse erinnerten, nahm die Mitte des Zimmers ein und beanspruchte rechtens den meisten Raum; über ihm die entsprechend große und bauchige Hängelampe. An der Seitenwand, am Fenster mit seinen Rohseidenvorhängen und darüber den ernst-dunklen Portieren, die Ottomane mit einem gotischen oder romanischen Aufsatz, dessen Türmchen sie reich gegliedert krönten. Das Ganze mit Serviertischchen und Etageren, mit den gepolsterten Stühlen, die den dunkelgrundierten Wandtapeten entsprachen, aufgebaut auf einem dicken Perserteppich, der den Schritt bis zur Unhörbarkeit dämpfte und an dessen Rändern der glänzend gewichste Parkettboden begann. Im Gegensatz zu all dieser Wucht und Würde gab es überall, wo Raum dafür blieb, jene gehäkelten Decken, von denen das sie betreuende Dienstmädchen, jede Marie oder Pepi, wienerisch behauptete, daß sie „sich" zerfetzten, wohl aus Langeweile; während die vielen Nippes, die überall einzeln oder in Gruppen herumstanden, die Porzellanwunder, die Meißner Figürchen, die Sèvres-Teller in den ehrfürchtigen Händen, denen ihre Reinigung zugetraut wurde, leicht und gern zerbrachen.

Dieses Speisezimmer erzählte, in der pompösen Sprache der Gründerjahre, die abgekürzte Geschichte des weltbeherrschenden Europa; an säkularisiertes Mittelalter reichte das galante Rokoko, das steife Empire und das ausladende Barock; in den Gruppen und Typen, den Schwänen und den Nymphen, den

Amors und Psyches und Endymions aus Glas und Porzellan hatte der bürgerliche Geschmack bis ins Altertum zurück die Mythen jedes Stiles sentimentalisiert und zum bric-à-brac degradiert. Der Besitz solchen luxuriösen Zierrats war die Beglaubigung dafür, daß die Familie es weit gebracht hatte, bis auf die Höhe eines berechtigten Standesbewußtseins, dem ein gediegenes Einkommen, fette Milch für die Kinder, gute Butter und feines Obst, ein Sommeraufenthalt im Grünen und während der Saison der Besuch des Volkstheaters, ja des Burgtheaters entsprach. Um solcher Möbel willen, da sie sie nicht im Stich lassen wollten, erlitten brave Leute später, als die braunen Horden einbrachen, den Opfertod.

In diesem Zimmer blieb an jenem Abend, der in der Erinnerung eines langen, an Prüfungen und Katastrophen reichen, an Erfolgen nicht armen Lebens nie verblassen sollte, der junge Held allein zurück und wurde seines Sieges nicht froh. Die Mutter war dem Vater, die Schwester der Mutter nachgeeilt. Niemand hinderte ihn jetzt, zu seinem Freund ins Café Museum zu eilen. Er tat es an jenem Abend nicht, suchte auch nicht, für eine lange Weile nicht, sein eigenes Schlafzimmer auf, ein Kabinett, das er für sich allein hatte.

Wurde ihm bewußt, daß er sich die Unabhängigkeit erkämpft hatte? Aber um den Preis, daß er sich als ein Verbrecher fühlte, der sich von den Gesichtern und Mienen seiner Opfer umschart sah, und der zunächst unfähig war, den Ort des Verbrechens zu verlassen. Er ahnte wohl, daß es keine Gemeinschaft für ihn gab und kein Verständnis, weder zu Hause noch in der Schule. Trotzdem würde er zu Hause bleiben und die Schule weiter besuchen. Das war das Entscheidende. Er würde innerhalb seiner Klasse, im doppelten Sinn des Wortes, weiter sich durchfretten, in Halbheit, mit Mogelei den Lehrplan erfüllen, der ihm nach diesem Abend nur noch mehr verleidet war. Er würde weiterhin unter der Bank verbotene Bücher lesen und nachts auf dem Abort Gedichte und Dramen schreiben. Und weiterhin mit seinem Freunde Max auf der Bank der Beobachter und der Spötter sitzen.

Auf einer Wand des Speisezimmers hing ein quadratisches Stück roter Seide, mit goldenen arabischen Schriftcharakteren bestickt. Das prunkte dort seit Jahren; die Erinnerung wußte nicht anzugeben, seit wann. Aber die Kinder wußten, daß der

Vater es eines Tages aus Konstantinopel mitgebracht hatte, von einer seiner Geschäftsreisen. Die Kinder betrachteten diese Arabesken mit Respekt und Verwunderung. Sie wußten nicht, was die krausen Zeichen bedeuteten, ein Gebet, einen Segensspruch, der sich weigerte, in Erfüllung zu gehen? Mit dem Orient war nicht zu spaßen, das wußte jeder. Auch der Knabe hatte den Vater nie gefragt, wo er die Kostbarkeit erstanden, und ob er sich den Sinn der Inschrift habe an Ort und Stelle erklären lassen. Aber an jenem fatalen Abend stand er plötzlich davor und begriff, daß der Vater einen besonderen Wert auf dieses Zeug legen mochte, und wenn nicht der Vater, so bestimmt die Mutter, weil es hier hing als ein Zeugnis für die Leistung des Vaters, der aus armen Verhältnissen in Galizien gekommen war und es nun überall in der großen Welt zu echter Geltung gebracht hatte, auf die ehrlichste Weise, durch seinen Verstand und seinen Fleiß. Nun hegte er nur den einen Wunsch, daß der Sohn es weiter brächte als er. Dieser Wunsch, diese Hoffnung war es, die der Sohn an diesem Abend im Gesicht seines Vaters sterben gesehen hatte.

Der Mitschüler Hitler

Meine Schule stand in Wien, die des Führers der Nationalsozialisten in Braunau. Trotzdem habe ich, seit ich von ihm weiß, das Gefühl gehabt, er sei mein Mitschüler gewesen. Wenn auch nicht er in Person, dann solche wie er, von gleicher nationaler und sozialer Wurzel, von gleichem seelischen Antrieb, von gleichem Horizont. Wie er reckten sie ihre schmale Brust — wie er noch heute, da er die dem Unbekannten Soldaten entwendete Uniform trägt, die seine reckt. Kleine deutschnationale Trommler, die, wie er, ein Nichtgenügend in deutscher und französischer Sprache erhielten, in ihrem Schulzeugnis mit sechzehn Jahren, ein Nichtgenügend in Mathematik und Darstellender Geometrie, dagegen ein Vorzüglich in Turnen. Auch das Vorzüglich in Handzeichnen, das Hitlers Schulzeugnis aufweist, sagt vielleicht weniger über eine persönliche Begabung aus als über den Typus des Schülers. Denn der Turnlehrer stammte immer, der Zeichenlehrer nicht selten von jenem forschen Hurrah-Deutschen, dem Turnvater Jahn aus den Freiheitskriegen ab, der sich seither in den Urvater der Minoritäts- und Radau-Deutschen der Kaiser- und Königlichen österreichisch-ungarischen Monarchie verwandelt hatte. Im Turnsaal ertönten jene schneidigen Kommandorufe, die das schwarzweißrote Herz der jungen Rebellen höher schlagen machten. Dort, an den Geräten, am Bock, an der Kletterstange und beim strammen Marschieren in Reih und Glied konnte einer seinen Mann stellen, der angesichts einer algebraischen Gleichung oder einer Logarithmentafel sofort das Selbstbewußtsein verlor und zu stammeln und kalt zu schwitzen begann. Auch wenn der Turnlehrer ein wahres Schreckensregiment übermännisch betonter Disziplin ausübte, so half er damit doch dem fanatischen Anhänger der großdeutschen Idee jenen Inferioritätskomplex überkompensieren, der gerade damals von jüdischen Psychologen erfunden wurde, und der rechtens eben auch nur den jüdischen Knaben gebührt hätte, als den Angehören einer sozusagen schutzlosen Minorität, die kein größeres Stammland im Rücken fühlten, an das sie sich anlehnen konnten. Ich weiß nicht aus eigener Erfahrung, wie es um die kleinen Hitlers in Braunau bestellt war, als sie noch in einem Matrosenanzug steckten. Aber das Schulbubenzeugnis des zukünftigen Führers der Deutschen legt den Schluß nahe, daß sie ihren Doppelgängern im kaiserlichen Wien so unähnlich nicht gewesen. Und da ich weiß, wie schüchtern diese Knaben in Wien waren, sobald sie die Tuchfühlung mit ihresgleichen verloren, kann ich nicht umhin, zu denken, daß auch das Heilandsbewußtsein des Führers die Überkompensation seiner ursprünglichen Schüchternheit bedeutet. So waren sie damals, die Kinder eines gewissen Mittelstandes. Söhne von kleinen Beamten oder Lehrern, deren Väter mit kulturellem Widerwillen, aber auch mit Haß und Neid auf den großkapitalistischen Luxus blickten, der einem neuen und neuartigen Reichtum entsprach. Oder die Väter waren Kleingewerbetreibende, die damals begannen, den Boden ihrer Existenz und jeden sozialen Halt zu verlieren; die von der panikartigen Angst erfaßt waren, in die formlose Masse des Proletariats herabzusinken. Diese Angst war gewiß nicht unberechtigt; die industrielle Entwicklung war ein Albdruck der Wirklichkeit für diese Stände.

Zwei Parteien hatten sich gebildet, um diese abgleitenden Bevölkerungsteile aufzufangen: die deutschnationale Partei unter dem Ritter von Schönerer, welche davon träumte und darauf hinarbeitete, daß das gewaltig emporwachsende deutsche Reich die deutschen Teile der Monarchie annektieren und sich einverleiben möge; und die christlichsoziale Partei des Wiener Advokaten (und späteren Bürgermeisters von Wien) Dr. Karl Lueger (was nicht wie „Lüger" ausgesprochen wurde). Die eine war mehr groß-, die andere mehr kleinbürgerlich orientiert: die eine mehr politisch, die zweite mehr sozial bedingt. Die eine wollte aus Österreich heraus, die andere strebte, es sich im Lande besser einzurichten. Die eine, die nationalistische Partei, war protestantisch, sie wollte los von Rom und vom Katholizismus. Die andere, die sogenannte soziale Partei, war und blieb gut katholisch, kaisertreu und verbreitete sich später unter dem von der industriellen Entwicklung nicht weniger bedrohten Bauerntum. Blut und Boden standen sich noch, als Gegensätze, gegenüber, waren noch nicht miteinander verquickt. Beider Feind war die internationalistische, gottlose Sozialdemokratie, die sich damals bereits ideologisch gereinigt und in einem Programm des stetigen politischen Kampfes, der Evolution und der Organisation geeinigt hatte. Diese, die Marxisten, wußten, daß auch die Einverleibung ins Deutsche Reich sie nicht ihres grundlegenden sozialökonomischen Kampfes entheben würde. Sie hatten die Notwendigkeit der ökonomischen Weltentwicklung erkannt und glaubten nicht an eine wesentliche oder dauerhafte Lösung durch den sozialen Putsch. Freilich, sie hatten nur zu gewinnen und nichts zu verlieren. Sie boten bürgerlichen Elementen keine andere als die für das Proletariat gültige Lösung an; obwohl ihre Führer dem Bürgertum entstammten, das sie freilich — und oft mit größter Opferbereitschaft — aufgegeben hatten, um für eine allgemeine Zukunft zu kämpfen, zu sorgen und zu arbeiten. Solche Männer und Frauen waren aus Idealismus Materialisten geworden — Realisten einer heroischen Art. Mit solchem Idealismus, mit solchem Heroismus konnten weder die Deutschnationalen noch die Christlichsozialen etwas anfangen: er mußte ihnen fremd und widernatürlich erscheinen, und umso abscheulicher, je proletarischer er sich gebärdete. Dagegen fanden sich beide Richtungen, die deutschnationale und die christlichsoziale, im Antisemitismus, der bei beiden sofort die Form eines militanten Radau-Antisemitismus annahm. Dafür gab es wirtschaftliche und soziale Gründe. Und daraus ergaben sich vorzügliche demagogische Anlässe. Man schlug auf den jüdischen Hausierer los, da man den jüdischen Fabrikanten nicht zu treffen vermochte. Es ging, bei der Erhaltung der deutschen Suprematie in dem von so vielen Völkerschaften bewohnten Kaiserreich, nicht nur gegen die jüdischen Zuwanderer und Eindringlinge in deutsche Kronländer, in die Haupt- und Residenzstadt Wien vor allem, sondern gegen das Herankommen und Emporkommen der Vertreter aller nicht deutschen Nationalitäten. Aber die gleichfalls verhaßten Czechen und Italiener gliederten sich in größerer Zahl dem Proletariat an; während die Juden, deren Emanzipation keine hundert Jahre alt war, sich — ihrer wirtschaftlichen Lagerung entsprechend — dem Handel und Wandel ergaben, vom industriellen Aufschwung unverhältnismäßig rasch mit emporgetragen wurden und nach kürzestem Übergang in die intellektuellen Berufe eindrangen. Die Abgeschlossenheit des Ghettos war eine besondere und einseitige Schule für die Möglichkeiten der Arbeitsteilung und des Konkurrenzkampfes in der Welt des modernen Kapitalismus gewesen. Wohl gab es auch — in Ostgalizien und Nordungarn — jüdische Bauern und in Wien jüdische Arbeiter. Wer sie kannte, wußte, daß kein Unterschied in der menschlichen Artung bestand. Die neue Freiheit und der neue Wohlstand bildeten auch bald ein jüdisches Patrizier- und Künstlertum heran, das wertvolle Erscheinungen zeitigte. Vertretern eines älplerischen und häuslerischen Kleinbürgertums konnten allerdings auch die höchsten Leistungen solcher Art weder einleuchten, noch auch nur sie ansprechen. Im Gegenteil. Sie sahen, wenn es hoch ging, den Juden, den sie nicht als Mitbürger anerkannten, an der Börse reüssieren und am Verderb der großstädtischen Presse profitieren. Sie verstanden die Gesetzmäßigkeit der Entwicklung nicht und wollten sie nicht verstehen. Wenn etwa das urwüchsige Volksstück an dem Mangel an Wuchs verkümmerte und von denaturierten Formen der Operette überwuchert wurde, so erblickten sie darin nicht den gemäßen Ausdruck der neuen Gesellschaft und

Gesellschaftslosigkeit, sondern sie sahen immer nur den Schmarotzer, den Juden, zu frevlerischen Erfolgen gelangen. Die Wendigkeit, die Anpassungsfähigkeit jüdischen Talentes und Intellekts, die sich in der Unterdrückung und in der Ausgeschlossenheit trainiert hatten, mußten den heillosen Neid und die bange Sorge bodenständiger Gemüter erregen, denen wirklich nichts anderes übrig blieb, als aus ihrer Rückständigkeit und Langsamkeit einen nationalen oder gar einen rassenmäßigen Vorzug zu machen. Schon der Altösterreicher war, in seiner oft noblen Solidität, passiv und langsam gewesen. Nun da die Entwicklung in Wellen von Prosperität und Wirtschaftskrise seine alteingewohnten, teils ehrwürdigen und frommen, teils auch nur schläfrigen Vorstellungen überholte, konnte er dem am Volks- und Kulturgut verübten Raubbau kaum mehr entgegensetzen als, wenn er fein war, seine Ironie und seine Elegie, wenn er gemein war, eine verbissene Ranküne.

FLUCHTVERSUCHE

Erinnerung an Peter Altenberg

I

Als ich die vierte Klasse des Gymnasiums wegen ungenügender Erfolge in Mathematik und Physik wiederholen mußte, begann mich die Schule bis zur Unerträglichkeit zu stören und zu langweilen. Auch zu Hause war eine Verschlimmerung eingetreten: ich hatte einen Klavierlehrer bekommen. Eine Krankenpflegerin, die meiner Mutter das Leben gerettet hatte, nahm die Dankbarkeit der Familie in Anspruch, indem sie ihren Bruder als einen bewährten pianistischen Pädagogen empfahl, und so sollte ich aus Dankbarkeit Klavierspielen lernen.

In dieser Zeit hatte ich selbst einem um fünf Jahre älteren Freund eine Wohltat zu danken, die mir für's ganze Leben erwiesen war: er hatte mir das Buch „Ashantée" von Peter Altenberg gebracht. „Wie ich es sehe" holte ich mir schon selbst. „Was der Tag mir zuträgt" trug mir bereits der Tag zu, Skizze für Skizze, und ich durfte mir dieses Buch im Herzen zusammenbinden, bevor der Dichter es sammelte.

Wir gehen einer Zeit entgegen, deren Hände zu schwer und zu hart sein werden, um ein so zärtliches Instrument wie die Prosa Peter Altenbergs neu zu stimmen und zu spielen. Peter Altenberg hat mit seiner Lebenstendenz diese Zeit vorweggenommen. Er sah bereits alle Bibliotheken geschleift, und es war gut so ... Es sollte keinen Dichter mehr geben! Und er selbst wollte kein Dichter mehr sein. Jeder Mensch sein eigener Dichter! Das war die Devise. Das war für Peter Altenberg die Mission. Jedem Menschen das Geheimnis verraten, wie er sein eigener Dichter sein könnte, wie dem modernen Leben immer und überall Schönheit zu entlocken wäre, für den sofortigen Privatgebrauch. Welch ein Altruistenplan! Den Menschen das Überflüssige schenken, und gegen ihren Willen! Den Kultus des Augenblicks in moderne Herzen pflanzen, die keine Zeit haben, geschweige denn einen Augenblick!

Peter Altenberg verdankte dem Augenblick alles. Dankbarkeits-Fieber und Schenker-Wahnsinn waren die Genie-Erreger dieses gefährlich weiten Altenberg-Herzens, das, sollte es an seiner Verschwendungssucht nicht grenzenlos verarmen, schließlich nach dem Alkohol auch noch zum Geiz und zu Bettelei greifen mußte. Die Mitmenschen aber nahmen von einem solchen seine Krösus-Gaben und gönnten ihm nicht seine Rekompensationen! — So die Erwachsenen. Die Heranwachsenden wuchsen an Peter Altenbergs antidichterischem Dichtertum in Freuden.

Eines Tages fand mein Klavierlehrer das Buch „Wie ich es sehe" auf dem Klavierdeckel. — Er blätterte und entdeckte die Photographie des Dichters, jene, die ihn im Havelock und mit eingedrücktem Filzhut zeigt, weltenbleich hinter dem dunkelrandigen Augenglas und dem Seehunds-Schnurrbart; Peter Altenberg, den „Fliegenden Holländer" der modernen Seele. „Peter!!!" jubelte mein Klavierlehrer auf und erstarrte. — Er schien, nach einem hektischen Freudenrot, vor Schreck erblaßt zu sein, weil er sich verraten hatte. Erst nach flehentlichem Rütteln gelang es mir, das Geheimnis herauszuholen. Es war kein ungefährliches Geheimnis, und nur nach Schwüren wurde es mitgeteilt. Es kam also zutage, daß mein Klavierlehrer im Nebenberuf Klavierspieler in einem Freudenhaus in der Blutgasse war. „Peter" war für ihn wohlvertrauter Gefährte täglichnächtlichen Umgangs, aus jener anderen Welt, welche mit dieser — der Welt des Klavierunterrichts — keine Verbindung haben durfte. Während mein Klavierlehrer also dort die damals neuesten Tänze trommelte, hatte Peter sich die Aufgabe gewählt, ihre Schritte und Rhythmen mit liebevollster Geduld den Mädchen einzustudieren. — Die Welt hielt damals beim Cakewalk. Es war eine idyllischere Welt. —

Mein Klavierlehrer konnte es nicht fassen, daß es von „Peter" regelrecht gedruckte Bücher gab, die auf bürgerlichen Klavieren herumlagen. Ich aber traute „Peter" in stolzer Liebe die Tänze der ganzen Blutgasse in Bausch und Bogen zu.

Von nun an wurde die Klavierstunde lebenswichtig. Mein Klavierlehrer klimperte ab und zu mit der linken Hand, um dem Elternhaus die akustische Illusion einer vorwärtsschreitenden Musikalität zu erhalten. Dabei mußte er die Stunden über ihr Maß hinaus dehnen, um meine unermüdlichen Fragen zu beantworten. Ich wurde nicht satt der immer wiederholten Schilderung, wie „Peter" auf dem roten Plüschsofa saß und mit seiner dunklen Stimme Niggersongs näselte, dazu mit seinen radikal-rhythmischen Armen und Beinen, mit dem ganzen leidenschaft-beweglichen Körper den Takt exekutierend! Und die Mädchen tanzten. Sie, die er, als sich in Freiheit Wegwerfende, sich zum Vorbild nahm; sie, die rosigen und blassen Griechinnen seines elektrischen Hellenentums, die Dulderinnen einer unchristlich-christlichen Welt; sie, die zwar Erniedrigten, die er ebenbürtig machte dadurch, daß sie ihn auslachen und mißhandeln durften; und zu denen er sich emporhob, indem er ihre Liebesbriefe schrieb und sie beriet in der Schwierigkeit ihrer allzu leichten Herzen. Er, der Entdecker der Frauenseele, er, der Troubadour des Frauenleibes.

II
Eines Tages, als wir von der Schule nach Hause gingen, sagte mein Schulkollege B. in aller Ruhe zu mir: „Ich habe einen Brief von P.A. bekommen." „Wie, einen Brief? Du? von P.A. —" „Er hat mir einen Brief geschrieben." — „Dir?" — Mein Kollege B. antwortete mit größter Ruhe. Er duckte den Nacken ein wenig und ließ meine Erregung über sich wegrennen. Seine ohnedies verborgenliegenden grauen Augen enthielten sich jeden Ausdrucks.

Es handelte sich um einen Akt des knabenhaften Heroismus. B., ein schwerfälliger und verschlossener Jüngling und selbst ein Dichter mit zierlicher Handschrift (er gewann unsere Achtung, als er sich in Marie Grubbe verliebte), hatte sich heimlich an P.A. gewendet mit der Bitte, mich zu empfangen, weil ich erstens meines Verständnisses für die Welt P.A.s halber es verdiente, und weil zweitens P.A. sich revanchieren sollte durch einen Blick in meine Welt, in meine Manuskripte sogar. Es ist viel gefordert — schrieb B. an P.A. —, aber Sie sind es, der viel erfüllt. — Und P.A. antwortete sofort, daß er zwar niemals Briefe beantworte, daß er diesen Brief aber sofort beantworte, weil er um eines anderen willen geschrieben sei. Der andere möge gegen 6 Uhr abends ins Café Central kommen, Arkadenhof, und sich an den Kellner Jean wenden. Da wir damals ohnehin im Sinne P.A.s lebten, war alles selbstverständlich: der Edelmut B.'s, welcher P.A. natürlich mitten ins Herz treffen mußte, und wie uns dieses Herz zurücktraf. Aber immerhin war es ein gewaltiger Schlag. Es folgte noch ein kurzer olympischer Waffengang der Großmut zwischen zwei Freunden. Ich bestand darauf, daß B. mitgehen müsse. B. bestand darauf, zu Hause zu bleiben. Und er blieb zu Hause. Wir taten damals alles ganz.

Am selben Tage, Punkt sechs Uhr abends, betrat ich das Café Central, das, ein Haus des Lebens, in warmem Lichte und in gutem Dunste lag und viele bemerkenswerte raucherfüllte Räume hatte: den großen Saal, in dessen Hintergrund die Billardkugeln sauber klapperten, wenn sie aufeinanderstießen; und die ruhigeren Seitentäler, will sagen Seitenzimmer; und das besonders rauchige, durch seine dunklen Gruppen von Kampf-Genießern und Spiel-Prüfern beängstigende Schachzimmer; und die grün abgedämpften Karten-Spielzimmer; und den Arkadenhof, einen offenen, hohen Hof zwischen Häusern, mit dem monumentalen Brunnen und der Marmortreppe mit vielen Bogen und Nischen. Dieser Hof, dieser Wiener Schacht, war der Ort des raffiniertesten Geisteslebens, das zwischen vollkommen untätigen Skeptikern überhaupt möglich ist. Hier verkehren hieß einem, allerdings friedlichen, Orden angehören, der gelobt zu haben schien, die Wirklichkeit nur aus Berichten und nur als die Spiegelung der kleinen Züge eines Nebenmenschen, der auch nichts tat als spiegeln, zu gewinnen.

Dort lebte P.A. Dort kamen und gingen seine Lebensfreunde, die zugleich seine Todfeinde waren, und seine Frauen. Dort saß er und kämmte liebevoll den Seehunds-Bart oder polierte mit einem Bürstchen die Glatze, während seine riesenstarken Augen wetterleuchteten. Mitten im rauchigen Caféhaus, dem dumpfesten Orte der Welt, ereigneten sich in diesen Augen ungeheure Sonnenaufgänge im Gebirge, oder strahlendes Meer. Dieser Neurastheniker im englischen Anzug, grell kariert, eine Art von höchstverfeinertem Clown, hatte die Gabe, Natur auszuströmen. Er war der übernatürlich-natürlichste Mensch. Wenn er tief bekümmert dasaß, zusammengekauert, war er ein kranker Vogel mit aufgeplustertem Gefieder, und mangels der Flügel wirkten die Schmerzensdrehungen seines Leibes wie Rudimente von krampfhaften Flügelschlägen. Sein Lachen war das der Lachtaube, es gab kein ähnlich gutturales Glück, das sich freilich zu gewaltigen Trillern des Zornes steigern konnte, seines gewaltigen Zornes, den er manchmal plötzlich wieder in ein erlösendes Gelächter umschlagen ließ. Seine Glatze konnte bleich sein, wie eine dahinsiechende Kellerpflanze; und sie konnte, blank poliert, einen fröhlichen Tag ansagen. Der knappe Kopf, die guten Hände, der ganze bewegliche Mann schien ungeheuer viel Blick in sich aufgespeichert zu haben; er war eine harte, gedrungene Verdichtung von Licht und Wärme, von Lebenselektrizität in einer angedunkelten Schale. Wie bei Tieren, welche ja die besten Kostüme auf dieser Welt tragen, schienen seine Kleider, so lose und weit sie saßen, mit ihm verwachsen zu sein, und nichts natürlicher als sein persönlicher Stich von Extravaganz; er hatte, alles in allem, eine eigene Naturfärbung, wie angebräunte Kastanien. Er war wild wie ein Tier und liebenswürdig wie ein Tier, und er war sinnlich wie veredelte Tiere. Seine Sinnlichkeit kannte keine Konventionen, sie scheute das Licht nicht, sie ging ins Extreme und verlor nie ihre seelisch-geistige Fluoreszenz. Sein Körper war durchaus Rhythmus, federnder Takt. Ein Grieche mit epileptischen Anwandlungen von Christentum — und das war der Humor davon. Der P.A.-Humor, der hinterhältig in seinem Auge herumspazierte und je länger je öfter in trübsten Schwermutstümpeln ersoff. Wenn er in seinen hellen Augenblicken etwas ansah, mit der Pupille seiner zweiten Unschuld, dann war es schön, erwählt von einer märchenhaften Untreue, die in der nächsten Stunde das vergötterte Ding zum Gegenstand der radikalen Anklage machte. Sein Geiz und sein Zynismus, sein Schelten und Schwärmen, das alles war so sinnlich richtig, so überzeugend plastisch, daß es den unwiderstehlichen Appetit auf ein stärkeres Leben hervorrief. So wie es Winter und Sommer gibt, gab es den ganz unausgeschlafenen und den ganz ausgeschlafenen P.A. und nie ist ein Mensch wacher gewesen als dieser. Er war nur da, um zu atmen, zu schauen und der Mittelpunkt seiner Erregungen zu sein. Er war ohne Zweck, er war der Augenblick an sich; er war die Konzentration auf sich selbst und sein Dasein, einmal für immer! Er lebte absolut nur, um absolut er selbst zu sein. Und das beglückte, das befreite, das gab den andern Kräfte. Wenn P.A. Zeit hatte, und er hatte immer Zeit, dann war es die größte und die höchste Zeit. —

Ich brauchte nicht lange herumzusuchen. Ich sah ihn sofort. Mein Glück waren die zehn Minuten, bevor der Kellner Jean sich bei mir einfand. Diese zehn Minuten lang durfte ich den allerlebendigsten P.A. betrachten und ergründen und begrüßen. Ich sah den vollendeten Schauspieler seiner selbst, das unverkümmerte Ich auf seiner unvergeßlichen Lebensbühne.
— Dann kam der Kellner Jean.

Als P.A. an den Tisch trat, mir die Hand gab, sich zu mir setzte, wußte ich kaum mehr etwas von mir selbst. Ich wußte nur einen unendlichen Satz, den ich in einer heftig bewegten Bewußtlosigkeit als eine Art Spirale sich selbst bilden fühlte, und der auf Seite soundsoviel von „Wie ich es sehe" endete, dort, wo das kleine Mädchen, das in den Bleikammern eines Pensionats schmachtete, von ihrem Vater besucht wird, und zu ihm sagt: „Papa, raucht die Lampe im Speisezimmer noch —!" und mit dieser Frage wohl nicht dem Vater, aber P.A. ihr ganzes Heimweh verriet. Wann war je vorher — so endete meine Tirade — Heimweh so überzeugend, so ansteckend geschildert worden?

Ein kurzer Satz eines Kindes sagte P.A. alles. Mein Satz war ungeheuer lang, aber P.A. wurde absolut nicht ungeduldig. Er sah mich großmütig an. Und mit der ruhigsten Genugtuung sagte er schießlich: „Ja, ich bin ein Genie. Ich habe es immer gewußt. Aber die Väter! Der Vater zum Beispiel von Ilonka —" Und nun erzählte er wetterleuchtend von Ilonka. Einer vierzehnjährigen Seelenfreundin, deren Vater dem Dichter eben aus erzieherischen Gründen das Haus verboten hatte. Dann kamen meine beiden Manuskripte auf ihn zu, und dann kam seine Hand, die sie genommen und weggelegt hatte, zurück und wurde mir gereicht. „Bis morgen." P.A. sagte zu meinen fünfzehn Jahren: „Guten Tag, Viertel." Er stand sogar noch einen Augenblick da und teilte mit dem Daumen seinen Schnurrbart zwischen rechts und links.

Als er gegangen war, wagte ich nicht länger sitzenzubleiben, obwohl wir uns in einem Caféhaus befanden. Ich hatte kein Recht mehr auf einen verlängerten Aufenthalt. Aber ich kam am nächsten Tag wieder. Und ich durfte Tag für Tag wiederkommen, weil Peter Altenberg die Manuskripte noch nicht gelesen hatte. Wie bedauerte ich es, daß er die Verpflichtung fühlte, an meinen Tisch zu kommen und mich auf den nächsten

Tag zu verschieben. Wie beklagte ich die großmütige Handlungsweise B.'s, welche es mir unmöglich gemacht hatte, dazusitzen und unbekannt zu sein und Peter Altenberg von weitem mitzuerleben. Immer deutlicher wurde mir bewußt, daß es eine Ungeheuerlichkeit ist, einen Dichter, ein Genie privat zu kennen. Endlich, nach einer Woche, kam ich dem Stand der Unschuld wieder näher, denn P.A. war am Ende unserer Abmachung angelangt. Er erschien an meinem Tisch und hatte meine Manuskripte gelesen. Nein, nur eines der beiden Manuskripte hatte er gelesen. „Welches von beiden?" fragte ich leider doch. Pause. „Das kürzere!" antwortete P.A. mit großer Bestimmtheit. „Was kommt drin vor?" versuchte er von mir zu erfahren. Wie froh war ich, daß alles so unbestimmt zu bleiben schien! „Es ist eine Phantasie", sagte ich entschuldigend. Aber er ließ sich nicht ablenken. „Das gibt es nicht!" entschied er unversöhnlich. Und mit der Härte eines Robespierre setzte er fort: „Man schreibt keine Phantasien mehr! Man hat heute keine Phantasie, Phantasie ist bei Dichtern eine Arroganz! Goethe, wenn er heute lebte, hätte auch keine Phantasie! Zuerst erleben Sie etwas: ich habe bis zum achtunddreißigsten Jahr nur *gelebt!* Dann erst habe ich geschrieben! Kennen Sie die Königswiese in der Vorderbrühl? Das ist ein Thema! Ich habe mich noch nicht herangewagt. Vielleicht wird ein Jüngerer die Königswiese schreiben! So." Er hatte das Seinige getan. Er stand auf —: ich war glücklich. Die private Bekanntschaft mit P.A. war zu Ende. Am nächsten Tag erschien ich bereits im Café Central, liebte ihn, sah ihn und grüßte ihn nicht.

Ich hätte es für vollkommen unmöglich gehalten, ihn zu grüßen. Ich hätte es nie gewagt. Mehr als das: ich wäre nie auf den Gedanken gekommen, daß ich es hätte wagen dürfen. Es war kein Problem für mich. Es stand von vornherein fest, daß P.A. eine briefliche Bitte erfüllt und mir den nötigen Fingerzeig für den ferneren Weg großmütigst gegeben hatte. Das verpflichtete ihn gewiß nicht, meine Bekanntschaft weiterzuschleppen. Das berechtigte mich bestimmt nicht, ihn durch die Realität meiner Person zu stören. Ich existierte für ihn nicht weiter. Er aber existierte für mich als Peter Altenberg.

Sechs Jahre später hörte ich, daß P.A. sich sehr ungünstig über mich äußerte. Er sprach meinen Namen nie aus, ohne ihn mit wunderbarer Schnelligkeit zu vervielfältigen. „Viertel, Achtel, Sechzehntel, Zweiunddreißigstel, Vierundsechzigstel, Einhundertachtundzwanzigstel und so weiter."

Zehn Jahre nach unserem ersten Gespräch sagte P.A. zu einem gemeinsamen Bekannten: „Was bildet sich dieser Viertel ein!? Seit zehn Jahren grüßt er mich nicht!! Was habe ich ihm denn getan!?" — Da erwachte ich aus einem Traume. Es war in meinem fünfundzwanzigsten Jahr. Ich ging zu Herrn Peter Altenberg und entschuldigte mich. Nur aus Verehrung hätte ich ihn nicht gegrüßt. Da leuchtete es auf in seinen Augen, und er horchte wie ein Jagdhund. „Ist das wirklich wahr?" Und dann, ohne meine Antwort abzuwarten, streckte er mir versöhnt die Hand entgegen: „Auf Wiedersehen, Herr Viertel!" „Achtel, Sechzehntel, Zweiunddreißigstel, Vierundsechzigstel, Einhundertachtundzwanzigstel und so weiter", ergänzte ich.

Sada Yakko

Fremde Länder besuchen uns immerzu, im Wachen, aber auch im Traum. Sie senden ihre Boten. So erschien vor fast fünfzig Jahren in Wien die Japanerin Sada Yakko, eine Geisha, die es zur Schauspielerin gebracht hatte. Da saß sie auf ihrer Matte und schrieb einen Abschiedsbrief, bevor sie sich aus dem Leben brachte. Ihr Gezwitscher schuf im Zuschauerraum eine tiefere Stille, als je vorher wahrnehmbar gewesen war. Die Sada Yakko-Stille. Sie wimmerte, weinte. Sie ging an der gleichen Liebe zugrunde, welche Tristan und Isolde vernichtete, aber wie anders instrumentiert! Ihr zierlicher Anstand, das Ausgesparte des Persönchen, machte mich damals völlig verrückt. Ich glaubte in unserer gröberen Welt nicht mehr leben zu können. Gar zu gerne hätte ich mich der Truppe angeschlossen, auf ihren ferneren Reisen durch Europa mit Japan als Endziel. Heimkehr! Bis dahin wäre ich ein Zugehöriger geworden. Wunder des exotischen Geruchs! Ich ging täglich in die Vorstellung und versuchte, ein Teil von ihr zu werden. Aber ich bin nie nach Japan gekommen.

Paris

Niemand wird es glauben wollen. Aber wir wußten Bescheid, so um das Jahr 1905. Wir waren allwissend, denn wir waren achtzehn Jahre alt, Gymnasiasten vor der Reife, die wir nicht mehr abwarten konnten.

Es war uns leider nicht länger möglich zu bleiben und unsere Lehrer an uns gewähren zu lassen. Diese Bildung, die man uns einimpfte: wer wird sich sehenden Auges mit grauem Star impfen lassen? Unser Leben war schon vollgefüllt bis zum Rande mit dem Gebein gestorbener Welten. Fort!

Wir haßten unsere Lehrer nicht. Sie glaubten Irrenwärter zu sein, weil wir sie stoisch anlächelten, wenn sie uns für Kinder hielten und uns bestraften wie die Kinder. Wie oft wurde ich ins Klassenbuch geschrieben wegen Lächelns. „Er hat gelacht". Ja, aber leise, nur für mich. Ein alter ehrwürdiger Lehrer setzte sich eines Tages auf die Hosen und korrigierte mit roter Tinte Fehler in die Hefte renitenter Schüler. Wir lachten den armen Mann nicht aus, wir respektierten seine schwachsinnige Feindschaft um seines verlorenen Lebens willen. Waren nicht unsere Wärter die Irren?

Wenn wir Jokus trieben, geschah es aus Verzweiflung. Die Weile war so lang, die Zeit zerrann unter uns, wir lebten ab, ohne gelebt zu haben. Wie Monte Christo schmachteten wir unter dem Meeresspiegel der Welt. Graue Haare wuchsen uns unsichtbar in den Stunden, und indem wir Weltgeschichte lernten, krepierten werdende Welten in uns, indes wir die gewesenen Jahrtausende entlang mitstarben. Eine Knallerbse war unwürdig, aber ihr Knall sagte genau die lächerliche Ohnmacht unseres Protestes an.

Nachts saßen wir in den Caféhäusern unter den Huren, die wir nicht gebrauchten, aber die wir achteten als geheime Verbündete. Die Hure gürtete sich abends, sie bemalte sich wie der Indianer, der auf den Kriegspfad geht, sie steckte bunte Federn hinter die Ohren — und hinaus in den erbarmungslosen Kampf! Hinaus in die Schleichwege der Großstadt! Hure, pirsche dich an, gleite lautlos an dein Opfer, erwürge den Europäer — und kehre nicht heim, müde und erledigt, es sei denn, fahle Schwester, mit drei bis vier Skalps im klirrenden Gürtel!

Wir saßen in den musikalischen Löchern und starrten in die Orgie des Trübsinns, welche diese verarmte Gesellschaft von Geldleuten feierte. Wir saßen, absichtsvoll zerlumpt, unter den Mannequins, die, den Modehäusern entpurzelt, nun in ihren dämonischen Dominos zappelten. Wir schlürften bittern Kaffee, schwarz wie Tinte, und ernüchterten uns an dem gefälschten Champagner, der aus lahmen Lippen zurückfloß. Ein Offizier und eine blonde Venus tanzten Czardas auf der winzigen Marmorplatte eines Tischchens. Die Sporen klirrten, die Gelenke klapperten. Billard wurde mit leeren Köpfen gespielt und Menschenbein klang wie Elfenbein. Ein Graf hatte ein Ei statt eines Kopfes auf. Seine Herrengebärde war da, um Tänzerinnen den Mantel aufzureißen und die tote Brust zu prüfen, die ihn verseuchen sollte. Die Lustseuche war die Erinnye dieser Welt. Wir achteten auch sie.

Wenn man uns gekannt hätte, man hätte uns ins Gefängnis gesperrt. Wir lebten innerlich von dem Todesurteil, das über uns hätte verhängt werden müssen. Am apokalyptischen Morgen, wenn der Gemüsemarkt begann, schlichen wir zwischen den Leichen der Pflanzen hin, die auf dem Asphalt gestapelt lagen. Wir hörten das unschuldige Geschwätz der Spatzen, ihr Morgengewisper, und drückten einen Stachel der Reue, der uns wohltat, unter dem Mantel tief in unser Fleisch. Mittags zerbrachen die Väter den Suppenteller, weil die Mutter den Sohn aus dem Bett holen mußte. Stumm wissend blickte er aus geschwächten Augen auf unsere Eltern herab. Wir hatten einen Schulvormittag gemordet. Wir wußten uns gefeit.

In den Zeitungen lasen wir nur die Mordprozesse. Geschah denn sonst ein Menschliches? Der Mörder war unser heimlicher Bruder, er war der Märtyrer des Lebens in einer tötenden Welt. Der unglückselig Betrogene! Vergeblich war er in den Abgrund gesprungen, der sich nicht schließen wird. Denn er ist die eiternde Wunde der Zeit! Alle Opfer umsonst. Glücklich nur der Gemordete! Und wir verhöhnten den Staatsanwalt, der gegen den Gezeichneten, den Wehrlosen vor den Tribünen und Logen, vor dem johlenden Parkett der Gesellschaft seinen eitlen neidischen Konkurrenzkampf eines schlechten Komödianten führte. Wir richteten nicht. Der Empörer Christus hatte nicht gerichtet. Wir pardonnierten sogar den Staatsanwalt, der unseren Lehrern glich.

Wohin mit uns? Gab es keinen Ausweg? War keine Flucht möglich? Schon die Säuglinge in den Kinderwagen sahen wie Greise aus, die keine Hoffnung kannten, und die Mädchen, die den Kinderwagen schoben, schleppten gelähmt, um eigene Existenz betrogen, den faulen Inhalt anderer. In den öffentlichen Bädern häuften sich die Kadaver, verfettet oder verkümmert, verbogen im Knochengerüst — und zwischen all den Wänsten, die unfrei, an einer geheimen Kette, hopsten, war kein nackter Mensch zu finden.

Wir gingen in die Arbeiterheime und belauschten, von Grimm vereist, die Ausreden der Führer. Wir sahen die Sklaven dieser Welt sich mit Anklagen und Versprechungen abfüttern lassen. Man trieb sie an Sonntagen und Feiertagen um einen Trog zusammen, in den die Reste jener Bildung gerettet waren, die wir ausgespien hatten. Indessen suchten die Mädchen des Volkes die Reibung mit einer besseren Welt. Sie drückten die Stumpfnasen platt an den Glasgehäusen der öffentlichen Schatzkammern auf allen grellen Straßen. Mit dem Blut ihrer Jugend, mit dem ersten, schon im Keim verelendeten Sproß ihrer Hoffnung erkauften sie ein wenig frierende Künstlichkeit und bunte Lappen und Fahnen. Der beste Mann der Stadt entzog den Arbeitern den Alkohol, um sie endlich zu ernüchtern. Umsonst: Falscher Schnaps war jedes zweite Wort, das seine eigene Zeitung ihnen bieten mußte.

Tabula rasa!

Hinaus! Hinunter! Ein Leben ohne Buch, ohne Begriff, ohne Brücke. Mein Freund und ich, wir gingen aufs Gemeindeamt und erbaten Arbeitsbücher, Bücher für Hilfsarbeiter. Mein Freund war schön und hochherzig, ich liebte ihn. Er war der göttliche Beginn. Von ihm sollte eine neue Schöpfung ausgehen.

Wir verkauften unsere Schulbücher, das Konversationslexikon, die Klassiker, die Bibel. Meine kleine Schwester packte mir heimlich Wäsche ein. Nach Paris! Mein Freund fuhr voraus. Auf der Hauptpost sollte ich seine Adresse finden. Er hatte vergessen, mir Geld zurückzulassen. Kaum für die Reise genug. Ich verließ den Waggon nicht, aß nichts während der Fahrt. In der Nacht vor Paris bettete ich ein französisches Kind, ein dreijähriges Mädchen, auf meinen Knien. Die schöne Mutter war gerührt: Mit einem goldenen Crayon schrieb sie mir die Adresse eines Versatzamtes auf. Mont-de-piété. Ich trug noch den Mädchenring meiner Mutter. Meine Mutter war ein armes Mädchen gewesen. Der Ring, ein schmaler Goldreifen mit einer blassen Koralle, ergab im mont-de-piété vier Francs. Es war meine erste Mahlzeit in Paris.

Auf der Hauptpost erfuhr ich, daß mein Freund im Quartier Latin wohne. Es ging bergauf. Die Front des Hauses bildete eine Schnapsbutike. Als ich vor der Türe anlangte, taumelte mein Freund mir in die Arme. Sein Koffer wurde ihm nach auf die Straße geworfen. Man hatte ihn nachts bestehlen wollen. Wir schleppten den Koffer über die Boulevards. Eine Dame, die ein Windspiel führte, lachte uns aus. Wir machten Rast auf der Terrasse eines Cafés, in dem Rotfräcke konzertierten. Wir bestellten je einen Absinth. Uns gegenüber saßen ein alter Arbeiter und ein junger Arbeiter in blauen Blusen vor ihren Aperitifs. Der alte Mann stand auf, trat an uns heran, lüpfte höflich die Kappe und warnte uns vor dem Absinth. Er sei das Unglück des Landes, der Vergifter der Jugend, der Verführer der Fremden. Wir griffen hastig nach den brüderlichen Händen des Mannes. Jeder von uns erhaschte eine harte Hand. Wir verneigten uns tief und übersiedelten an den Tisch der Arbeiter. Der Kellner trug unsere Absinths nach. Errötend boten wir sie den neuen Freunden an. Und die Absinths wurden der Brüderlichkeit zu Ehren gekippt.

Wir bezogen ein kleines Hotel in der Rue St. Denis. Vor dem schmalen gelben Haus stand der Portier, als weißer Koch verkleidet, ein runder Mensch mit blonden Borsten, dem Rüssel eines Schweinchens und ölig rosigen Backentaschen. Er zwirbelte seinen Schnurrbart und fragte, ob Wien denn nicht gegenüber von Budapest gelegen wäre? Wir bejahten es einstimmig. Wir mieteten je ein dunkles Kämmerchen, mein Freund im dritten Stock, ich im zweiten Stock, genau untereinander. Wir hätten uns klopfgeistig unterhalten können. Im Hause drüben, auf das unser Fenster schaute, wohnte ein junger brünetter Arbeiter mit einem üppigen, lachenden schwarzen Weibsbild. Sie heirateten unter Tags bei offenem Fenster. So frei gesinnt waren sie. Nachher zeigte das Weib seine blitzenden Zähne herüber. Wir grüßten sie ehrerbietig als unsere wahrere Schwester.

Einen Empfehlungsbrief an den Geschäftsfreund des Vaters eines in unseren Plan eingeweihten, mitverschworenen, aber nicht mitgefahrenen Schulkameraden gaben wir schon am nächsten Tage ab. Wir hatten alle Hoffnung auf diesen Brief gesetzt, den wir auswendig wußten. Er enthielt die Bitte, uns unter allen Umständen Arbeit zu verschaffen. Der Empfänger, ein breitschultriger Deutscher, behandelte uns mit Wertschätzung. Er machte uns aufmerksam, daß wir jetzt im Juli hielten, was wir gar nicht bedacht hatten. Die wichtigsten Theater wären ganz einfach geschlossen. Doch erklärte er sich bereit, uns hinreichend Vergnügungslokale informativ zu notieren. Auch erbat er unsere Adresse; denn im Herbst, wenn seine Familie erst vom Lande zurück wäre, wollte er uns eines Tages zu Tisch bitten. Wir nahmen im vorhinein dankend an. Wir standen verstummt auf der Straße.

Überall waren kleine Roulettes, auf Wagen angebracht. Man konnte ein paar Sous verlieren und eine Portion Fruchteis gewinnen. Das prahlerische Geschrei der Anbieter vermischte sich mit den Litaneien der Zeitungsausrufer. Fähnchen flatterten von Verkaufsständen. Das Laub der Bäume sah künstlich aus. Jeder zweite Mensch stolzierte in der Maske des Cyrano von Bergerac. Die Frauen waren nicht klein, schwarz, mager, flink, wie wir gedacht hatten, sondern groß, blond, üppig und selbstbewußt. Wie bei Pferdeköpfen tanzten Haare auf ihren runden Stirnen. Alle Welt war geschminkt, alle Welt roch nach falschen Paradiesen. Vormittags schon saßen geputzte Damen und Herren über die Terrassen der Caféhäuser gebreitet. Sie lasen nicht Zeitung, sie spielten Lebenslust oder Spleen. Hier war das Dasein wenigstens noch Komödie. Es kam uns unwesentlich vor, daß die Theater geschlossen waren. Die Comédie Française gastierte jetzt auf allen Trottoirs, und wir versäumten darüber unser Weltweh. Wir fühlten hinter all den Fratzen und Gesten die abgründige Gefahr — aber dennoch eine Gefahr, die man lachend verachten durfte.

Wir beschlossen, auf die Museen zu verzichten. Denkmäler umgingen wir gesenkten Blicks. Denn daß die Mumien ungestraft bis mitten in die Brandung des Tages reichen durften, empfanden wir als die ruhmlose Selbstaufgabe dieser Welt. Morgens teilten wir, romantische Räuber, unser Geld, maßen uns eine Tageszehrung zu — und gingen dann ab. Mein Freund ging nach rechts, ich ging nach links. Erst abends trafen wir uns wieder in der Rue St. Denis. Wir tauschten nicht unsere Erfahrungen aus. Wir rauchten noch gemeinsam je eine Zigarette. Ich weiß nicht, wie mein Freund seinen Tagesschilling verwaltet hat. Ich für meine Person hungerte vom ersten Morgen an. Ich konnte es nicht über mich bringen, den Abort im Hotel zu besuchen, der nur aus zwei Fußhältern — eisernen Schuhsohlen rechts und links — und einer abschüssigen Lücke im Fußboden bestand. Die Wohlfahrtshäuschen der Boulevards dezimierten mein Vermögen. Der Geldrest ging auf für Roulette und Fruchteis. Ich gewann merkwürdig selten. Aber das Spiel sättigte mich geistig.

Endlich mußten wir Arbeit suchen. Wir beratschlagten und suchten gemeinsam eine Volksküche auf. Der erbärmliche Geruch der Speisen entmutigte uns tief — aber wir fischten aus diesem düstern und wie unterirdischen Karneval einen Agenten, der unser Angeld nahm. Er bestellte uns für den nächsten Tag, halb sechs Uhr morgens, vor eine Kartonagewarenfabrik. Wir würden für einen Franc täglich Schachteln kleben dürfen. Dazu brauche man nichts gelernt zu haben. Die Nacht vorher war selig. Aber als wir in der Frühe vor der Fabrik antraten, bildeten die Arbeiter, die dort umherstanden, bei unserem Anblick einen Ring. Ein Abgeordneter ging auf uns zu und erklärte uns, nicht organisierte Männer würden keinesfalls zugelassen werden. Die Arbeiter wollten uns nicht! Unter dieser bittersten Erkenntnis brach unser phantastischer Übermut zusammen.

Wir hatten ein billiges Gebäck entdeckt, halbgroße Laibe aus schwarzem klebrigen Mehl mit eingestreuten Zibeben. Die Teigmasse erdrückte auch den heißesten Hunger, und die Zibeben ersetzten den Überfluß, den wir verwöhnte Juden ja doch nicht entbehren konnten. Wir verschlangen vier solcher Brote täglich. Wir lernten sie aufsparen und sie langsam und bedächtig zerkauen. Trotzdem schmolz unser Geld hin. Wir sahen die Katastrophe näherkommen und taten nichts, ihr zu entgehen. Wir lagen auf unseren Betten, jeder in seiner Zelle. Wir wanden uns wie vergiftete Katzen. Ein unsichtbares Gift hatte uns gefällt. Der Gedanke: unsere Brüder, die Arbeiter, wollten uns nicht. Wir verhängten unsere Fenster — an denen Rolläden fehlten —, um Adam und Eva nicht mehr sehen zu müssen, wie sie drüben laut lachend und sogar singend ihr Glück taten. Man brauchte uns nicht erst aus dem Paradies zu vertreiben, wir zogen selbst aus.

Als ich zwei Tage und eine Nacht lang nur Wasser — aus dem Hahn der Wasserleitung ohne Glas (denn im Kleinmut unseres Armseins wagten wir kein Glas zu erbitten) — zu mir genommen hatte, wurde ich verzagt. Am Abend des zweiten Tages, eigentlich war es schon Nacht, kurz vor Mitternacht war es — schlich ich zu dem Portier hinunter und fragte ihn leise, ob er mir nicht ein Stück Brot verabreichen könnte, das ich ihn auf die Rechnung zu setzen bäte. Sein rosiges Schweinsgesicht wurde weit und feucht, so lächelte er. Er hatte uns schon seit Tagen aus schiefen Augenwinkeln beobachtet. Er neigte vollendet höflich seinen Oberkörper, soweit das Fett es zwanglos zuließ, und lächelte. „Leider! Die letzte Krume ist ausgegeben. Kein neuer Vorrat noch angeschafft. In Budapest ginge es wohl reichlicher zu." Ich verließ das Hotel. Ich hatte meinen Freund seit gestern abend nicht gesehen. So sah er denn auch mich jetzt nicht auf heimlichen Wegen. Ich trug mein Lieblingsbuch in der Tasche: „Hunger" von Hamsun. Trotz unserer feierlichen Absage an die Weltliteratur hatte ich es mitgeschmuggelt. Ich postierte mich vor dem Schaufenster eines Restaurants und las, mit dem Buch gegen das Fenster, und den Rockkragen hochgestellt. Die goldgelben Stores des Speisepalastes schimmerten über die Seiten Hamsuns. Man sah einen elektrischen Riesenluster. Man hörte ein Violinquartett. Durch einen Spalt des Vorhangs erspähte ich Kellner in roten Fracks, die rauchende Teller vor sich her wiegten. Ich las mit äußerstem Trotz. Aber das Fenster war stärker als das Buch. Ich verspürte seit Tagen ein Lahmwerden in den Knien. Auf tönernen Füßen ging ich. Es kroch mir den Rücken hoch. In der Brust nagte es mit verfluchten Zähnchen einer Ratte. War ich nicht in der Kindheit herzkrank gewesen? Erzählte meine Mutter nicht davon mit noch immer bekümmertem Gesichte? Jetzt eben zappelte mein Herz. Ich konnte es nicht länger festklemmen. Es war, als ob es bettelte.

Ich suchte im Krebsgang das Leben des Boulevards und fand es. Vor noch offenen Geschäften trieb der Totentanz von Paris. Ein schmaler, eleganter Herr mit Künstlerhut verließ einen Delikatessenladen. Ich sah über einem Shawl aus schwarzer

Seide einen freundlichen Bart. Ich sah, daß dieser Herr hinkte. Sein rechter Schuh ging auf doppelten Sohlen. Ich machte mich an ihn heran, und mit überkippender Stimme begann ich mein Märchen. O Märchen, das oft die armen Gehirne erfunden haben! Märchen aus falschen Stücken, nach denen kein Mensch sich je gebückt hätte, und die einer eiligst zusammenleimt! Der fremde Herr hielt geduldig, und gegen seinen gesunden Fuß geneigt, horchte er. Ein Student aus Wien, auf seiner Studienreise, also fremd; hat seine Börse im Hotel gelassen, das weitab liegt; wurde von einer Übelkeit leider überfallen; und bittet, zum Besuch eines Wohlfahrtshäuschens, um fünfzig Sous, die er an jede anzugebende Adresse in ewiger Dankbarkeit abliefern wird. Ich hatte ausgeredet. Der Fremde hatte mich nicht unterbrochen. Er schien noch zu warten. Nichts kam. Da sah mich der Herr an. Hatte er mir bisher das Ohr gereicht, jetzt drehte er mir seinen Blick zu. Ich habe den Blick nicht vergessen. Ich sehe ihn heute. Unter diesem Blick erfuhr ich damals bis in meine Zehenspitzen, daß ich noch nicht mit der Welt fertig war — und daß mir noch manche Vertreibung aus dem Paradiese bevorstand. Der Blick taxierte mich, und taxierte mich falsch. Der Blick hielt mich für käuflich, und hatte keinen Bedarf für die Ware. — Ein Herr hinkte weiter. Ich blieb wertlos zurück. — Doch nur für einen Blick aus fremden Augen auf Paris. Wegen eines Gebrechens hatte ich einen Menschen für einen Menschen gehalten. Falsch! Alles falsch! So bettelt man nicht! Man leiht nicht fünfzig Sous für ein Wohlfahrtshäuschen. Man erzählt keinen Roman! Fürs Leben verdorben, wer nicht betteln kann. Schuljungen, Rotznasen treffen es. Und ungestüm lief ich auf einen Bourgeois zu, der mich aber nicht erst anfangen ließ, sondern schon aus der Distanz mit jovialem Lachen abwinkte. Ein junger Mensch in Arbeiterbluse drehte sich zu dieser Szene um. Wie? wenn gerade dieser —? Gerade ein armer Teufel, ein Arbeiter —? Ich hätte es nicht ertragen, ein zweites Mal von einem Bruder in der Bluse refüsiert zu werden.

Ruhig fand ich mein Hotel. Die Herzschmerzen waren ausgelöscht! Sofort schlief ich ein, nachdem ich mein Fenster verhängt hatte. Als ich wieder, gute Traumlosigkeit! — aufwachte, war es wohl schon Tag. Ich schämte mich nicht, in dem Düster dieser Höllenzelle ein Gedicht zu schreiben. Ich brach mein Gelöbnis, das mich von der Literatur schied. Es wurde ein weichlicher Trost vom Lachen der Kindheit, das, zurückgekehrt, mich in der alten Reinheit gefunden habe. Und dieses Lachen könne mich erlösen auch heute von allem Schweren, Bösen. Ich schrieb es auf den Deckel des Hamsun. Nichts konnte mich stören. Da klopfte es an meine Türe dreimal hintereinander, ein brutales Hämmern. Es klang wie „Polizei!" oder „Das Haus brennt!" Weltverachtend öffnete ich. Da schüttete mein Freund aus beiden reichen Armen, schon von der Türe her, Schinken, Käse, Trauben auf mein Bett. Er hatte vor Tagen heimlich an seinen Vater — den besten Mann Wiens — telegraphiert. Heimlich hatte er das Geld abgeholt. Wir atzten uns brüderlich. Wir hatten kapituliert. Sofort und ohne Kampf war unser Traum zusammengebrochen. Um einiger Weintrauben willen ergaben wir uns der Gesellschaft.

Zwar entdeckten wir noch, mit den erquickten Augen, ein Inserat, das zwei Kellner für Ostende suchte. Das wäre jetzt das Richtige gewesen. Wenn die ehrlichen Brüder uns nicht wollten — zu den Lakaien! Trinkgelder auffangen, Gräfinnen bedienen, die reiche Schande aus der nächsten Nähe belauern. Mein Freund fuhr sofort nach Köln, wo wir uns vorstellen sollten. Es wurde nichts daraus. Noch eine Nacht feierte ich in Paris, im Café Olympia. Ein boc trank ich und ließ mich nicht von dem Kellner stören, der unaufhörlich, mein halbgeleertes Glas mit zwei Fingern hebend, den Tisch darunter abfegte, um mir symbolisch meine Parasitenseele vorzuwerfen. Eine deutsche Dame, die ich mit einer Sardine und mit zwei Zigaretten bewirtete, fand mich von Angesicht äußerst musikalisch und Schubert nicht unähnlich. Als ich bei grauendem Morgen zum Bahnhof eilte — die Ratten liefen von Baum zu Baum — brüllten die lebendigen Zeitungstrompeten durch alle Straßen: „Le Pape est mort! Le Pape est mort!" Es war Leo XIII.

[Zürich]

Als ich, siebzehn Jahre alt, dem Elternhaus entlaufen war, lebte ich ein halbes Jahr in Zürich. Dort schloß ich Freundschaft mit einem jungen, deutschen Arzt. Später fand ich heraus, daß er meinen Eltern hinter meinem Rücken einen Brief geschrieben hatte, der sie noch tiefer entsetzte, als die Vorhersage eines Buckels für den einzigen Sohn. Der Schreiber dieses Warnbriefes war keine alte Hebamme, sondern ein junger, vielversprechender Student der Psychiatrie. Er hatte mich eindringlich beobachtet und stellte fest, daß ich den Keim einer Geisteskrankheit in mir trug, der Schizophrenie, wenn nicht der Paranoia. Er empfahl, meinen Geist vor Anstrengungen zu bewahren, mir kein Studium aufzuoktroieren, sondern mich ein Handwerk lernen zu lassen. Gerade um die Erlaubnis, mich ein Schreiner werden zu lassen — ein Tischler, wie das in Wien hieß — hatte ich meine Eltern flehentlich gebeten, bevor ich davongelaufen war; aber das war mir verweigert worden. Nein, ich sollte unbedingt ein Rechtsanwalt werden, ein Advokat. Dieses war das Ideal jüdischer Väter aus dem Mittelstande, die selbst nur eine geringe Schulbildung genossen und es nicht zu einem Universitätsstudium gebracht hatten. Viele von ihnen, die aus Polen stammten, wie mein Vater, waren in die orthodoxe hebräische Schule gegangen, den Cheder, und hatten dort die geistigen Weihen des Talmud empfangen. Eine durch Generationen vererbte Anlage zur religiösen Dialektik war dadurch gepflegt worden. Sie wurden später, als sie die Welt des Ghettos verlassen hatten und in die andere, nicht weniger spezielle Welt des modernen großstädtischen Geschäftslebens eingetreten waren, Drehköpfe genannt. Sie hatten eine zwangsläufige Neigung, Rechtsfälle zu konstruieren. Das Jus lag ihnen sozusagen im Blute, denn sie litten auch an dem geschärften Rechtssinn einer verfolgten Minorität, die sich erst seit kurzem der Emanzipation erfreute. Auch bedurften sie in ihren Geschäftshändeln immer wieder des Zivilrechts; doch fehlte es ihnen an Gesetzeskenntnis. Die sollte dem Sohn zuteil werden und ihm erst zur vollen Gleichberechtigung verhelfen. Wie also eine bäurische Mutter sich danach sehnte, ihren Sohn als einen Geistlichen zu sehen, so wünschten sich die jüdischen Kaufleute Advokaten als ihre Nachfahren. Was die Soutane vermochte, das konnte auch der Talar: den Sprößling in eine höhere Sphäre heben. Der Geistliche konnte seiner Mutter die Sündenlast von der Seele nehmen, ihr das heilige Abendmahl reichen und ihr dadurch einen Platz im Himmel sichern. Der Advokat aber vermochte sowohl die Geschäfte des Vaters als auch die seinigen zu regeln, ihnen beiden das Recht verschaffen: hier ging es um den Platz auf Erden.

Das mit dem Briefe meines heimtückischen Freundes, der es vielleicht nur zu gut mit mir gemeint hatte, steckte mir meine Schwester, als der verlorene Sohn wieder nachhause zurückgekehrt war. Diese Schwester Helene, fünf Jahre jünger als ich, eine liebenswürdige und anschmiegsame Seele, war meine Vertraute, sie hatte auch um meine Flucht gewußt und sie vorbereiten geholfen. Die junge Schwester Paula gehörte nicht zum Bunde. Sie war noch Kind und eine animalische Natur von strotzender Lebenskraft und ungebrochenem sinnlichen Eigenwillen. Die Eltern erwähnten den Brief nicht, und mir war das recht, denn ich hatte leider meinen siebzehnjährigen Plan, Handwerker zu werden, wieder aufgegeben. So bezog ich also die Universität, um zum Schein Jus zu studieren, in Wahrheit zu bummeln und meinen sonderbaren Interessen nachzugehen. Das Verdikt meines ärztlichen Freundes tat mir weh, denn ich hatte in der Einbildung gelebt, diesem älteren Menschen, der mich seines Verkehrs würdigte, geistig ein wenig imponiert zu haben. Unwillkürlich ging ich auch ein wenig in mich, die Diagnose stimmte mich doch nachdenklich. Aber ich hatte sie bald verwunden. Meine Illusionen hatten die Kraft, mit bedenklicher Eile nachzuwachsen.

Der rote Weiß

Die Reihe der Sittlichkeitsverbrecher, die meine Mitschüler waren! — Ungebühr, Peter! Wurde ertappt, wie er mit Federn nach dem Mittelpunkt einer nackten Frauenfigur schoß, die er mit Rotstift auf eine Pappendeckel-Scheibe gezeichnet hatte. Benachrichtigung der Eltern. Die weinende Mutter erscheint in der Schule und holt ihren Sohn nachhause. Ob der Vater ihn lahm geschlagen hat, wurde nicht bekannt.

Steiner, Robert! Sehr kurzsichtiger, blasser und stiller Knabe, im dritten Gymnasialjahr, als wir bereits die Tagebücher des Gajus Julius Caesar lasen. Bat seine im Hause seiner Eltern lebende gleichaltrige Kusine, ihm insgeheim den Unterschied zu zeigen, der sie zum Weibe machte, er wolle sich durch Aufzeigen seines Unterschiedes revanchieren. Bedauerte später, nichts gesehen zu haben, weil ihm im entscheidenden Augenblick die Brillengläser angelaufen wären. Erklärte eine Wiederholung des Experiments für unmöglich. Sollte den Unterschied niemals zu Gesicht bekommen, denn er starb drei Wochen später an einer Lungenentzündung. Seine Kusine nannten wir seine Witwe. Friede seiner Asche!

Weiß, Alfred. Ein von einer künstlerischen Mutter und einem geschäftstüchtigen Vater her schwer belastetes Geschöpf. Paria der Klasse, Thersites unter uns Griechen. (Wir spielten damals in jedem freien Augenblick trojanischen Krieg).

Alfred Weiß, Klassenthersites, der du auch im späteren Leben ein Verächtling geblieben bist, ein Schauspieler der Mißratenheit, und der du eines lächerlichen Tages deine Rolle abgelegt und in die ungreifbaren Hände des Nichts zurückgelegt hast: denn dein Los war der Selbstmord in der Jugend. Jetzt, nach achtunddreißig Jahren, denke ich dein und beginne dich zu verstehen. —

Alfred Weiß, du warst der geborene Schauspieler, und deshalb haben wir dich, vielleicht mit Recht, verachtet, obwohl wir es alle sind, geborene Schauspieler, nur mit weniger Talent als du, und klüger im Aussuchen der Rolle! Dein Gesicht wäre nicht häßlich anzusehen gewesen, kleiner Weiß, wenn es nicht so entsetzlich beweglich gewesen wäre, so rapid und in ewiger

Folge veränderlich, wenn es nicht tausend Gesichter in sich enthalten hätte, die einander nicht Zeit ließen, sich zur Schau zu stellen, sondern ineinander liefen, durcheinander sprangen, ja purzelten, auseinander rannten und sich gegenseitig sprengten, leugneten, widerlegten und einander lächerlich machten!

Seht mal, schien das Gesicht des Weiß zu rufen, hier bin ich, bereit, auf euch zuzustürzen und euch zu karikieren, euch von unten herauf anzulächeln, euch zu bestricken und euch zum Lachen zu bringen. „Schamlos", wie wir alle meinten, und wir meinten es alle wie ein Mann, schamlos drängte der „rote Weiß", wie er genannt wurde, obwohl er eigentlich blond war, sich an jeden heran und jedem auf, sobald er eines von uns höheren Wesen ansichtig wurde, und rannte nebenher, ohne daß wir ihn loswerden konnten und uns auch nur im allergeringsten um ihn kümmerten. Nie hat einer von uns um seinetwillen den Schritt verlangsamt oder die Richtung des Weges auch nur um Haaresbreite zu seinen Gunsten geändert. Ganz im Gegenteil, wir beschleunigten, wenn er zu uns stieß, sofort unseren gemächlichen Schlendrian, bis wir ihn neben uns herkeuchen hörten — denn er war kurzen Atems, wie Prinz Hamlet: wir änderten überdeutlich unsern Kurs, wie die Forelle im Gebirgsbach, mit einem Ruck, der ihm als Gegenelektrizität in alle Glieder fahren mußte! Aber es gelang uns kein einziges Mal, ihn abzuschütteln, seine arme Dachsbeine streckten sich irrsinnig nach dem Wunsche seiner armen Seele. Diese Beine, beide, die jetzt ausruhen dürfen!

Da ranntest du neben uns her, roter Weiß, mit den Beinen *hinter*, mit dem Kopf *vor* uns, denn deine Augen — die eigentlich von Natur aus leuchtende und begeisterte Augen gewesen sind — durften die unsrigen, und wenn es auch trüb glotzende waren, nicht einen Augenblick aus den Augen lassen. Sie mußten das Ziffernblatt unserer Herzen ablesen, um immerzu zu erfahren, was wir zu jenem Scherz, zu dieser Schmeichelei meinten, und wie man unser Interesse erwecken oder wachhalten konnte. Und dabei drängte sich sein Körper an unsere und wurde stets zurückgestoßen, abgestoßen wie von höherer Gewalt — wir waren, deine Mitgymnasiasten, geschlossene Kreise und du bestenfalls unsere Sekante, wenn nicht Tangente, wenn es dir überhaupt gelang, mit uns Fühlung zu nehmen.

Und du krümmtest dich vor schmerzhaftem Wohwollen, du verbeugtest dich atemlos vor uns, eine Zärtlichkeit ohnegleichen zerriß und zersetzte dich, eine ewig unerwiderte Zärtlichkeit, die du ständig abgabst und nie anzubringen wußtest!

Deine hohe Stirn, von Natur aus edel geplant, war unter uns gebeugt und flehentlich zu uns erhoben! Sie war täglich und stündlich getränkt vom kalten Schweiß der Vergeblichkeit, der ein Todesschweiß ist, und benetzt von den Tränen der Entwürdigung. Dein zu weicher und zu weiter und zu willfähriger Mund sabberte vom Speichelfluß deiner Beredsamkeit und krümmte sich in jammervoller Verzweiflung. Mußtest du aber dann endlich doch zurückbleiben, dann tatest du es mit einem grauenhaften Fluch oder mit einer für unser Alter und unsere Kinderstube ganz unwahrscheinlich derben Beschimpfung. —

Ich sehe dich atemlos dastehen und uns nachschimpfen, zu einem Ausdruck von infernalischer Bosheit versteinernd, der deine Totenmaske zieren mag: du verhinderter Menschenfreund, der du, auf die Bretter gelangt, welche die Welt bedeuten, dich als großer Komiker und Tragiko-Komödiant höchst königlich bewährt hättest, und als unser aller Wohltäter mit lobbedrucktem Papier, Beifall und höchsten Gagen überschüttet worden wärest: Ein Hoch und ein Glas roten Weines dem zu früh untergegangenen Star!

Mein lieber Thersites, es war dein ganzer Fehler, daß du es nicht verstanden hast, dein Stichwort abzuwarten. Du wußtest es wohl, du warst klug, aber du warst uns zu weit voraus und zu ungeduldig, um zu warten, bis wir dich einholten. Du hattest zu wenig Vorrat an Zeit in deine Seele mitbekommen. Dein Herz hatte es so eilig — und nun hast du dich totgelaufen — mein armer Junge!

Dein Herz, das doch gewiß einen großen Fassungsraum hatte, konnte es nicht fassen, daß wir nicht anders zu dir waren. — Ich will dir aber heute etwas ins Ohr flüstern, verewigter Alfred: du selbst hast verhindert, daß wir anders zu dir hätten sein können, ja, und mit großer Kunst hast du es verhindert. Du bist wirklich ein Künstler gewesen, roter Weiß, und hier hat deine Kunst ihre Größe und ihr letztes Raffinement erreicht. Darin hat sie sich erschöpft; in der Erziehung, die du uns angedeihen ließest, indem du uns zu deinen Verächtern und Henkern erzogst. Vielleicht bedurfte dein Herz dringender als des offiziellen Erfolgs und des Eintagsruhms, der dir später mühelos zugekommen wäre, der zynischen Vernichtung, die wir ihm, von dir angestiftet und immerzu gezwungen, in verschwenderischer Weise angedeihen ließen. Du warst der geborene und erkorene Verbrecher an unserer bürgerlichen Sittlichkeit, wie sich bald klar genug herausgestellt hat.

Wirklich geniale Methoden hast du erfunden, um uns zuwider zu werden, sodaß unser „Nein!" hier unausbleiblich war!

Bettler du! — Einmal betteltest du unseren Klassendümmsten an, ein Stück Rindvieh, das seinerseits von jedermann seine Schlachtung erwartete. „Ich bitte dich um ein kleines, kleines Stückchen deiner Schinkensemmel!" — „Lieber die ganze in den Abort!", lautete die grandiose Antwort, die mich ins Herz traf. Ich änderte nämlich von diesem Augenblick an meine bisherige feststehende Meinung über den Klassentrottel und begann ihn für eine tiefere Natur zu halten. — Über dich dachte ich damals nicht nach, roter Weiß, sonst wäre ich vielleicht auf den Gedanken gekommen, daß du wahrscheinlich Schinkensemmel verabscheutest und nur auf das Nein des Dümmsten einen nicht länger zu unterdrückenden Appetit verspürtest.

Zu Protokoll: Alfred Weiß wurde im Alter von siebzehn Jahren wegen Vergehens gegen die öffentliche Sittlichkeit zu vierzehn Tagen leichten Arrest verurteilt.

Es war die Feuertaufe des Jünglings, sein Mann-werden.

Er saß mit einigen jungen Mädchen, taufrischen Siebzehnjährigen, an einem Frühlingstage in einem blühenden Garten. Er war glücklich und berauscht. Die Akazien dufteten, die Mädchen schäkerten und lachten. Diese Mädchen, in ihrer Unschuld, wußten nichts davon, daß ihr neuer Freund, dessen feurige Blicke sie begeisterten, dessen kühne Scherze ihre Frühlingsherzen lösten, ein Thersites und Paria war. Gott, es waren einfache Mädchen, um es gleich zu sagen, Kindermädchen, und eigentlich hätten sie sich um die dicken Kinder jener Damen bekümmern sollen, deren Brot sie aßen. Die Kinder kletterten indessen in den Rasen, machten sich schmutzig, rissen sich gegenseitig an den Haaren und benahmen sich so selbständig und unternehmungslustig, daß es etlichen nahesitzenden Müttern unliebsam auffiel. Als ein kleines Mädchen, namens Erika, eben unter einen fremden Kinderwagen, der von einer, mit einem Soldaten, aber keinem aus Zinn, ihrerseits beschäftigten Schönen gelenkt wurde, geraten wollte, wurde der Aufschrei des zwischen den Rädern hingestürzten Kindes eben übertönt von dem lauten Gelächter der Freundinnen des roten Weiß, welches Gelächter er hervorgerufen hatte durch das Aussprechen der lapidaren Lebensregel: „Beim ersten Mal tut es weh, beim zweiten Mal hat es die Mutter verboten!"

Ich erzähle den Vorgang so kompliziert, wie er sich abgespielt hat. Die Folgen waren dementsprechend ansehnliche. Aus dem Park nur noch für einen Tag in die Schule! Später aus dem Arrest in ein gänzlich verwandeltes Leben. — Die Künstlerin-Mutter erfuhr nun, es wurde ihr überzeugend genug demonstriert, daß sie keinen Raphael sondern einen Thersites zur Welt gebracht hatte. Sie ergriff mit durstiger Seele diesen Vorwand zu einer effektvollen Lebenstragik, und die Tränen, die sie dem ausgiebig Verstoßenen nachweinte, waren von ihr sorgfältig gezählt. Dem tüchtigen Vater seinerseits wurde es nicht schwer, sich mit der Tatsache abzufinden, daß er einen Paria zum Sohn hatte. Er verwendete sie sehr praktisch für weitergehende Ersparnisse, welche seiner Geliebten zugute kamen.

Ich erinnere mich noch genau der Regennacht, fünf Jahre später, als du mich, elf Uhr nachts, auf der Straße, am Ärmel festhieltest, um mir im nachhinein den ganzen Roman zu erzählen und mir alle seine Personen vorzuspielen. Du warst damals ein verhungerter Agent, der mit zerrissenen Schuhen umherlief, um pornographische Bücher abzusetzen, die aber niemand von dir, die jeder nur im Hinterstübchen einer vorne mit schöner Literatur prunkenden Buchhandlung von einem dicken, vertrauenerweckend wohlgenährten Bonvivant beziehen wollte.

Damals erzähltest du mir auch die entsetzliche Anekdote vom häßlichsten Weib der Erde, welches du — ihr wart beide halb verhungert — eines Nachts bei einem Müllhaufen antrafst, als sie dort nach Speiseresten suchte: und wie du das bis zum Gespenstischen verwahrloste Geschöpf auf deine nicht minder gespenstische Bude schlepptest, und wie es dir gelang dieses abschreckende Wesen zu lieben, weil dir im entscheidenden Momente das Wort „gratis" einfiel.

Merkwürdig! Damals konnte mich auch diese Anekdote,

obwohl mich ein wahrer Schüttelfrost von Ekel befiel, als und wie du sie erzähltest, nicht von dir abbringen. Plötzlich hatte ich dich erkannt und durchschaut. Ich konnte dich nicht lieben, auch damals nicht, das wäre damals übrigens keinem mehr möglich gewesen, ich konnte auch nichts wieder „gut machen", ich konnte dir nur schnell einen Blankowechsel auf „Hochachtung für Tiefgesunkene" ausstellen. Solch einen Wechsel überreicht ein Mensch wie ich, den es immer hinunterzieht, wo er einen gesunken sieht, leider mit angstvoll ausgestrecktem, weggehaltenem Arm. — Übrigens wäre ein ganz anderer Wechsel, einer der sich sofort hätte in Bares umwechseln lassen, eher am Platze gewesen. Aber du wolltest ja kein Geld von mir — „um keinen Preis" — wie du sagtest. Du richtetest eine ganz andere — oh eine ganz verfluchte — Bitte an mich. Und die habe ich erfüllt. Aber so weit sind wir noch nicht. Wir befinden uns noch in der Mittelschule, und du bist noch unser Mitschüler, roter Weiß! —

Der Direktor trat ein, und wir Schüler standen alle auf. Es war an einem strahlenden Frühlingsvormittag, die Fenster des Schulzimmers, die in jenen Park hinausgingen, in dem der rote Weiß geliebt und gefrevelt hatte, waren offen. Direktor Schwärzel, ein rührend gehetzter, kindlich weltfremder Alt-Philologe mit einem täuschenden Sokrates-Kopf, der von rötlichem Gold umflattert und mit einem ebensolchen Bärtchen geziert war, stellte sich, ehe er begann, an das offene Fenster, und die Sonne wob eine Gloriole um ihn. Ihn plagten insgeheim griechische Triebe, die zwar niemals Gestalt annahmen, in der schnöden modernen Außenwelt, die aber doch nicht ganz unbemerkt blieben. Man muß dem Manne zugestehen, daß er recht und schlecht mit Archilleus auskam, wie er ihn sich vorzustellen gelernt und geübt hatte. Aber wenn er in liebevollem Eifer der Lehre einem ansehnlichen Schüler den Arm um den Nacken legte, wobei sein Bart am Halse des Belehrten kitzelte, dann fuhr der Schüler wissend zurück, und Dr. Schwärzels Antlitz lief purpurrot an, indem er zu sagen pflegte: „Wenn ich denn schon einmal einen Knaben am Kopfe fassen sollte, braucht dieser nicht zu erschrecken." („Konjunktiv des Aorist" flüsterten wir). —

Wir standen also alle da, die ganze Klasse, in feierlichem Habtacht, und der Direktor stand am offenen Fenster, viel bekümmerter als wir alle, denn er war ein guter Mensch, und dann hieß es „Setzen!". Wir setzten uns, sehr einheitlich, hol's der Teufel! Nur ein einzelner Mensch blieb stehen — der rote Weiß. Er wußte ja, daß die ganze Zeremonie ihm galt, es war ihm gestern angesagt worden, daß der Direktor sich heute mit ihm beschäftigen werde.

Er hatte für diese wichtige Stunde seinen schwarzen Anzug angelegt und eine weiße Krawatte umgebunden. Sein Haar war sorgfältig zurückgebürstet. Sein Gesicht sah sehr blaß aus, aber es war getragen von der Bedeutung, die dem Schüler Weiß heute zukam. —

Jetzt, wenn ich daran denke, kann ich genau sagen, was dieses Gesicht von sonst unterschied: es war gar nicht mehr der Schüler Weiß, dem es angehörte, hier stand plötzlich ein Mensch mit erwachsenem Schicksal, ein Einzelner der Masse gegenüber. Die von uns gezeichnete Persönlichkeit stand da. So sah eben für ihn das berühmte, höchste Glück der Erdenkinder aus. Gewiß, jetzt konnte man genau erkennen: seine Stirn war schon immer zu hoch gewesen, der Mund zu welk, das Kinn zu winzig. —

Als wir uns alle mit einem gemeinsamen Ruck setzten — es klang wie das Aufstoßen von Hellebarden oder von Gewehren — war Weiß zusammengezuckt. Aber er faßte sich sofort wieder. Und mit einer Würde, die wir nicht würdigten, hörte er sein Urteil an. Und sein Blick wich nicht vom Gesichte des Dr. Schwärzel, der seinerseits die Augen niederschlug. —

Nun standen wir auf, denn der Direktor ging ab. Er machte eine ziemlich unglückliche, befremdende Kopfbewegung nach der Klasse hin und ging still hinaus.

Ja, und dann verließ er uns, sehr eilig, der rote Weiß, unser vielbewährter Thersites. — Er fand übrigens seinen Homer unter uns. Denn ein Schüler, der später Journalist wurde, und mit einem Buch über die Feldherren des Weltkrieges viel Geld verdiente, verfaßte einen Bericht des heroischen Vorganges und erwähnte darin, der Sittlichkeitsverbrecher Weiß habe an jenem Tage in geradezu peinlicher Weise dem Dichter Christian Grabbe ähnlich gesehen.

Der rote Weiß lief damals, als er so rasch und abrupt die Klasse verließ, auf einen einzigen Schüler zu, um von ihm Abschied zu nehmen — und dieser Schüler war ich. Ich gab ihm auch die Hand, ich gab sie ihm ostentativ, aber doch herzlos. Er empfand es, er grinste mich an. —

Ja warum war er denn gerade auf mich zugelaufen? Wir waren doch gar nicht befreundet miteinander gewesen. Ich hatte ihn nicht mit weniger Verachtung behandelt, als es die anderen taten, im Gegenteil, vielleicht sogar mit mehr Verachtung, weil mit mehr Gleichgültigkeit, mit weniger Interesse. Nein, ich interessierte mich damals nur für mich. Ich nährte damals eine törichte Leidenschaft für mich. Ich kann es nicht anders sagen. Damit war ich freilich auf dem sogenannten Holzwege, wie sich später herausstellte.

Oh, erst heute Nacht nach achtunddreißig Jahren habe ich plötzlich verstanden, daß du der erste Mensch warst, dem ich das entscheidende „Nein" gesagt habe. Ich habe, wenn ich es mir so recht überlege, gar nicht so selten nein gesagt, wie jeder es tut. Mehr als eine Seele geht an solchem Nein zugrunde, in aller Stille, — denn manche Seelen bleiben stehen wie überdrehte Uhren. Es gibt einen kleinen Knacks — und aus! Wer repariert die Uhr? Zufällig kein Uhrmacher zur Stelle.

Jeder von uns begeht solche Morde und vergißt sie. Und ich bin ein besonders vergeßlicher Mensch. Aber dieses „Nein" an den roten Weiß kehrt wieder. Schon damals, als ich ihn, fünf Jahre später, auf einer verregneten Straße traf, habe ich begriffen, daß er in ganz besonderer Weise gerade an mir gehangen hatte. Warum nur? Und gerade an mich hatte er sich am wenigsten herangemacht. Gerade zu mir hielt er Distanz, was bei seinem Charakter eine große Leistung war. Aus der Ferne spähte er nach meinem Gesicht, ob es für ihn anwesend war, ob ich gleichsam für ihn zu Hause wäre, falls er sich entschließen sollte, bei mir anzuklopfen, eines Tages. Nun ich war zu Hause, aber nicht für ihn!

Welche erste und letzte Bitte richtete der Bücheragent Fekete, alias Weiß — er hatte seinen Namen geändert, vermittels eines Gnadengesuches, welches er sehr doppelsinnig abgefaßt hatte, er trug es mir bei jener vorletzten Begegnung mit zwerchfellerschütterndem Pathos vor — an mich? Erst später verstand ich, lehrten mich die Tatsachen verstehen, daß er schon damals mit seinem Hundedasein — er nannte es ein Köterdasein — abgeschlossen hatte. Er verlangte von mir, daß ich mit ihm gemeinsam einen Besuch bei seiner Schwester mache, welche allerdings weit draußen wohnte, außerhalb der Stadt, nämlich im Irrenhaus. —

Ich bin in meinem Leben — bis zu diesem Augenblicke meines Lebens — nur ein einziges Mal in einem Irrenhaus gewesen, und zwar damals, als Besucher, und zwar auf der Frauenabteilung, ich glaube für Paranoia. Ich sage: „ich glaube" — denn ich weiß hier nichts bestimmt. Die Kobolde des Vergessens haben an diesem Erlebnis mit ihren tausend kleinen Werkzeugen, Radiernadeln, Säuren und Polierbürsten so emsig gearbeitet, daß von den realen Vorgängen nur mehr eine Art von Mythe oder Legende übrig geblieben ist. Die sofortige innere Folge dieses meines ersten und letzten Besuches im Irrenhause war eine grauenhafte Angst gewesen, ein sicheres Gefühl, ich gehörte eigentlich für immer hinein, ein zitterndes Staunen darüber, daß man mich ungehindert die Ausgangstür passieren ließ, daß kein Arzt und kein Wärter mir noch im letzten Augenblick die Hand auf die Schulter legte, um mich höflich, aber mit Bestimmtheit, nach der für mich besser geeigneten Männerabteilung hinzugeleiten.

Arm in Arm mit dem roten Weiß spazierte ich durch das pompöse Gittertor, durch einen blühenden Park, der sofort beruhigend auf uns wirkte — und noch ganz anders, noch viel heilsamer auf uns gewirkt hätte, wenn wir als legitime, von der Sicherheit eines dauernden Aufenthaltes gewiegte, mit einem gewohnheitsrechtlichen Anspruch auf den Schatten der Bäume und das Murmeln des Baches begabte Insassen des hohen, hellen, weit verzweigten und edel gegliederten Hauses hier lustwandelt hätten.

„Ist es nicht schön hier?" fragte mich der rote Weiß, und es klang viel berechtigter Stolz und zarte Sehnsucht aus dieser Frage, die ihm recht melodisch von seinen weichen Lippen kam. Und ich konnte nicht leugnen, daß auch mir ein Haus schon von außen noch nie so gut gefallen hatte. Es handelte sich dabei eigentlich gar nicht um ein Haus, sondern um eine ganze Stadt für sich, um: wie mir schien, viele Bauwerke in einem Stile, den ich „moderne Renaissance" nennen würde, ohne mich damit schulgerecht auszudrücken.

Auch eine mächtige Anstaltskirche gab es, sie war, ungefähr in der Mitte der Ansiedlung, auf einen hohen freien Hügel gestellt und überstrahlte diese kleine Welt durch eine — wenn ich mich recht erinnere — goldene Kuppel. Es war ein schöner Tag, den die Kuppel voller ungebrochener Lust in sich aufnahm und glorreich steigerte.

Als wir das Haus der Paranoikerinnen betreten hatten, hörten wir, schon im Flur, eine weibliche Altstimme singen. Es waren ungeheure Töne von herzzerreißender Herrlichkeit, ein hemmungsloses, weithindringendes, tollkühn ansteigendes Singen, in dem es wie von tausend liebeskranken Nachtigallen schluchzte und jubelte. — „Klingt es nicht wie ein ganzer Chor von Bacchantinnen?" fragte mich der jetzige Fekete wieder und machte kein Hehl aus unserer Hingerissenheit. „Ja, so singt die Paranoia, die heilige Krankheit der Erniedrigten und Beleidigten, die sich mit Gottes wunderbarer Hilfe für dieses Dasein entlastet haben."

Was nun für mich folgte, kann ich nicht schildern, denn ich komme über die wohltätigen Gedächtnislücken nicht hinweg, die alles, was für meine Seele zu stark und zu wahr gewesen ist, fast unmittelbar nach dem Sehen und Hören verschlungen haben. Ich glaube, daß ich mit einer sehr beliebten „Kaiserin" gesprochen und ihr alle Demut eines rechtgläubigen Untertanen bezeigt habe: aus Gitterbetten grinsten mich Lemuren und Lamien an, mit wirren, offenen Haaren, streckten die bläulichen Zungen nach mir aus, spien hinter mir drein, oder warfen mir obszöne Bemerkungen zu, welche sie durch drastisch auffordernde, sich ungestüm preisgebende Gebärden unterstützten. Waren diese Hexen nicht glücklich in ihrer von der Gottheit selbst bewilligten, von den sonst so unduldsamen Menschen sanktionierten schrankenlosen Freiheit, ihre Begierden auszudrücken, ihre Impulse loszuwerden? Sie schnitten mit Fanatismus alle jene Fratzen, welche wir ununterbrochen in unserm Innersten so nötig hätten, aber immer nur als heuchlerische Unschuldsmienen nach außen gelangen lassen dürfen. Das Erste, was ich empfand, war namenloses Grauen, panische Angst — aber der Wunsch zu fliehen wurde bald überholt von der schmerzhaft brennenden Begierde zu bleiben, zu schauen, zu deuten, von einem tiefen Interesse, das begleitet war von einer staunenden Hochachtung für das weibliche Geschlecht, das hier endlich wagte, seine Abgründe ungescheut zu offenbaren. Wohl waren diese Gesichter wächsern, diese Lippen blutlos, die Haare stark und ohne Glanz, diese Augen entzündete

Höhlen. Aber die hurtige Bewegung dieser Hände, dieser Zungen, das Plappern, Zischen und Brodeln dieser Mäuler, das Fletschen der Zähne ergaben eine triumphierende Phantasmagorie des Triebes, dessen elende, feile Sklaven wir alle sind. — Ich sah aber auch mitten in diesem Gewoge von Teufelsfratzen, die oft plötzlich in arme menschliche Todesmasken verfielen, an einem abgesonderten Tische eine große, starke Frau sitzen, die blühte und glühte, deren hochrote Wangen von heißestem Leben übernatürlich grell geschminkt, deren dunkler in heilige Spiele versunkener Blick mich sofort an den grandiosen Gesang gemahnte, den ich beim Betreten des Hauses mit innerstem Erschauern vernommen hatte. Diese Frau war nicht allein, es war ein Mann bei ihr, wohl ihr Mann, der sie besuchte. Ein vierschrötiger, breitschultriger, proletarischer Mensch, der betrübt, sorgenvoll und doch unendlich dankbar, bei ihr sein zu dürfen, dicht an ihr saß und ihren Leib mit beiden Armen schweigend, in einer kraftvollen und stetigen Umarmung umfaßt und umfangen hielt. Wie der Mann stumm dasaß, den eckigen Kopf eines Neufundländers wenig gesenkt und sein irrsinniges Leben festhielt, wie die Frau es sich mit einem großen Stolze, mit einer hoheitsvollen Entrücktheit gefallen und geschehen ließ ohne zu erwidern, nur Emfpangende, nur sich Gewährende, da wurde fast augenblicklich jene Formel in mir geboren, die mich seitdem viel beschäftigt hat: „Die Liebe gibt es nur noch im Volke!"

„Brüder, das ist alles nichts", flüsterte mir der rote Weiß zu, der übrigens oft ganz laut kicherte, den fratzenschneidenden Irren selbst Fratzen schnitt und sich glänzend zu unterhalten schien. „Das ist alles gar nichts. Pack, wie überall, wo Menschen sind, Gesindel. Ich habe dich nur hergebeten, um dir mein Schwesterchen zu zeigen. Meine Schwester verehre ich von ganzem Herzen und aus ganzer Seele, wie meine jüdischen Vorfahren — die väterliche Linie also — ihren Gott und Herren, der uns alle, das ganze Volk, die Kinder und die Kindeskinder ans Kreuz geschlagen hat. Ich bin längst darauf gekommen, daß das christliche Europa seit dem ersten Tage des Jahres Eins samt und sonders von dem puren Mißverständnis der Christuslegende lebt, das heißt vegetiert. Christus bedeutet niemanden sonst als nur das jüdische Volk, welches von seinem Gott ans Kreuz geschlagen worden ist, um die übrigen Völker zu erlösen! Ich will es nicht weiter ausführen, ich bin zu unstet und zu ungeduldig, um ein philosphisches System zu entwickeln, dagegen hat es mir an Ideen nie gefehlt. Aber jetzt wirst du mein Schwesterlein sehen, nimm dich zusammen! Du weißt, weshalb man sie ins Irrenhaus gesperrt hat? Nun, sie hält sich für die Königin von Zion, das heißt: sie ist es, mein Freund, du wirst sehen, sie ist es. Solange sie sich ihre Altäre in der Wohnung meines Vaters, in ihrem alten Zimmerchen, mit eigenen Händen gebaut hat, um zu beten und über den Fall Jerusalems, über den Abfall des Volkes zu jammern, ging alles ganz leidlich. Obwohl du dir denken kannst, wie sehr Papa dagegen war. Es war ihm — wie man sagt — ein Dorn im Auge, eine Judenkönigin zur Tochter zu haben. Dafür hat er jetzt einen Agenten in Pornographie zum Sohne bekommen! Das gleicht aus, nicht wahr? Aber als Esther, sie heißt nicht so, sie heißt natürlich Christine, Christine Weiß, aber sie nennt sich Esther und da sie niemals lügt, um keinen Preis, so wird es schon ihr richtiger Name sein — als Esther sich mit dem Prätendenten des jüdischen Thrones, einem Prinzen mit einem ungemein jüdischen Namen, den ich leider vergessen habe, offiziell verlobte und anfing, an verschiedene Potentaten königliche Mahn-Zorn-Droh- und Verachtungsschreiben zu richten wegen der Zustände in Jerusalem im allgemeinen und wegen des nicht wieder aufgebauten Tempels im besonderen, wegen der Besetzung des heiligen Landes mit Arabern, Engländern und ähnlichem Gelichter, wegen der Verschickung ihres Verlobten nach Elba — eines puren Racheaktes der Engländer übrigens, denn der junge Mann dachte gar nicht daran, weltlichen Anspruch auf den Thron der Väter zu erheben, dessen Verlust er als Strafe Gottes gern für sein Volk tragen wollte, ihm handelte es sich nur und ausschließlich um seelische Sammlung, nicht um materielle Sammlungen wie sonstigen Prätendenten: seitdem Estherchen also in ihrer Sache aktiv und aggressiv wurde, war es vorbei mit der goldenen Freiheit des Heldenmädchens. Man hat sie eingesteckt. Aber sie läßt sich nicht beirren, glaube nur das nicht: nun, du wirst ja sehen!"

Schon an der Schwelle des Raumes kam sie uns entgegen. Sie war verblüffend klein, eine ganz kleine verrunzelte Frau, ein zierliches Figürchen mit gelbem, faltigem Gesichtchen und reichem, früh ergrautem Haar, einer hohen Krone von Haar,

161

welches sie sorgfältig geflochten trug. Sie kam uns scheu und rasch entgegen und begrüßte ihren Bruder mit einem zärtlichen und traurigen Blick, aber doch ziemlich herablassend. Sie war sehr mißtrauisch, das merkte ich sofort. Sie streifte mich von der Seite her mit einem zitternden Blick, der mir wehtat. Ich hatte die größte Lust, sofort kehrtzumachen und einfach davonzulaufen vor diesem kleinen verrunzelten Mädchen, das jetzt mit schiefem Kopf dastand und doch von einer Würde aufrecht gehalten wurde. Kein Zweifel, sie war eine Königin im Exil! Sie war eine so schmerzensreiche Königin, daß mich eine Panik zu erfassen drohte, ihr Schmerz preßte mir das Herz zusammen und benahm mir den Atem. Aber der rote Weiß hielt mich an der Hand und ich hörte, daß er mich als seinen besten, ja einzigen Freund vorzustellen für gut befand. Esther trat sofort ganz nahe heran und ich erriet, daß sie mich der Mitteilung eines Geheimnisses würdigen wollte, und ich neigte ihr unwillkürlich mein Ohr entgegen. Sie war so klein, daß ich mich ordentlich beugen mußte. Ich fühlte ganz genau, daß sie sehr leise zur mir sprechen würde — und ich hatte mich nicht getäuscht. Ich mußte ihr die Worte von den welken Lippen ablesen, so dünn war der Hauch ihrer Worte. Die Worte aber lauteten (wenn man das von so leisen Worten sagen kann): „Es ist nicht recht von ihm gewesen, Sie hierher zu führen." Da sagte sie die Wahrheit, nein, es war sogar sehr unrecht von ihm, und mein Unrecht war es, daß ich mich hierher führen ließ. Ich wünschte mir sogar — nachdem ich den Sinn von Esthers erstem Satz erfaßt hatte — der Boden möchte mich verschlingen! Aber Esther sprach weiter. „Es ist eine Schande, hier zu sein und gar noch hierher zu kommen, wenn man nicht hier sein muß. Aber er ist eben so leichtsinnig, daß er auf nichts Rücksicht nimmt! Ich bitte Sie, mein Buch hat man mir an meine Schürze gebunden, sehen Sie nur, ebenso meine Kopfbürste, das ist doch lächerlich, als ob ich mein Gebetbuch und meine Kopfbürste überall herumliegen ließe. Aber das soll mich nur diskreditieren, nicht wahr, es ist eine Unmündigkeitserklärung vor aller Welt, und dabei muß ich noch dankbar sein, daß man mir mein Gebetbuch und meine Kopfbürste überhaupt gestattet, Tinte und Feder sind mir verboten worden und mit Bleistift schreibe ich nicht, so familiär bin ich mit dem König von England noch lange nicht, der nur ein ganz gemeiner Heiden-

könig ist, unrein, unrein, unrein. Man quält mich hier sehr!" Tränen traten in ihre Augen. „Aber gegen die Gewalt schützt keine Würde."
Ich konnte nicht umhin, dem roten Weiß plötzlich einen Blick zuzuwerfen, und wurde mit Staunen gewahr, daß er wie angewurzelt dastand und daß seine weiten, breiten Lippen jedes Wort der Schwester lautlos mitsprachen, es mitformten. Es wurde einen Augenblick still zwischen uns, ich hörte die Vögel im Park draußen zwitschern — es mußte ein Fenster offen sein. — Und jetzt kicherte der rote Weiß, und ohne auf die Schwester zu achten, deren Augen ihn zornig seines unwürdigen Kicherns verwiesen, wandte er sich an mich: „Erinnerst du dich, an jenem Vormittag, als ich aus dem Gymnasium gejagt wurde, haben im Garten draußen die Vöglein gesungen. Aber ihr habt es wohl alle nicht gehört. Ich habe es gehört, ich!" — „Ist es denn wahr, daß er aus dem Gymnasium gejagt wurde?" fragte Esther, jetzt mit einer kräftigeren Stimme. „Es tut mir leid, daß er, sogar er, um meinetwillen leiden muß. Nun, es geschieht um Zions willen. Wenn die Ältesten nicht von Samuel einen König und Soldaten verlangt hätten, wäre all unser Unglück nicht über uns hereingebrochen. Einen ordinären König mußten sie haben, einen König mit einer Krone, Gott genügte ihnen nicht als ihr König. Engländer wollten sie werden und waren doch Juden! — Und Sie sollten nicht hierher kommen, niemals wieder, Sie müssen es mir versprechen. Da, sehen Sie nur, hören Sie nur", verwies sie mich leise und traurig, mit einer schüchternen, kaum vernehmbaren Bewegung ihres kindlich-greisenhaften Kopfes auf etwas, das hinter meinem Rücken geschah. Und schon hörte ich ein eigentümliches Zischen und Fauchen, und als ich mich umwandte, sah ich eine Gruppe von Lemuren und Hexen, die sich inzwischen wie auf dem Theater gebildet hatte, und ich hörte, wie sie uns gehässig zufauchten und zukrächzten, indem sie auf Esther mit den Fingern zeigten. Jetzt verstand ich den Chorus auch, der ein Wort rhythmisch wiederholte: „Chidin!" klang es, „Chidin!", „Chidin!" — „Jüdin" sollte es heißen, „Jüdin!", „Jüdin!" Aber der Haß der irrsinnigen Weiber zerquetschte das Wort, daß es ganz flach wurde. Ich mußte Esther ansehen, wie sie diese Kundgebung ertrug. Sie stand da, von Würde gehoben, sie schien ordentlich zu wachsen, ihre Augen erloschen und erdun-

kelten, ihre Lippen wurden schmal und fest. — Plötzlich richtete sie einen kurzen und fast lauten Befehl an mich: „Gehen Sie sofort! Mir macht das nichts aus. Aber ich will nicht, daß Sie hier sind! Gehen Sie!"

Und ich ging, ich lief geradezu. Ich packte den roten Weiß am Arm und zog ihn mit mir. Ich glaube, wir standen erst still, als wir vor dem Gitter des Parks auf der Vorstadtstraße angelangt waren.

Hier verabschiedete sich Weiß von mir ziemlich hastig und fremd. „Ich danke Ihnen, daß Sie gekommen sind. Und nehmen Sie es nicht übel, daß ich nicht länger ‚Du' zu Ihnen sagen kann. Aber ich halte es für einen Unfug, einen Menschen im wirklichen Leben zu duzen, nur weil man mit ihm in dieselbe Schule gesperrt gewesen ist. Und ich gebe Ihnen auch nicht die Hand, Verzeihung. Aber ich habe eine dringende Kommission. Ich habe ohnehin heute mehr Zeit versäumt, als ein so unbegabter Agent, wie ich einer bin, sich leisten kann. Auf Wiedersehen, Herr —". Ich habe ihn nicht wiedergesehen.

UND IM KRIEGE

Sonnenschein

Das war der Chemiker Sonnenschein, eigentlich erst Student der Chemie, ein Vierschrot. Quadratisch wie der ganze Mensch, sein Kopf, seine Stirn, sein Mund, seine Brust, seine Oberschenkel, waren auch insbesondere seine Fingernägel, die er abbiß, wenn sie sich zu runden drohten. Quadratisch wie seine Handrücken waren seine Gedanken, die deshalb in eine Epoche der Spiralität nicht paßten. Quadratisch, und deshalb ausgesperrt, waren seine Gefühle, wahrscheinlich ein Quadrat auch sein vereinzeltes Herz, das dennoch — wenn auch hart und klobig — lebte und hämmerte.

Dieser Mann, ein langwieriger Student, hatte eines Tages dann doch seine Chemie ausgelernt. Und als er genug Chemie konnte, um sich mit Verläßlichkeit zu vergiften, verließ er sich auf seine Chemie und vergiftete sich.

Aus. Es gibt keinen Chemiker Sonnenschein mehr. Er hat sich — seine quadratische Form aufgebend — in Chemikalien umgesetzt. Er war kein netter Mensch.

Die wenigen nicht netten Menschen, die ich kennen gelernt habe, sind alle zugrunde gegangen; noch vor dem Weltkrieg.

Sonnenschein war rettungslos verloren, wohl schon im Mutterleibe, wo er mit seinen Kanten an das runde Herz der Mutter stieß.

Besser, daß er sich chemisch abtat! Wenn er den Weltkrieg erlebt hätte, er hätte ihn doch nicht überlebt. Er war keine jener menschlichen Formationen, denen es gelingen konnte, sich durch die Treibjagd-Posten-Kette der Ärzte, der Auditoren und der Unteroffiziere hindurchzuschlängeln. Er hätte den Krieg und jeden Handgriff des Krieges und den Geruch des Krieges zähneknirschend gehaßt, er hätte in all seinen Quadraten gelitten und vergeblich protestiert. Und so wäre er unweigerlich sofort an die Front, bis in die vorderste Linie der bedrohtesten Front gelangt. Und hätte dort ein breites, kompaktes Ziel geboren. Kaum wäre er dagestanden, so wäre er auch schon gefallen. Gefallen wie ein Brett, das man gegen das Nichts lehnt.

Wir, die wir im Krieg waren und übrig geblieben sind, wir sind alle nette Menschen.

„Ihr seid alle nette Menschen", pflegte Sonnenschein zu sagen. Wir gingen in Wien spazieren, und er hatte nichts davon. Er rieb sich seine entzündeten Augen — rotgeränderte, trübe Quadrate — und blieb vierschrötig hinter uns allen zurück. Wird er uns einholen, jenseits? Ach, er war ein Jude und doch ein Esel. Welche Anomalie! Er hieß Sonnenschein, dieses dichte Stück Schatten, dieser Torso eines Riesen in der Ära Liliput.

Wie mögen seine Vorfahren die vierzig Wüstenjahre überstanden haben? und die spanische Inquisition? und das Raffinement der Schlachtschitzen? Wie? Und wozu? Wozu? Wozu noch diese dreißig Jahre, davon zwölf Jahre Chemie? Unerfindlich.

Eines Tages gestand ich Sonnenschein, ich hätte mich bei Mordversuchen ertappt — Mord auf geistigem Wege, Wunschmord, Gedankenmord. Nichtsdestoweniger Mord! Dabei hätte ich mich ertappt. Und das nicht nur im Traum, jawohl.

Als dies gesagt wurde, lief Sonnenscheins Quadratgesicht violett an. Er hielt sich die Ohren zu und rannte weg. Er ließ mich auf der Mariahilferstraße stehen und rannte. Eine halbe Stunde lief ich ihm nach. Er, dieser Klumpen, der sonst immer zurückblieb, war diesmal kaum einzuholen. Erst in der Universität erwischte ich ihn. Und dort, in der abendlichen Aula, erklärte er mir, der ich ihn am Rock festhielt, flüsternd, aber mit schrecklicher Bestimmtheit: *Er könne das nicht anhören.* Nicht anhören, wie zum Gespräch gemacht werde, was er stumm so oft durchgemacht habe, und immer wieder durchmache, unablässig!

Und ich sah ihm in die Augen. Ganz nahe zog er mich an sich heran. Ich drückte meine Nase platt an seinem Gesicht, ich erblickte plötzlich, ich sah in seinen Pupillen, tief innen aufgerichtet: eine Gedankenguillotine.

Da drinnen büßten wir unsere Nettigkeit. Es war ein maschineller Großbetrieb, eine Übertechnik. Da floß Blut, Gedankenblut! Von dem vergossenen Gedankenblut entzündeten sich

Sonnenscheins Augenränder. Schließlich setzte er sich selber auf die Liste. Man muß gerecht sein. Dieser Massenmörder, dieses Mördergenie, dieser Kopfabmatador hat doch nur einen einzigen Menschen umgebracht: sich selbst! Man muß gerecht sein.

Schluß mit diesem Nekrolog! Sonnenschein war ein wüster Urjude, ein Kommunist, eine verhinderte Gottesgeißel, eine messianische Frühgeburt!

Welch ein Esel! Alles nahm er für bare Münze, sogar unser geistiges Kleingeld. Er dachte jede Redensart zuende. — Konnte er da je fertig werden, er, der so langsam dachte? Er haßte uns nette Menschen alle, weil er uns, naturgemäß, so unglücklich liebte, mit jener complication de l'ame, die nach dem Weltkrieg keine Dichter mehr findet.

Und im Kriege —

Der Leutnant Korinn wurde von derselben Verpflegsstaffel weggeholt, wo auch ich diente, und an die Front kommandiert, obwohl er sich so entsetzlich sträubte. Er war kein Feigling. Er wußte nur mit Gewißheit, daß er fallen würde. Und er fiel.

Ich aber war — unentbehrlich! War ich das wirklich? — Ich zog das Los, das Überleben hieß. Ich tat nichts dazu. Ich tat auch nichts dagegen. — Beim großen Rückzug. Auf der zerbrochenen Brücke stauten sich die Trains. Ich, mit Tragtieren, marschierte unter der Brücke weg, durch den ausgetrockneten Fluß. Die auf der Brücke fielen in die Hand des Feindes. Einige setzten sich zur Wehr und wurden totgeschlagen. Andere starben in der Gefangenschaft, an Typhus, Ruhr. Warum auch nicht? Wir lernten es schon in der Logik: Alle Menschen sind sterblich. Der Satz gilt geradezu als ein logisches Beispiel, obwohl noch nie jemand seine Logik eingesehen hat. — Manche sterben früher, manche später. Ich überlegte. Wozu? — Damals schwor ich mir — Ein Rückzug — welche Eile! Da lernt man, was Eile heißt. Man kann es schon Hast nennen. Die Unordnung eines geordneten Rückzugs, eines sogar angeordneten Rückzugs. Solch einer ist keine Schule der Menschenwürde, das beileibe nicht. Das tote Geviert.

Auf der Flucht

Aus der uferlosen Verknäuelung des Rückzuges — Bosniaken, Maultieren, entwerteten Kanonen, zerbrochenen Wagen und zerfetzter Infanterie durcheinander — fiel in der dritten Nacht eine erschöpfte Trainkolonne auf einen dunklen Abhang rechts von der Straße.

Was war es weiter? Eine Horde vor Schmutz und Müdigkeit fast sinnloser, von innerer Leere wie trunkener Tiere und Menschen, die — was ihnen schon geradezu unbegreiflich geworden war — allerlei Gerümpel an Wagen, Säcken, Munitionen mitschleppten. Die entzündeten Seelen taumelten ohne Schale, ohne Dach, ohne Steuer dahin, bis sie eben auf jenes Gelände niederfielen.

Gelagert mußte werden — dieses Einzige stand fest. Und sofort! Wo, wie? Jetzt, hier auf der schiefen Ebene, die vom alten Schlamm glatt und vom frischen kalten Nebel schleimig war. Ein Befehl wurde nicht ausgesprochen. Man lagerte. Die Offiziere hockten bereits, in einem Halbkreis, auf ihren Koffern.

Jetzt erst bemerkte man auf dem öden Platz eine Art von Baracke, ein schiefes, fragmentarisches Barackengespenst. Also Holz zum Feuern! Und im Augenblick krabbelten Menschenameisen um das Lattenwerk. Da — ein Schrei: holter-diepolter rutschten, regneten, prasselten die Balken selbsttätig nieder — eine Holzlawine. Im Nu war der ganze Bau zu Boden gefahren, wo er sich jetzt platt häufte und breitete.

Die Offiziere hin. Wagenlaternen. Wer unter den Trümmern? Ein ohnmächtiger Versuch, abzuzählen — ohne daß jemand wüßte, wieviele! Welche stochern im Holz herum, Stichproben. Da — wieder ein Schrei! Einer hat eine zähe Eishand angefaßt. Man zerrt an der Hand. Ein blutiger menschenähnlicher Kadaver wird herausgeschunden, nackt, greulich vermagert, nur an beiden Beinen mit rostigen Verbänden beklebt. Und noch eine sogar rotbärtige Leiche, eine riesenhafte Brustwunde, zerfetztes Loch, ausgeblutet, unverbunden. Und noch ein, diesmal breit grinsender Kahlkopf, nackt in schwarzblutigen serbischen Soldatenmantel eingewickelt, ein Gerippe, nur abgeschürft von den Balken.

Da lagen sie nebeneinander und stanken. Fremde! Hatten wohl, toter Ballast, droben im Schuppen geschlafen, es wäre zu mühselig gewesen, sie zu bestatten. Nun hatten wir sie aufgestöbert. Oder sie hatten uns ihren Willkomm geben wollen. Mochten sie! Wenn nur keiner von uns sich schadet!

Doch, einer! Plötzlich meldet auch er sich und trieft blutig von der Stirne. Mehr der Form wegen schicken wir rekognoszieren, ob nicht vielleicht doch reines Wasser in der Nähe. Und es schält sich, bis jetzt unbemerkt, aus all dem grauen Greuel ein kleines weißes serbisches Bauernhaus. Niemand hat die Kraft, sich über die tappende Planlosigkeit unseres Sehens, Hörens, Bemerkens, Beschließens zu wundern. Zum Haus hin! Laternen. Und da lesen wir, die Laternen und die plumpen Köpfe direkt daran, eine gut österreichische, ärarische Inschrift: „Choleraspital".

Ein Baß ruft es laut: „Choleraspital." Haben die auf allen Vieren herumkriechenden Nebeltiere aufgehorcht? Sie stellen überall zwischen Pfützen Zelte auf. Man hört Holz brechen. Bald wird abgekocht sein, mit Pfützenwasser. Kein Zweifel, wir lagern doch.

Der Verwundete ist spurlos weggeglitten. Offiziere zu ihrem Gepäck zurück. Wir hocken. Ärger kann es in der Hölle nicht stinken, als es hier stinkt.

Mein Kopf ist so massiv. Ich gehe. Ich gehe wankend und allein. Niemand kümmert sich. Keiner sieht mich. Niemand erkennt mich. Tarnkappe!

Ich habe eine Laterne mitgenommen; so leicht sie sein mag, schleppe ich sie kaum. Wenn ich spräche, würde ich lallen. Wen sucht der Diogenes? Von der Straße weg, den Hang hinab, in die Tiefe.

Und gleite zunächst an der Gruppe vorbei, Offiziere, Kollegen. Sie essen. Sie kauen langsam, gegen eine übermächtige Unlust. Wie die Kinne sich bewegen! Einer hält sich dabei die Nase zu. — Unweit eine Grube, mit düsterem Wasser gefüllt. Laterne! Da schwimmt das Fragment eines verwesten Schafes. Schwimmt? Dämmert glasig. Und Gedärme, bleiche Styx-Würmer. Weg!

So ein Tierkörper, der in der Mitte plötzlich abbricht, und in Zottiges, in Fäden, in Verwesung, ins Nichts übergeht, — und dabei ist der Schafskopf gut erhalten! Weg.

Da war ja eine putzige Nebelstadt erstanden! Zelt an Zelt, einander nicht zu nah (an Raum mangelt es nicht) — Kochkessel und Kesselköche — Pferde, die mitunter wie Käuzchen schreien! Ich überall durch. Mich sah keiner. Ich sah aber!

Überall zwischen den Zelten hingesät: blutige Klumpen, Fetzen, Knäule — Eingeweide, Mägen, abgehackte Füße von Rindern mit ihren Hufen, Schafsköpfe, Glasaugen, Zerfressenes, Würmerzeug. Und immer wieder, überall! —

Gedanke: ehedem das Choleraspital; dann, es beerbend, der Hilfsplatz; zuletzt, konsequent weitermachend, der Schlachthof — und jetzt nicht einmal das: wir! Diogenes hatte gefunden. Gute Nacht!

Denn ich schlief einen bewußtlosen Rest bei meinem Pferde, das mich warm hielt und schonte.

Es wird Tag, ohne zu tagen. Man zieht da droben Nebellagen weg. Licht genug, um einander zu sehen. Licht genug, um zu sehen, wie unser Koch aus der Pfütze soff, darin das halbe Schaf brodelte. Licht genug, um zu sehen, wie ein alter Halbmensch, der fror, dem Gerippe seinen blutigen Serbenmantel entriß. Weiter, lahme Blinde!

Zur Straße hinangekrabbelt. Und da sahen wir jenseits der Straße — da standen wir vor einem Gottesacker. Abgezirkelt, sogar mit Stacheldraht abgegrenzt: Grabhügel, Grabkreuze, Kreuz an Kreuz. Oh welch reines Geviert da drüben!

Der alte Jude

Wir ritten damals — Februar 1915 — in bester Morgenlaune, als wäre es ein Spazierritt, von Ungarn her über die galizische Grenze, eine Gruppe österreichischer Offiziere vom Train. Wir hatten den serbischen Feldzug mitgemacht, bis zu seinem vorläufig so unrühmlichen Ende, das in einer Panik und in einem halsbrecherischen Rückzug bestand. Dort unten überzählig geworden, befanden wir uns nun auf dem Wege nach dem nördlichen Kriegsschauplatz.

Wir waren sämtlich Offiziere der Reserve. Nur unser Führer, der uns an dem Orte unserer neuen Bestimmung abzugeben hatte, der Landsturm-Oberleutnant Lehner, war schon in Friedenszeiten dem Kriegshandwerk ergeben gewesen. Aber auch er hatte es an den Nagel gehängt, als er von seinem Vater ein gutgehendes Restaurant in Wien geerbt und damit seinen ihm angeborenen Beruf ergriffen hatte: so sah er auch aus. Ein von der besten wiener Küche wohlgenährter Mann; die Uniform ließ seine fleischliche Fülle nur umso plastischer hervortreten, und sein rundes, rotbackiges Gesicht, mit dem üppigen blonden Schnurrbart, widerleuchtete von jener Biederkeit, die das goldene Herz als Aushängeschild trägt, zur Hebung des Fremdenverkehres. Dieses Gesicht schien immer zum Empfang zahlender Gäste und zur Ermunterung ihres Appetits bereit zu sein. Ihnen mochte es Vertrauen zur Speisekarte, den Kellnern aber Respekt einzuflößen. Die wußten wohl, daß mit dem Manne nicht zu spaßen war.

Ein wiener Gemütsmensch, aber auch ein brutaler Kerl, je nach den Umständen. Seine Erziehung bestand in einer Kadettenschule. Wir anderen waren in der Mehrzahl Kaufleute, Rechtsanwälte und Ingenieure im Beginne unserer Laufbahn gewesen, als der Krieg uns in die Uniform preßte. Dem Dienstreglement zufolge waren wir im Augenblick Oberleutnant Lehners Untergebene, was nicht hinderte, daß wir uns ihm überlegen fühlten. Er beleidigte zu oft unser Zartgefühl, besonders da er unaufhörlich Witze erzählte, über die zu lachen uns nicht immer leicht fiel. Der schwere, plumpe Mensch irritierte sein geduldiges Pferd mit den Sporen, und auch von der Reitpeitsche machte er hin und wieder, ohne hinreichenden Grund, Gebrauch.

Es war ein kalter, sonniger Tag, die Luft war frisch und schneidig. Auf den Feldern lag noch der Schnee, der aber hier und dort wegzuschmelzen begann. Meilenweit kein menschliches Wesen. Plötzlich stand mitten in einem Felde die gebeugte Gestalt eines alten Juden im Kaftan und mit dem schwarzen Käppchen auf dem Kopf, wie eine Saatkrähe auf einem winterlichen Acker. Unser Kommandant riß am Zügel seines Pferdes und zwang es in einen kurzen Galopp, auf die einsame Figur im Felde zu. In gefährlicher Nähe an dem Juden vorbeisprengend, hob er die Reitgerte und hieb dem Mann die Kappe vom Kopf.

Er rief: „Nimm den Hut ab, Moses, wenn Du einem österreichischen Offizier begegnest."

Dann kehrte er lachend zu uns, die wir in Schritt gefallen waren, zurück. Als wir wieder antrabten, sahen wir noch, wie der alte, weißhaarige Jude sich langsam bückte und sein Käppchen aufhob. Lehner schmunzelte im Nachgenuß des Spaßes, auf den er stolz war. Auch von uns hatten einige gelacht. Ein paar waren Juden, und nur einer von ihnen brachte ein serviles, etwas schiefes Lächeln zustande.

Ich würgte an dem Vorfall und konnte ihn nicht hinunterschlucken. Ich hatte gefühlt, daß ich blaß geworden war. Jetzt begab ich mich an Lehners Seite, wandte ihm mein Gesicht zu und sagte, dicht neben ihm reitend: „Findest Du nicht, Herr Oberleutnant, daß es eine Feigheit ist, einen alten Mann zu schlagen, besonders wenn es ein ausgefressener Offizier an der Spitze einer Kavalkade tut?" Ich konnte nicht verhindern, daß am Ende dieser mit Beherrschung vorgebrachten Rede meine Stimme überschlug.

Lehner verstand, daß ich ihn provozieren wollte. Er blinzelte mit seinen Mausaugen, die hinter seinen Pausbacken fast verschwanden. Er überlegte sich schnell die Situation. Sollte er den Beleidigten spielen? Duelle waren während der Dauer des Krieges verboten. Oder sollte er es gar als einen Fall von Insubordination behandeln? Er wußte, daß man höheren Ortes von den Offizieren verlangte, mit unserer eigenen Bevölkerung im Guten auszukommen. Seine Handlungsweise war völlig unbegründet gewesen. Er entschloß sich, die Lacher auf seine Seite zu bringen und so die Sache möglichst vorteilhaft aus der Welt zu schaffen.

Er sagte gemütlich: „Aber, mein Lieber, es war doch nur ein Jud. Du ärgerst dich, weil du selber ein Jud bist. Du schämst dich deiner Rasse. Aber vergiß doch nicht, daß du ein zivilisierter Jud bist. Du gehörst zu uns Ariern." Er schmunzelte und schielte einladend zu den anderen hinüber.

Keiner lachte. Alle schauten mich an. Wie würde ich reagieren? Ich bemühte mich, ebenso ruhig zu erscheinen wie Lehner. Ich sagte: „Du hast recht, Lehner. Ich schäme mich, aber nicht, daß ich ein Jude bin, sondern daß ich dasselbe bin wie du, nämlich ein österreichischer Offizier. Was soll der alte Mann von uns denken? Wenn du ein Gentleman wärest, würdest du zurückreiten und ihn wegen deines kindischen und gemeinen Benehmens um Entschuldigung bitten."

Ich wollte ihn reizen. Aber es gelang mir nicht. Er antwortete mit der größten Liebenswürdigkeit, deren er fähig war: „Mein Lieber, wenn du so empfindlich bist, warum reit'st du nicht selber zurück? Ich autorisiere dich, mich bei dem Herrn Glaubensgenossen zu entschuldigen." Jetzt lachten einige. Ich salutierte: „Ich danke gehorsamst, Herr Oberleutnant!" Und möglichst stramm, wie auf dem Kasernenhof, machte ich mit meinem Pferde kurz kehrt und ritt zurück.

Der alte Jude stand immer noch da, regungslos, wie eingefroren. Ich stieg ab und bat ihn um Entschuldigung, im Namen meines Kameraden, der ein wenig angeheitert sei und seinen schlechten Scherz bedaure. Der Alte hob sein Gesicht, und sah mir ruhig in die Augen.

Ich will nicht die Patriarchen und die Propheten zum Vergleich heranziehen, mich nicht Rembrandts bedienen und nicht Ahasver, den ewigen Juden, für meine Zwecke benutzen. So viel weißes Haar in diesem Gesicht und rund um diesen Kopf, der Mann war so alt! Und seine Augen waren klug, sie hatten viel erfahren. Wirklich, der Mann hatte ein Gesicht, das man ernstnehmen mußte. Es öffnete sich wie ein altes vergriffenes Buch, voll mit Zeichen, die ein langes Leben und das noch viel längere Leben seiner Rasse hineingeschrieben hatten. War der Text weise? Aus dem Gesicht des alten Manne sprach jedenfalls eine ungekünstelte Würde, eine ungesuchte Autorität. Es gab bestimmte Dinge, über die er besser Bescheid wußte als die meisten Menschen.

Und mit einer Ruhe, die mich in Erstaunen setzte, und die ich noch nach all diesen schrecklichen Jahren mit Beschämung fühle, sagte der geschlagene Jude: „Was wollen Sie, Herr? Die Leute sind meschugge. Würden sie diesen Krieg machen, wenn sie bei Vernunft wären?"

[Halicz 1915]

14. Juli 1915

Merkwürdig, dieses Nest Halicz ist viel interessanter als das glänzende Stanislau, dieses unser Capua.

Ja, *nur* Halicz ist interessant.

Was blieb mir übrig von Stanislau, wenn ich es jetzt bedenke? Die kleinen Mädchen unter und über 14, die mit so herrlicher Frechheit auf allen Straßen Offiziere fischten und dann auf namenlos dreckigen Betten ihre süße Unreife boten. Ich habe nur einmal versucht, aber ich merke mir den Fratzen. Ich wollte es nicht glauben, aber die Natur überraschte mich bei bloßer Annäherung. — Dabei war Blut im Bett.

Oder die Spaziergänge morgens 6 Uhr mit dieser lieben, jungfräulichen und, so nie gesehen, ehrlich fühlenden Jüdin Berta, deren schlanker, edler Busenansatz im Blusenausschnitt nie ohne Entzücken betrachtet werden konnte, sich nie anders als mit Entzücken betrachten ließ, ja mit Rührung?

Oder dieser jüdische Engel von 12 Jahren, Roserl, mit so blauen, milden Augen und dem feinen Mund, die Lippenenden schon Wehmut versuchend und Ironie; welche Roserl mit ihrer zahnlosen Furie Schwester von 16 in unser Zimmer kam, sich verkaufen, aber doch blaß war und Kinderangst nicht bergen konnte. Ich schenkte ihr Bäckereien, welche sie knabberte, und kalten Tee, welchen sie — ironische Mundwinkel — übel fand; *wie* ich sie verschonte und *wie* ich ihr ins Herz sprach — denn mein jüdisches Gefühl war verletzt! Und so brachte ich sie zum Weinen, und sie schwur Besserung, und abends erwischte ich sie wieder auf dem Strich! Oh Schelmenauge! —

Oder die echte Polin, Helene Mikulska, die mich hätte vergiften können! Wie sie die Damenbluse beiseite schob und ihr Kind trinken ließ; und mich so entscheidend kalt abwehrte; und mich auf dem Sofa, mit zwei kleinen Fingern, mit den Nägeln! mir die Lider zuhaltend, auf die Stirne küßte, auf den Hals, auf den Mund — nie küßte eine Frau überraschender, nie siegreicher! Und wie sie meine Ohren grapste, nach Rasse, und mich dann, ganz unvermutet ihre Hand in meiner Hose, bis auf den Rest prüfte, was sie einen kleinen Schauder kostete, und dann, als ich sie nach ihrer Hochzeitsnacht ausfragte, hatte sie plötzlich ihre Knie bei mir und gab sich in meinen Bann, eine Sekunde lang, um dann wie welkes Laub abzufallen, müde zu sein, Ringe um die Augen zu haben. Aber bald war sie wieder obenauf, wollte die eine sonderbare schwarze, unlösbar geschlossene Seidenhose mit der anderen braunen des gleichen Typs vertauschen; und schrie, nicht gar zu laut, nach dem Mädchen, als ich sie packen wollte; und weil ich da doch fortging, war es aus für immer! Ich war geflohen, wie jedesmal vor Astarte selbst, die mir zu stark ist!

Oder das blasse, schmächtige, kluge, charaktervolle Fräulein Frydmann, die nie vergessen wollte, welche Greuel jetzt geschehen, und nur mehr wie ein schwer in seiner Gerechtigkeit verletzter Mann denken konnte und daran hinsiechte!

Oder der Knabe, den ich überfahren hatte, wie er sich blutend auf der Straße krampfte — aber es war nur eine hysterische Mimikry der Agonie! Und wie er über die Treppe geschleppt wurde und alle die vielen Juden wie Fledermäuse um ihn flatterten und schrecklich schrill schrien; und die Mutter mich gepackt hielt, von Sinnen, wie ich nur jüdische Mütter gesehen, und mich mit dem Blut ihres Kindes besudelte!

Aber unvergeßlicher vielleicht der irisierende Park in der Frühe mit dem Schloß, wo die deutschen Flieger wohnten, das Rattern des Motors in der feierlichen Morgenstille, wenn der Apparat aufstieg in den Himmel, in *diesen* Himmel des so schönen Sommermorgens!

Oder die Assentierten, wie sie aus der Kaserne nachts herausgetrieben wurden wie Vieh; wie die kreischenden Judenweiber, mit welken Flügeln schlagend und schrill klagend; die Ruthenen, im Furor der Besoffenheit (furor slavicus!); und die merkwürdige Gruppe schwarzbärtiger Juden mit den funkelnden frohen Augen, merkwürdigerweise *nicht* von Weibern begleitet, eine prachtvolle Sekte für sich, von glänzender Rassigkeit; wie sie den Viehwagen auf dem Bahnsteig erkletterten und ihn für ihren Kreis allein eroberten; eine in den Weltkrieg hinausrollende Insel lustigen Messianismus!

Oder der alte Jude, der nachts ächzend in der Gosse lag, mit seinen geschwollenen Beinen; ohne billige Schartekenmystik, aber an diesem Ächzen erkannte ich den gewissen Ewigen, und ließ ihn mit dem Wagen wegfahren, welchen ein verdorbenes Jüngel kutschierte.

Viele, viele, viele solche Bilder bleiben von Stanislau!

Aber interessant ist doch nur Halicz, diese unfaßbar trostlose Stadt!

Diesen gottvergessenen, teufelsverfluchten Marktplatz anzuschauen werde ich nicht müde.

Statt der Florstrümpfe ist hier ein bloßfüßiger Korso; schauderhafte Juden, Nachtvögel am Tage; Schmutz, Schmutz und bunte Bäuerinnen; schreckliche halbstädtische Verlumptheit; Hosen, Hälser, Hüte, wo nur hervorgekramt, von welchem Müllhaufen!

Drüben die Ruinen auf dem bebuschten Hügel, der plötzlich so frisch vor der öden Stadt steht! Hinter der Stadt, für unser anderes Fenster erreichbar, der giftige Dniester mit seinen verwahrlosten, aber doch grünen Auen, Cholera brütend!

Über den Platz hinüber führt die Gasse in die Cottageschlucht weiter, wo das Korpskommando und in der weißen Villa die Exzellenz und all die hohen Herren wohnen, wo jetzt jeden Abend sogar ein Regiment konzertiert!

Manchmal rückt die Stabskompanie aus und schlängelt sich mit Landsturmstrammheit über den Platz, dem Rathaus zu. Dort werden dann Russophile gehängt!

H. war unlängst dabei! An dem Tage, als der Auditor, blaß vor Übelkeit, in die Wohnung stürzte zu uns, mit Schnaps gelabt werden mußte und einen kleinen Weinkrampf erlitt:

Es hatte ihn angegriffen, daß die Frau und die 6 Kinder den einen Delinquenten absolut nicht hatten loslassen wollen. Während nun der H. von dem Augenblick phantasierte, da der andere Delinquent plötzlich den Galgen vor sich sah und stockte in seinem stumpfen, angstdurchhöhlten Daraufhinschreiten. Als er die Schlinge umkriegen sollte, begann er auch richtig zu weinen und zu betteln, nur half ihm das nichts.

Während in Bolechow der alte Ruthene zeigte, daß er mit dem Landesverrat sein Bestes getan hatte, nur noch den Boden inbrünstig küßte und dann, beinahe nachlässig, sich beruhigt henken ließ.

Hauptmann B. möchte alle Ruthenen henken und jedesmal zuschauen dabei. Aber ich fürchte, die 6 Kinder werden kein rechtes Vertrauen mehr haben zu Österreich!

Man kann mit dem Volk so gut wie alles treiben, es wird, in seiner Art, je ärger man es mit ihm treibt, sich umso besser benehmen.

Wenn sich also die Stabskompanie um die Ecke schlängelt, wird Volk zum Galgen geführt, und Volk ist es, das zum Galgen führt! Wie in den alten Zeiten, die kein Ende nehmen, weshalb wohl die Welt überhaupt ein Ende wird nehmen müssen!

Die Menschen spielen alle ewig ihre Rollen, jeder spielt die seinige, aber keiner spielt sie so richtig, jeder nur beiläufig. Was geschieht mit dem Rest, der bei dieser Wirtschaft bleibt? Der fährt in die Dichter, und in die Säue! Aus diesem Rest erst schüfe sich eine Welt, mir zur Lust. —

In Stanislau flatterten wir alle auseinander, aber hier hocken wir, die Korpstrainoffiziersinsel, abends nach der Menage schön beisammen und kramen alte Erinnerungen voreinander aus, hier kittet sich wieder jene dichte Kameradschaft wie in Serbien oder wie draußen an der Front!

Wir suchen mehr als Unterhaltung, wir suchen Schutz und Trost beieinander vor diesem wüsten Halicz, wir erzeugen einen gemeinsamen starken Lebensdunst, eine improvisierte Heimat aus Leibes- und Seelenwärme. Kulturbrodem!

Wir wissen, daß wir hier jetzt einen großen, bangen Stillstand haben, während sich der Flügel, entscheidend oder entschieden werdend, dreht. Wir wissen, daß wir mit dünnen, mürben Schwarmlinien hier den immer noch wer weiß wie starken Russen halten!

Während am Isonzo —! Während Rumänien —!

Die Deutschen sind mit der Armee L(insingen) abgegangen, wir sind wieder Österreicher unter uns. —

In Halicz ist jetzt also glücklich die Cholera. Der ganze Marktplatz ist mit Kalk bespritzt. Man glaubt sie schon zu riechen. Mittags kommt der B., blaß, und meldet die ersten zwei Fälle bei seinem Trainzug.

Nachmittags stöhnt H.'s Diener im Zimmer neben mir. Ich lasse ihn ins Spital bringen, er kommt nicht mehr zurück, denn er ist choleraverdächtig.

Armer Joseph, mit dem unglaublichsten Ohrfeigengesicht! Er war so dumm, dieser Analphabet, daß er sich fanatisch anstrengte, elektrisches Licht auszublasen! Er war so sparsam, daß er, Scherenschleifer vom Zivilberuf, sich nach dem Krieg hätte mehrere neue Schleifsteine kaufen können. Ich glaube, er freute sich schon sehr, aufs wieder Scherenschleifen. Er war so schmutzig, daß mich die Cholera an ihm nicht wundernehmen würde.

Mein schlauer Tscheche Kostecka ist aufgeregt. Er hat den uns leider mit Joseph gemeinsamen Abort total in Kalk getaucht. Er ist rührend um micht bemüht, als könnte ich ihm helfen, gegen Cholera! Er sieht mich an mit den Zuversichtsaugen eines Hundes, der Angst hat und seinen Herrn als Allmacht postuliert.

Ich sage allen besuchenden Offizieren, unschuldigen Angesichtes, das von der Cholera, damit der lästige Eiertanz um den Major eingedämmt wird und wir etwas mehr Luft bekommen.

Der Major ist übrigens übersiedelt, vor der Cholera bis fast ins nächste Dorf geflohen. Aber auch sein Bursch klagt schon über schweren Kopf und kraftlose Füße. Das könnte ganz gut Typhus sein. Abends zwischen 7 und halb 8 gehe ich mit H. über den Dniester, das beginnende Gewitter anschauen. Es blitzt ganz hübsch und regnet wenig. Die Felder sind trübe.

Beim Nachtmahl merke ich gut, daß sich alle vor der Cholera fürchten. Sie geben sich so übertrieben sorglos, und saufen Schnaps, plötzlich, denn „Schnaps ist gut für —!" Man überschreit mich, als ich erkläre, Schnaps sei nicht gut für Cholera.

Es blitzt arg und schlägt unweit ein. Aber die Fenster dürfen nicht geschlossen werden, das wäre Scheu vor Zugluft, Gespensterfurcht, soldatenunwürdig.

Es regnet erbärmlich, als wir zur Post gehen. Die Stadt ist ausgestorben. Nicht einmal Dorka, die Schwarze, und Mania, die Blonde, wagen sich auf die Offiziersjagd, Soldatenjagd. Aber drüben, an der jenseitigen Front des Platzes, spielt einer bei offenen Türen Harmonium, ein krächzendes, winselndes Harmonium, aber doch Trauertöne, seelenbefriedigend.

1 Uhr Nacht, ich lege mich nieder, Charles-Louis Philippe lesen: „Mutter und Kind."

Die Post hat mir nichts gebracht.

15. Juli 1915

Auch heute früh keine Post!

Der Major kommt und bringt die Neuigkeit: auch bei ihm, in seiner Entlegenheit, in seinem Zufluchtsnest, ist Cholera!

Hauptmann B. heute Standrichter. Endlich kann er dazu beitragen, daß jemand aufgehängt wird. Man sollte solchen

Gemütern die Photographie des Gehängten vorlegen und sie bitten, als Autor zu zeichnen. Was ihm übrigens nur Spaß machen würde. Er ist beinahe bis zur Weichlichkeit Wohllebender, aber das Hängen würde ihm den Appetit würzen. Er ist der fanatischste Kriegsbejaher, der Krieg kann ihm gar nicht radikal genug sein, aber er verschmerzt leicht, obwohl der stattlichste Infanteriehauptmann, die Schwarmlinie, und auf Schrapnellnähe soll er, wie Major sagt, blaß reagieren. Er möchte den Krieg noch Jahre lang haben, denn er lebt reichlicher als im Frieden, erspart die höhere Gebühr und avanciert rasch. Daß er, mit 28 Jahren, Hauptmann wurde, war ihm so wichtig, weil er durch den Anblick der 3 Aktiven-Sterne einen verhaßten Reserveoberleutnant zerschmettern konnte. Als er aber, am Tage des Ernanntseins, strahlend stolz als K. T. Kommando-Bevollmächtigter im Auto vor einem fremden Kommando vorfuhr, versprach er sich und stellte sich als Oberleutnant vor.

Daß er gutgelaunt erzählte, hat mich mit vielem versöhnt. Er ist überhaupt ein liebenswürdiger, intelligenter Mensch, nicht korrumpiert, sogar wirklich tüchtig, würde seinen Mann wohl auch beweisen, wenn es sein müßte. Mit Kürze: ein Österreicher in seinem Widerspruch. Lebenslust, Sinn für Dekoration in jeder Hinsicht, Sinn für Musik und Alkohol, ethisch noch vor der Geburt. Major findet seine Physiognomie sogar verfallsrömisch, lucullisches Kinn, nennt ihn einen Riesenburschen, aber zu weiches Fleich. Slaven und vielleicht sogar Juden haben Blut in ihm gelassen. Ich halte ihn für ein mimisches Talent, einen unentdeckten Opernsänger.

Eben kam er vom Gericht zurück und hat dort, wie er schwelgend erzählte: „die Rotzer hereingelegt". Das bedeutet indess nur für einen verstockten Russophilen, 48jährigen Bauern, den Galgen. Ein zweiter Fall wurde als unklar abgewiesen, einem normalen Verfahren zu. Also Gerechtigkeit.

[Tod eines Lehrers]

Es geschah in den Tagen nach dem verlorenen ersten Weltkrieg, daß der sokratische Lehrer, dessen naturgeschichtliche, zoologische Erkenntnisse der Menschenwelt wir als Knaben unsererseits zu erkennen, wenn auch noch lange nicht zu verstehen gelernt hatten, in ein Wiener Spital (Wiedner Krankenhaus) eingeliefert wurde und sich damit — welch ein Zufall! — in die Hände eines Schülers begab, den er in dessen Gymnasialzeiten vielleicht am tiefsten mißachtet und am rücksichtslosesten, völlig unbarmherzig gequält und ironisiert hatte. Dessenungeachtet ging das Schicksal beider seinen unaufhaltsamen Weg, der Schüler war Arzt und der Lehrer Patient geworden. Eigentlich war er ja Patient geblieben, wir Schüler hatten zu unserer Zeit seinen Zustand auf das äußere Bild hin als eine Rückenmarksdarre prognostiziert. Mit Recht oder Unrecht, wahrscheinlich hatte ein Gerücht dieser Art unsere indiskreten Ohren erreicht, oder diese Krankheit entsprach unseren damaligen romantischen Vorurteilen. Wir konnten nicht anders als uns einbilden, daß der Mann, der so bitter auch über die uns so verheißungsvoll vorschwebende erotische Seite des Lebens zu lächeln pflegte, selbst zu viel gelebt und genossen hatte. Er wußte, vielleicht nur als ein gut beschlagener Zoologe, um die geheimsten Zustände unserer Pubertät und ließ sie nicht unbemerkt. Nicht ohne leisen Ekel stellte er, mit gerümpfter Nase, fest, daß wir in der Quarta wie die Raubtiere in ihren Schönbrunner Käfigen zur Zeit der Brunst zu riechen begonnen hätten. Wie solch eingesperrte, hinter ihren Gittern dem Wahnsinn der Unbefriedigung ausgelieferte Bestien fühlten wir uns ja auch und fanden, der alternde Gefängniswärter alias Sokrates, bei dem der Stachel des Fleisches sicherlich längst abgestumpft war, habe leicht lachen. Auch sorgte die Verwaltung des Schönbrunner Tierparks für die Begattung ihrer Pfleglinge, zu welch barmherzigem Verfahren unsere Lehrerschaft sich keineswegs anschickte. Während doch hie und da ein humaner, fortschrittlich liberaler und dementsprechend wohlhabender und im Genuß erfahrener Vater den Sprößling, wenn er etwa die offiziell anerkannte Schwelle der Reife, ungefähr um das achtzehnte Lebensjahr, erreicht hatte, in die Freudenwelt der Wiener Chambres separées einführte.

Wir hielten in den Erinnerungen eines Schülers, der solch väterliche Sexualgenehmigung ein Prävenire gespielt hat, erst im Jahr 1900, und schon fröstelte den sokratischen Lehrer, wenn auch auf der einsamen Höhe seiner ironischen Überlegenheit, die, wie wir damals in unserem unbelehrten Idealismus noch nicht begriffen hatten, auf dem Fundament eines recht kümmerlichen ärarischen Gehalts aufgerichtet war. Daß all dieses phrasengenährte Wesen und Unwesen in Schule und Haus auf Weltkrieg und Weltuntergang hintrieb, ahnten wir freilich schon auf unsere zum spielerischen Frevel geneigte Weise, obwohl die Dinge damals noch den Anschein einer ökonomischen und gesellschaftlichen Euphorie vor der Endkrise aufwiesen. Erst in dem großen Hungerjahr 1918 geschah es, daß unser sokratischer Lehrer, damals wohl um die sechzig Jahre alt, als mittelloser Todeskandidat im Spital eingeliefert wurde und dort in den Armen des von ihm seinerzeit am blutigsten verhöhnten Schülers — welch eine Pointe! — den skeptischen Geist aufgab. Seine Diagnose war ein Hungerödem. Gehungert haben wir damals alle, wo immer in der selbst am Verscheiden angelangten Monarchie wir uns aufhalten mochten; alle oder doch fast alle, die nicht Schieber, Landwirte oder Bauern zu Vätern hatten, sondern deren Erzeuger und Ernährer zum gebildeten Mittelstand gehörten, und die sich selbst auf intellektuelle Berufe vorbereiteten. Auch um Ärzte oder Advokaten stand es — ich meine damit die Väter — nicht zum besten, von Beamten und Lehrern ganz zu schweigen.

So bist du also hingegangen, dieses war dein Ende, unvergessener Lehrer, der du die tierähnliche Menschlichkeit mehrerer bürgerlicher Generationen sokratisch belehrt und mit sardonisch lächelnder Weisheit betreut hast! Die Naturkräfte der Erde werden dich als einen um sie Wissenden empfangen und zur Weiterbildung vorurteilslos verwendet haben! — [...]

Heimkehr (4. Dezember 1948)

Es ist dies, was ich meine dritte Heimkehr nach Wien heißen möchte.

Hier war ich Kind. Hier besuchte und schwänzte ich die Schule. Hier begann ich wahrzunehmen, manches, was ich wahrgenommen hatte, aufzuschreiben, und einiges von dem, was ich geschrieben hatte, zu veröffentlichen. So wurde ich Mitarbeiter der „Fackel", in den Jahren 1910 und 1911. Was das bedeutete, was es mir bedeuten mußte, wissen heute nur noch wenige Überlebende. Es war kein Zufall, daß ich zu Karl Kraus fand. Andere strebten in die „Neue Freie Presse". Andere freilich auch zur „Arbeiter-Zeitung".

Es war auch kein Zufall, daß ich zum Theater ging. Als, im Jahre 1912, eine „Wiener Volksbühne" gegründet wurde, als sie im jetzigen „Renaissance-Theater" ein eigenes Haus bezog, wurde ich ihr Dramaturg, bald darauf ihr Regisseur. Auch das lag in meiner Lebenslinie.

Am 1. August 1914 wurde ich, als Reserveoffizier beim Train, in den Weltkrieg einrückend gemacht. Ich verließ, neunundzwanzig Jahre alt, Wien, nicht wissend, ob ich es jemals wiedersehen würde. Kurz darauf erschien bei Kurt Wolff in Leipzig, in der Bücherreihe „Der jüngste Tag", mein erstes Gedichtbuch „Die Spur". Es enthielt die Spur meiner Kindheitstage, Zeichen früher Lebensangst, Male der Einsamkeit, der Heimatlosigkeit. Der Jüngling zeigte sich darin als ein Anarchist frommer Art, er kannte nur zu genau das Vorgefühl des Untergangs, bekannte es nur zu aufrichtig. Karl Kraus liebte und zitierte die erste Strophe des Gedichtes „Einsam":

Wenn der Tag zuende gebrannt ist,
ist es schwer nachhause zu gehn,
wo viermal die starre Wand ist
und die leeren Stühle stehn.

Das verschaffte diesen vier Zeilen größeren Widerhall als dem ganzen Buch. Immer noch werden sie zitiert, auch von solchen, die damals jünger waren als der Autor. Sie tun auch heute noch, als gehörten sie einer Generation von Solipsisten an.

Es sei übrigens erwähnt, daß der Lektor des Verlages, der die Annahme des Buches verantwortete und die Auswahl der Gedichte mitbestimmte, Franz Werfel hieß. Auch er war von Karl Kraus, wie man das nennt, entdeckt und jedenfalls groß hinausgestellt worden, als ein Beispiel damals jüngster Lyrik. Später wurde er, leider noch beispielhafter, ein Lieblingsobjekt der Kraus'schen Satire. Nicht deshalb trennten sich Werfels und meine weltanschaulichen Wege.

Ein anderes, kaum bekannt gewordenes Gedicht der „Spur" behandelte ein verfehltes erstes Rendezvous des Knaben bei der Stephanskirche. Die ersten fünf Strophen, die als ein vollendetes Gedicht gelten können, lauteten:

Verfinsterung

Und während dieser Nordwind blies
und unsre Stadt zum Norden machte,
die letzte Sonne uns verließ
und jeder Wunsch zu sterben dachte,

und viel zu früh die Nacht begann,
sehr anders als die andern Nächte,
wie eine Nacht, die dauern kann,
solange wer zu warten dächte,

da stand ich auf dem alten Platz
und sah die alte Kirche dauern
und geizig Zeit wie einen Schatz
anhäufen hinter ihren Mauern,

und sah in dieser alten Stadt
die Leute, die mir Greise schienen
(wie jedes Antlitz Falten hat,
erstarrtes Nein in seinen Mienen)

und fühlte mich hier stehn und stehn
und wurzeln wie der Dom, der graue
und konnte gar nicht mehr verstehn,
daß wer noch neue Häuser baue.

Das erstarrte Nein löste sich nach der Niederlage. Und die deutsch-österreichische Republik baute neue Häuser wie den Karl Marx-Hof. Aber sie wurden eines blutigen Februartages von den Kanonen der Regierung Dollfuß beschossen. Karl Kraus fand das damals eine richtige Maßnahme.

Das erlebte ich nicht mehr in Wien, sondern von London aus. Und ich fuhr nach Wien, nicht um heimzukehren; es war mir von der größten Wichtigkeit, Karl Kraus zu widersprechen. So sprach ich ihn zum letzten Male.

Meine erste Heimkehr geschah acht Jahre früher, am Ende des vierten Kriegsjahres. Im Kriege hatte ich die Völker Österreich-Ungarns kennengelernt, wie sie in Serbien hausten und wie in Galizien. Daß ich selber im Dreck hausen konnte, verdanke ich ihnen. Ich trug ihnen das Futter und die Munition in die Schwarmlinie, und ihre Söhne bauten mir dafür improvisierte Hütten aus Möbeltrümmern, die sie aus zerstörten Häusern holten. Ich machte den tollen Vormarsch in der unglücklichen Armee des General Potiorek mit und den noch tolleren Rückzug und kam, wenn auch verlaust und staubbedeckt, gerade noch über die Donau, hinter uns die Serben und der Typhus.

Der Cholera begegnete ich erst in Galizien, ihr und dem blutdürstigen Auditor Zakorski.

In einer Holzbaracke Ostgaliziens, die ich mit über hundert Pferden teilte, schrieb ich das heute längst vergriffene und vergessene Buch: „Karl Kraus, ein Charakter und die Zeit". Auch heute noch höre ich, sooft ich das Buch lese, das Schnaufen, Fressen und Wiederkauen der Pferde, das Stampfen ihrer Hufe, das Rasseln ihrer Ketten und ihr wehmütiges Wiehern.

Erinnerung an Karl Kraus

Karl Kraus war ein miserabler Vergesser. [...] Noch tief im scheinbar nie wieder endenden europäischen Frieden, im Jahr 1899, hat er uns jenen Lehrstoff zu liefern begonnen, den wir sofort mit einer Aufmerksamkeit verschlangen, die wir für den Vortrag unserer Gymnasiallehrer nicht aufzubringen vermochten. Seit 1899, also fünfzehn Jahre vor dem ersten Weltkrieg, erschien seine „Fackel", deren Leser ich von der ersten Nummer an war und blieb, ein getreuer Leser, auch wo ich widersprach. Meinen Widerspruch im einzelnen Falle meldete ich bald an, schon in Nummer 4 druckte Karl Kraus einige Zeilen aus einem Brief des Schülers B-d V. ab, die dessen von einem Artikel in der „Fackel" abweichende Meinung enthielten. So begann unsere Beziehung mit einem Widerspruch meinerseits.

Am 29. Mai 1905 wurde ich K. K. persönlich vorgestellt. Das Datum ist leicht zu ermitteln. Man findet es, außer in der „Fackel", in den gesammelten Werken Frank Wedekinds. Es war der Abend der von Karl Kraus veranstalteten Erstaufführung der „Büchse der Pandora". Karl Kraus hatte einen einleitenden Vortrag gesprochen, den er für diese Gelegenheit verfaßt hatte, ein Meisterstück literarischer Kritik, das allen sonstigen Wiener Beurteilern des Werkes, mit der einzigen Ausnahme Alfred Polgars, bewies, daß sie tatsächlich zum Weichbild der Stadt gehörten. Karl Kraus war an diesem Abend auch als Schauspieler aufgetreten, und zwar hatte er — unglaublicher Weise — den Negerprinzen von Uahubee, Kungu Poti, gespielt, den sich Lulu, unter anderen, von der Londoner Straße holt, und der, mit einem Hieb seines Totschlägers, dem Erdenwallen Alwa Schöns ein jähes Ende bereitet. Wedekind beschreibt das Kostüm des Erbprinzen von Uahubee wie folgt: „in hellem Überrock, hellen Beinkleidern, weißen Gamaschen, gelben Knopfstiefeln und grauem Zylinder". Ferner heißt es von ihm: „seine Sprache läßt die spezifisch afrikanischen Zischlaute hören und ist von vielfachem Rülpsen unterbrochen". Ich weiß heute nicht mehr, wie genau diese Regievorschriften eingehalten wurden. Kungu Poti hatte nur ein paar Bühnenminuten, die mir aber, wohl schon wegen der Person des Darstellers, unvergeßlich geblieben sind. Woran ich mich erinnere, ist das sprungartige Auftreten und Abgehen der grotesken Figur, das Grinsen des pausbäckigen Knabengesichts unter der dunklen Schminke, die weißen blitzenden Zähne in diesem Gesicht und die jähe ausfahrende Bewegung des langen Armes beim Niederschlagen Alwas, nicht zuletzt aber die naiv-sinnliche Galanterie, die mit der Brutalität des Ungeheuers zusammenging. Es war etwas Grauenhaftes, aber auch Frechheit und Witz in dieser blitzschnellen Szene.

Daß der Herausgeber der „Fackel", die damals bereits sechs Jahrgänge hinter sich gebracht hatte, sich in dieser Gestalt —

und zwar zum erstenmale — öffentlich zeigte, war für einen zwanzigjährigen Studenten meiner Art ein Ereignis von Bedeutung, ein überraschendes, aber gewiß kein bedenkliches. Es blieb das einzige Auftreten von Karl Kraus als Schauspieler, es war zugleich sein erstes Erscheinen am Vortragspult, und für viele Fackelleser schon deshalb aufregend, weil sie nun erfahren durften, wie der Mann eigentlich aussah, dessen Stil an Angriffswillen und Angriffskraft alles bisher für möglich gehaltene überbot, dessen Witz den Sensibilitätspunkt aller öffentlichen Erscheinungen traf, der die in Wien ohnehin immer latente Neugier des Publikums erregte, es aber gleichzeitig, die Anhängerschaft inbegriffen, in respektvoller, wenn nicht in furchtsamer Distanz hielt. Wie wenig ihm am Nimbus seines Erfolges, der mit dem ersten Heft der „Fackel" eingesetzt hatte, lag, gerade das bewies mir damals sein Auftreten als Schauspieler, gar in solcher Rolle und Gestalt. Allerdings spielte in der gleichen Vorstellung Frank Wedekind selbst Jack the Ripper, der fast auf offener Bühne seinen Lustmord verübt.

Albert Heine vom Burgtheater hatte Regie geführt. Lulu war Tilly Newes, die bald darauf Frau Wedekind wurde. Anton Edthofer spielte den Zuhälter Casti Piani, die Tragödin Adele Sandrock, die ich noch als die Cleopatra Shakespeares gesehen hatte, die unglückliche Gräfin Geschwitz, die tragische Vertreterin der gleichgeschlechtlichen Liebe, Arnold Korff einen anderen Besucher Lulus, den knickerigen Schweizer Privatdozenten Dr. Hilti. Albert Heine, der Regisseur, verkörperte zugleich den Mädchenhändler und päpstlichen Grafen Schigolch. Es war eine geschlossene Vorstellung des Werkes, das die Zensur wohl an keinem regulären Theater zugelassen hätte, auch wenn ein solches sich um die Erlaubnis bemüht hätte.

Karl Kraus trat sozusagen mit eigenem Leibe für eine dramatische Dichtung ein, die, neben ihrer künstlerischen, zugleich ihre einzigartige sozial-kritische Bedeutung offenbarte. In diesem Totentanz der Liebe war die bürgerliche Gesellschaft in ihren Todeszuckungen ertappt und gezeichnet. Lulu, deren Seele sich erst im Jenseits den Schlaf aus den Augen reiben wird, zur Liebe, zur ästhetischen Freude geboren, als Lustobjekt ausgenützt, verkauft und verschachert, zur Mörderin eines ihrer Besitzer geworden und zuletzt selbst hingemetzelt, führt diesen Reigen von Geldmenschen und Machtmenschen, von

Journalisten und Literaten, von Zuhältern und Sexualbestien in den Abgrund, in dem später die ganze europäische Zivilisation Platz finden sollte. Kein Wunder, daß der Satiriker solchem Schauspiel die Szene errichtete, daß er es einleitete, daß er mitspielte. So verstand ich es schon damals, neun Jahre vor dem ersten Weltkrieg, mir erwuchs nicht erst im späteren blutigen Weltverlauf diese Perspektive. Ich habe keinen Grund, darauf besonders stolz zu sein, ich war nicht der einzige junge Mensch, der es so sah, und der deshalb zu Karl Kraus hielt. Nicht nur was die großen Dramatiker der Epoche damals bereits als Abbilder menschlicher Sozialität dargeboten hatten, auch der junge Gerhart Hauptmann, Strindberg auf dem Wege seiner Wandlungen und Häutungen, vor allem aber mit infernalischer Kälte eben Frank Wedekind wiesen auf die apokalyptischen Züge hin. In Wien hatte der junge Kokoschka mit seinen Porträts, die den Zeitgenossen unter die Haut ihrer Physiognomie blickten, Sensation und Gruseln erregt. Zugleich gab es damals im Vorkriegswien die schönsten Frühlingstage und -nächte, als ich Karl Kraus auf der Terrasse des Café Europe kennen lernte. Was mich an ihm, als ich ihn auf dem Vorlesepodium sah, überrascht hatte, modifizierte sich, als ich ihn persönlich sprach. Seine Jugendlichkeit, Knabenhaftigkeit, Frische, die Grübchen in den Wangen, um die, wie zuletzt um die Totenmaske, Amoretten zu spielen schienen, dieser Eindruck wich dem Ernst seiner hohen Stirne, die den weich-beredten Lippen Autorität verlieh, der Blick hinter den Brillengläsern war der eines Denkers mehr als eines Träumers. Seine große Freundlichkeit, ja Ritterlichkeit, wenn er vertraute, konnte in böses Mißtrauen, in verbockte Abwehr umschlagen.

Er erschien mir als ein Mensch, geschaffen, um frei aus sich heraus zu gehen, seine Stimme beherrschte spielend — wie die Zuhörer seiner Vortragsabende wissen — alle Register, die Artikulation seiner Sprache war die eines höchst Gebildeten, das ungezwungendste Hochdeutsch mit österreichischem Timbre. Seine Gestalt war wohlproportioniert, aber infolge einer Krümmung der Wirbelsäule um ein etwas nach der rechten Seite vorgeneigt, was er durch seine gerade Haltung auszugleichen verstand. Sofort auffallend die später berühmt gewordenen Hände; schön ausgebildet, wie sie waren, konnten sie sich drohend recken und gefährlich zugreifen, so wie seiner freundlichen Stimme Messerschärfe verliehen war, die sich bis zum großen Grollen steigern konnte, zum Donnern des alten Testamentes. Kraus wechselte die Brillen, wenn er las, er brachte die Zeitungsblätter, in denen er nach Stoff grub, ganz nahe an sein rechtes Auge heran. Ich würde sagen, er lauste sie ab. Sein Blick konnte stechen. Er war ohnedies im leichtlebigen Wien, im Wien der korrupten Presse und der verschlampten Literatur als der böse Blick gefürchtet.

Von da an war es mir vergönnt, dreißig Jahre lang im nächsten Kreise, der Karl Kraus umgab, zu weilen, bis — nach einer glücklichen Periode der Mitarbeit — eine Freundschaft daraus wurde, die bis in das letzte Jahr vor seinem Tode reichte. Ich lernte den einzigartigen Menschen kennen, in dessen Bannkreis keiner geriet, ohne in seiner Entwicklung gefördert oder gehemmt zu werden. Ein sogenannter „Kraus-Anhänger" wurde gelegentlich mit totgeschwiegen, er hatte etwa keinen Anspruch darauf, in die voluminöse Literaturgeschichte Paul Wieglers, die fast jeden erwähnt, zu kommen, weil ja Karl Kraus selber darin nicht vorkam.

Nun, das konnte einer überstehen. Dagegen war es schwer, sich im näheren Umgang mit Karl Kraus die Harmlosigkeit des eigenen Schaffens zu wahren. Sein kritisches Wesen übertrug sich. Die Unerbittlichkeit seiner Logik untergrub die nur allzumenschliche Neigung, sich je mit dem Beiläufigen im Leben und Schreiben zufrieden zu geben. Jedes Wort zu vertreten, sich über jeden Beistrich Rechenschaft zu geben: das war die harte Zucht, in der Karl Kraus keine Nachsicht kannte. Dafür wurde der Adept zum Zeugen von Karl Kraus' eigener, großer Entwicklung, die während des ersten Weltkriegs ihren Gipfelpunkt erreichte. Damals waren Karl Kraus und seine Fackel zu einer Institution geworden, zur großen Gegeninstanz des öffentlichen Gewissens.

Wie Alfred Polgar bemerkt hat, war alles bei und um Karl Kraus, sein Privatleben und die Geselligkeit, die er akzeptierte, nur Vorarbeit zu seinem Werk. Wer mit ihm befreundet war, mußte nicht nur genau und angespannt mitdenken lernen, er mußte auch mit ihm Spießruten laufen durch die Spaliere des Hasses, der Neugierde, der Bewunderung, durch die ihn täglich sein Weg führte.

Endlose Abende, die oft bis in den Morgen reichten, wurden so mit ihm verbracht. Ohne die Erfrischung durch seinen Witz, ohne seine persönliche Liebenswürdigkeit, seine Güte und seine Ritterlichkeit hätte die geistige Konzentration, die der Umgang mit Karl Kraus beanspruchte, jüngere und schwächere Geister oft überanstrengt. Die beharrliche Genauigkeit bei der Beurteilung auch des scheinbar kleinsten Gegenstandes mochte als quälende Pedanterie wirken. Einwände pflegte Karl Kraus mit großer Geduld anzuhören, und er wandte eine die Geduld des Opponenten oft überbietende Mühe auf, um sie zu entkräften.

Seinen Essay „Heine und die Folgen" hatte Karl Kraus öffentlich vorgetragen, ehe er ihn in der Fackel erscheinen ließ. Ich meldete nach der Vorlesung meinen Widerspruch an. Darauf lud mich Karl Kraus zu sich nachhause ein und ließ mich mit dem Manuskript allein.

Nach einer Stunde kam er zurück, und nun hatte ich meinen Widerspruch an der Hand des Textes Punkt für Punkt und Satz für Satz zu begründen. Dieser Aufgabe war ich damals nicht gewachsen.

Wer diese Unbilden mit ihm teilte, der lernte den eigentlichen Karl Kraus kennen, der freilich hinter jeder Zeile seiner Satiren, nicht etwa nur in seinen menschlichsten Gedichten zu finden war. Der durfte teilnehmen an den Äquivalenten, an denen Karl Kraus sich erquickte. der durfte mit ihm, und von ihm geführt, eindringen in die schöpferischen Tiefen der Sprache, in eine Erforschung und Ergründung des künstlerischen Wesens, die ohnegleichen war.

Die Wiener Popularität, die Karl Kraus als eine Nerven-Prüfung empfand, war für ihn schwerer zu ertragen, als die Drohbriefe oder die paar körperlichen Attacken, die ihm nicht erspart geblieben sind. Da er, mit dem Vorrecht des Satirikers, das er sich vom ersten Augenblick an nahm, so viele Zeitgenossen — freilich nur, wenn sie sich in die Öffentlichkeit hinausgewagt hatten, — und nie ohne ideelle Deckung — persönlich angriff, hatte er sich die unwirschen Folgen selbst zuzuschreiben. Es war erstaunlich, wie wenig unternommen wurde, um ihn zum Schweigen zu bringen; wie ja auch die paar weißen Flecken, welche die Zensur in seinen Kriegsfackeln anbrachte, von einer heute unbegreiflichen Duldung Zeugnis ablegen.

Man fragt sich heute: war dieser Staat, war diese Gesellschaft damals noch so stark, oder schon so schwach, daß sie solche Angriffe ertrug. Der sich ihrer entlud, spürte freilich auf Schritt und Tritt den atmosphärischen Gegendruck des bezwungenen Stoffes. Dieser Timon von Wien ging ja nicht in den Wald hinaus, um sich dort auszuschelten. Er floh die Gesellschaft nicht, der er auf Tausenden von Druckseiten fluchte — das heißt: er floh sie, indem er sich mitten in ihr bewegte.

Karl Kraus war körperlich kein Riese, sondern ein Nervenmensch und sich seiner physischen Schwäche bewußt. Er hätte sich den nie endenden Unannehmlichkeiten seiner Existenz nicht ausgesetzt, wenn der Trieb zur Äußerung dessen, was sich ihm als Wahrheit täglich und nächtlich aufdrängte, nicht um so viel stärker gewesen wäre als die Nervenqual. Was mir während dieser dreißig Jahre persönlichen Umgangs klar wurde, ist, daß dieser unerbittliche Verfolger selbst ein Verfolgter war, aber nicht so sehr verfolgt von den Revanchebedürfnissen der Opfer seiner Satire, als von deren gleichzeitiger Existenz, von den Texten und Tonfällen seines Ortes und seiner Zeit, denen er nicht entweichen konnte, und von seiner einzigen Begabung, sie darzustellen. Der Künstler, der Erotiker in Karl Kraus, wurde ständig verführt von jeder Zeitungs-Notiz, von den Schreibern und von denen, über die geschrieben wurde: ihn reizte ihre scheußlich schöne Gestalt. Er war rastlos angetrieben von seinem verzehrenden Verlangen nach Vollständigkeit des Bildes, nach restloser Vergegenwärtigung eines Unwesens und Unglücks, das, aus kleinsten Zügen und Lügen erwachsend, riesenhaft und von unausschöpflicher Bedeutung war. Was die großen Epiker, ein Balzac, ein Zola in gigantischer Leistung, in vielen Bänden ausführlichster Romanschilderung vollbrachten, die Vergegenwärtigung und Verewigung der Gesellschaft einer Epoche: das wurde, immer deutlicher, das Arbeitsziel der Fackel, ihrer Artikel und Glossen, das wurde Gegenstand seiner Aphorismen, seiner Epigramme, seiner Zeitgedichte: oft in eine Zeile gedrängt, als Kurzschluß satirischen Denkens, oft in breiter Beredsamkeit, bei schärfster Reflexion, ausladend und sich schließlich sammelnd zum al fresco eines unmäßig langen und breiten und vielfältigen Dramas, der „Letzten Tage der Menschheit". Es ist denn auch das epische Drama kat exochen geworden, dessen Mittelachse, den

Sinn und Abersinn des historischen Geschehens erörternd, der platonische Dialog zwischen dem Nörgler und dem Optimisten bildet; das sogar zum Hilfsmittel des Films greift, während lyrische Verdichtungen der vorüberzuckenden Schatten den herzensberedten Widerpart bilden; bis schließlich die „letzte Nacht" zum Weltgericht und zum Weltgedicht wird. So, zwischen Mysterium und Operette, mit zahlreichen Massen- und Einzelszenen, teils satirischer, teils tragischer Art, wird ein Weltuntergang dargestellt, der zumindest der Untergang der österreichisch-ungarischen Monarchie und des Hohenzollernreiches, aber zugleich auch die katastrophale Generalprobe einer noch viel umfassenderen Menschheitstragödie gewesen ist.

Hatte meine Beziehung zu K.K. mit einem kleinen Widerspruch begonnen, so hatte sie am Ende einen großen, grundlegenden zu überstehen, nach dem Erscheinen jener letzten „Fackel", die Karl Kraus nicht wenige Freunde gekostet hat. Um ihretwillen kam ich damals von London nach Wien, Weihnachten 1935, um Karl Kraus persönlich zu sagen, was mir so schwer auf dem Herzen lag, und sah ihn zum letzten Male, bei dieser Auseinandersetzung, die von 9 Uhr abends bis 5 Uhr früh dauerte. Während dieser langen Stunden hörte er sich meine Vorwürfe und Einwände, die rückhaltlos vorgebracht wurden, mit der sanftesten Geduld an und versuchte sie zu entkräften, ohne daß der eine von uns den anderen überzeugt hätte. Es handelte sich um seine Einstellung zum 12. Februar 1934, nicht etwa um Krausens Beurteilung der Hitler-Katastrophe, deren Bedeutung er wie nur die wenigsten erfaßte. Die hat er wahrlich nicht unterschätzt, im Gegenteil, nur aus ihrer tiefgefühlten Erfassung ist diese letzte Fackel zu verstehen. Während dieses Gespräches wurde mir immer banger bewußt, welche Hoffnungslosigkeit der Ausbruch der Barbarei in Karl Kraus bewirkt hatte. Auf ihm lastete das unendliche Schwergewicht der Opfer, die seine Vorstellungskraft miterlebte und voraussah, in ihrem gewaltigen Umfang. Nur so erklärte sich die irrige Wahl des sogenannten kleineren Übels, das doch nur eine Angleichung an das größte war und ein Übergang dazu.

Karl Kraus sah in Dollfuß einen Märtyrer, in den gefallenen Arbeitern dagegen die von einer falschen Politik verführten, vergeblichen Opfer. Ich sah es vom Ausland her anders, und ich konnte bei dem mir geistig Überlegenen die Blendung des Blicks nicht verstehen, die auch nur für den kürzesten Moment einen Starhemberg, den Pagat Ultimo in einer blutigen Tarockpartie um die Macht, die doch verloren gehen mußte, für einen Retter nehmen konnte. Wie war es möglich, daß er in dieser Wendung durch des Teufels Fügung nicht wiedererkannte, was er selbst beschrieben hatte, mit den Worten des verwundeten Soldaten in der letzten Nacht: „Ich spüre deine Hand, an ihr ist Gift und Nacht und Vaterland! ... Dein Blick ist Galgen und dein Bart der Strang!" Was alles an zutiefst verbitterten Sprüchen und Widersprüchen in diesen dreihundertsechzehn Seiten der „Fackel", denen das Schweigen des Todes folgen sollte, enthalten ist, ich habe es nie mit Ruhe aufnehmen können und kann es auch heute nicht.

Karl Kraus durfte von sich sagen, daß er nie für eine bestimmte Klasse gedacht und geschrieben hatte. Aber der Unabhängige des Geistes erwies sich in diesem tragischen Augenblick dennoch als abhängig von seiner eigenen Vision des Weltunterganges.

Es gibt Opfer und Opfer. Niederlagen und Niederlagen. Es gibt vergebliche Kämpfe, die erst später zu Siegen reifen. Es gibt Opfer, die allein den Neubeginn würdigen Menschenlebens nach dem Interregnum des Schreckens garantieren. Hier stand der Apokalyptiker, der so vieles vorausgesehen und vorausgelitten hatte, an der Grenze seiner Möglichkeit, zugleich der Mensch an der Grenze seines Lebens. Der Kleinmut des Vereinsamten, der auch damals nicht für eine bestimmte Klasse dachte und schrieb, war ebenso groß wie früher sein Mut gewesen — und doch zeigte er persönlich *keinen* Mangel an Mut. Im Gegenteil, er lehnte das freundliche Angebot eines Asyls in Kansas ab. Er wollte Wien nicht verlassen, was auch kommen möge. Der Kreis hatte sich geschlossen: der Anti-Österreicher war zum Nur-Österreicher geworden, der nichts anderes mehr zu wünschen und zu hoffen wußte, als daß dieser Fleck Erde, zugleich der letzte Fleck deutschsprechender Kultur, durch welches Mittel auch immer von der Pest verschont bleibe. Tausendfach begreiflicher Wunsch, mehr als tausendfach vergebliche Hoffnung, die auch für ihn nur im Martyrium enden konnte. Der Tod hat es ihm erspart.

TOD DES VATERS

Das neue Haus

Dieser Tage habe ich gesehen, wie Kinder ein Haus in Besitz nahmen. Die Eltern waren vorausgefahren, übers Meer, in einen fremden Weltteil, nach Amerika. Sie hatten ein Haus gemietet, das auf einem sanften Rasen stand, in einer stillen Straße, in der wenige Automobile kreuzten. Gegenüber lagen Berge; und ein kleines Stück Garten hinter dem Hause, an einen Nachbargarten offen grenzend, wo auch Kinder spielten, gab ein wenig Natur her: Gras und Blumen und reiche Sonne.

Ein Automobil war gekauft worden, kein Luxusding, sondern ein bequemer Wagen, der gut und ruhig ging. Nun stand er in der offenen Garage und wartete auf die Kinder.

Ein Japaner kam täglich, um den Garten zu bewässern. Eine Negerköchin, meisterhaft geübt, Kuchen zu backen, erwartete die Kinder bereits mit Sehnsucht. Sie weigerte sich, nachts in dem kinderleeren Haus zu schlafen. Nein, sie ängstigte sich. Ein Haus ohne Kinder sei leer und nicht geschützt gegen Gespenster, die nachts herumstreifen, um leere Häuser ausfindig zu machen, in denen sie ihr Wesen treiben könnten. Auch vermißte sie tagsüber die Ansprache, obwohl die Eltern gern und ausführlich mit ihr sprachen, über das Negerschicksal, über Vergangenheit und Zukunft ihres Volkes. Es war doch nicht das ganz Richtige. Erst wenn man zu jemandem sagen kann: „Hier, Honig, hier hast du ein Glas Milch. — Aber die Serviette mußt du nach dem Gebrauch zusammenfalten, Zuckerfuß!" — erst dann hat man die richtige Ansprache. Die Negerköchin war ihr Leben lang bei weißen Kindern gewesen, und sie konnte diesen Umgang nicht mehr entbehren. Also, die Kinder kamen. Sie waren zehn Tage mit dem Schiff gefahren und fünf Tage mit der Eisenbahn. Die Mutter war ihnen bis New York entgegengereist. Der Vater hatte sie, als sie in New York das Hotel betraten, telefonisch begrüßt. Und wie das so geht, der älteste Knabe war zu aufgeregt gewesen, um sich telefonisch verständlich zu machen. Aber der zweite hatte sich rasch beruhigt, als er sah, daß der erste nur bis zum Stottern gelangte. Er mußte, der Zweite, den Vater ja sofort und dringend sprechen, denn er hatte eine ganz große Frage am Herzen: wie es denn der schwarzen Köchin ginge! Eine schwarze Köchin hatten sie noch nie gehabt. Also war es notwendig, zu erfahren, wie sie sich befände. — An ihrem Bestimmungsort erwartete sie der Vater am Zuge. Als der Zug einfuhr, standen die Knaben an den Fenstern und sangen einen Chor, den sie soeben gedichtet und komponiert hatten. Die Melodie war erhaben, der Text aber lautete: „Pullman, I thank you! Pullman-Wagen, ich danke dir!" Sie sangen dreistimmig. Der dritte, kleinste Knabe brachte es zwar nicht bis zum richtigen Text, aber die Melodie traf er. Um die Knaben herum stand tief gerührt das Negerpersonal des Zuges. Die Leute waren aufgeregt, denn noch nie hatte sich jemand bei dem Eisenbahnzug bedankt dafür, daß er ihn an den Bestimmungsort gebracht hatte. Es war eine ganz neue Erfahrung, eine Zeremonie ohne Vorbild. Und die Neger, in der Brutofenwärme ihrer Herzen, übertrugen das, was sie bei dieser Gelegenheit empfanden, auf die Mutter, als ob sie die Kinder angestiftet hätte. Der Vater konnte noch Zeuge sein, wie sie die Mutter mit Segenswünschen überhäuften: „God bless you, Ma'm!" — Die Knaben aber dachten schon gar nicht mehr an den Zug, sie fanden es so selbstverständlich, daß der Vater hier war — und jetzt wollten sie das Automobil sehen. Den Vater kannten sie schon, aber das Automobil noch nicht. Der Kleinste freilich kannte auch den Vater nicht, wenigstens nicht im ersten Moment. — Nun, und dann fuhren sie in das Haus ein. „Ist das der ganze Garten?" fragte der Älteste. Aber es stellte sich heraus, daß in den Garten eine Schaukel mitinbegriffen war. Und die Knaben sprangen auf die Schaukel. Der Kleinste hatte seinerseits die Wasserhähne entdeckt, die, aufgedreht, den Rasen unter Wasser setzen konnten. Dies zu tun, war er sofort fanatisch bemüht. Und jetzt wirkte es als eine herrliche Steigerung, daß die Köchin herankam und wirklich schwarz war. Die größeren Knaben ließen die Schaukel, um der Köchin ihre Verbeugungen zu machen. Und der Kleinste wollte von ihr auf den Arm genommen sein, um sie aus nächster Nähe zu prüfen, mit den Händen betasten und sich ihrer Schwärze vergewissern zu können. — „Nun", fragten die Eltern, „gefällt es euch hier?" — „Ja", entschied der Älteste. Und der Zweite fügte hinzu: „Das Automobil ist wirklich sehr schön. Und schau doch, da drüben sind Berge!"

Retrospektiv

I

Da gehen sie hinaus, die jungen Leute, um ihr Glück zu machen. Und recht haben sie, daran zu glauben. Sie werden es machen, ihr Glück.

Manche gehen nur wenige Straßen, und machen es. Andere gehen über Land. Und welche kreuzen den Ozean.

Er durfte nicht vergessen: „Ich muß mir noch einen Anzug machen lassen, dann habe ich den, vielleicht bis zuletzt. Und Zähne. Wozu noch Zähne? Wirklich, es wäre schade um das Geld."

Da war kein Platz in seinem Haus für ihn. Der Platz war besetzt von einem jüngeren Mann. So mußte er hinaus, irgendwohin, am besten zurück übers Meer.

Seine Söhne waren groß und stark geworden. Sie behandelten ihn mit Güte, Sanftmut. Ungern nur widersprachen sie ihm. Wozu auch? Sie fühlten Mitleid mit ihm — was ihm weh tat, wie das Bohren in einer Wunde mit einem stumpfen Instrument.

Es zahlte sich schon nicht mehr aus, den Jüngsten zu gewinnen. Der war wie drei Generationen weg von ihm. In dem würde der Vater keine Spur mehr lassen.

Seine Frau hatte eine zweite Jugend, eine Jugend ohne Kinder, mit jungen Hunden stattdessen. Jetzt erst war sie richtig stark und schön. Jetzt erst hatte sie ihre volle Rüstigkeit erreicht. Und ihr gutes Herz hatte nicht gelitten dabei.

Würde er, eines baldigen Tages, auf dem Picadilly stehen und Zündhölzer verkaufen? Eine romantische Vorstellung. Niemals würden die englischen Bettler ihn dulden. Darauf war keine Hoffnung.

Das liest sich schön in Büchern. So einfach ist das Ende nicht. —

Noch hatte er sein Bett, bei offenem Fenster — draußen wusch das Meer — und sein Frühstück im Garten — er konnte die Hand ausstrecken und Feigen vom Baum pflücken, ohne auch nur aufzustehen. Kolibris, zu winzig, um Vögel zu sein, zu groß für Insekten, flitzten vorbei. Er konnte dazu die Morgenzeitung lesen, vom Untergang der Welt.

Seine Welt war längst untergegangen.

Noch rechtzeitig, vor zehn Jahren, war er ausgewandert. Es geschah in seinem dreiundvierzigsten, als er sich noch rüstig glaubte. Da hatte er es gewagt. Er hatte diese Filiale seines Lebens gegründet, drüben in dem paradiesischen Kalifornien.

Er mußte wohl eine Vorahnung gehabt haben, etwas im Instinkt, so wie Vögel wissen, wann sie wandern sollen. Jeder rühmte seine Klugheit. Man beneidete ihn.

Gewiß, da gehörte ihnen jetzt ein Haus. Frau und Kinder waren darin geborgen. Zur Lebensversicherung für ihn hatte — seine Gesundheit nicht mehr gereicht.

II

Daß seine Mutter starb, kam — acht Jahre nach seiner Auswanderung — als ein plötzlicher Schlag. Als ob ein elektrisches Kabel über Meer und Land gereicht hätte, sechstausend Meilen weit — und hätte ihm den Choc vermittelt.

Er hatte sie acht Jahre lang nicht gesehen, ihre letzten Jahre. Er würde sie nie wieder sehen.

Er hatte sich nicht mit ihr vertragen. Er erinnerte sich nicht, als Kind an ihr gehangen zu haben. Aber er hatte nie die blutdürstigen Kämpfe verwunden, die er mit ihr hatte, als seine Mannbarkeit erwachte. Es war ein Unabhängigkeitskrieg gewesen, sein großer Bürgerkrieg. Die Scharmützel mit den Lehrern waren nur ein Teil davon.

Mit dem Vater herrschte ein dumpfer, kriegerischer Friede, unterbrochen durch plötzliche Krachs, die der gutherzige Mann nicht durchstand.

Der Vater lebte immer an der Tangente der Familie. Die Mutter saß im Zentrum. Sie saß da und brütete über das Leben. Sie war eine romantische Pessimistin mit einer Neigung, bei Wald und Berg Zuflucht zu suchen. Sonnenuntergänge waren ihr Fanale einer besseren Welt.

Dem Vater war die Natur tot. Er liebte die Geselligkeit der Männer, das Kaffeehaus. Er liebte es, zu raten, zu helfen, zu gelten. Der einzige tüchtige Mann in der Familie, unterstützte er seine und seiner Frau Brüder und Schwestern, die an chronischem Bankrott litten. Der Vater schleppte sechs Familien. Als Dank und Lohn verlangte er Autorität, die er nie bekam.

Die Mutter sah einen unheilbaren, unbelehrbaren Springinsfeld in ihm. Sie verachtete seinen Optimismus, obwohl auch sie davon zehrte. Er blieb jung bis ins Alter. Das stürzte seine geschäftlichen Unternehmungen und seinen Blutdruck in Unregelmäßigkeiten.

Er war ein ungebildeter Mensch. Er lebte von Einfällen, vom Zuspruch. Er war kein Kaufmann, sondern ein Agent. So oft er sich auch festzusetzen versuchte, er blieb es. Er war der Agent seiner Familie. Der Agent seiner Frau.

Bald nach ihrem Tod hatte er einen Schlaganfall.
Der Sohn ließ alles stehen und sein und hetzte nach Europa. Von Kalifornien nach Wien.

Im ersten europäischen Hafen erreichten ihn die Bulletins der Familie. Er solle sich auf furchtbare Veränderungen bei seinem Vater gefaßt machen.

Schrecken stieg auf.
Der alte Mann war gelähmt. Wahrscheinlich war er nicht zu retten. Aber der pathetische Brief des Schwagers deutete auf Schlimmeres.

Was konnte schlimmer sein?

„Ich biete dir meine breite Brust an, um da dein Gesicht zu bergen, meine starken Arme, um dich zu halten. Mein geliebter Schwager, Freund meiner Jugend, oh, daß wir uns so wiedersehen müssen!" So schrieb der Schwager, an dem ein Pastor verlorengegangen war, als er ein Opernsänger wurde. Als er dann aufhörte, ein Opernsänger zu sein, wurde er, für Lebenszeit, ein Pastor — ohne Diözese.

Es schien also mit dem Vater schlimmer zu stehen als schlimm. Etwas Unmenschliches lag da im Hintergrund und wartete.

Der Sohn sollte bald herausfinden, was es war.

Es gibt Veränderungen an einem Menschen, die kein Zeuge ertragen kann — am wenigsten aber dieses Menschen Söhne und Töchter, seine leiblichen Kinder.

Es spiegelte sich in den Gesichtern der Töchter, die bereits wußten, was ihren Bruder erwartete.

Diese großen, schweren Schwestern — sie waren richtige Klageweiber geworden, jede von beiden mit dem Akzent ihres besonderen Charakters.

Tod des Vaters

Alle unsere Namen sind Pseudonyme. Also hat man es nicht nötig, ein Pseudonym zu wählen.

Am deutlichsten wird die Pseudonymität des Namens jedermanns beim Hinsetzen der Unterschrift. Keiner vermag seinen Namen so hinzuschreiben wie ein anderes Wort, etwa Brot oder Kreide. Jeder gibt sich ein Air, wenn er sich unterfertigen soll; das Handgelenk legt sich zurecht und bereitet sich auf eine Lüge vor, auf einen saftigen Selbstbetrug. Die Schreibfinger maskieren sich.

Deshalb schätze ich die pompösen Unterschriften mit einem Vortrab und einem Gefolge von Schnörkeln; ein Aufzug, eine Zeremonie von Buchstaben mit Haltung und in Gala, die Knöchel reiten hohe Schule.

Das ist doch wenigstens die bewußte, gravitätische Lüge, der feierliche Ernst des Daseins, welcher das Anonyme (das sind wir) ins Pseudonyme hinüberrettet. Das ist Etikette, Form, Stil, Patriziat, Antike — das ist Menschenwürde und „Bestell Dein Haus".

So liebte ich seit jeher die Unterschrift meines Vaters und liebe sie weiterhin. Er verschaffte sich nicht etwa eine Unterschrift, wie irgend ein netter Mensch sich heute eine Geliebte zulegt. Er hat seine Unterschrift schon als Knabe geübt, jahrelang baute er an ihr im geheimen, ehe er sie an das Licht des Tages ließ. Dann prunkte sie aber auch mit der überwältigten Schwierigkeit der Verschlingung von Buchstaben, zu der nur er allein auf Erden den mystischen Schlüssel besaß. Darin war jetzt das Geheimnis seines Lebens offenkundig vor aller Welt verschlossen mit dem Siegel Salomonis. (Salomon hieß mein Vater). Und ein Stolz, eine Fanfare, eine Gasconnade von Stolz wird nicht müde, sich in diesem Namenszug ewig zu wiederholen, mit immer neuem Selbstgenuß. Ein krauses Ineinander von blühender Einbildungskraft und verschlungenem Scharfsinn schlägt hier jeden Widerspruch zu Boden.

Das ist eine Unterschrift, lieber Vater. Ist das noch ein Pseudonym? Jawohl, in all seiner gediegenen, ehrwürdigen Eitelkeit ist es das — ein patriarchalisches Pseudonym mitten in unserer windigen Welt.

Mein Vater, mit dessen gefährlichem Temperament ich ebenso erblich belastet bin, wie mit seinem organischen Leiden, einem Diabetes, starb an einem Wiener Hausbesorger. Damit will ich den Mann, den ich nicht kenne, gewiß keiner mörderischen Absicht beschuldigen. Es ist nicht die Frage des Dolus, sondern eine des Typus! Mein Vater war Eigentümer des Hauses und hatte eines Morgens in dieser Eigenschaft mit dem Hausbesorger zu rechten, was dessen Widerspruch herausforderte. Ich weiß nichts Näheres über die Argumente, die von beiden Seiten vorgebracht wurden. Jedenfalls ergab sich ein Streit von einer wahrscheinlich geringfügigen Bedeutung. Es dürfte sich um etwas gehandelt haben, was von vernünftigen Leuten als eine höchst alltägliche Lappalie sofort begriffen und demgemäß mit wenig Erregung, mit einem verschwindenden

Maß an Emotion abgetan und so leichter Hand geregelt worden wäre. Meinen Vater kostete der matinale Zwischenfall, diese Betriebsstörung eines eben angebrochenen Wochentags, das Leben. Ich weiß, aus eigener Erfahrung, genau, wie er aufbrauste, in welch heiligen Zorn er geriet, der ihn, bis er ihn ausgetobt hatte, taub und blind machte.

Dem Alter handelt es sich um das *Resultat* des verbrachten und beinahe verbrauchten Einzellebens. Jene Zeitlichkeit, welche der Anteil der Person an Zeit war, ist im Erlöschen. — Wer das Dasein auf Erden nur für ein Vorstadium hält, und nach dessen Ende in die Ewigkeit Einzug zu nehmen glaubt, der religiöse Mensch also, genauer der Christ, mag seinem Tode mit einem Gefühl entgegengehen, das ich nicht zu teilen vermag. Hat er diesen Glauben, diese Überzeugung ein Leben lang genährt, wird er nun die Früchte solchen Festhaltens an einer Idee genießen.

Er ist in dieser Hinsicht beneidenswert. Ich habe erlebt, wie schwer mein Vater starb, der seine Religion längst verloren, aber keine andere Idee gewonnen hatte, nichts dieser Art sein eigen nannte. Der Arzt wird seine langwierige Agonie, die sich über ein halbes Jahr hinzog, seinen entsetzlichen, weil ganz und gar hoffnungslosen Widerstand freilich anders erklären, nämlich aus seiner Konstitution und aus dem Verlauf der Todeskrankheit. Seine ungeheure, ja ungeheuerliche Angst, sein nicht Loslassenkönnen, seine auch nicht durch verhältnismäßig starke Betäubungsmittel zu behebende Schlaflosigkeit: alle diese furchtbaren Erscheinungen hatten gewiß ihre organischen Ursachen. Er wehrte sich jedoch mit Riesenkräften gegen das Einschlafen, damit der Tod ihn nicht im Schlafe überrasche. Einseitig gelähmt, wie er durch den Schlaganfall, der ihn getroffen hatte, war, verfuhr er den Ärzten gegenüber mit einem Mißtrauen ohnegleichen, das ihm immer neue Listen eingab. Er wurde dabei täglich bösartiger und schien, mit dem Fortschreiten des aussichtslosen Kampfes, allmählich in Wahnsinn zu verfallen.

Es entwickelte sich in seinem ruhelosen Geiste ein Verfolgungswahn, der ihn in jedem in seine Nähe kommenden Menschen, auch und vor allem in den Ärzten, und nicht zuletzt in den eigenen Kindern Todfeinde sehen ließ, die es auf sein Ende abgesehen hatten. Er stand, nicht ganz mit Unrecht, unter dem Eindruck, daß er uns allen je länger je mehr lästig falle, so daß uns schließlich nur ein Wunsch beseelte: der, ihn endlich loszuwerden. Wenn meine Mutter noch gelebt hätte, wahrscheinlich hätte sie ihm mehr Vertrauen eingeflößt, und vielleicht wäre es ihr sogar gelungen, ihn auf das Unausweichliche vorzubereiten. Die meiste Geduld und Ausdauer in seiner Pflege bewiesen zwei weibliche Wesen: die vierzehnjährige Tochter meiner älteren Schwester, Susi, und ein noch junges, gut aussehendes Dienstmädchen. Beide waren sie gesund und kräftig und mit ausgezeichneten Nerven begabt. Es war erstaunlich, wie wenig sich Susi auch bei den intimsten Hilfeleistungen ekelte, und wie gleichmäßig ihre Laune blieb, obwohl weder sie sich, noch der Kranke sie schonte. In jedem anderen Zustand hätte er ihrer Kindlichkeit auch nicht den geringsten Teil dessen zugemutet, was er nun streng, und nicht selten unwirsch, von ihr forderte. Das junge Mädchen äußerte sich, soweit ich mich erinnern kann, nicht über das Unerhörte, das sie sah und leistete. Das Dienstmädchen, Mali (oder so ähnlich war ihr Rufname), rebellierte, sie schimpfte in ihrem sorglosen Wienerisch mit dem gnädigen Herrn, schalt ihn tüchtig aus, und vergaß darüber schließlich, daß er der „Herr" und jemals gnädig gewesen war. Immer mehr behandelte sie den Greis als ein Kind, und zwar als ein schlimmes, ungezogenes Kind, einen richtigen, verwöhnten Fratzen, den weiter zu verwöhnen sie sich, ganz gegen ihren Willen, gezwungen sah.

Was den Mann in dem ärmsten Lazarus ein wenig beruhigte, war, so denke ich, das für ihn trotz seiner Schmerzen und seiner unausgesetzten Angst erotisch Gedeihliche des jungen Mädchens und der vollbusigen, wie man sagt, riegelsamen Magd. Es waren — das saubere, flinke und geschickte Kind, hübsch, wie es obendrein war, und die junge appetitliche Frau, die ihn mit guten Händen anpackte — zwei Erscheinungen des Lebens, an dem er mit solch ungebrochenem Willen hing, beide Leben ausstrahlend und einflößend. Die Magd beklagte sich sogar einmal, sehr entrüstet, daß er, als er mit ihr allein war, Zärtlichkeiten von ihr verlangt habe. Natürlich hatte sie ein solches Ansinnen abgewiesen, und sie erklärte, sie ginge nun und wäre nicht mehr willens, mitzumachen. Sie ging auch, kam aber am nächsten Tage wieder, da der Herr ihr doch leid täte. Kein Wunder, daß meine beiden Schwestern immer mehr die Haltung und den Ausdruck von Schicksalsnornen annahmen, die ihr tragisches Gefühl nicht länger verbergen konnten. Aber gerade diese bald starren, bald in Tränen aufgeweichten Gesichter konnte der Sterbende nicht leiden, und vielleicht noch weniger meine mühsam bewahrte Selbstbeherrschung, in der er, hellsichtig wie er war, Mitleid und Grauen, auch bittere Schuldgefühle unschwer entdecken mochte. Er wurde, immer mehr, der unleidliche Tyrann, ein wahrer Nero, launisch und verletzend wie ein solcher. Er demütigte uns alle, die Ärzte hänselte er, und erfand immer neue Methoden, ihnen Unkenntnis und Fahrlässigkeit nachzuweisen. Die Ärzte drohten, ihn aus ihrem Privatsanatorium zu emittieren und in ein größeres allgemeines Krankenhaus überführen zu lassen — oder aber der sinnlosen Quälerei durch eine entsprechende Dosis Morphium ein Ende zu bereiten, zur Erlösung aller Beteiligten, nicht zuletzt des Patienten selbst.

Dazu hätte es aber meiner Erlaubnis bedurft, und die wollte ich, angesichts der Tatsache, wie sehr mein Vater — den ich als solchen allerdings kaum mehr wiedererkannte — trotz allem am Leben hing, nicht erteilen. Der Mann war auch nicht wiederzuerkennen, so grauenhaft hatte er sich — sonst ein natürlicher, naiv-liebenswürdiger und hilfsbereiter Mensch — verwandelt. Am deutlichsten noch gewahrte ich seine Identität an seiner Ungeduld, die ihn schon immer gekennzeichnet hatte; freilich war sie jetzt ins geradezu Absurde gesteigert und verzerrt.

Man kann, wenn das Unglück erst im Laufen ist und Kriege die Welt der Lebenden verheeren, zurückdenken und sagen: Damals, an jenem Tage, heiratete ein Prinz, und die Menschen freuten sich daran. Viele bestellten ihr Ehelager an dem gleichen Tage, sie wollten im gleichen Augenblick die Lust fühlen, vereint zu sein, und die Frauen wollten zugleich mit der Prinzessin empfangen, um zugleich mit ihr das Kind auszutragen. Auch erlagen sie der verzeihlichen Täuschung, den Prinzen in ihren Armen zu haben, wenn sie ihren Mann umarmten. Und die Hauptstadt war beflaggt, am Abend gab es ein Feuerwerk. — Wie aber, wenn der Prinz in der Hochzeitsnacht versagte?

Wenn er nicht liebesfähig, nicht zeugungsfähig war? Das änderte nichts an den Flaggen in den bunten Landesfarben, nichts an der Begeisterung der Männer und der freudigen Hingabe der Frauen. Sie, die vielen anderen, konnten lieben, sie waren imstande, zu zeugen und zu empfangen — und sie waren es an diesem Tage, dem Hochzeitstage des unfruchtbaren Prinzen, mehr und völliger als an jedem anderen Tage desselben Jahres. — Das Leben, diese Vielgötterei der Möglichkeiten, behält immer Recht. — Ja, aber inzwischen, Prinzenehe oder nicht, Prinzennachkommenschaft oder nicht, ist das Unglück ins Laufen geraten. Es ist Krieg und Verheerung, und von denen, die in jener Nacht gezeugt und empfangen wurden, fallen die meisten unter gräßlichen modernen Umständen. Also behält der Tod recht über das Leben? Wie man es nimmt — oder vielmehr: wie es genommen wird, beim Wort und beim Kragen. —

Der Tod ist kein impotenter Prinz. Die Alten bildeten ihn als einen nackten Jüngling mit gesenkter Fackel. Da sah er aus wie der Genius der unglücklichen Liebe. Und das war der Tod wohl auch für vornehme und verwöhnte Griechen in der Blütezeit ihres Handelns und Wandelns: eine unglückliche Liebe zum Leben. — Nicht mehr als das. Oder war der Tod ihnen sogar ein mächtiger Nebenbuhler? Ich kann mir den Sokrates in der Schlacht vorstellen, wie er gewahr wird der schmerzlichen Tatsache, daß jetzt, eben jetzt der Tod ihm die schönsten, die mutigsten, die edelsten Jünglinge, einen nach dem anderen, eben jetzt wegnimmt. Und vielleicht war es das, worüber Sokrates nachdachte, als er während der Schlacht von Potidäa volle vierundzwanzig Stunden lang, ohne sich zu regen, auf einem Platze stand und nachdachte.

Sokrates war kein Vater. Er war der Lehrer, der sich an das lebendige Material hielt, das ihm nie ausgehen konnte. Seine Sache war es, die schönen Jünglinge zu verführen, und zwar zur Weisheit, die für ihn das schönste und beste Leben war. Deshalb erquickte ihn nachts der Schlaf, und er brauchte nur wenig Schlaf. Sobald nur der erste, vorwitzige Hahn gekräht hatte, fuhr Sokrates vom Lager hoch, ungemein erfrischt. Er benetzte sich die Augen ein wenig mit kaltem Wasser und konnte es gar nicht mehr erwarten, hinauszulaufen auf die herrlichen, freien Plätze, wo sich bald die ersten Jünglinge, wie er wußte, einstellen würden zum idealen Stelldichein mit dem Lehrer der Weisheit und der Tugend. Sokrates war kurz und beleibt, er hatte einen Kahlkopf und einen krausen Bart, er sah aus wie ein Satyr — und vielleicht war er nicht einmal allzu sauber. Aber die Augen wusch er sich, um die Schönheit der Jünglinge besser sehen zu können. Er war der glücklichste Mensch, weil er als Lehrer so glücklich war. Nichts Übles konnte ihm geschehen, denn er wußte, — und er verließ sich darauf —, daß es immer neue und immer schönere Jünglinge geben werde, solange er lebte. Er konnte seelenruhig sich manchen Liter Wein genehmigen und dann friedlich seinen Rausch ausschlafen, und mochte seine Frau böse sein wie eine richtige Xanthippe: das Leben lieferte ihm die Jünglinge. Vielleicht wurde die Xanthippe nur erfunden, sein Hauskreuz ihm nur angedichtet, um ein winziges Muttermal anzubringen an dem schönen Gesicht seines Glücks, um seinem geradezu göttlichen Glück ein vermenschlichendes Detail zuzufügen. Auch sein eigener Tod, welchen Cleon als eine Strafe über ihn verhängte (weil Sokrates zu glücklich war), auch der Tod konnte ihm nichts anhaben, auch den Tod — seinen eigenen, einmaligen und endgültigen Tod — konnte er leicht ertragen, war er doch nicht allein, waren doch die schönen Jünglinge anwesend und gegenwärtig und um ihn versammelt, denen zu Nutz und Frommen er heiter und ungerührt, erhaben und unvergeßlich starb. Vielleicht dachte er: am besten sterbe ich jetzt, solange noch die Jünglinge um mich herum sind. Ihre Rührung, ihre Erschütterung, ihre schmerzlichen und stolzen Tränen: o wie versüßte das den Schierlingsbecher! Gutmütiger Cleon, der es nicht einmal verstand, einen Feind zu treffen? Wollte er den Sokrates bestrafen — oder durch eine Strafe auf eine Probe stellen, dann mußte er ihn zur Einsamkeit verurteilen, ihm den Umgang mit den Jünglingen verbieten und ihn zwingen, allein und lange zu leben. — Es ist die Gnade der Götter, daß unsere Feinde so selten wissen, wo sie uns treffen können. Unsere Freunde wissen es, unsere liebsten Menschen, denen wir unsere Schwäche anvertraut haben, sie wissen es am besten. Aber unsere Feinde! —

Als er starb, war Sokrates nicht allein. Aber er war allein bei Potidäa, damals, als er zusehen mußte, wie der Tod ihm die Jünglinge wegnahm, ja, wie sie sich gerne und ungesäumt, mit Eifer und Begeisterung und mit knirschenden Zähnen dem schönen Jüngling mit der umgestürzten Fackel an die Brust warfen. — Da dachte Sokrates tief nach, tief und allein. Aber tiefer als sein Nachdenken war seine Scham, die Scham des vergessenen Lehrers, war seine Eifersucht, die Eifersucht des betrogenen Liebhabers. —

Ein schöner geflügelter Jüngling war der Tod für die Alten. Hatten sie nicht ein Gesetz, das ihnen gebot, Menschen in der Agonie zu verlassen, ihnen einen Sack über den Kopf zu werfen, um ihr Stöhnen zu ersticken, und weit von ihnen wegzugehen, damit sie den letzten Seufzer nicht hören konnten? Wenn sie dieses Gesetz nicht hatten, so nur infolge eines Versehens ihrer Gesetzgeber. Sie hätten dieses Gesetz jedenfalls haben sollen! —

Der letzte Seufzer! Man spricht so viel vom letzten Seufzer. Aber das Schreckliche sind die vielen, lauten und schweren Atemzüge, die gar kein Ende nehmen wollen, wie angestrengt man auch horcht und wartet. Es ist furchtbar, sie zu hören, es ist furchtbar, sie zu zählen, und es ist noch furchtbarer, sie nicht zu zählen. Man muß sie zählen, sie verlangen, gezählt zu werden, sie heischen es gebieterisch. Es ist wichtig, sie zu zählen. Nicht nur aus medizinischen Gründen, weil man dann den Rhythmus beobachten kann und beurteilen, die Regelmäßigkeit, mit der es zu Ende geht. Es ist noch anders wichtig. Es ist schrecklich wichtig.

Warum ist es nur so wichtig? Da ist doch gar keine Hoffnung, gar keine Aussicht auf Besserung darin. Es geht zu Ende. Kein Zweifel, es geht zu Ende. Und bald wird alles vorüber sein. Es sind ja eigentlich ganz leere und sinnlose Atemzüge. Vielleicht ist gar kein Bewußtsein mehr dabei. Es ist nicht mehr der Mensch, der hier atmet. Und womit atmet dieser Mensch? Die Augen sind ihm zugefallen, aber die Brust atmet noch. Es ist Atmen an sich, aus, ein, aus, ein — Stockung! Man wartet angestrengt, das Zählen ist unterbrochen. Da — es fängt wieder an, dieses schwere Atmen, dieses Rasseln, dieses Keuchen. Es hat wieder angefangen — unglaublich, aber wahr! Und man zählt weiter.

Man zählt. Es sind leere Zahlen, die da am Ende übrig bleiben werden. Aber es ist wichtig. Es ist wichtiger als alles auf der Welt. Wichtiger als die Krönung des Königs und die Hochzeitsnacht des Kronprinzen, wichtiger als jede Arbeit, jeder

Beruf, jedes Gefühl, jeder Gedanke. Da ist kein anderes Gefühl, kein anderer Gedanke mehr als: Zählen! Man möchte sich die Ohren zuhalten, man möchte laut schreien, aufbrüllen — und davonlaufen. Aber man hütet sich zu schreien — und man bleibt, man horcht, man zählt. —

Inzwischen geschehen im Zimmer sonderbare Dinge. Die Gesichter der Frauen schwellen an vom Weinen und werden aufgedunsen, die Nasen röten sich und sehen wie Knollen aus, eine Magd fällt plötzlich, an der Seite des Bettes, in dem ihr Herr röchelt, auf ihre beiden Knie nieder und winselt wie ein geschlagener Hund — und man wehrt ihr nicht, man verwehrt es ihr nicht. Laßt einen Zuckerkranken im Zimmer sein, und sein Zucker wird steigen, steigen. Übrigens sehen die anwesenden Männer dumm aus, dumm wie gefoppte Bauernjungen. Ja, gegen den Tod ist kein Kraut und keine List gewachsen. Der Tod ist kein Geschäft, in das ihr euch einmischen könnt, ihr Männer, mit den Praktiken, die ihr gelernt habt. —

Aber eine Arbeit ist er, der Tod, das weiß Gott! Der Mann im Bett arbeitet schwer, er robotet und schuftet wie der letzte Taglöhner — und wofür, wofür! Schweiß steht ihm auf der Stirn, Schweiß um den Mund herum, im alten, ungepflegten Bart sammelt sich Schweiß, im Moose seiner Brusthaare Schweiß. Er sieht jetzt nicht aus zum Liebhaben, dieser Mann, aber vielleicht hat man ihn doch noch lieb. Schaut nur auf die Magd, die sich am Boden krümmt, als sollte sie ein Kind gebären, einen kleinen Jesus des Todes.

Da, eine Tochter wischt dem Manne den Schweiß von der Stirn. Sie darf es wagen, sie ist die älteste Tochter, die nächste, die drankommt, wenn der Vater erst nicht mehr schützend vor dem Tor der Gattung steht.

Aber das kümmert den Mann im Bett jetzt nicht, ob man ihm den Schweiß jetzt abwischt. Er ist so ganz bei seiner Arbeit, er war noch nie so gesammelt, noch niemals war er so aufmerksam nach innen. Nein, so furchtbar bemüht, so sorgfältig bestrebt haben wir ihn noch nie gesehen! Seine Stirne ist schmerzlich gefurcht, er strengt sich so gotterbärmlich an. Aber er denkt nicht, er plagt und schindet sich nur. So hart arbeiten vielleicht nur noch kreißende Frauen, wenn sie schwer gebären. Aber sie haben die Hoffnung. Hat auch der Mann im Bett die Hoffnung? Vielleicht. Wir wissen ja nicht, was in ihm vorgeht. Wir werden es niemals wissen.

Inzwischen grübeln alle Anwesenden im Zimmer darüber nach, ob er noch einmal die Augen öffnen wird. Wird er? Wird er nicht? Jeder wettet insgeheim mit sich selber, ob der Sterbende noch einmal die Augen öffnen wird.

Dieser da ist der Sohn. Er fürchtet sich entsetzlich davor, daß der Vater noch einmal die Augen öffnen könnte. Sag es niemand nur den Weisen! Der Sohn ist halb tot vor Furcht. Oder soll er wünschen, daß der Vater noch einmal die Augen öffnet? Soll er beten darum? Er hat schon mehrmals zum Beten angesetzt, der Sohn. Aber es gelingt ihm nicht. Sein Gehirn ist verwirrt von der Furcht. Sein Denken ist völlig verfahren, es scheint für immer verunglückt und verelendet zu sein, das Denken des Sohnes. Ja, wäre er die Magd, die dort liegt und sich krümmt, wären ihre Knie seine Knie! Aber er ist der Sohn, etwas Häßliches und Erbärmliches, etwas schmachvoll Hilfloses, der Sohn, der Denkende, das vom Vater übrigbleibt. —

Wenn der Vater noch einmal die Augen öffnet, wird sein Blick erkennen? Wird er — wissen? — Davor zittert der Sohn. Nein, bitte, bitte — nicht noch einmal wissen! Bitte — nicht!! — Wird er wissen, daß er stirbt? Das wäre zu schrecklich, zu gemein wäre das. Gerne wird er es nicht wissen — das fühlt der Sohn bis in die klopfenden Schläfenadern. Gerne nicht! — Und — erkennen? Der Sterbende den Weiterlebenden? Um Gottes Willen nicht! Der Sohn fürchtet nichts in der Welt mehr als den anklagenden Blick des Opfers, das dem Tode geweiht ist. Nichts in der Welt fürchtet der Sohn so sehr — außer vielleicht seinen eigenen Tod! —

Es ist ein so sinnloses Opfer, denkt der Sohn. Und er denkt es nicht im Gehirn, er denkt es in der Kehle, die ihm angeschwollen ist, als hätte er seinen eigenen Adamsapfel verschluckt. Dieses Opfer — wofür? wozu? warum?

Würde der Arzt jetzt eintreten, der Sohn würde auf ihn zugehen und ihn leise fragen: „Glauben Sie, daß er noch einmal die Augen öffnen wird?"

Und es geschieht — plötzlich geschieht es doch: Der Vater öffnet noch einmal die Augen. Erst das eine Auge. Dann deutlich beide. Ganz deutlich hat der Sterbende beide Augen geöffnet. War es — ein Blick? Oder haben sie sich nur so herumgedreht, die Augen des Vaters? — Und dann ist plötzlich gar kein Atem mehr da. Gar kein Atem. Null. — Der Sohn steht da, mit Schmach bedeckt und gemein bis in die Knochen. Sein Vater ist tot. —

Fragt die Magd, die jetzt laut und sinnlos weint, was geschehen ist. Fragt die Töchter, denen das Herz schmilzt. — Fragt nicht ihn, dessen Herz sich versteint hat, fragt nicht den Sohn. Eine Schwester kommt auf ihn zu, lehnt sich an ihn, legt ihre Arme um seinen Hals, weint an seinem Gesicht. Eine barmherzige Schwester. Es ist die Nähe des Weibes, das nur um des toten Vaters willen verzeiht, daß wir Männer sind.

Denn die Frauen gebären auch die Männer. Nicht nur ihresgleichen gebären sie. Sie gebären die Männer, die sie verraten, verlassen, verachten. Sie gebären ihren eigenen Feind.

Sokrates wußte nichts davon. Sein Todeskampf war kurz und leicht, der glückliche Tod eines Glücklichen. Und ein schöner Jüngling warf seinen neuen Mantel über den erkaltenden Leib des Lehrers.

Seine Kinder hatte Sokrates vorher — rechtzeitig — weggeschickt. Er ließ seine Kinder nicht seinen Tod sehen.

Und übrigens begruben ihn die Lebenden — nicht die Toten, wie die Schrift es heischt. Aber ich weiß darüber nichts. Vielleicht haben ihn auch die Toten begraben. Die Jünglinge lebten weiter — und sie begruben Athen.

Platon lebte weiter. Seine Kinder waren die Ideen, die in ewiger Schöne thronenden. Was für ein leichtes und lichtes Göttergesindel, die Ideen, sie, die uns töten. —

Wirklichkeit dagegen, schwere, schwarze Wirklichkeit, so dicht, daß man sich in sie einwickeln konnte wie in einen Mantel, war bei dem alten Judenkönig Saul.

Juden sind keine Griechen. Saul war kein Grieche.

Saul war ein Vater. Er hatte eine reizende Tochter und einen schönen Sohn. Aber die bekümmerten ihn wenig. Er kümmerte sich nur um den einen, fremden Knaben, diesen David.

David war der frechste Knabe, den der König je gesehen hatte. David brach ein in das Haus des Saul. David entjungferte Sauls Tochter. Und dann schlief er bei Sauls Sohn, wohnte ihm bei und stahl dem Vater sein Herz.

Man sagt, daß Saul schwermütig war. Nun, er war nicht mehr jung, er liebte vielleicht das Leben nicht mehr, er liebte seine Königsmacht nicht mehr. Aber er liebte immer noch die

Musik, den Gesang? Oder nicht? Warum denn sonst bewies er so viel Geduld, wenn er sich von David die Harfe vorspielen und ihn dazu singen ließ? Wurde er vielleicht nur nicht müde, zu hören, wie herzlos die Stimme der Jungen ist? Wie unerbittlich?

Oder hörte er darin die Geschichte seiner eigenen Jugend, wie er selbst ein Baum von einem Jüngling war und auszog, die Eselinnen zu suchen, die seinem Vater davongelaufen waren? David wäre bestimmt nicht nach jenen Eselinnen gelaufen, David war zu frech dafür. Ja, ein viel zu gehorsamer, ein viel zu sehr den Alten gehorchender Jüngling ist Saul geworden. Darum hat er sich auch damals von dem alten Samuel das Königreich aufschwätzen lassen. Der blinde Alte schleppte mit eigenen Händen das Horn mit dem Salböl herbei und schüttete das Öl auf Sauls bis dahin gekräuseltes Haar. Da war nichts mehr zu machen gewesen.

„Warum hast du es denn getan?" fragte Saul den Samuel. „Warum hast du mich zum König der Juden gesalbt?" — „Damit du mein Volk bestrafen sollst!" sagte der Alte. — „Und wofür soll ich es denn bestrafen?" — „Dafür, daß sie einen König über sich haben wollen."

Und dann erfuhr der junge Saul, der sich bis dahin um die Juden nicht gekümmert hatte, die ganze Geschichte, teils erzählte sie der alte Samuel selbst und teils sein Knabe, der dem blinden Greise statt der Augen diente. Samuel haßte auf dieser Welt nichts mehr als die Juden, die ihm, dem großen Lehrer, abtrünnig geworden waren und seine Söhne ihm vorzogen, obwohl sie übel waren und das Volk bewucherten, aber sie waren jung und stattlich anzusehen, und sie liebten es, selbst zu huren, deshalb gestatteten sie auch allem Volke die Hurerei. Sie waren selbst Wucherer und der Wucher wucherte unter ihnen. Deshalb hatte sich der grollende Lehrer auf den Berg zurückgezogen. Aber immer am Morgen saß er auf der Bank vor dem Hause und sah hinunter, wo er die goldene Staubwolke wußte, welche die Stadt verhüllte. Und dort hinunter sandte der alte, böse Lehrer an jedem Morgen seine Flüche, die glühender waren als die Sonne am heißesten Tage des Jahres. Der Alte pflegte täglich zu fasten. Bis am späten Nachmittag, nur um seinen Flüchen mehr Kraft zu verleihen. Und seine Flüche werden erhört bis zum heutigen Tag, so stark waren sie.

EXIL

Wir gingen ins Exil wie entthronte Könige. Einige von uns hausten tatsächlich wie solche an der Riviera. Andere würgten das Brot der Armut und der Knechtschaft. — Ich verließ kein Königreich. Meine Arbeit hatte bereits im Treibsand zerbröckelnder Verhältnisse begonnen. Sie blieb provisorisch, und auf Abruf getan. Kein größeres Werk gelang mir. Keine geschlossene Abfolge meines Wirkens, auch nicht einmal der bleibende Ansatz einer Tradition, welche die mehr als sieben mageren Jahre überwintern konnte. Ein Gelingen im Einzelnen zeigte den richtigen Weg an für die, welche sehen konnten und wollten. Ein einsamer Ton, Bruchstück einer Lebensmelodie, erklang und ging im Kriegslärm unter. Besinnung, die von der Tobsucht verschlungen wurde. Abende glänzten auf und Morgen. Abschiede vollzogen sich und immer wieder geschah ein Aufbruch und brach ab. Eine Spur war gesichtet worden, die Bahn blieb utopisch. Nirgendwo war ich daheim, mich einzureihen vermochte ich nicht, obwohl ich am Lagerfeuer der Zukunft eine Stimme im Rate der vorwärts Gerichteten innehatte. Freund der Tapferen und der Geschlagenen, Lehrer ohne Schule, habe ich manche auf den Weg gebracht, den ich selbst nur gegen überwältigende Hindernisse strauchelnd und in die Irre gehen sollte. Dies einer der hastigen Abrisse einer Biographie, die abriß, kaum daß sie noch begonnen hatte.

Die Vergangenheit

Ein Brief aus New York kam heute an. Er enthielt, in Seidenpapier verpackt, eine alte Photographie in Quartformat. Deshalb also hatte sich der Brief so hart und steif angefühlt, deshalb war er so dick gewesen. Bevor ich noch den beigelegten Text las, enthüllte ich das Bild — und erschrak. Es war ein alter

Bekannter aus meiner Kindheit. Mein Vater hatte diese Photographie von einer Geschäftsreise aus Konstantinopel heimgebracht, vor 45 Jahren. Er war darauf zu sehen, als ein Türke verkleidet, in Pumphosen, einen Turban auf dem Kopf, einen dunklen Schal um die Schultern. Nachdem ich den ersten Schrecken überwunden hatte, begann ich das Bild zu studieren. Den Hintergrund bildet eine verschwommene Gebirgslandschaft. Links und rechts streben Felsen hinan, das Bild abgrenzend. Man ahnt — mehr, als man sieht — Hänge und Matten, mit nebelhaften Wäldern bestanden. Hinter und über dem Kopf meines Vaters ist Luft, Atmosphäre. Von den gemalten Gebirgen stammen offenbar die Felsstücke im Vordergrund, auf denen mein verkleideter Vater sitzt. Er sitzt auf seiner linken Hälfte, das rechte Bein ist erhöht, denn sein rechter Fuß steht auf einer Gruppe von Blumen, die wie Edelweiß aussehen, Gebirgsblumen von den gemalten Hängen. Rechts von meinem Vater befindet sich ein Gebüsch, das ich mit meinen geringen botanischen Kenntnissen für Weinlaub halten würde, was ja zu der als Hintergrund verwendeten Gegend paßt. Mein Vater hat einen Janitscharensäbel umgegürtet, dessen blanke, gekrümmte Klinge neben ihm an dem Felsenarrangement lehnt, ganz im Vordergrund des Bildes. Der linke Arm meines Vaters ist abgebogen, die hinaufgehobene linke Hand stützt sich, ihn leicht umschließend, auf den Lauf eines Gewehres, das zwischen den Füßen meines Vaters steht. Sein rechter Arm hinwiederum liegt auf der Mündung dieses Gewehres, und die rechte Hand hält eine Tschibukpfeife, die zu seinem rechten Ohr reicht und die dort frei herunterhängende Fortsetzung des Turbans sanft zurückdrückt. Die Pfeife verläuft schräg, und das Gesicht meines Vaters hält sich schräg und parallel zur Pfeife. Das Ganze ist offenbar eine sorgsam erwogene Komposition, und ich muß die Kunst des Photographen anerkennen, wenn auch sein damaliges Stilgefühl meinem heutigen keineswegs entspricht. Das schöne, bärtige Gesicht meines Vaters fügt sich vortrefflich in diese fremde Tracht, die ihn allem Anschein nach in eine etwas schwärmerische und träumerische Stimmung versetzt hat. Der Ausdruck des Gesichtes ist außerdem ernst und kindlich. Der Backen- und Kinnbart rahmt es nobel ein. Der Schnurrbart bildet eine würdige Grenze nach oben und läßt die Nase besonders freimütig, die Stirne, die von dem Halbkreis des Turbans abgegrenzt ist, besonders klar und unbewölkt erscheinen.

Am unteren Rande der Photographie befindet sich das in Gold geprägte Wappenzeichen der herstellenden Firma, deren Name, links unten, in goldenen Schriftzügen vermerkt steht: Sébah & Joaillier. Rechts vom Wappen lese ich, ebenfalls in Gold: Constantinople, 439 Grand Rue de Péra. Unter dem Wappen: Photographes de la Cour Royale de Prusse. Auf der Rückseite des Bildes ist ein kompliziertes Emblem graphisch dargestellt, das ein Szepter und einen Palmenzweig mit den Medaillen kombiniert, welche die Firma in Anerkennung ihrer Kunstleistungen von allen Ländern der Erde erhalten hat. Darüber befinden sich arabische Schriftzüge, die mir ein Mysterium sind.

Und es erfolgt in meinem Bewußtsein, wie in einem Film, eine Überblendung: von den arabischen Schriftzügen auf der Rückseite der Photographie zu den arabischen Schriftzügen, in Gold auf einen purpurroten, seidenen Wandteppich gestickt, den mein Vater offenbar von jener Reise mitgebracht hatte, und der das Speisezimmer meiner Eltern in Wien zierte. Dort bin ich als Kind zwischen den Möbeln herumgegangen, die goldenen, fremdländischen Charaktere haben mich magisch angezogen und mir ein ahnungsvolles Gefühl von fremden, exotischen Ländern, einen vagen Begriff vom Orient vermittelt. Das ist nun 42 Jahre her. Längst gehe ich nicht mehr in diesem Speisezimmer herum, und auch meine Eltern haben es räumen müssen, als sie diese Welt verließen. Sie gingen dahin, bevor sie das Ärgste erleben mußten. Der große Krieg war ihnen nicht erspart geblieben, aber sie erlebten nicht mehr die Vorbereitungen zu dem noch größeren. Sie erlebten es nicht mehr, wie ihre Kinder in der Welt zerstreut wurden, und welch eine Welt ihre Kindeskinder vorfanden, um sich in ihr, auf dem Flugsandboden der Emigration, eine nur Schrecknisse verheißende Zukunft zu bauen. Dieses ist eine härtere Epoche, ein eisernes Zeitalter. Wir haben heute nicht mehr das Herz, uns zu kostümieren. Wir würden keinem Photographen erlauben, mit uns dieses Verwandlungsspiel zu treiben und uns so künstlerisch zu gruppieren. Wir würden diese Versatzstücke ablehnen, den Haufen Edelweiß und die künstlichen Reben eines nie gekelterten Weines. Ein solches Arrangement würde nicht im Stande sein, uns in eine schwärmerische und träumerische Stimmung zu versetzen. Wir haben weder Zeit noch Lust dazu. Es fehlt uns die Freiheit, so mit uns zu spielen, und wir würden nicht die Kraft der Illusion aufbringen.

Etwas schmerzt mich an diesem Bilde. Gewiß mache ich meinem Vater keinerlei Vorwürfe, ich kann verstehen, wie stolz er darauf war, seinen Handel auf die Türkei zu erstrecken. Tüchtigkeit hatte ihn so weit gebracht, er war ein Exporteur; und als er in diesen wunderbaren Gegenden weilte, ergriff er einen Zipfel von dem Wunder und zog ihn zu seiner Person hinüber. Für einen Augenblick bekleidete er sich mit dem Orient und brachte das Ergebnis als Trophäe heim. Für uns Kinder war es ein Märchen aus Tausend und einer Nacht, allernächstes Leben geworden. Aber wir sind keine Kinder mehr. Die Welt hat uns älter gemacht, als unser Vater je war, obwohl er ein hohes Alter erreichte. Trotzdem, das Bild tut weh.

Aber wie zum Teufel kommt es hierher? Endlich lese ich den beigelegten Brief, wenn auch mit einem gewissen Widerstreben, kommt er doch aus der weglosen Vergangenheit und überrascht mich unvorbereitet im nüchternen Tageslicht des Exils. Der Brief kommt von einer Dame, von einer alten Dame. Ja, sie hat mich gekannt, als ich ein Kind war. Sie hat meine Eltern gekannt und die damaligen Freunde meiner Eltern. Von alten vergessenen Namen spricht sie mit der größten Selbstverständlichkeit und Gegenwärtigkeit. Was für Menschen da wiederkommen! Ich hätte nie gedacht, ihnen auf Erden noch einmal zu begegnen. Es tut weh. Es sind Menschen darunter, die ich als Kind nicht leiden konnte, deren Gesichter mich ängstigten, deren Tonfall mich verwirrte, deren Physiognomie und Existenz bange Ahnungen in mir erweckten, ein übles Vorgefühl vom Wesen der Welt, das seitdem so viele Bestätigungen erfahren hat. Es ist mir plötzlich, als wären diese Menschen schuld daran gewesen, daß vieles so wurde, wie es wurde. Es tut mehr und mehr weh.

Die Schreiberin ahnt nichts davon. Sie will mir Gutes tun, mich freundlich stimmen. Sie erwartet von mir Hilfe für ihren Sohn, der in meinem Fach arbeitet, das wohl inzwischen gar nicht mehr mein Fach ist. Sie vermutet mich in der neuen Welt, deshalb ging der Brief auch zunächst an eine amerikanische

Adresse. Aber ich bin in Europa, und der Brief kam mir nach. Ich kann nichts für ihren Sohn tun. Es ist klar, daß sie meine Existenz nach Gerüchten beurteilt, die falsch informiert sind. Die Stellung, in der sie mich anzutreffen hofft, habe ich vor Jahren erstrebt, sie aber inzwischen aufgeben müssen. Der Brief der Dame erinnert mich an gescheiterte Pläne. Vielleicht würde sie mich verwünschen, wenn sie das wüßte, vielleicht mich bedauern. Auf keinen Fall können wir harmonieren, sie und ich, in diesem Augenblick.

Da bin ich schon viel lieber an jene ganz alte Vergangenheit erinnert, an die Kindheit. Die Dame schreibt: „Ich erinnere mich noch sehr genau, daß Sie damals recht hübsch die Violine spielten." Tat ich das wirklich? Ich erinnere mich dessen nicht. Ich weiß, daß ich einen Versuch machte, das Klavierspielen zu erlernen, der nach einigen Jahren kläglich scheiterte. Auch das eine enttäuschte Hoffnung! Ich habe es oft bedauert, daß ich kein Instrument beherrsche und auf die Musik der anderen angewiesen bin. Sollte ich auch versucht haben, die Violine zu erlernen? Sollte ich mich damit sogar im Familienkreise produziert haben? Es erscheint mir nicht als völlig ausgeschlossen. Ich beginne zu zweifeln, denn ich traue mir dergleichen zu. So vieles habe ich in meinem Leben versucht und wieder aufgegeben. Je mehr ich mein Gedächtnis zu erforschen suche, umso dichter verdeckt sich die Vergangenheit mit Nebel. Wie ist es möglich, daß ich das nicht genau weiß, daß ich überhaupt zweifle? Und doch, wenn mir jemand plötzlich sagte: „Sie haben im Jahre 1905 einen Mord begangen!" —: Ich weiß genau, daß ich kein Verbrechen dieser Art verübt habe, das heißt, ich glaube es genau zu wissen. Man verdrängt aber doch so vieles, und das Ärgste verdrängt man am tiefsten. Es gibt sehr unklare Strecken in meinem Leben, es ließen sich Spuren aufstöbern und verfolgen, die in Seitentäler führen würden, welche ich um keinen Preis betreten möchte. Vielleicht habe ich auch die Violine spielen gelernt. Die Dame erinnert sich sicherlich besser als ich. Sie hatte auch das Bild meines Vaters im Gewahrsam gehalten, das sie nun als Erkennungszeichen benützt, und sie bittet mich, es ihr wieder zurückzusenden. Das will ich bestimmt tun. Mein Brief an sie wird fremd klingen, er wird nicht enthalten, was sie sich von mir erhofft, er wird sie enttäuschen, obwohl ich mich bemühen werde, ihm einen

besonders achtungsvollen und freundlichen Ton zu geben.
Aber eines kann ich nicht tun: meine Identität kann ich nicht
abstreiten. Ich kann der Dame nicht schreiben: das ist nicht
mein Vater, und ich bin nicht der Sohn. Denn wir sind es, wir
sind es. Sie besitzt einen Schlüssel zu meiner Vergangenheit, der
Schlüssel paßt, er sperrt auf. Und das wird sie erfahren. Hoffentlich
bereitet ihr das wenigstens einige Genugtuung.

[Mutabor]

Der Entwurf kündigte sich, auf dem Weg zum Zahnarzt, an
mit dem plötzlich hervorspringenden Satz: *„Mensch, was ist
dein Urgesicht?"*

Analyse. Verursacht wahrscheinlich durch den Vor-Weihnachtsbrief
Beatrix', den ich eben erhalten hatte, als die
großen Zahnschmerzen einsetzten. Warum sollte ein Buch
übrigens nicht mit *Zahnschmerzen* beginnen? — Im Brief der
Beatrix — : nach der Enttäuschung — daß die letzten Verhandlungen
mit New York wieder in nichts zerrannen — hatte sie
pünktlich einen ihrer *Kolikanfälle*. Die haben überhaupt, so
glaube ich, mit dem System der *Verdrängungen und Versagungen*,
dem sie unterworfen ist und sich unterworfen hat, viel zu
tun. Darauf ist ihre *Abmagerung* zurückzuführen. Askese. (Ihre
Sparsamkeit.) Sie bestraft sich selber, wenn ihr etwas mißlingt.
In trüber Weise will sie dieses Individuum nicht länger füttern.
Auch das *Selbstmord-Motiv* ist ins Unbewußte hinabgedrängt,
weil sie es sich nicht erlaubt. Die Lebenskriegerin (Engländerin
= Spartanerin; der Hoplite, der sie ist). Überbleibsel viktorianischer
Moral und Zucht; jedoch hat sie sich auch den romantischen
Ausweg abgeschnitten. Sie ist moderne Realistin (sie ist
psychoanalysiert). Der asketische Kommunismus. Das Individuum
hat wenig Eigenexistenz, wird nur durch seine *Leistung*
gerechtfertigt. Andererseits kritisiert sie den puritanischen Typ
der jungen Kommunisten um der religiösen Salbung willen.

Was aber vorschwebte, war der Vergleich ihres Gesichtes, ihres Körpers: verhärmt, vermagert, auf Kanten und Ecken reduziert, dem Skelett nahegebracht, Merkmale tragend, die von der Bitterkeit ihrer Kämpfe — der gewesenen und der fortdauernden, sich eher noch zuspitzenden — erzählen, ihrer Verzichte und Verluste —: Vergleich mit der blühenden Schönheit, entweder des Naturgesichtes, des animalisch geglückten, oder der erreichten Harmonie auf höherer Stufe. Vergleich mit ihren eigenen Jugend- und Mädchenbildern, mit ihren Geschwistern, die schön sind, während sie viel höher schön sein sollte und könnte. Was hat das Leben aus ihrem Gesicht, aus ihrem Körper gemacht?! —

Offenbar hinterließ die Erzählung Sam Hoffensteins — unlängst, nachts, in Ben's Haus — einen tiefen und bleibenden Eindruck. Kein Wunder! Er war der Plutarch einer hochbegabten, erfolgreichen, von ihm vergötterten Schauspielerin, die dann zu essen aufhörte und immer mehr abmagerte — was das Ende ihrer Laufbahn wurde. Hoffenstein schilderte, mit großer Anteilnahme, diese Tragödie: wie ihre Arme denen eines Skelettes gleich wurden, sie kein Gesellschaftskleid mehr tragen konnte, etc. Sie schien es aber nicht zu wissen, denn sie suchte sich, gelegentlich einer Premiere, ein ärmelloses Kleid aus, und es mußte ihr schonend beigebracht werden, daß es ihr nicht stünde etc. Dazu gehörte Mut, eine Freundschaft, die nicht davor zurückschreckte, ihr Objekt zu verletzen, indem sie dessen dringendstes Interesse wahrnahm, etc. — Mit welchen Gefühlen hörte ich zu, mit welcher Erschütterung! — Wer sagt es Beatrix? Wie wütend sie wird, wenn man ihr zuredet, zu essen! Ob ihre Familie sich dieses Konflikts bewußt ist? Denn zweifellos ist diese Magerkeit, diese *Entfleischung* das Haupthindernis von Beatrix' Karriere, vielleicht das einzige. Vieles, das meiste von dem, was sie dem in der Tat miserablen Managersystem, der Dekadenz des bürgerlichen Theaters zuschreibt, ist auf dieses physische Faktum zurückzuführen. Wahr, es werden keine Dramen und keine Rollen geschrieben, die ihre wahre Kraft — die künstlerisch und menschlich ständig wachsende — herausforderten. Ebenso wahr aber, daß die Menschenhändler, die Erfolgs-Parasiten eine — wenn auch bedeutende, ja große — Schauspielerin ausschalten mußten, die — wie sie meinen — das Publikum, *ihr* Publikum — welches eine sinnliche Bestie ist — eher abschreckt als anzieht. —

Aber hier! — der *entfleischte Mensch*, der neueste Christus, am Kreuze unserer Entwicklung verschmachtend! — Und jetzt, im London der Blackouts, eingeklemmt in die Enge einer gefängnisartigen Stadt, die wie eine *belagerte Festung* lebt, auf den *Eisensturm von oben* wartend und nicht wissend, wann er eintreten wird! — Eingeklemmt in die verpauperte, verbiesterte, in jeder Hinsicht *reduzierte* Familie! *Frustration* allgemeiner wie persönlicher Art. Einer Klasse angehörend, der sie längst entfremdet, aus der sie geistig längst emigriert ist, und deren Verfall (decay) sie dennoch — mitgefangen, mitgehangen — mitmachen muß. *Die zitternde, verzehrende Nervosität ihres Anders-Seins!* Beruflich ausgehungert — da nur „lousy entertainment" produziert und den erschreckten bürgerlichen Massen geboten wird. In ihrer politischen und welthistorischen Anschauungsweise nur noch schrecklicher isoliert, während der hysterische Patriotismus, die Kriegsneurose, sie auch in den nächsten Menschen, umdrängt und bedrängt. [Der Widerstand] ihres Gefühls *gegen* den allgemeinen Gefühlsstrom, der jetzt stärker fühlbar ist als sonst. Alles ringsum sporn sie zum *Widerspruch* an, den sie sich jedoch verkneifen muß. Sie ist zur Untätigkeit in jeder Hinsicht, zur freudlosesten Passivität verdammt. Dabei leidet sie an den Schlappen, die der utopisch-realistische Sozialismus, dem sie fanatisch anhängt, erleidet; unter den ideologischen Widersprüchen der Weltsituation, den Fragwürdigkeiten der russischen Politik, welche sie (darin ganz vereinsamt) teils billigt, teils eben doch nicht billigen kann. Und all die anderen Auswirkungen *einer Antinomie, einer tragischen Dialektik der Ereignisse!* Sie muß die Katastrophe herbeiwünschen, die über ihr Land, ihre Klasse, ihren Fruchtboden, ihre Familie, über sie selbst (bis zum Ausgehungert- und von einer Luftbombe Zerschmettert-Werden!) hereinbricht. *Menschlichkeit*, in ihrem mitleidenden Herzen, kann sie sie aber doch nicht billigen. Sie ist europäische Kassandra, kommunistische Walküre und allerchristlichste Pazifistin in *einer* Person, in einem — überreizten — Nevensystem. In welch unerträglicher Spannung sie das — wie uns alle — halten muß! Wie es sie verzehrt, von innen auffrißt, während der äußere Mangel an Arbeit, Betätigung, Lebensfreude, Übereinstimmung, an allen Ja-Vitaminen diesen heillosen Prozeß unterstützt. —

Die Frage, von *wo* aus anfangen, von *wem* aus erzählen und erleben. Es soll kein Ich-Bericht sein. Kein autobiographisches Fragment.

Ein deutscher Emigrant? Aber doch wohl kein Filmregisseur. Eher schon ein Schriftsteller, ein *Lyriker*, der dann auch mit dem Film zu tun bekommt (was *ihm* nicht gut tun wird). Der Lyriker, der an der Realität gescheiterte, an ihr leidende, vergeblich zu ihr hinstrebende —: das ist gewiß keine populäre Figur. Wir leben nicht mehr in Eichendorffs Tagen. Aber schließlich ist das eine Person, die ich — mit ihren „shortcomings" kenne, kennen müßte.

Also doch Autobiographie? Nein — Objektivierung, so weit sie mir gelingt. Das Taumeldasein, der Größenwahnsinn, der Idealismus, innerer Umgang mit Nietzsche, Goethe etc., die *unheilbare Romantik*. Soll es kompliziert werden mit dem jüdischen Problem? Nennen wir ihn zunächst *Mutabor*.

Wo anfangen? Mit Annie? In Paris? Neuilly? (Sybille.) Um den Gegensatz zu zeigen zu der späteren englischen Heroine? Nennen wir Annie: Gerunda. Ihre Seelenbreite. Venus vulgivaga im idealistischen Sinn. Die All-Muter (schlechte Privat-Mutter). Ihr Fiasko in Rußland. Der jüdische Soldat, der ihren allmenschlich-unmenschlichen Amoklauf aufhielt. Von da ihre Wendung. Rappaport, der abschwenkt, nach Rußland. Jascha, der zu verführende Heilige. Sie verführt ihn zu Leben, und er rettet sie. Mutabor bleibt draußen.

London. Zuerst Emigration ohne Emigranten? Ohne Wissen ums Woburn House? Regentstreet. Café Royal. Das Häuschen in Kensington. Der Landlord im blumigen Schlafrock. Die törichte Maid Mary. — Zuerst der Bruch mit Sybille. Der Überfall Gerundas. — Christopher, der englische Karamasow. Sally. — Die Episode im Hause der Frau —. Quäkerin. Der Moniteur. — Lydia. Jane.

Wie nenne ich sie? Vorläufig: Miranda. Soll sie Schauspielerin sein? St. George's Square. Ihre Versponnenheit. Ihre Welt. Crusty. Das Sesam, das ihren Zauberberg öffnet. — Liesl geistert vorbei.

Von wem Miranda kommt, abstammt. (Familie). (Die Brontës) — Viktorianismus. Die englische Romantik. Ihre Dienstzeit bei Tallu. Ihre Krankheit. Der falsche Retter. Psychoanalyse. Die Verletzung: „Du hast mich als Weib enttäuscht." Ihr Zauber.

Die Entscheidung in Paris. (Jascha wird entschieden.) Versailles: der Besuch zu Ostern. Flug mit Paula. Paula. *Immer wieder bricht die Realität durch, richtet die Menschen aus.* Was auf der Strecke bleibt. Die ewig weiter schreitende *Häutung der Illusionen.* Mein Hauptthema.

Jascha und Mutabor: der Heilige und der Narr. Wieviel Narr im Heiligen? Seine Ehe — Vorsatz: Versöhnung mit dem Leben. Von da aus: seine Versöhnungsmission. Lebensphilosophie. Die Rettung —: seine und die der Menschheit. —Mutabor lernt den Verzicht — und sieht sich nach Ersatz um. Ist das der wahre Verzicht? —

Wie die Realität die Menschen aus-richtet! Besonders gut zu studieren bei solchen Exemplaren wie Mutabor und Gerunda, die „sich gehen" und „sich nehmen" lassen. Allerdings sind auch diese nicht ohne „cunnings", ohne fortwährende Intrigen. Gelegenheitshascher; Geschäftemacher mit dem „Schicksal". — Wie sie auf ihre Partner verfallen: ihre Bedienerin macht Gerunda auf den interessanten russischen jungen Mann, Jascha, den Mönch, den Einsiedler, aufmerksam: „hier ist ein Mann für Sie!" — Der ganze Lebensbau wird auf dieser Kuppelei aus Sympathie, auf diesem Rennfahrer-Tip errichtet! — Und Lydias dementsprechender Hinweis. — Ein Thema, sehr delikat zu behandeln, gerade weil die Grundfakten so undelikat sind. Voraussetzung ist das Offen-Sein, das Suchen, das Brauchen. Raubtiere auf Menschenjagd! Freilich sind sie bald selber die Gejagten, die Gefangenen ihrer Beute, ihres eigenen „schemings".

Besonders wenn sie auf Reinheit stoßen, die dann ihren „gesunden Instinkt" bricht. Die Geschichte Gerundas und Jaschas ist „Rosmersholm" — Rosmer und Rebecca West noch einmal — nur drastischer, derber, weniger sublimiert, lebenswahrer. Das für sich ist bereits ein ganzes Thema. Schwirig es zu behandeln, weil die Modelle leben. Das war ja immer meine Hemmung: die Unfähigkeit, den „Stoff" zu „behandeln" mit sogenannter „Freiheit", von den erlebten und gewußten Tatsachen *hinweg zu erfinden.* Erfindung überhaupt. — Warum muß Jascha ein *Russe* sein? Aber das ergibt die richtige Perspektive: seine Art „Weißrussentum aus Reinheit"; daß er Sozialrevolutionär war, und wie weit er mit der russischen Revolution mitgehen konnte — nicht einen Schritt weiter! Daß er sich in die *reine Mathematik* flüchtet, um in ihr die rettende Formel zu finden. Den Stein der Weisen. Das Werk, das nie fertig wird, weil er alles Formulierte immer wieder zerstört. — Details aus der Kindheit, sein Starrsinn. Wie er, als Knabe, Gift geschluckt hat und es nicht verrät, lieber die endlose Todesangst und die Schmerzen, die üblen Zustände und die falsche Behandlung, stoisch durchhaltend, erleidet. — Gerunda verführt ihn, mit Brachialgewalt. Die Episoden dieses Kampfes, das Ringen um sein Geschlecht, das an ihm zerren. Brutalste Schamlosigkeit. Er kann den Widerstand nicht aufgeben, sich nicht hingeben. Die Entscheidung wird doch „seelisch" herbeigeführt, durch Mutabors Oster- und Abschiedsbesuch. Der Reine belauscht den „Akt", leidet unmenschlich — und entschließt sich! Wenn Gerunda das absichtlich arrangiert hätte — sie hätte es nicht besser und wirkungsvoller planen können! Furchtbarer Gedanke — besonders für Mutabor, dessen Verzweiflung ebenso als Mittel zum Zweck benutzt wurde wie die Verzweiflung Jaschas, seine ins Panische gesteigerte Eifersucht. Wer von den dreien war wirklich „rein" in dieser Situation? — Jaschas Lauschen an der versperrten Tür, hinter der —! Ich sehe das als eine unglaubliche Theaterszene. Bis zu welcher Entwürdigung sieht er sich hinunter gewirbelt! — Muß er nicht, da er dem unwiderstehlichen Drang, *zu lauschen,* nachgibt, mit den Fäusten gegen sich selber losgehen? „Nein" knirschen und abstürzen? — Oder schleicht er sich still davon? — Diese Nacht! *Seine* Nacht! — Er irrt im Bois de Boulogne umher — und alles ist Frühling! — Und doch! In diesem Pandämonium, in diesem Mysterium findet der Heilige den Übergang — in die Realität der sinnlichen, der fleischfressenden Welt! — Am nächsten Abend wird er *„mit ihr"* ins Bois stürmen. Dort, unter offenem Himmel, werden sie sich verloben, begatten! (Und doch wird sie ein *Kind* sein: tragische Pointe!) — Mutabor seinerseits bekommt das alles in Briefen. Er, der *beinahe* vor die Hunde geht — aber doch nur beinahe. Ihre Offenheit hilft —

und hat die *Intention*, zu helfen. Diese Briefe — nach bürgerlichen Begriffen schamlos — sind nicht nur mit Tinte, sondern tatsächlich mit hochherzigem Mitleid, mit Menschenliebe geschrieben. Die jetzt so Glückliche wendet sich nicht von dem Unglücklichen ab — wie das sonst immer geschieht —, um ihr Glück zu bergen, es vor der Berührung des Unglücks zu schützen, oder weil ihr das Andere, das Überwundene jetzt das Fremde, das nicht mehr Existierende — und deshalb gleichgültig ist. — Mutabor kann solchen Edelmut nur mit Edelmut vergelten. Das hilft ihm zum Verzicht. Mehr als das: er ist jetzt nur bedacht, dem Glück der anderen durch die Art (und Technik) seiner Anerkennung *Rein*heit nicht nur zuzubilligen — sondern an ihr, an dieser Reinheit, mitzuarbeiten — „schöpferisch", wie der deutsche Ausdruck lautet. — Jedoch scheitert Gerundas merkwürdiger (konsequenter) Plan, eine *Dreieinigkeit* zu schaffen — an den Männern, die sich in der Realität abstoßen müssen, ob sie nun wollen oder nicht. Jascha übernimmt die *moralische Verantwortung* für die wahllos gewesene Gerunda. Er lernt von ihr „das Leben", der Lebensphilosoph, aber muß sie „erziehen". Inwiefern und bis zu welchem Grade sind sie alle drei *komisch*, vom „gesunden Menschenverstand" aus? Das wäre schwer zu gestalten, wenn man dennoch die „Reinheit" retten, sie erweisen und erhärten will. — Ironische Pointe: der Einsame will zweisam werden. Darauf ist diese Ehe abgesehen. Kaum ist das Verlöbnis geschlossen, kommt heraus, daß Jascha eine große Zahl von Geschwistern und nahen Verwandten besitzt. Sie alle wird Gerunda treffen, mit ihnen wird sie leben müssen! Und es sind *sehr* bürgerliche Leute, allerdings gutmütige. Schon längst haben sie auf die biologische Rettung (die Verführung) Jaschas gewartet — jede Frau, der *das* gelingt, werden sie in Kauf nehmen. Also: das „Mysterium" war das offene Geheimnis der ganzen Familie! — Ist das nicht „peinlich"? Und zum Tot- oder Lebendig-lachen. — Eine saubere Heiligengeschichte, das! — Und doch so sauber, im Lebenssinn. — Interessant, wie die Realität — eine Art Wurstmaschine — abkappt, was sie nicht gebrauchen kann. Der Rest fährt in die Dichter — und in die Säue. —

Vor dem Ewigweiblichen sind wir alle doch nur Männer, und wollen gerade hier Menschen sein!

Wann dieses höhere Satyrspiel mit glücklichem Ausgang spielte? — Während der österreichischen Februarrevolution, als die Arbeiter in Wien ihren Verzweiflungskampf kämpften. — Mutabor und Gerunda: beide Österreicher, Wiener und Sozialisten im Ausland, in London. Zeitungen. Das Kino. Es traf Mutabor, als er nun *allein* das *Menetekel* von den Wänden der Zeit lesen mußte. —

Gerunda ist eine Dichterin. Sie identifiziert sich mit der Erde (Gäa), aber sie treibt, statt Früchten, Sublimierung aus sich hervor. Mutabors Wort über sie, als er, zu spät, begreift: „Wahrheit lügen". Denn auch das gibt es. —

Er findet sie später domestiziert, um ihre schöpferische Kraft gebracht. (Sein selbstbewahrendes Ressentiment). Trotzdem konzentriert sie sich zu einem Werk (dank der Zweisamkeit mit Jascha).

Die Wirklichkeit: sie wird ihn — seine Sprache, den Mathematiker — nicht *verstehen*, aber fühlen. Der Haushalt hält die Ehe. Erst zu eng: auch das vielleicht zum Vorteil. Das warme Nest, aber keine Brut. Er tyrannisiert sie — Gottseidank. Banalität fördert Wärme. Hat sie den Heiligen zum Männchen gemacht, muß sie Weibchen sein. Bürgerlichkeit — aber moralische Konsolidierung einer Zerfließenden. Sein gläserner Turm steht jetzt auf ihrem Kochherd, oder doch dicht daneben. Sie kocht schlecht, aber sie kocht. Er telephoniert nicht. Sie ist seine Verbindung mit der Außenwelt, sein Schutz gegen sie. Er ist ein irrealer Denker, aber ein praktischer Geschäftsmann — für die Familie. Diese fabriziert Milchflaschen-Verschlüsse. Davon — von der Rente — leben der Denker und die Dichterin. Auswahl zwiespältiger Züge. Ibsen (kein Kind). Er will das Völkerversöhnungsmittel finden. Doch kommt der Weltkrieg. Er glaubt an Chamberlain, der den Frieden aber nicht rettet: im Gegenteil, es zu einer ungünstigen Kriegskonstellation bringt. — Mutabor entwickelt sich ins Revolutionäre, in den Kommunismus. Er, vorher „Idealist" gewesen, geht dorthin, von woher sie gekommen war. Krach und Krise zwischen ihnen. Versöhnungen. Trennung durch den Krieg, ein Meer, einen Kontinent. Haupt-Trennung: dadurch, daß Mutabor Miranda findet und die beiden eine Verbindung eingehen. Vier-Einigkeit absolut nicht zu erzielen. Die Realität stärker als alle Wahrheit-Lügen — bis auf weiteres.

Worin liegt hier das System? Gerunda — die damals noch Anarchische — waltet ihres Amtes (in Stellvertretung der Realität), als sie die unfruchtbare und gefährliche Verbindung Mutabor—Sybille (in der er aber sinnlich glücklich war, er jedenfalls) sprengte. Grausamkeit Mutabors, Verzweiflung Sybilles, der verlassenen. Ihre Rache (sie flößt Verleumdung-Entstellungsgifte in Gerundas Seele. Gerunda saugt es aus, wie bei einem Schlangengift. Aber es hinterläßt Spuren, macht sie gegen Mutabor mißtrauisch. So *sucht* sie — statt dieser Verbindung zu vertrauen und sich ihr anzuvertrauen — nach *ihrem* Mann.) Rauben, verlassen, verdrängen, beleidigen. Gifte. Kein *reines Geviert* zu erzielen. Daher nicht der Boden gewonnen, auf dem Dauer gegründet werden kann. (Der Fluch der bösen Tat. Alles bleibt auf der Ebene des Dramas, das kein glückliches Ende erlaubt.) —

Aus der Verbindung Mutabor-Sybille wäre ja doch nichts geworden. Wenn man soetwas einsieht, wird man grausam. Ein Ende muß sein, warum nicht jetzt? Das Nein muß gewagt, getan, durchgesetzt werden. Schlußpunkt. Gebiet der *futility*. Es gibt Dinge, die enden — den *Tod* der Beziehungen: das gibt es. Es gibt den Tod. Man sagt: das ist aus. —

Mit Gerunda wäre Mutabor *wirklich* glücklich geworden. Sie ist eine Frau, mit der ein Mann glücklich wird. Das hatte er erkannt. Es gibt das Glück. Sie reichte hin: körperlich, seelisch, geistig. Mutabor wäre *versöhnt* gewesen, als Individuum mit dem Leben, von dem er nun unversöhnt scheiden wird. Es hätte ihn „geheilt", gesammelt, produktiv gemacht. Überwindung der Schizophrenie. (Er war mit Recht verzeifelt, als er sie verlor. Jascha setzte mit Recht alles daran, sie zu gewinnen. Jascha blieb Sieger. Mutabor denkt: *Gott segne ihn!* — Aber er wird nie Frieden halten können mit Jascha — oder erst. spät, wenn alles vorüber ist. Sozusagen: *im nächsten Leben!*) —

Siehe das „Kampaner Tal" von Jean Paul. Solche Ausgänge regen den Glauben an die Unsterblichkeit an.

Die Psychoanalysierten: Sybille und Miranda. — Affinität des „Masochisten" zur Hysterika. Siehe Weininger. — Der milde Urpazifist und Gewaltgegner Jascha ist hier ein sublimierter „Sadist". (Klingt absurd, ist aber richtig.)

Der psychoanalysierte Mensch. — Es ist von den Flügeln seiner Empfindungen der Staub gestreift worden. Eine grundsätzliche Ernüchterung. Er hat gelernt, seinen Illusionen, aber auch seinen Gefühlen und Regungen zu mißtrauen. Der Schwung der Subjektivität ist gebrochen. Die Poesie der Instinkte beschmutzt. Ärmer geht das Individuum aus dieser Schule hervor, zugleich stärker. Stärker vor allem als Partner der Nicht-Analysierten. Es ist zwischen beiden Parteien kein Dialog mehr möglich, in dem die Worte dasselbe meinen. — Ähnlich mögen die Auseinandersetzungen zwischen den Menschen der alten Welt und den damals neuen Christen verlaufen sein. Eine andere Analogie: wenn Menschen des kapitalistischen Individualismus und Idealismus mit Marxisten, mit Kommunisten verhandeln (oder solche, die durch die Schule des Marx gegangen sind). Unterschied: Christen und Kommunisten wollen überzeugen und Proselyten machen; sie versuchen sich auszudrücken, von ihrer Wahrheit zu überzeugen, sie durchzusetzen. — Der psychoanalysierte Mensch hat dieses übergreifende Bestreben *nicht*. Er begnügt sich, es selbst und für sich selbst besser zu wissen. Verstärkung der egoistischen Komponente, und zwar radikale Verstärkung. — Es ist nicht gut Kirschen essen mit psychoanalysierten Menschen, als Partner in der Liebe, in der Ehe, in der Kunst. —: kurz überall dort, wo das Gefühl den Ausschlag gibt, im Emotionellen.

24. 1. 1940
Diese inneren Erkundungen sollten nicht unterbrochen — sie sollten kontinuierlich weitergeführt werden (weil sie „mich" weiterführen?). Sie bilden kein „Tagebuch". Sie sind unverständlich für andere, bald vielleicht auch für den Schreibenden — infolge ihrer Schlagwortkürze. Aufnotierte Vergangenheit, die nicht vergehen will?

Mir ist, als hätte ich seit langer Zeit nichts gelesen - nichts fertiggelesen. In den letzten Wochen: Heards Buch — (bis auf die letzten Kapitel) —; das Kampaner Tal (angefangen; es ist das *Schönste auf Erden*); Peters Buch — bis zur Mitte; Biographie von Karl Marx (Rühle) — Mitte; Huxleys „After many summers" (Mitte); Petronius' „Trimalchio" — (Mitte); Maugham — „Christmas Holiday". (Dieses letzte werde ich zuende lesen, als erstes. Ich liebe es, gegen das Urteil von Peter und

Christopher, vielleicht gegen mein eigenes.) Das Interesse Maughams an seiner Story und an *seinen Menschen* ist echt. Er ist so neugierig. Ich liebe diese unersättliche Neugier. Er interessiert sich für schlechte und für gute Menschen. Huxleys Menschenkenntnis ist so viel blutloser, oberflächlicher, flacher, verlogener. Huxley spintisiert. Er ist schwach und krank, ein Gebildeter; eine Klatschbase; seine Unerbittlichkeit ist beabsichtigt; er ist feige vor der Banalität, dem Gemeinplatz. Aber das ist der Platz, an dem alle Menschen einander begegnen: es ist der Allgemein-Platz, der Marktplatz des Darius, die Agora. Huxley fröstelt, wenn er „den Menschen" trifft, irgendeinen, jeden, sich selber. Er ist betrübt über seinen eigenen intellektuellen Hochmut, kann ihn aber nicht überwinden. Ich fühle Mitleid mit Maughams Geschöpfen, obwohl er selbst keines zeigt. Dagegen bemitleide ich bei Huxley den Autor. Ja, dieser Blinde, der so gerne — und mit so guten, ja edlen Intentionen — ein Seher wäre, tut mir bitter Leid. Mich reizt jeder auf, der nicht Mensch sein will — im ordinären, fleischlichen Sinn — sogar der Masseur Christensen, der Vegetarianer ist. Fleischessen ist vielleicht grauenhaft; dennoch, ich halte es mit dem fleischfressenden Menschen. Der Mann des „Detachments" kann nur eines werden: ein Gespenst. Die ganze Skala der Gefühle, deren wir fähig sind! Aber eher die ganze. Emotionen, ja — um ihrer selbst willen; sie bedürfen keiner Entschuldigung. Realismus. Shakespeare, trotz Vers und Tropus, ist Realist, in diesem Sinne. Der Künstler des höchsten Stiles, den ich kenne: Aeschylos — welch ein Realist. Gott segne ihn! — Deshalb liebe ich das Drama — und seinen Gegenpol, das Gedicht. Das Kampaner Tal: auch Realismus? Ja, in diesem Sinne. Jean Paul taucht in die Wirklichkeit, auch wo er schwärmt, wo er träumt. Die Welt *träumen*, ja — aber die Welt! Die Welt ändern, ja — eine neue Welt erobern, bauen, ertrotzen — neues Leben. Deshalb Marx — der Vollblut-Utopist, dessen Utopie die Realität ist. Gute Nacht. — Welche Lebensfülle im „Trimalchio" — mein Gott! — Bruno und Liesel sind wieder da. Ich habe sie heute abend sehr gern gehabt. Liesel gealtert; ein alter Zahn links. (Das ist gräßlich? Ach was! Wir alle werden alte Hunde, alte Vetteln.)

[Nobody's Nothing]

Das englische Kind, von seinen Eltern getrennt, die es zu seiner Rettung nach Amerika gesandt hatten, auf die Frage, wer es sei: „I am nobody's nothing."
Kennzeichen einer neuen, durch den Krieg geprägten Menschenart.
Die englischen Kinder, die den zuhause, in der Gefahrzone gebliebenen Eltern die rettende Verbannung nach Amerika mit Haß heimzahlen — aber, in dieser Verbitterung, Versteinerung ihres Herzens, gezwungen werden, mit diesen Eltern per Radio Kontakt zu halten, zur öffentlichen Schaustellung („Hörspiel") nicht existierender frommer Gefühle. Aber der zerrissene Zusammenhang kann so nicht geflickt werden.

Der Mann, der getan hat, was ich nur träumte, der mich aufsucht, mit seiner im deutschen Konzentrationslager zerstörten (zerdroschenen) Niere und seinem verbitterten Herzen eines in China, in Rußland, in Spanien enttäuschten Revolutionärs.
Er braucht Gesellschaft, aber nur um seine Bitterkeit loszuwerden, um mit seinen Schmerzen und mit seinem Herzen nicht länger allein zu sein. Auch er ist jetzt Nobody's Nothing geworden, der einem Schlemihl abhanden gekommene Schatten.
Er und der Hund Buddy, der ihn an die Wachthunde im Konzentrationslager erinnert.
Er und der Quäker (Christopher), der verpflichtet sei, sein Freund zu sein, eines Mannes, der niemandes Freund mehr sein kann.
Er und der Arzt, der ihn retten will — aber alles dadurch verdirbt, daß er ihm auf die Schulter klopft.
Er hat alle unsere Träume durch- und wahr gemacht, damit ihre Unwahrheit erwiesen: den abstrakten Film der deutschen Republik, die neue Kunstwissenschaft, den Bolschewismus.
Seine Verachtung für ‚Literatur'. Nur die Tat gilt, deren er nicht mehr fähig ist — er, ein zerbrochenes Werkzeug. [...]

Francesco im Wahnsinn; hält sich für Nobody's Nothing. Schert sich kahl (stempelt sich zum Sträfling). Absichtliche Verlotterung in der Kleidung, Pariamarke.

Will damit Eleonora bestrafen, ihr beweisen, daß sie sich seiner schämt. Überhaupt will ihn keiner mehr; er fühlt sich getilgt, daher letztes Mittel: auffallen, Aufsehen erregen. Hängt sich Kuhglocken um; erzwingt dadurch endlich seine Verhaftung.

Was ihn zuletzt noch an die menschliche Gesellschaft band: Bridgespiel und Cellospiel. Bricht sich den Arm, um auch nicht mehr Cello spielen zu müssen. Zieht den Arm aus dem Verband, fuchtelt mit ihm herum: da er ihn ja doch nicht mehr brauche, wozu ihn schonen, ihn heilen?

Cesco, der zu Max Reinhardt kommt, sich aufs Sofa legt: nun sei es genug, er könne nicht weiter, er halte Amerika nicht mehr aus.

Er bittet Max R., ihn zu schlagen: „Hau mir in die Fresse!"

Er bietet Max R. das „du" an: von nun an werde er ihn „Max" und „du" nennen. (Max, auf das äußerste bestürzt und erschreckt: er könne das doch nicht, nenne niemanden du, nur alte Kollegen.)

Roth, der plötzlich einen Brief von einer platonischen Jugendliebe erhält, die er seit 30 Jahren nicht gesehen hat.

Der Brief war von Mondsee, Österreich, aus Naziland, vor dem Eintritt Amerikas in den Krieg aufgegeben; ist 7 Monate gegangen; enthält einen Partezettel ihres Sohnes, der in Rußland gefallen; von ihrem Manne längst getrennt, habe sie nur ihn, Roth, geliebt ihr ganzes Leben lang. Sie schickt ein Sonett, das sie gedichtet.

Ehemals die Gattin des „roten Weiß", jetzt Kindermädchen. Ehemals Heroine des ‚fastsets' von Verfallswien, mit Neuroseninzucht, Morphium (Beziehung zum Polgar-Frau Frank-Koritschoner-Kreis), wo die Menschen an Idolatrie und infizierten Spritzen starben; die sich selbst aus dem Fenster stürzte und wieder zusammengestückelt wurde: vertritt heute den Standpunkt des Säuglings, den sie betreut, gegen die Mutter, deren Milch von [...] Liebeskomplikation sauer wird. Die Gesellschaftskatastrophe hat sie proletarisiert, und doch (Dialektik) auf ein höheres, überlegenes menschliches Niveau gebracht, von dem herunter sie bereut, daß sie in den Tagen des Glanzes ihre eigenen Kinder nicht so betreut hat wie jetzt die, zu deren Betreuung sie gemietet ist; und die doch, ihre Muttergefühle befriedigend, sie trotz aller Degradation des Exils beglücken.

Der rote Weiß selber, mit seinem schwankenden Charakterbild, repräsentiert die Verfallsepoche sehr reizvoll. Daß er überhaupt eine Frau hatte — und Kinder! — Wie er starb: getötet von dem Petroleumöfchen, das er sich, ums dort wärmer zu haben, ins Closett mitnahm! — Auch er mußte am Ende, notwendiger Weise, zu ‚nobody's nothing' werden. Seine Witwe *avancierte*, ward Kindermädchen!

Heute erschien Francesco bei mir, zum 1. Male, seit — brach in meinen Schlaf und in mein Zimmer. Er hatte einen alten Brief von mir mit, als Anlaß. Er nahm einen Kaffee an und verlangte einen Dollar. Er erzählte vom Aufenthalt im „Narrenhaus", und daß R. sein Stück gefiele, das unser Narrenhaus schildert — (in der M. R.). Er hatte verdächtigen Ausschlag um den Mund herum, und schwarze kleine Beulen an den Händen.—

Am Abend erschien er in Flatbush und brach in die Vorstellung der Bergner ein, ohne Ticket. Zweimal hinausgeworfen, begab er sich auf die Bühne, wo der Star, unvorbereitet auf solchen Anblick, ihn plötzlich zwischen den Kulissen erblickte. Wurde von ihr im Auto mitgenommen und in Gladstone abgesetzt, erschien zwischen uns, verlangte und erhielt einen Dollar von Raimund, dann einen von Gottfried. Wie wir uns vor ihm drückten, schonungslos ... Ich besonders. Seit er über- (oder unter-) geschnappt ist, lebt er in einer anderen Welt, die sich auf ihre Weise mit der unseren berührt. Wir können ihm nicht helfen, aber wir können ihn verletzten ...

Cesco erzählt, wie der riesige Irishman ihm in der Bar die Hand zertrümmerte, weil er nicht vertragen konnte, daß jemand Cesco zum Cellospiel gratulierte. Cesco verkehrt weiter mit dem Irishman, der kein Wissen habe von der Tat, die er in Volltrunkenheit beging ... Immer noch verfolgt er Billies Schicksal weiter, der jetzt neu verehelicht ist (Bigamist), ein neues Baby hat und regelrecht arbeitet ...

Er besucht und quält den Professor ... dessen Mäzen er ja auch gewesen ist ... (Unsere alten Schulden bei Cesco; unser aller Gläubiger ...) Hier erscheint das *durchgehende Motiv* ... Jetzt ist er der arme Jonathan, der uns heimsucht. —

H. als Versucherin. Auch sie ein Gläubiger. Von mir mit (der Illusion der) Menschlichkeit überfüttert. Solange sie einem anderen gehörte, der für ihren Leib sorgte, war das leicht ... Was ich im Jahre 40 über sie niederschrieb, über ihren Absturz in die ‚futility'.

Peter zahlt für uns alle, indem er sich dem Kriege stellt. Steht gerade für alle unsere Illusionswechsel; will uns eine Ehre machen, für die wir zu Unrecht bevorschußt war[en], mit dem Einsatz seines jungen, starken Lebens! (Valuta.)

Das neue Haus. Emigrantengeschichten. Zacharias. Schließt seine Farm in Österreich, um nach Amerika zu emigrieren. Nimmt Abschied von allem, was er gepflanzt, von seinen Bäumen, seinen Hunden. Kann nicht weiter. Schlägt seiner Frau vor, Doppelselbstmord zu begehen. Sie weist den Gedanken mit Zorn zurück: „Kannst ja hierbleiben, Dich umbringen. Ich und die Kinder — wir wollen leben, jetzt erst recht leben, wir gehen." Ihre zwei Töchter kommen dazu; mit ihren kräftigen jungen Armen ziehen sie den Vater ins Leben herüber, auf ihre Seite, die Seite der Jugend. Schließlich lachen sie ihn aus, und er ist überwunden, gewonnen.

Zweiter Akt, in New York. Die Frau und die Mädchen sind neugierig auf die neue Welt, freunden sich mit ihr an, sind entschlossen, zuzugreifen, jede Arbeit zu tun. Der Mann kann das nicht. Alles ist ihm zuwider hier, fremd, wird ewig fremd sein. Da trifft er eine junge Amerikanerin, entzündet sich an ihr, die sich an ihm entzündet. Jähe Verliebtheit, brutal durchgeführter Entschluß, die Frau zu verlassen und mit dem jungen Mädchen zu gehen. Er tut es. Zusammenbruch seiner Frau. Die ältere Tochter, die dem Vater nachgeraten ist, nimmt leidenschaftlich gegen ihn Partei. Die jüngere, mehr der Mutter ähnlich, verteidigt den Vater. Der Kampf geht darum, daß die Mutter sich sofort scheiden lassen will. Böswilliges Verlassen des Gatten: die Gesetze der neuen Welt schützen die Frau. Die jüngere Tochter, erst vierzehn Jahre alt, eifert gegen einen solchen Entschluß der Mutter, als Europäerin; zeigt sich dabei erwachsen, reif, tüchtig. Die Mutter, gerührt, gibt ihren Entschluß vorläufig auf. Zuerst müsse man sich selbständig, zu dritt, ein Leben gründen. Pläne. Begeisterung, Rückfälle ins Weh, das Dur überwiegt.

Dritter Akt: Rückkehr des Mannes. Er ist vom Heimweh befreit, zu Amerika entschlossen. Seine Kraft ist ihm zurückgekehrt. Jetzt kann er wieder für die Familie kämpfen und arbeiten: Er kann sogar Englisch.

Und er hat, gelegentlich seines Abstechers, ein Haus gefunden, das nach seinem Sinne ist, in einer Landschaft, die er bereits liebgewonnen hat. Er brennt darauf, seine Frau dahin zu führen.

Von den Töchtern ist die ältere, die gegen ihn war, sofort wieder für ihn gewonnen. Die jüngere redet ernsthaft mit ihm. Sie wird er erst wieder erobern müssen. Die Frau schweigt. Endlich sagt sie ihm: sie müsse erst das Haus sehen. Davon, wie es ihr gefalle, hänge alles Weitere ab.

Auf dem Weg nachhause. Jara, Sohn russischer Eltern, die vor der russischen Revolution nach Deutschland fliehen. So kommt der Knabe nach Berlin in die Mittelschule. Dort wird er Kommunist. Später flüchtet die Familie vor Hitler nach Österreich. Der junge Jara arbeitet in der Partei. Es stellt sich heraus, daß er ein Dichter von hoher Begabung ist. Die Partei beurlaubt ihn, damit er ein größeres Werk — einen Roman — vollendet. Dazwischen arbeitet er als russischer Sprachlehrer und Übersetzer. Er nahm am Februaraufstand teil, den sein Roman darstellen wird. Unter Schuschnigg verhaftet. Als Hitler Wien besetzt, flieht Jara, wird im — Gebirge festgenommen. Manuskript seines Romans gerät in die Hände der Gestapo. Er selbst wird ins Konzentrationslager gesteckt. Befreiungsaktionen englischer Freunde (John und B. L.) Er wird mit Paß und Reisegeld versehen, frisch equipiert, besser als je vorher. In London, Highgate, wartet ein Zimmer bei B. L. auf ihn. In New York spielt Wiener Gruppe sein Stück, singt seine Lieder. Seine Entlassung aus dem Lager steht bevor. Da erkrankt er an Typhus und stirbt.

(Seine Eltern und seine Braut in London, später in Amerika. Von seinen Manuskripten wenig gerettet, aber doch das eine, schöne Lied, das er kurz vor seinem Tode im Lager schrieb — und das Gott für den Zustand der Welt zur Rechenschaft zieht.)

F.K. — Für ihn war, wie alles Leben, auch seine kometartige Erfolgslaufbahn in Deutschland während der Republik ein gewaltiges, oft auch gewaltsames Drama. In beherrschender

Stellung am Staatstheater bricht er künstlerisch durch alle Regeln und setzt dem alldeutschen Beamtentum seinen Fuß in den Nacken.

Emigration. London. Kampf mit der englischen Sprache, die er besiegt. Geht ein Jahr vor dem Krieg nach Amerika, mit der Frau und zwei Kindern. Frau Halbjüdin, ihre Eltern bleiben in Deutschland. Begegnung F.K.'s mit Dorothy, dramatische Freundschaft. Er zieht sie nach links hinüber. Sie wird Interventionistin. Die Nazis erkennen in ihrer gewaltig wachsenden publizistischen und Radio-Campagne seinen radikalen Haß.

Er ringt mit dem Genius loci am Broadway und in Hollywood ohne Erfolg. Problematik zwischen ihm und der Frau, welche die Kinder in Amerika restlos einfügen will, während er in seinem Sohn den Widerspruch erhalten will, der das Rückgrat seines Charakters und Geistes ist. —

In babylonischer Gefangenschaft wäre er einer der Propheten geworden, die das Judentum erhielten und profilierten. Stelle ihn mir oft so vor, und sehe ihn dann reiner, einheitlicher.

Ein Brief

Lieber Alfred,

was war es nur, worüber wir uns auf den nächtlichen Spaziergängen damals in Wien stritten, vor vierzig Jahren? Was ich so hartnäckig behauptete und Deiner Skepsis aufzudrängen versuchte? Vergeblich, bis ich rasend wurde. — Der Niederschlag ist noch da, in zerfetzten alten Tagebüchern, die mir auf allen meinen Ab-, Um- und Irrwegen nicht verloren gingen; die mich auf meinen vier Auswanderungen begleitet haben. [...]

Wenn dieses hier Dir je unter die Augen kommt, wirst Du sofort den Verdacht schöpfen, daß es auf eine politische Bekehrung hinaus will. Das mag der Fall sein. Denn heute beginnt und endet alles mit der Politik. Keiner von uns kann sich ihr, sei es auch nur auf einige Dauer, entziehen. Auch Du nicht, so sehr Du Dich auch abzuschließen versuchst. Du kannst Dich vielleicht der Menschenliebe, aber gewiß nicht Deines Hasses entäußern. Sogar nachts, wenn Du Dich entkleidest, behältst Du ihn an. Der Traum mag Dich auf einen anderen Stern entführen, in das schönste Schlaraffenland, das der Sensitiven. Oder besser noch: der Dämmerzustand des Einschlummerns, der sacht, mit den Händen einer genialen Krankenpflegerin, alles Harte aus dem Wege räumt, das Notlicht der Sorge auslöscht und uns einen Haschischzauber einflößt. — Und wir befänden uns mit einem Male in einer Landschaft, schöner als das Kampaner Tal (ach, ich schreibe, wie ich eben bemerke, für Deutsche, und auf deutsch, wirst Du mir dazu nachträglich die Erlaubnis geben? Du liest gewiß keinen Jean Paul mehr, denn Du liest nur noch englisch, und Jean Paul ist unübersetzbar. Liest Du denn auch nur Briefe, wenn sie deutsch geschrieben sind, wie dieser hier?) Das Kampaner Tal, das ich meine, am Rande unseres Tiefschlafes gelegen, ist kein abgelegenes Tal, sondern offenes Land, aber eines, das schon lange kein Krieg betreten hat, und dem der Massenhaß fremd geblieben ist. Es hat eine andere historische Entwicklung genommen als die Länder, in die wir geraten sind, nicht nur das Land unserer Geburt, das uns ja gemeinsam ist, sondern auch die Länder, in denen wir gemeinsam Zuflucht gefunden haben. Kannst Du es Dir vorstellen? Können wir uns im Wachen noch vorstellen, wie unser innerstes Gefühl beschaffen war, bevor die Ereignisse — politische Ereignisse — es vergiftet, es krank gemacht haben? Können wir ungebrochene Gedanken überhaupt noch — und je wieder — fassen? Der Zustand vor dem Schlaf kann es, das habe ich unlängst an mir erfahren, und konnte es nachher kaum glauben. Nicht daß es mir möglich gewesen wäre, diesen inneren Wuchs, den ich beim Erwachen nachgenoß, zu erhalten. Genug, daß ich überhaupt noch etwas davon wußte, und schwer zu sagen was. Unglaublich, daß mein Halbbewußtsein etwas dieser Art aufzubringen vermocht hatte. Mache ich mich verständlich? Ein Heilungsprozeß dieser Art schien also von jenem erquickenden Vor-Schlummer geplant gewesen, den ich aus den Armen später Liebe empfangen hatte; sie war nicht zur Zeugung bestimmt, aber sie hatte eine erhabene Zeugungskraft bewiesen, weit über das Maß des uns noch Gefühlsmöglichen hinaus. Ein Vernarben, als ob es niemals Wunden gegeben hätte; ein Zusammenwachsen vielfacher, mörderischer Zerstückelung. War denn in jenem Lande, das ich für Minuten, Sekunden — aber ein anderes Zeitmaß waltete doch, nicht das unsrige — bewohnt hatte, auch der Klassenkampf vorüber? Hatte die soziale Revolution gesiegt — oder war dort nie eine erforderlich gewesen? —

Du siehst, ich falle wieder — sogar bei der Schilderung eines leider nur allzuflüchtigen Traumes — ins Politische zurück. Aber ohne das wüßte ich nicht zu beschreiben, was ich Dir doch nahe bringen will. Es ging noch hinaus über jenen Zustand vergleichsweiser Lebensunschuld, in der wir uns vor dem Bruch und Riß unserer Jugendepoche befunden haben. Glaube nicht, daß ich in jenem Traum von süßen oder auch nur idyllischen Empfindungen beseelt gewesen bin. Da waren Männer und Frauen um mich herum von anderem Wuchs; tätig, aber ohne Zwang; gewiß keine „Proletarier". Wenn ich sie freie Leute nenne, so beschreibt es doch nicht die Selbstverständlichkeit ihrer Existenz. Waren sie glücklich? Froh zu leben, ist eine bessere Bezeichnung. Freundlich — wie anders? Gib dem Wort nur nicht eine Betonung von Absichtlichkeit. Wir können ja nur in Abgrenzung denken, das Gefühl im Traum konnte mehr und anderes. Diese Menschen, von denen ich einer war, gehörten keiner politischen oder religiösen Sekte an, waren also keine Deutschen, wie wir sie kennen. Sie hatten überhaupt kein nationales Vorzeichen. Ich weiß auch nicht, ob ich sie sprechen gehört habe. Wir verstanden uns jedenfalls gründlich; ich gehörte eben dazu und beobachtete weder mich, noch die anderen. Es war Sommer, und wir gingen in herrlicher Luft, die Türen der Häuser waren unversperrt, man trat beieinander ein, und das erregte keine Störung. Männer und Frauen, dieses Wohlgefallen spielte mit. Gewiß wanderten wir über Landesgrenzen hinaus, ohne es zu merken; von solchen konnte keine Rede sein, und also auch nicht von Aus- oder Einwanderung. Das alles klingt abstrakt, aber ich bin unfähig, das Grundgefühl in seiner Unmittelbarkeit wiederzugeben, und nur darauf käme es an. Einmal erwacht, und also vertrieben, konnte ich mich nur am Fehlen unserer Verneinungen zurückorientieren. Es tat weh, das Land verlassen und verloren zu haben, mit der Gewißheit: für immer. —

Also ein utopischer Traum? Ja. Denn das Land unserer Erinnerung war es nicht, das ich da betreten hatte. Nein, der Traum hatte nicht das Bestreben, die Vergangenheit zu verklären. Er war überhaupt mehr ein Zustand als ein Schauen gewesen: ein sich Lösen aus qualvollen Bindungen. Ein sich Ausstrecken. Das Erreichen eines ungekränkten, unverkümmerten Zustandes. Einmal wenigstens; wie ein Atemholen; der Zwist ausgemerzt, die Spaltung aufgehoben; Montague und Capulet nicht nur versöhnt, der Bund war vor dem Streit geschlossen. —

Der Widerstand hat früh begonnen. Vergessen wir nicht: im Mutterleibe lagen wir gekrümmt und auf das Bündigste eingeengt. Doch waren wir dort zuhause. Als wir herauskamen, gerieten wir sofort in Zwiespalt. Rauheste, arktische Kälte empfing uns, als wäre die Eiszeit angebrochen. Unser erster Atemzug war ein Erstickungsanfall, unser erster Laut eine Klage. Die Elegie des Heimwehs kam uns vor dem ersten Lächeln. Wir alle sind Emigranten schon aus dem Mutterleib.

Ja, dieses war unsere erste Emigration, aber sie liegt weit zurück. Ihre Ursachen, wenn sie uns je bekannt waren, sind längst vergessen. Die Umtriebe kosmischer Politik, denen wir unser Dasein verdanken, sind zwar Glieder unserer Dialektik, aber keine gewußten. Dann kam eine Zeit ohne die Kenntnis, daß wir unser Leben mit dem Tode zu bezahlen haben; daß wir eine Anleihe gemacht haben, die mit Wucherzinsen zurückerstattet werden muß, ohne die allergeringste Möglichkeit einer Ausflucht oder eines Verzuges. Die Kindheit hat keine Ahnung dessen, wenn wir nicht die Angst für eine verhüllte Ahnung nehmen wollen. Davon erfahren wir ja genug und beizeiten. Die Angst jagte nach mir und beschlich mich in der Kaiserstraße und im Volksgarten und im Wienerwalde, ehe sie selbst oder die Namen der zufälligen Orte für mich eine historische oder eine soziale Bedeutung hatten. Sie war zuerst Angst vor dem Dunkel, vor dem Alleingelassenwerden im Dunkel, vor Gespenstern. Unsere Kindheit wurde mit Schauermärchen genährt, und auch Gott war ein Gespenst, das uns verfolgte. Es wurde mir von Dir erzählt, daß Du eines Nachts mit Gott schmolltest, daß Du trotzig im Dunkel lagst und ihm einen Schimpf antun, ihm ein böses Wort zurufen wolltest. Aber Du kamst nicht weit damit, lieber Alfred. Du nahmst all Deinen Mut zusammen, schlossest die Augen, und während Du laut zu rufen glaubtest, flüstertest Du nur; Du flüstertest, kaum hörbar: „Gott, du bist — du bist — ein Löwe!" Das war eine durch

Lobhudelei gemilderte Beschimpfung. So begannst Du, der berühmte Kritiker! —

[...] Ich glaubte eine Zeitlang zu wissen, daß Gott in einem Reservoir der Wasserleitung zwischen Hütteldorf-Hacking und Weidlingau wohnte. [...] Eines Nachmittags versteckte ich mich in den Büschen und ließ mich nicht errufen. Die anderen, Kinder und Kindermädchen, mußten ohne mich heimkehren. Ich blieb im Gebüsch, bis die Dämmerung hereingebrochen war. Dann näherte ich mich, voll banger Erwartung, dem eisernen Tore. Als ich nun lauschte, glaubte ich ganz deutlich Gottes Zorn zu vernehmen, der sich meinem vielleicht doch nicht sicheren Standort näherte. Gleich würde sich die Türe im Flügel drehen und öffnen, und Gott würde wütend herauskommen. Schon hörte ich die Türe knarren. Da lief ich — Gott hinter mir her! Als ob er nicht Gott, sondern der Gottseibeiuns, der Teufel selber wäre. Sein Atem schnaubte mir zornig in den Nacken, und mein Herz schlug schrecklich. In Schweiß gebadet, langte ich zuhause an und warf die Türe, Gott dicht vor der Nase, zu. Nun war er also draußen, und ich gerettet. —

Die Seelenforschung hat längst erkundet, daß wir in der Kindheit — und nicht nur in der Kindheit — Gott mit dem leiblichen Vater verwechseln, den Vater unser mit unserem Vater also. Der meinige, mit dem Rufnamen Salomon, hätte sich von mir gewiß nicht gerne in seinem Comptoir, während er dort rechnete und Anweisungen gab, beschleichen lassen.

Meine kindliche Neugierde litt an einem schlechten Gewissen. Wir Kinder jüdischer Eltern beziehen ja — wie vielleicht sonst nur Sprößlinge von Puritanern — frühzeitig, ja vorzeitig die Überlieferung vom Wandel biblischer Erzväter ganz persönlich auf uns. Abraham war der eine, der mir früh ein- und naheging. Der einsilbige Mann, der als einziger der Freund des Herrn genannt wird. Der Gründer, der Wanderer, der große Emigrant. Ich sah ihn, wenn ich später an ihn dachte, mit einer breiten Stirn, mit blauen Augen, mit einem gekrausten rötlichen Bart. Die Schläfenhaare ungeschnitten, wie sie noch die Brüder meines Vaters trugen, dieses war das Zeichen der Freiheit, nach der Abraham auf die Suche ging, als er auswanderte.

Es vermischen sich hier bei mir verschiedene Lagen der Vorstellung aus getrennten Abschnitten meines Lebens. Erst spät habe ich mehr historischen Einblick bekommen in das Dunkel der Zeiten, aus denen die Abraham-Legende zu uns herüberreicht. Sie zeugt von Katastrophen, vom Untergang der Reiche, die sich für groß gehalten haben. Jenes Ur, aus dem Abraham — und seine Sara mit ihren Hausgöttern heimlich im Gepäck — entwich, ist von der Wissenschaft erst vor kurzem ausgegraben worden. Engländer haben eine glückliche Hand bewiesen im Ausheben von Königsgräbern, wo sie neben der toten Monarchin die Reihen der mitgeopferten Hofdamen fanden, die den Leichen mitgegebenen Trinkgefäße und Speisen und die großsprecherischen Tonscherben, preisende Kataloge von Regierungsdaten und Kriegstaten. Auch die Ochsen- und Eselsgespanne, welche die Hochgeborenen auf staubigen, heißen Straßen gezogen hatten, waren mitgeschlachtet worden. Da gab es eine Zeit in jener Stadt, deren Name wie der Anbeginn aller Tage klingt, Ur, da bewahrten die Familien ihre Toten im Hause auf und lebten mit ihnen, wie die Belagerten von Leningrad im vorigen Winter; allerdings überließen denen ihre verhungerten Angehörigen die Brotration, deren sie nicht mehr bedürftig waren wie die Überlebenden; und diese Gäste machten keinen Lärm, erregten keinen Streit und standen auch nicht in schlimmem Geruche, denn sie froren steif und verfaulten nicht.

Die Greuelmärchen der Vorzeit klingen wie Zeitungsnachrichten aus unseren Tagen. Engländer graben heute ihre eigenen Häuser aus. Menschenopfer, deren Abschaffung Abrahams unsterbliches Verdienst hätte sein sollen, sind im Weltkriege der heutigen, der zivilisierten Barbaren wieder eingeführt worden. Ein toter Gauleiter zieht viele Ermordete und Verstümmelte nach sich, und dazu bedarf es nicht einmal mehr des Siegels einer Religion; höchst profane Unterschriften bewirken es, und geschnauzte Befehle. Das Menschenopfer ist säkularisiert worden. Und die Eroberungen der Menschlichkeit sind rückgängig gemacht bis zu Abraham hinauf. Damals führten die Gauleiter, die Stadtkönige gegeneinander Krieg, es ging um den festen Platz der Mondgöttin, der von einbrechenden Beduinenscharen bedroht war. Es ging um fruchtbares Land an der Mündung großer Ströme und am Rand der Wüste; um Kanäle, welche die Bewässerung regelten; um Reis- und Getreidefelder. Die sie angebaut und sich, um sie zu genießen, niedergelassen, die ihre Welt mit Mauern umgürtet und mit Tempeln geschmückt hatten, wurden aufgestört und enteignet von den räuberischen Nomadenhorden, die den Krieg als ihr Handwerk übten. Die stiegen über Trümmer und Leichenhaufen zur nächsten Stufe der Gesittung empor.

So erzählen es die Geschichtsbücher. Die Menschen jener Zeit machten es einem Fluß nach, der sein Delta verlegte, und durch solches Manöver sowohl verwüstete wie befruchtete. Sie nahmen ihre Entschuldigung aus der Natur und stellten sich an, als ob sie selbst die noch blindere Gewalt wären. In ihrem Optimismus wie in ihrem Pessimismus überschätzten sie die Maße und glaubten Weltkriege zu führen, wo es doch nur um Maulwurfshügel ging. Sie überschätzten die Sintflut, von der sowohl die Hebräer wie die Chaldäer und die Babylonier berichten. Utnapischtim, ein guter Mensch aus dem Orte Schurrupak am mittleren Euphrat, ist der Noah der sumerischen Legende. Auch er baut ein Schiff oder eine Arche, und er sendet am siebenten Tage, wie Noah, Vögel aus, als unfreiwillige Kundschafter, erst eine Taube, dann eine Schwalbe, zuletzt eine Krähe: „sie frißt, sie fliegt umher, sie krächzt und kehrt nicht mehr zurück." Aber der gute Mensch Utnapischtim läßt sich nicht mit den Göttern, bevor sie das strafende Vernichtungswerk beginnen, auf eine Debatte ein, wie der gute Mensch Noah, der — in jenem anderen Roman — ein Günstling Gottes gewesen ist. Und auch Noah rechtet nicht wie Abraham, der starrsinnige Freund eines himmlischen Diktators. Da ist ein Feilschen um die Zahl der Gerechten, die bei der summarischen Rechnung der Gottesstrafe nicht draufgehen dürfen.

Diese Stelle liebte ich schon als Knabe. Wohl ging es um die Zerstörung von Sodom und Gomorrha, der greuelhaften Städte, von denen es in einer apokryphen Prophetenschrift heißt, sie hätten gesündigt durch die Behauptung der Besitzenden: mein ist mein, und dein ist dein. Trotzdem aber muß es auch dort Gerechte gegeben haben, die nicht mit ausgetilgt werden durften. Dieses Problem wurde dem Herrn vorgehalten, um seiner allmächtigen Wut einen Riegel vorzuschieben. Noch heute glaube ich, daß Abraham damit eine große Frage gestellt hat.

In diesem Zwiegespräch stand er mit seinem donnermächtigen Freunde, der auch über den Schwefelregen verfügte, auf gleich und gleich. Abraham, sonst solch ein breitstirniger Ochs von einem Manne, den Kierkegaard verehrt, weil er den grenzenlosen Glauben gehabt und willens gewesen wäre, seinen einzigen, spät geborenen Sohn wie einen Widder zu schlachten, bevor der Engel ihn eines besseren belehrte: Schon als Knabe konnte ich Kierkegaard nicht folgen, und mein Herz argumentierte anders. Von dieser Prüfung wünschte ich, Abraham hätte sie nicht bestanden (nur Tyrannen prüfen so), wenn auch eine Wahrheit darin lag, daß kein Sohn Eigentum seines Vaters ist, und er, außer sich selbst, dem ganzen Stamme angehörte, aber gewiß nicht dem Freunde seines Vaters, dem Versucher. Ich stand auf der Seite der Mutter, jener Zweiflerin Sara, die weder an den Herrn, noch an die Engel glaubte. Mutter ist, was den Sohn keinem Befehle und keiner Sache opfert.

Daß der unbedingte Gehorsam aufhörte, wo es ums Recht ging, das, und nur das war die Lehre der Legende. Ohne diese eine kurze Szene wäre der Bund, den Abraham mit seinem Herrn schloß, kein Bund, und gewiß keine Freundschaft gewesen.

So verstand ich auch die Emigration Abrahams als einen Weg in die Freiheit, nach dem Lande, das einem Gerechten gelobt war, von einer Allmacht, die sein Rechten gelten ließ. Und der Weg lief zwischen Babylon und Ägypten, die viel Macht und Pracht besaßen, aber keine Gerechtigkeit. Sie alle hingen am Mein ist Mein, sie alle würden untergehen wie Sodom und Gomorrha. O utopische Hoffnung eines Emigranten! Liebliches Emigrantenmärchen, das die Not der Emigration kennt, ihre Geduld und ihr Versprechen.

Lieber Freund, nicht nur du wirst es mir übelnehmen, wenn ich die Gespenster der Vorzeit heraufbeschwöre. Sie sind nicht unterhaltend. Und sie beweisen nichts. In Riverside, New York, bewohnte ich einen Sommer lang ein kleines blaues Häuschen. Es war jener Sommer nach dem Fall von Paris. Ein heißer Sommer. Ich pflegte abends in die zoologische Abteilung des Central Parkes zu gehen, um in der Gesellschaft liebenswürdigerer Bestien, als die es waren, die eben Weltgeschichte machten, frische Luft zu schöpfen. Dort stand ich oft, mit vielen anderen Emigranten, am Teich der Seelöwen. Man konnte ihr Trompeten schon von weitem hören.

[Reserl]

I.

Was denn? Wie? Wo? Wer?

Die vielen Füße kommen und gehen. Scheinbar unzählige, doch könnten sie gezählt werden, zum Beispiel wenn mit der Ziffer Geld zu verdienen wäre. Sie gehen über mich hinweg, wenn ich im Schlafe liege, ihr Getrappel ist wie Regen in der Nacht. Es sind viele Myriaden. Es sind die Füße, darüber die Hände und die Herzen Europas, eines zufälligen Erdteils, der vorwitzig vorgelagerten, zerfransten und zerschlissenen Halbinsel Asiens. Ein Blick auf die Landkarte zeigt die geographische Anlage, die für elektrische Spitzenwirkungen eingerichtet zu sein scheint. Es ergibt sich ein unruhiges Bild. —

So habe ich eines meiner Hefte begonnen und dann — wie so oft — nicht weiter geschrieben. Der Impuls war wieder einmal dagewesen, aber er war rasch versandet. So viel geschah ja in diesen Jahren, wenn ich auch wenig tat. Es verging kein Tag, daß nicht mindestens ein Keulenschlag niedersauste — auf wen? Auf mich, und auf ungezählt, unzählbar viele andere Menschen, bis unser Leben zermalmt, oder mindestens bis zur Unkenntlichkeit entstellt war. Schließlich ist das bei mir nur ein bildlicher Ausdruck. Auf so viele andere Menschen fielen die Streiche tatsächlich, körperlich. Der Mensch hatte in großem Ausmaße die Gewohnheit angenommen, den Menschen zu schlagen. Millionenarmeen taten es einander. Und es waren Gefängnisse, Lager errichtet, um Menschen zu schlagen. In solchen Lagern gab es Vorrichtungen, um Menschen zu vergasen.

Aber auch die anderen, scheinbar nicht angetasteten, wurden vergast. Das Giftgas des Hasses, des Massenhasses, wurde uns eingeflößt. Darunter litt unser Empfinden. Wir konnten uns bald nicht mehr entsinnen, wie wir vorher, in weniger brutalen Zeiten empfunden hatten. Die Kontinuität unseres Bewußtseins war unterbrochen. Vergebens versuchten wir uns zu erinnern: Wie waren wir Kind, Jüngling, Liebender, Neuvermählter, junger Vater gewesen? Wie hatten wir gehofft, geschaffen und gestrebt? Hatten wir, vor 1914, je anderes denken können, als wie das kommende Unglück, die Katastrophe abzuwehren, wir Europäer? Es fehlte ja nicht an Warnern und Propheten.

Unser Leben — derer, die um die Achtzigerjahre des vorigen Jahrhunderts herum geboren waren und die heute noch übrig geblieben sind — geht seinem Ende zu. Jeden Tag stirbt einer von uns. Es ist, als ob eine Liste abgelesen und einer nach dem anderen aufgerufen würde —: dann muß er die Klasse verlassen. Wir sehen ihn nicht mehr wieder. Ist es schade um uns? Wir sind alle schlechte Schüler gewesen. Vielleicht wird es ohne uns besser gehen. Aber wie lassen wir die Welt zurück?

Inzwischen ist die Atombombe erfunden worden. Vielleicht genügt sie, um die Menschheit zu vernichten, und jedenfalls eine Civilisation auszuradieren, die unmöglich geworden ist. Hier wäre also Gelegenheit gegeben, in ganz großem Stil zu vergasen, nicht mehr nur Tausende, sondern Millionen von Bewohnern dieser Erde, der einzigen, die wir kennen.

Die Zeilen, mit denen ich mein Heft begann, wollten die große Völkerwanderung der Entwurzelten in Europa beschreiben, der Geflüchteten, der Ausgebombten, der Verbannten und Verschickten, der ratlos ohne Dach und Bett Umherirrenden. Ihre Füße gingen, rannten, stolperten durch mein Schlafen und Wachen. Sie erzeugten eine Ruhelosigkeit in mir, die es mir verwehrte, irgendetwas mit Bedacht zu tun. Mit ganzer Aufmerksamkeit konnte überhaupt nur noch getan werden, was zur Katastrophe gehörte, zum totalen Krieg, der kein Ende nehmen will — auch heute, da die eigentlichen Kampfhandlungen in Europa beendet scheinen. Alles andere hatte zu warten — bis nachher. Später? Davon wird es für uns nicht mehr viel geben. Und früher? Vorher?

Ich will versuchen, mich zu erinnern. Das kostet mich keine geringe Anstrengung. Ich kann es nur mit Zerstreutheit. Bruchstückweise. Unser Leben ist ja in so viele Teile zerbrochen worden, eine Trümmerstätte, eine wahre Bruchhalde, wo die verdorbenen, die nicht länger brauchbaren Dinge hingeworfen werden. Hat es überhaupt einen Sinn, sich zu erinnern? Es ist jedenfalls fast gleichgültig, wer sich erinnert.

Nie vorher hat das Ich eine solche Bedeutung gehabt, das Ich des Täters im bösen Sinn, und das Ich des Retters. Zugleich war das Ich noch nie vorher so verarmt gewesen, so ausgeplündert, kaum je vorher war es so gedemütigt und so fortgeworfen worden. Die Zeit ging über das Ich hinweg, ein zermalmender Tank, oder sie bombte es aus, von obenher aus der Luft.

Und doch hat das Ich, der Mensch als einzelne Person, vielleicht nie vorher bis zu solchem Grade seine Standhaftigkeit und Dauerhaftigkeit bewiesen — ja, und auch seine Würde. Es gibt Beispiele, sogar viele. Sie sollten aufbewahrt werden. Aber wie könnte man das, im weltweiten Chaos? Nun, es werden Versuche gemacht, unzulängliche vielleicht, und es kann sein, daß die Zeit, die da kommt, nichts davon zur Kenntnis nehmen will. —

II.

O wie ist es kalt geworden
Und so traurig, öd und leer.
Rauhe Winde wehn vom Norden
Und die Sonne scheint nicht mehr.

Auf die Berge möcht ich ziehen,
Möchte sehn ein grünes Tal,
Möcht in Gras und Blumen liegen
Und mich freun am Sonnenstrahl.

Schöner Frühling, komm doch wieder,
Lieber Frühling, komm doch bald!
Bring uns Blumen, Laub und Lieder —

Aus meinem ehemaligen Schulliederbuch; von einem Autor, den vielleicht jeder — oder keiner — kennt. Ich hörte es heute singen, hier in New York, durch die Wand. Eine gute Seele sang es nebenan, ich kann für die Genauigkeit des Textes nicht garantieren. Die Frau, die da sang, war nicht mehr jung, hatte sich aber ihre Kinderstimme erhalten. Das Lied brach ab, bevor es zuende gesungen war. Offenbar wußte sie nicht weiter. Es war ja die Erinnerung, die sang, das Gedächtnis, das anscheinend unberechenbaren Launen unterliegt. Was das Heimweh sich gemerkt hat, wo es stockt und sich weigert fortzufahren, das gehorcht seelischen Gesetzen, welche die Tiefenpsychologie studiert hat. Die Gründe ans Licht zu heben, erfordert jedoch eine besondere, oft langwierige Prozedur. Immerhin, zwei dreiviertel Strophen waren geborgen. Ich schrieb mit, so gut ich konnte, selbst in geschwächtem Zustand, nach einer Nacht, die — wie es seit langem bei mir üblich ist —

eine Insel der Schlaflosigkeit einschloß, zwischen Anfangs- und Endschlaf eine kahle Stelle, von drei Uhr früh bis sechs Uhr früh. Diese drei Stunden waren dem Ergründen der persönlichen Vergangenheit und dem Ergrübeln der allen Menschen und Völkern gemeinsamen Gegenwart und Zukunft gewidmet.

Der Schlaf kam als eine bleierne Müdigkeit, nachdem sich die Gedanken lahm gelaufen hatten. Auch die Fruchtlosigkeit ist imstande, schließlich eine Bereitschaft zum Schlafe zu erzeugen. Träume, soweit sie sich ins Bewußtsein drängen wollten, wurden sofort wieder verjagt. Denn dieses ist ein Schlaf, der alles Wissen verdrängen will, der wohl Ängste zuläßt, aber selten eine Hilfe annimmt. Nicht Erquickung erlaubt er, sondern nur Fristung, Vertagung; ein Gläubiger, der den Zahlungstermin hinausschiebt, aber die Prozente erhöht. Das Dasein selbst ist ja das Grundkapital, ein mit zu großen Hypotheken belastetes, längst überfälliges. Die Erben werden nichts einlösen können, sie werden nur weiterzahlen müssen, und zwar gleichviel, ob sie die Schuld anerkennen oder nicht.

Am Morgen erweckte mich die singende Stimme nebenan. Entweder sind die Wände so dünn geworden, oder unser an Unglücksbotschaften gewöhntes, immer auf sie gefaßtes Gehör ward so scharf. So also sang unsere Kindheit, so sang das Volk, bevor es sich über und über mit unschuldig vergossenem Blut befleckt hatte! Aber das Lied paßt auch heute, heute wieder, auch unsere alten Seelen könnten es singen. Die Lieder, welche unsere Not gebiert, sind freilich weniger unschuldsvoll und kindlich; es versteht sich von selbst, daß sie nicht so klingen können. Es sind Haß- und Kampfgesänge, auch die Lieder einer unterdrückten Revolution. Aber der große erste Ansturm der Gegenrevolution wurde geschlagen.

Trotzdem:

Auf die Berge möcht ich ziehen,
möchte sehn ein grünes Tal.

Ich sehe jedoch nur einen Hinterhof, die mit Fenstern bienenwabenmäßig besäten Wände hoher Häuser, welche den Blick gefängnishaft begrenzen und kaum, an besonders hellen Vormittagen, eine Ahnung von Himmel und Sonne gewähren. Vom Fluß aber empfangen wir nur Geräusche, besonders das Tuten der Nebelhörner, jetzt im Vorwinter.

O wie ist es kalt geworden
Und so traurig, öd und leer.

III.

War der Knabe sechs Jahre alt oder doch schon älter, als Reserl zu ihm kam? Heute, da er ein sechzig Jahre alter Knabe ist, weiß er es nicht mehr. Er müßte Reserl fragen, die sich — als eine ordentliche Person — gewiß genau erinnert. Aber jetzt, ein halbes Jahr nach dem Krieg, ist die Postverbindung von New York nach Wien noch nicht wiederhergestellt. Zwar hat er soeben, auf Umwegen, eine Nachricht von ihr erhalten. Er will auch eine Antwort an sie gelangen lassen. Aber während es in New York möglich scheint, sich mit Fragen der Erinnerung, mit der grauesten Vorzeit zu beschäftigen, müssen sich die Geretteten, die Überlebenden in Europa, in Wien so tapfer mit dem Mangel an Gegenwart herumschlagen, daß niemand das Herz hätte, dort so außerzeitliche Nachforschungen anzustellen und nach dem verjährten Glück der Kindheit zu haschen — ein irrsinnger Schmetterlingsjäger mit längst zerrissenem Netz.

Reserl war nur ein paar Jahre älter als der Knabe und doch sollte sie seine Erzieherin sein. War die Mutter damals krank, was war der Grund? Reserl kam für eine nicht sehr lange Zeitspanne ins Haus. Eine Verwandte war sie, ein Gast, eine erwachsene Spielgefährtin. Später wurde die Beziehung nicht weitergepflegt, der Knabe sah Reserl erst beinahe vierzig Jahre später wieder, als eine stattliche Frau mit grauem Haar, die den Beruf einer Lehrerin ausübte, um ihren gelähmten Gatten zu versorgen. Aber sofort erkannte er ihre Augen wieder. Noch immer sah er in ihnen das Aufleuchten, die bezaubernde Güte des Reserl-Wesens von damals, als sie noch selbst ein halbes Kind und — wie er beschworen hätte — schön gewesen: goldblonde Haargloriole über blauesten Augen. Diesen Augen erzählte der Knabe auf den täglichen Spaziergängen stundenlang selbsterfundene Märchen. Das heißt, es war *ein* Märchen in Fortsetzungen, eine Geschichte, die sich weiterspann und nie ihr Ende erreichte. Die Kindheit weiß ja nicht um das Ende des Lebens, das sie vorausträumt, obwohl es nicht an prophetischen Ahnungen fehlt, nicht an Warnungen, die keiner befolgen würde, auch wenn er sie verstünde.

Als sich die Erwachsenen wiedersahen, gestand Reserl, daß sie den Erzählungen des Knaben mit atemloser Spannung gelauscht und mit großer Ungeduld täglich auf die Fortsetzung am nächsten Tag gewartet hätte. Das war schmeichelhaft für den Erzähler von einst, es wirkte als ein posthumer Erfolg, einer, auf den nicht gerechnet worden war. Zugleich stimmte es wehmütig, denn der Born des Märchenerzählers war längst von der Wirklichkeit verschüttet worden, die von jenem nie zum glücklichen Ende gebrachten Märchen nichts mehr wußte. Die totgeglaubte Melodie der Kindheit begann sich plötzlich wieder zu regen, und zwar als ein schmerzlicher Vorwurf. Einstige Schönheit strahlte aus dem Antlitz der Frau, das sich, durch die verwandelnde Kraft der Erinnerung, wunderbar verjüngte. Es war inzwischen ein Menschengesicht geworden, das den Stempel der Sorge aufwies. Das Leben hatte Reserl nicht geschont, da waren in ihrem Gesicht all die Kerben und Schrunden, die Zeichen vom Schützengrabenkampf um die Existenz. Trotzdem ging die Sonne des Junggewesenseins über ihrem Antlitz auf, als sie, ohne Affektation und Sentimentalität, von damals sprach.

Diese Begegnung fand in Wien statt, bevor der Usurpator, der bedauerliche Sohn Österreichs, dort einzog. Damals konnte man noch kindlicher Spaziergänge in den Frühlingsgärten der inneren Stadt und auf der Ringstraße gedenken, ohne sofort im Geiste die Schreie der Gefolterten zu hören und die verstümmelten Leibchen zu sehen, alle die Zeichen und Brandmale der Rohheit, der Entwürdigung, der Vertiertheit. Freilich hat es hier schon blutige Kämpfe des arbeitenden Volkes um sein bißchen Recht gegeben, das von der brutalen Gewalt niedergeschlagen wurde. Es gingen bereits hier und dort, in Häusern und Geschäften, die Bomben los, nachdem der Galgen und das Kreuz Märtyrer gemacht und jene Wenigen, die sich nicht ergeben wollten, in Geiseln verwandelt hatte.

Was seither geschah —: doch nicht davon soll an dieser Stelle gesprochen werden, sondern vom Doppelwunder des geretteten Lebens und der unter unvorstellbaren Gefahren und Drangsalen bewahrten Menschenwürde: vom Reserl also. Denn von ihr traf der folgende Brief bei einem ehemaligen Brotgeber und Wohltäter ein, der als ein Emigrant in New York lebt:

Wien, 1. X. 1945.

Sehr geehrter Herr Doktor,

diesmal hoffe ich, daß Sie in den Besitz dieses Briefes gelangen, denn ein englischer Arzt der Besatzung verspricht mir, ihn zu befördern.

Trotzdem will ich mich kurz halten, denn „zum Ausführlichschreiben" fehlen mir noch die Nerven. Sieben Jahre der Pein, davon drei im KZ, das fühlt man. Gleich die ersten Wochen im KZ starb meine Schwester und gleich darauf mein Mann. Fünf Tage nach dem Tod meine Mannes wurde meine zweite Schwester verschleppt, um sie eines gewaltsamen Todes sterben zu lassen. Das alles warf mich natürlich nieder, doch zum Erstaunen aller genas ich wieder und bin so gesund wie je zuvor. Allerdings habe ich es außerdem einem verwandten Arzt zu verdanken, daß ich nicht vergast wurde. Sich und seine Frau, sein Kind konnte er leider einige Monate später nicht davor retten.

Nun bin ich also wieder in Wien ganz allein, ohne Wohnung, ohne Mobiliar und ohne zu wissen, was ich anfangen soll. Vorläufig bin ich Gast der Frau Hofrat P., die mich in der liebenswürdigsten Weise aufgenommen hat. Das Wohnungsamt bemüht sich nicht, uns mit Wohnungen zu versorgen, und an ein „Wiedergutmachen" unseres Inventars ist gar nicht zu denken. So drängt sich unwillkürlich die Frage auf: wozu habe ich das Ganze überstanden?

Wien: Sie würden es nicht erkennen. Ein großer Friedhof. Nicht wenig tragen dazu die Gräber bei, die in öffentlichen Gärten, in der Ringstraße usw. zu sehen sind. Kein Licht, kein Gas, seit einigen Wochen wieder Wasser. Kein einziges Geschäft offen, außer den Lebensmittelgeschäften, wo die Menschen um das Minimale, das sie bekommen, Schlange stehen. Doch genug davon ...

Und nun eine Bitte, über die Sie sich wundern werden. Daß ich um Lebensmittel bitte, ist bei unserer Not selbstverständlich. Weniger selbstverständlich ist es aber, daß ich Sie um ein Paar Schuhe Nummer 39 und 1 Paar Schneeschuhe bitte. Wie schwer mir diese Bitte fällt, bei meiner Einstellung, können Sie sich denken. Vielleicht können Sie in Fühlung mit meinem Vetter treten, damit er mir Lebensmittel schickt.

Seien Sie ob meiner Bitte nicht ungehalten. —

SPÄTES TAGEBUCH

Tagebuchnotiz 10. Januar 1947

Bald ist es so, daß, wohin ich auch immer ginge, ich in ein fremdes Land einwandern würde. Während ich über dieses letzte halbe Jahrhundert hinausgelebt habe, ist überall, wo ich je gewesen, ein neuer Menschentypus gewachsen, der kaum noch die Sprache mit mir gemeinsam hat. So wird die alte Sage vom Berge, in dessen Inneres ein Verträumter, ein Verschlafener, entrückt gewesen, um, wenn er wieder heraustritt, um hundert Jahre verspätet zu sein, an mir wahr geworden sein. Der Berg, in dem ich mich befunden haben muß, wuchs aus meinem Leben um mich herum. Oder lebte ich in einer Flasche, die mit dem Siegel Salomons verschlossen war? Dieser Vergleich, der ja nicht mehr als ein poetisches Bild sein kann, drängte sich mir wiederholt auf, das Tertium comparationis wäre die Durchsichtigkeit der Wände. Denn es war nicht etwa so, daß ich nicht gesehen hätte, was draußen vorging. Im Gegenteil, ich sah immerzu und erkannte sogar oft schärfer, als die mitten in dieses Außenleben der Epoche Gestellten und Geschleuderten. Auch war ich auf das leidenschaftlichste an allem und jedem, dem Größten und dem Kleinsten, die ganze Zeit hindurch in jedem Augenblick beteiligt gewesen. Ich nahm wahr und hörte, sprach mit und beriet, und war unter den Vorhersehenden und Vorhersagenden, ja, oft schien es, als wäre ich der Prophetischen einer. Trotzdem ging alles an mir vorbei, der Martertod der Freunde ebenso wie das Verwesen nicht weniger von ihnen bei lebendigem Leibe. Die Zeit verging in ungezählten Diskussionen und Planungen. Abwehr und Vorkehrung wurden erörtert und die Zukunft ward gerichtet und mappiert. An wieviel Rekognoszierungsritten der kühnsten, konsequentesten Geister nahm ich teil! Von Kindheit an fand ich mich ihnen beigesellt, unter ihnen suchte ich mir meine Lehrer. Auch trachtete ich, die Jugend, die immer nächste, demnächst nachfolgende Jugend nicht aus den Augen und aus dem Herzen zu verlieren. Immer wieder anerkannte ich den Anspruch der halbwüchsigen Prätendenten, indem ich die Ansätze zur Leistung, die sie mir vorwiesen, lobte und ermutigte, oder indem ich erbittert mit ihnen stritt. Der Streit ist nur zu sehr mein Element gewesen. Des heiligen Zornes konnte ich mich von Jugend auf zu selten erwehren. Ich weiß nicht, ob das eine ererbte Anlage in mir war oder eine erworbene Art und Unart. Es mag den sozialen Verhältnissen entsprochen haben, dem Wie und Wo meines Antretens, als ich begann mich auf meinen Lebensweg zu begeben. [...]

Ruinen in Wien

Mehrere Leute, die Wien nicht gesehen hatten, seitdem es die Hauptstadt der Ostmark geworden war, sahen nun die Ruinen in der Inneren Stadt und staunten über ihre Schönheit. Diese Ruinen hatten sich dem Barock angeglichen. Sie wirkten, als wären sie im Plan der berühmten Baumeister mit einbegriffen gewesen. Jemand sagte: seine Schönheit ist das Glück Wiens, zugleich sein Unglück. Sie verleitet jeden und alles hier, schön zu sein, statt wahr.

Man genießt das Glück, die Musik Mozarts zu hören, und träumt unwillkürlich von einer Welt, in die sie passen würde: nicht von einer Welt der Vergangenheit, sondern von einer Welt der Zukunft.

Vor einem Schutthaufen. Hier stand, als ich jung war, ein hohes Haus, in dem die Lebenslust ein- und ausging. Jetzt gehen Menschen mit einem Arm, Menschen mit einem Bein vorbei, ohne ihm auch nur einen Blick zu schenken.

An der Straßenecke gegenüber verkauft ein altes Weib geröstete Kastanien. Ein primitives Eisenöfchen genügt ihr zum Betrieb ihres Geschäftes. Sie ist in Lumpen gekleidet, ihr Kostüm entspricht einer alten Mode, wir finden sie bereits auf den Gemälden des Höllenbreughel. Die Runzeln ihres Gesichtes büßen nicht an malerischer Qualität ein dadurch, daß sie nicht gewaschen werden; im Gegenteil sie gewinnen nur, wenn die Frau sie in Ruhe läßt.

Diese Frau war stärker als das Haus, sie hat es überlebt. Und so hat auch der bescheidene Handgriff, der sie zur Geschäftsfrau macht, die hochentwickelte Industrie überlebt, die in dem hohen Hause betrieben wurde.

Die Herrengasse

Da verläuft sie wie immer, seit ich sie kenne, zwischen Michaelerplatz und Schottenring. Sie läuft, wie sie lief, und sie heißt, wie sie hieß. Sie mag auch ebensoviel verheißen, wie sie je tat, wir wissen nicht wen, vermutlich Menschen, die heute jung sind. Mir ist sie überaus verheißungsvoll gewesen, damals, vor einem halben Jahrhundert, als ich fast noch ein Knabe war, und doch schon begonnen hatte, zum Café Central zu pilgern, in dessen Räumen ich den Lehrern und Meistern meiner Jugend begegnete, Peter Altenberg, Karl Kraus, Alfred Polgar. Trotzdem habe ich diesem Ort oft und unerbittlich geflucht, sogar unter Tränen, denn das Café Central legte sich zwischen mich und die Wirklichkeit, die ich um seinetwillen versäumte. Trotz aller guten Vorsätze, es zu verlassen, hielt es mich zehn Jahre lang fest, beinahe bis zum ersten Weltkrieg, der mich in die Wirklichkeit einrücken machte. —

Und heute! Als ich im Dezember 1948 nach Wien zurückkehrte — heimkehrte, hieß das wohl, in die Stadt der Kindheit, nach 36jähriger Abwesenheit, galt mein erster Weg der Herrengasse und dem Café Central. Ja, geradewegs vom Westbahnhof, den ich als den Bahnhof meiner Kindheit bezeichnen kann, eilte ich in die Herrengasse, als ob sie, nur sie zu meiner eigentlichen Heimat führte. Aber da fand ich, ein tief enttäuschter Peer Gynt, heraus, daß es kein Café Central mehr gab. Das Gebäude, das, wie ich zu wissen glaubte, in dunkler Vorzeit die Börse beherbergt hatte — lange, bevor ich es kannte — stand zwar noch an der alten Ecke großmächtig da. Die Stufen führten noch, wie eh und je, zum Eingang hinan, abgenützt von vielen Füßen, wie sie waren. Die Uhr hing noch darüber, nur ohne Zeiger, sie zeigte keine Zeit mehr an. Mit Staub bedeckt die Fensterscheiben, die kaum den Blick durchließen. Im Inneren war, preßte man auch das Gesicht sehnsüchtig an das Glas, nur ein trübes Durcheinander wahrnehmbar, die gespenstischen Umrisse ungeordneten Mobiliars. Da standen einst die sauberen Billardtische, stolz auf ihr grünes Tuch, auf dem die Bälle so elegant liefen und solch einen schönen, elfenbeinernen Klang von sich gaben, wenn sie aneinanderstießen. Die Erinnerung hat diesen Klang festgehalten, und er klingt, als stamme er aus dem Märchen. Überall in den Fensternischen saßen wichtige Leute, Ärzte, Advokaten, Ingenieure, lauter Menschen von Ansehen. Durch das Fenster weiter vorne in der Herrengasse konnte man in das geheimnisvolle Schachzimmer spähen, jedoch wenig von den Spielern wahrnehmen, wenn überhaupt etwas, denn die genießenden, kritischen Gruppen der Spielprüfer deckten die eigentlichen Akteure ab. In den Arkadenhof mit seiner dekorativen Freitreppe konnte man überhaupt von außen nicht hineinsehen, denn der lag geborgen im Inneren. Dort hing das Porträt Altenbergs, eine Rötelzeichnung, an der Wand, und darunter saß er oft in Person, der Sokrates des damaligen Wien, um ihm eines der Epitheta zu geben, die ihm gebührten. Ein Sokrates macht freilich noch kein Athen, auch wenn er den stilechtesten karierten Anzug trägt, jedoch das Wien von damals, verglichen mit dem Wien von heute, konnte als eine Art modernes Athen gelobt und begriffen werden!

Hier besteht für den sich Erinnernden die Gefahr, in das Lob der guten alten Zeit, welche seine eigene Jugend gewesen ist, abzugleiten. Das soll vermieden werden. Ich spreche gerne von dieser Zeit und denke und schreibe öfter über sie, als mir vielleicht gut tut. Aber was nützt es den armen Nachkömmlingen, da sie sie doch nicht gekannt haben? Auf die persönliche Bekanntschaft mit Karl Kraus und Peter Altenberg, die einem Jüngling von damals Unendliches bedeutet hat, müssen sie verzichten, und können es auch, da es ihnen möglich ist, diese großen Männer in ihren Werken aufzusuchen, sie dort zu finden, wo sie sich dem, der von ihnen lernen will, am reinsten erhalten haben. Es mag ein weiter und nicht eben bequemer Weg sein für einen jungen Leser von heute bis zum Verständnis, zum Genuß der aus dem damaligen Leben Wiens herauskristallisierten Form dieser eigenwilligen Vorläufer, die keine Vorläufigen gewesen sind. Sie waren ein kulturelles Endstadium, wird mancher sagen, der ihre Nutzanwendung in Zeiten des Mangels und der Not schwierig findet. Ein Wellenberg der Entwicklung trug sie, ob sie auch bereits in das Wellental hinabblickten. Dort schweben nun wir Heutigen und ermessen kaum die Forderungen der Schönheit, der Gerechtigkeit, hoch gestellt, wie sie waren, und staunen über die freie Rückhaltslosigkeit des Ausdrucks. Freilich muß man sich diese Bücher, wenn man sie kennen lernen will, besorgen, was heute nur noch beim Antiquar geschehen kann. Ich weiß nicht, ob die Leihbibliothek um die Ecke, auf dem Kohlmarkt, sie noch auf Lager hat. Dort holten wir uns, als Knaben, die Werke der modernen Literatur und verloren an sie unsere Unschuld.

Die Werke, die Denkmäler der Architektur haben ein leichteres Überleben als die der Literatur. Das einst mehr berüchtigte als berühmte Adolf Loos-Haus, an der Ecke der Herrengasse und des Kohlmarkts, ist mit einem Blick wahrnehmbar, mit seinem luxuriösen Unterbau und der daraus emporwachsenden, einfachen Fassade, deren schmucklos edle, zwanglos harmonische Form heute jedem Passanten einleuchten wird. Und doch war sie, zur Zeit ihres Entstehens der Anlaß heftiger Kontroversen und fast brutaler Kämpfe, die das Haus, kaum daß es da war, beinahe hinweggerissen hätten. Aber was hat es seit damals alles miterlebt! Den Einbruck der Zivilisations- und Menschenmörder, und die beiden Weltkriege, deren zweiter in Wien vielen, noch heute erheblichen und noch nicht wieder gutgemachten Schaden angerichtet hat. Die Herrengasse hat er lassen stehn, unzerstört und ungekränkt. Heute pilgere ich nicht mehr zum Café Central, wohl aber zum Café Herrenhof und zum Hochhaus. Bei dem letzteren angelangt, kann ich mir beinahe einbilden, in New York oder in Chicago zu sein.

Fragment Nr. X

Ich habe die Werke, die ich plante, nicht geschrieben, und nun ist es zu spät. Mein Leben ist an seinem Ende angelangt. Ich hinterlasse ungeordnete Fragmente, so wie mein Leben ein ungeordnetes Fragment ist und bleiben wird.

Aber, wie gesagt, ich habe Werke geplant und begonnen, sie alle brachen ab, bald früher, bald später. Ich mußte in ein anderes Land, und der Zusammenhang war zerrissen. Dort gab es einen neuen Horizont und eine andere Zeitrechnung. Zwei Weltkriege unterbrachen mich. Den einen machte ich mit, den anderen erlebte ich aus der Distanz, durch ein Weltmeer von ihm und seinen Bombenwürfen geschieden. Aber auch dem Krieg, den ich mitmachte, kam ich nicht nahe, auch ihn erlebte ich aus der Distanz. Überhaupt wich die Distanz nie von mir. Trotz allem Bestreben blieb ich immer außerhalb der Wirklichkeit.

Genau so erging es mir mit den Revolutionen. Die große, die zu meiner Lebenszeit geschah, die russische, veränderte mein Denken und Fühlen, und, was mehr ist, meine Zeitrechnung. Das war es also, das Jahr Eins, es teilte mein Leben in zwei Hälften. Als es eintrat, war ich zweiunddreißig Jahre alt. Ich hatte also meine Jugend hinter mir. Nun begann eine neue Kindheit, zugleich mit einer neuen Welt.

Aber ich mußte bald einsehen, daß ich in der alten Welt zurückgeblieben war, die fortfuhr, nach der alten Zeit zu zählen. Und ich mit ihr. Seitdem wende ich gleichzeitig zwei Zeitrechnungen an. Das trennt mich von allen Menschen, die mit mir in einer Zeit leben, sei es in der alten oder in der neuen. Keine Freundschaft und keine Verwandtschaft bringt mich über dieses Trennende hinweg, das sich zu einem Abgrund vertieft hat, der mit mir wandert.

Und auch in mir selbst bin ich gespalten und um meine Entschlußfähigkeit gebracht, die nie mein stärkstes Erbteil gewesen ist. Meine Eltern waren wie Dur und Moll, und beide Tonarten haben sich in mir nicht richtig gemischt, sie haben es nicht zur Harmonie gebracht.

Das heißt nicht etwa, daß ich der Aufrichtigkeit ermangle, der Wahrhaftigkeit. Es sieht eher so aus, als ob meine Aufrichtigkeit mich an meinen Entschlüssen behinderte. Wahrhaftig bin ich schon, aber die Wahrheit besitze ich nicht, ich erreiche sie nie, obwohl ich ihr immer zustrebe, von beiden Seiten her, als ob sie in der Mitte läge. Aber vielleicht liegt dort nichts, in der Mitte. Dort befindet sich vielleicht nur der Mensch, der ich bin, und wieder nicht bin, sondern zu werden hoffe, der ich immerzu werde, bis es zu spät ist, zu sein.

Es ist nicht so, daß ich schwanke, oder von Zweifeln zerrissen werde. Ich kann in beiden Zeiten denken, und tue es. Ich sehe jede Sache von beiden Seiten, erst von der einen, dann von der anderen, und manchmal von beiden zugleich. Natürlich, wenn ich mit dem Vertreter einer der beiden Seiten spreche, dann drängt es mich, ihm zu widersprechen. Das ist heutzutage, da die Gegensätze sich vertieft haben, ein bedenkliches und gefährliches Verhalten, das mich um die Vorteile bringt, die jede der beiden Seiten zu bieten hat, und bietet.

Aber keineswegs zweifle ich daran, daß die alte Welt die alte ist, und die neue Welt die neue. Die alte Welt erscheint mir als absterbend und als zum großen Teile bereits gestorben, als gespenstisch. Ich sitze im Wiener Stadtpark und die Kurmusik erklingt wie in alten Zeiten, in denen ich Kind und Jüngling war. Die Kapelle spielt die alten Potpourrien, Bajazzo und Carmen und Johann Strauß. Es ist ein sehr heißer Juliabend. Viele Leute sitzen da, auf der geräumigen Terrasse und im Garten, um im Freien zu sein. Viele Männer in Hemdärmeln und die Frauen stark dekolletiert, was einer sonst zuhause küßt, wird nun der Nachtluft preisgegeben. Es sind manche als Herren und Damen erkenntlich, aber im allgemeinen ist dieses Publikum nach dem zweiten Weltkrieg viel kleinbürgerlicher geworden. Viele Kinder sind auch heute noch wie Puppen gekleidet, wie in dem Ballett „Die Puppenfee", das ich als Kind in der Wiener Oper sah. Das Ganze macht den Eindruck der Komparserie einer veralteten Oper, die nachlässig und in der vererbten Routine inszeniert wurde. Dabei gibt es hier, wie jetzt überall in Wien, eine Menge neuer Emigranten, Ungarn hauptsächlich. Ihre rollende Sprache ist überall hörbar. Zwei kleine Puppenkinder muß ich mit den Blicken verfolgen. Sie halten sich unablässig an den Händen, die gestärkten Kleidchen stehen von ihnen ab, und die großen Schleifen auf ihren Köpfchen helfen, daß man sie nicht so leicht aus den Augen verliert, wie sie da zwischen den Tischen umhertrippeln, ohne die Händchen loszulassen. Diese Kinder sind hundert Jahre alt, so haben sie schon unter Metternich einander an den Händen gehalten und sind vorsichtig dahingetrippelt, um ihre Kleidchen nicht zu zerknittern. —

Hermann Broch, in memoriam

Sehr stark mit eigenen Dingen beschäftigt und seit vier Jahren, seit meiner Wiederkehr nach Europa des in Amerika verbliebenen — nun verblichenen — Freundes entwöhnt, fühle ich immer öfter in mir die Sehnsucht nach dem Menschen *Hermann Broch* aufsteigen. Der Autor dieses großen Namens kann in seinen Werken aufgesucht und aufgefunden werden. Es liegt sogar ein neues, fast posthumes Buch von ihm vor, das erst kürzlich erschienen ist: „Die Schuldlosen". Es ist eher eine Zusammenstellung von selbständigen Gebilden kleineren Formats aus verschiedenen Zeiten und Epochen als ein einheitliches Buch. Gar zu gerne würde ich mit Broch über dieses Konglomerat und über den zeitkritisch-philosophischen Leitfaden, den er ihm gegeben hat, streiten. Es wird mir schwer, dieses Buch meines nun gestorbenen Freundes zu lesen, und ich bin froh, ihm das nicht eingestehen zu müssen. Wir werden keine Briefe über diese Streitfrage kreuzen, die sich ja doch zu einer Liebeskorrespondenz entwickelt hätten. Er war zu nobel, um je eine Kritik übelzunehmen; im Gegenteil zog er es vor, jeden Menschen, sogar seine Freunde, zur Bildung eines selbständigen Urteils zu ermutigen. Er hatte das Herz eines Dichters, aber den Geist eines Wissenschaftlers. Er wollte, daß seine Seele sich wie ein temperiertes Klavier gebärde, wenn ein solches Instrument das ist, was ich mir unter dem Namen vorstelle. Sanftmütig, wie er war, wenn ihm auch die für einen Mann von Prinzipien unentbehrliche Strenge nicht fehlte, liebte er es nicht, aggressiv zu sein. Dann wäre er sich inhuman vorgekommen, als ein Barbar. Außerdem betrachtete er seine Werke als Experimente, auch wenn er einige davon für gelungen gehalten haben mag. Versuche, deren Niveau über dem meisten stand, das für den Büchermarkt hervorgebracht wurde. Das sah er wohl ein, denn er war klug und fein, jedes zu einem besonderen Grade und beides zusammen in einer besonderen Mischung. Er war als junger Mensch Geschäftsmann gewesen und hatte sich erst als reifer Mann, da er eines Tages Schriftsteller wurde, seine Sprache selbst erfinden müssen. Es war und blieb die Prosa eines Autodidakten, der vielen Großen vieles abgelernt hatte, indem er durch sie durchging, dem eigenen hohen Ziele zu. Er hatte das Unglück, das er selbst für sein größtes Glück hielt, auf diesem Wege dem gefährlichsten Vorläufer zu begegnen, dem großen James Joyce. Dies war mehr als ein zufälliges Unglück, es war ein zeitbestimmtes Faktum, ein wahres Verhängnis für einen geborenen Epiker, der Broch seinem Wesen nach war, mit lyrischen Schüben, durch die er seine episch unverbrauchten Vorräte an Gefühl los wurde. Der Epiker — als reiner Erzähler aufgefaßt — muß den Bewußtseinsstrom seiner Figuren bändigen können, Joyce läßt ihn überwuchern. [...] Bei Broch, in seinem Vergil, ergibt sich, durch eine verabsolutierende Verquickung von Tatsache und Gedanke ein einziger Satz, der tausend Seiten lang sich hinzieht, als Reflexion, durchsetzt mit Vision einer historischen Figur, eines klassischen Dichters am Ende einer Epoche, die zugleich als grundlegend für die unsrige erlebt und andeutungsweise gestaltet wird. Es muß eine Sisyphusarbeit gewesen sein, dieses Buch zu konzipieren, gar zu schreiben, es ist auch eine solche, es zu lesen und wird es immer bleiben. Hier macht die Rarität eines in allen Gangarten meisterhaft gerittenen Steckenpferdes einer sublimen Kunstleistung den wohlverdienten Rang streitig. Das Charakterbild Vergils, der in dieser Dichtung eine höchst merkwürdige Auferstehung feiert, wird bedrängt — und für die Mehrzahl einer internationalen Leserschaft wohl auch verdrängt — von der Statue des genialen Don Quixote, der es musivisch zu malen bestrebt ist. Wahnwitziges und dennoch Ehrfurcht erweckendes Unterfangen ohne Anfang und Ende, das für die Sammler exzeptioneller Werke märtyrerhaft geleistet worden scheint. Die englische Übersetzung, die der Dichter mitmachte, kostete ihn und die aufopfernde Übersetzerin zwei Jahre der Qual, die sicher auch ihre entschädigenden Seligkeiten, sowohl Sucherelend wie Finderglück von Zeile zu Zeile, von Wort zu Wort gehabt haben muß. Nun liegt es da, oder steht es da, dieses Wunderwerk eines erlauchten Eigensinns, aera perennius. Mag es, wider alles Erwarten, sich einer kommenden Zeit öffnen und ihr eine reiche Ausbeute gewähren!

Der Epiker wird, je mehr er sich von der Mythe und dem Heldenlied entfernt und sich der modernen Gesellschaft nähert, umso mehr Gefahr laufen, Klatsch zu liefern, wenn auch, im guten Fall, wesentlichen, ja sogar göttlichen. Broch war davor geschützt durch seinen Hang, Legenden zu schreiben, die alltäglichsten, kleinlichsten Vorgänge in Heiligengeschichten zu verwandeln. Dafür gibt es auch in den ‚Schuldlosen' interessante, manchmal in rührender Weise mißlingende Beispiele. Solcher Versuch und solches Mißlingen ist von höchster aktueller Bedeutung. Diese Intention, den Zeitstoff durch exemplarische Erhöhung ideell zu retten, findet sich bei allen Zeitgenossen, von Kafka bis Brecht. Ihn in die Satire zu retten, wie Karl Kraus es geübt und vollbracht hat, oder in den Humor — wofür ich im Augenblick kein maßgebendes Beispiel anzuführen weiß — schiene von vornherein leichter und ergiebiger. Die Ansätze dazu zeigen sich überall, bei allen genannten Autoren, auch bei Broch. Doch würgen wir alle noch zu sehr, bis zur Lebensgefährdung, zum wirklichen Ersticken, an dem bitteren und blutigen, greuelhaften Stoff dieser Zeit, um ihn lachend verdauen zu können.

An all seinen gegossenen Werken und an all ihren nicht weniger Wert bekundenden Schlacken können nun die Menschen, auch die Nachgeborenen diesen einzigen wahrheitsdurstigen Sucher erkennen, der ums Leben nicht vor den Schleiern des Bildes von Sais halt machen wollte und lieber von ihnen, sollten ihm auch nur Fetzen in den Händen bleiben, umstrickt, ja erstickt werden wollte. Mir kehrt der unvergleichliche, geliebte Mensch nicht wieder! Nicht mehr tritt er, auf der Hetze seiner vielfachen Besorgungen, in mein Zimmer, wenn er aus seiner, von rastloser, tagnächtlicher Arbeit erfüllten, mönchischen Zelle in der Provinz sich einen hastigen Urlaub mehr stahl als nahm, weil er in New York Wichtiges zu erledigen hatte. Dazu rechnete er, in unerforschlicher Güte, auch eine freundschaftliche Mußestunde mit mir. Nicht ungleich dem Schlemihl, wie ich ihn mir als Knabe auf seinen ahasverischen

Wanderungen vorgestellt hatte, trat er mit einer schwer gefüllten, dickbauchigen Aktentasche ein. Etwas gebückt stand die lange Gestalt da, mit tiefem Blick forschend und um ein rasches Wiedererkennen bemüht. Dann legte er ab, und wir setzten uns zum Gespräch, um die Lücken der Briefe zu füllen, die wir seit seinem letzten Besuch gewechselt hatten. Zuerst wollte er meistens, durch eine rasche, aber strenge Prüfung des Blickes, erkunden, ob und wie ich mich verändert hatte, ob ich dünner oder dicker geworden war, das letztere mißbilligte er. Dann stellte er, während er bisher freundliche Ruhe an den Tag gelegt hatte, fest, daß er wenig Zeit habe, aber gar keine. Dann folgte ein gegenseitig Sich-Informieren, mehr in Schlagworten als in einem ausgesponnenen Geplauder, darüber, wie die Arbeit lief, und die Welt, die politische Lage, Hoffnungen oder Befürchtung erregend (meist das letztere). Privates kam selten auf, eigentlich nie. Er machte, wenn er so dasaß und einen frugalen Tee trank — denn er war von frugalen Gewohnheiten —, den Eindruck eines großen fremden Vogels, der in der Rast sein Gefieder ein wenig aufplustert. Auch gemahnte mich sein Gesicht manchmal an ein Gnu oder Lama, jedenfalls an ein Tier voll sanfter Würde. Schließlich sah er auf die Uhr — und nun kam etwas bei solch einem gesetzten Menschen Überraschendes: Er sagte — beinahe befahl er es —: „Und nun lesen Sie vor!" Und ich war glücklich, diesem echt Zuhörenden, mit Bedacht Lauschenden vorlesen zu dürfen, Gedichte, die seit seinem letzten Besuch entstanden waren, Fragmente in Prosa. Er wurde dabei nie ungeduldig. Er nickte, kritisch, verglich das Gehörte mit dem, was er bisher von mir kannte — und er kannte fast alles von dem wüsten Wust, den ich überall mit mir herumschleppte und von dem ich so wenig fertigbrachte. Es kam vor, daß er ein Gedicht zweimal hören wollte, daß es ihm beim zweiten Hören dann mehr oder weniger zusagte, als beim ersten. Er kritisierte den Gedanken bis in die Syntax, in die Wortstellung hinein, was ja auch das einzig Richtige ist. Sprachschnitzer, Schlampereien ließ er nie ungetadelt durch, er wollte sogar feststellen, wie es zu ihnen gekommen war, und bekundete bei solcher pädagogischer Übung keine Eile. Dann stand er auf, sah nochmals auf die Uhr, ergriff seine Mappe und ging. Er setzte sich vielmehr sofort, noch im Zimmer — es war immer ein Hotelzimmer, ein vorübergehendes Obdach der

Emigration — in Trab und lief. Die Zeit, die er für mich bestimmt hatte, war mehr als um.

Hermann Broch wird nie mehr in mein Zimmer treten und mich auffordern, ihm etwas vorzulesen. Einen Hörer von einer ähnlichen Feinfühligkeit und Geduld des Lauschens werde ich wohl kaum mehr finden, einem Menschen von mich so beglückender und belehrender Humanität werde ich nie mehr begegnen.

[Spätes Tagebuch]

8. Mai 1953

Einzug in die neue Wohnung, Zedlitzgasse 1, die Liesl mit so wenig Geld, aber mit so viel Liebe geschaffen hat. Wie heimatlich, mit dem bißchen Zierat, das auf dem ganzen verschlungenen Weg mitgeführt wurde, mit einem Teil meiner Bibliothek (soviel davon in New York und in Santa Monica zurückgelassen, dort die schönsten Bände, weil sie nahe am Fußboden standen, von den lernbegierigen Zähnen junger Hunde angekaut) hierher gerettet; wie markieren doch diese Bücher auch das in den Zufluchtsländern, England und Amerika, Erlebte und Erfahrene. Noch ist das bißchen Bildwerk, Photos, Kopien und Originale, mit Reißnägeln an die nackten, wohltuend weißen Wände gespendelt, ohne Rahmen, symptomatisch für unsere Armut von 1948 heimgekehrten Emigranten, die kein Dollarkapital mitgebracht haben. Das zeugt von unserer monströsen Ungeschicklichkeit, das heißt meiner, der ich also in Hollywood um nichts und wieder nichts gefront habe. Wie Hurengeld flossen mir die Tausenden von Dollars durch die Hände, die so rein zu bleiben hofften. Das Haus in Santa Monica blieb in Salkas Besitz zurück; sie hat es ja auch erworben und in meinem Geiste weitergeführt, als eine Zuflucht geistiger Freiheit, die sie auch weiterhin den Verfolgten gewährt hat, sie selbst nicht eigentlich eine politische Frau, auf keine Partei festgelegt, wie ja auch ich es nie gewesen bin, vielmehr eine Romantikerin, auf das Ideal der Humanität eingeschworen, ein Genie der Emotion, deren schauspielerisches Ingenium sich ins Leben gekehrt hat, deren reiches, rückhaltlos verschwendetes Naturell auch die besten, fortschrittlichsten Amerikaner angezogen und um sich geschart hat. Als sie, seit sie nicht mehr für die Garbo arbeitete, von der erbärmlichen Zunft boykottiert worden war, als es ihr immer schwerer wurde, als Filmschreiberin die Kosten des Haushalts zu bestreiten, zogen sich wohl viele zurück und blieben aus, aber die besten nicht, und diese brachten zu den Parties ihren eigenen Alkohol mit, jenes in diesen Sphären unentbehrliche Betriebsmittel für den Verkehr zwischen Menschen. —

Montag, 9. Mai

Habe also einen Glückstag zuhause verbracht. Ich darf es wohl ohne Zögern „Zuhause" nennen, so selbstverständlich wohl, so geborgen fühle ich mich hier. Dank Liesls weiser und wohltätiger Ordnung, die von ihrer Erfahrung, von ihrem intimsten Wissen um alle meine Bedürfnisse und Gewohnheiten bei Tag und Nacht, bis in allergeringste Details ausging. Wie die Stühle stehen, und welche Art von Stühlen, die sowohl dem Geradesitzen als dem Zurücklehnen gerecht werden, bequem für die Ausübungen des Lesens sowohl als des Schreibens. Am Fenster, das zur linken Hand liegt, steht der Schreibtisch aus meiner ersten Ehe, aus der Zeit der Wiener Volksbühne; sowohl er als der Bücherkasten an der gegenüberliegenden Wand, entworfen von dem Bühnenbildner meiner ersten, wirklich eingreifenden Regie — von Herbert Eulenbergs „Alles um Geld"; eines Werkes, das mir zufiel, weil niemand im Theater es zu deuten wußte und sich vorstellen konnte, wie es zu einer Vorstellung werden sollte. „Alles um Geld" erforderte einen neuen Stil, später Expressionismus genannt. Den blonden Idealisten, der damals an der Volksbühne als Darsteller des Helden bereitstand — des großen Verschwenders, dem das Geld, das er haßt, zum Gegenspieler wird, das ihn in den Ruin drängt, in den ihn seine Romantikerseele ohnehin drängt. Seine Gläubiger umringen ihn wie die Erinnyen einen Orestes oder Oedipus. Er vergeudet alles, Haus und Kind, sich selbst. Das ist nicht so klar und konkret gesehen wie von Balzac, der die Dämonie des Bankkapitals episch schilderte, sondern in einem romantischen Zwielicht — neuromantisch müßte es genannt werden, der neuen Elemente willen, welche diese Form, damals auf der Bühne noch ungeboren, in Sprache und szenischer Situation enthielt. — Den blonden Idealisten also, den Heldendarsteller Lindner, Protagonisten des Ensembles, gab ich sofort, beim Beginn der Arbeit auf, oder er mich, und fand statt seiner den alles eher als romantisch blonden Fritz Kortner, der gerade in diesen Tagen vorsprach und an dessen Eignung für solch einen deutschen Edelmenschen niemand als ich glaubte. Seine Leidenschaft, seine Vehemenz, seine stilbildnerische Kraft half mir wesentlich, das zuerst absurd scheinende Abenteuer zum Siege zu tragen, meinem ersten durchbrechenden Siege auf dem Theater. Die überrealistische Bühne baute also damals Artur Fürst (der, so hoffe ich, noch heute in Paris lebt und wirkt).

11. Mai 1953

Ja, nun bin ich hier, in der Stadt meiner Kindheit, so nahe ihrem Mittelpunkt, daß ich die Spitze des Stephansturms von meinem Fenster aus, zum Greifen nahe, sehe.

Hier angelangt am Samstag; also habe ich bereits zwei Nächte hier geschlafen; die erste traumlos tief und erquickend, wohl auch dank den Schlafmitteln, die ich immer noch unvermindert nehme. Aber die Schlafmittel allein schaffen es nicht; das lehrte mich die gestrige Nacht, in der die Tortur meines Alterserlebnisses, der letzten Freude und des bittersten, schmählichsten Leides, mich wieder wachzuerhalten begann, wie schon lange nicht. Also war ich wirklich heimgekehrt in die Stadt des Verzichtes, wie ich sie, allen meinen letzten Bühnenerfolgen zum Trotz, heute nennen könnte. Was ist Heimat? Wo du deine dir vom Leben bestimmte Arbeit tust, auch die Arbeit der vergeblichen Liebe: und ist das nicht der wahre Gattungsname aller Arbeit? — Trotzdem: ich bin wieder ein freier Mensch, nicht länger ein Spitalsbruder oder ein Sanatoriumshäusler. Nicht länger treten, nach kurzem Klopfen, Schwestern (euphemistische Vokabel) durch die unbeschützte Türe ein und prüfen mich beim Urinieren, stecken mir ein Thermometer in die Achselhöhle oder ergreifen, mit der so oft eiskalten Hand des Todes, meinen Puls, der, in der wieder eingeschlichenen Angst der Kindheit, wie ein gefangener Vogel zu flattern beginnt. Nicht länger treten Ärzte an mein Bett und befühlen mich, laden einander ein, meine Füße abzutasten, ob sie noch angeschwollen sind, und ebenso meine Leber, so daß ich einmal ausrief: „Nur heran! Ich bin eine alte Hure! Ich liege offen da! Greift zu! Was seid ihr denn mehr oder weniger als Männer, und ihrer habe ich genug gekannt."

Jene süße kleine Pflegerin im Lainzer Spital, die nachts auf bloßen Sohlen kam, um den Schlafenden nicht zu wecken! Aber ich schwang mich nicht dazu auf, einen Kuß von ihr zu erbitten, denn mein Privatleben war tot, gestorben, damit ich weiterlebe. Um dieses Weiterlebens willen geschah das alles, das ich nun so neurotisch verleumde, in lächerlicher Übertreibung einer Routine, der sich so viele vor mir klaglos, nein, dankbar unterworfen haben. Hätte ich es vorgezogen, allein gelassen zu werden und zu ersticken, zu ersticken in dem Blut, das sich in meiner Lunge angestaut hatte, oder mit meinem versagenden Herzen für immer zu erlöschen? Es war kein bloßer Traum, als ich eines Nachts im Lainzer Spital auf meinen Knien lag und mit immer kürzerem, immer gehetzterem Atemrest bat und winselte, daß man Liesl rufen möge, um Gottes Willen, auf daß sie in meiner Sterbestunde — also eben jetzt — anwesend sei? Daß Wahrheit hinter dieser Szene war, bewies sich mir am nächsten Tage, als ich erfuhr, daß mir zur Ader gelassen worden war, natürlich ohne daß Liesl gerufen worden wäre. Statt ihrer erhielt ich wohl die erlösende Spritze, die mir das Bewußtsein nahm und also die Todesangst betäubte, so daß ich nach dem Erwachen am nächsten Morgen nicht mehr unterscheiden konnte, was Wahrheit gewesen war und was röchelnder Angsttraum. Hätte ich, anstelle dieses Wissens, meinem Bewußtsein nur ein anderes erhalten: das Wissen um die schrittweise Rückkehr ins Leben, um die Annäherung an einen gereinigten Zustand, so zart am Anfang, des Wieder-frei-Atmenkönnens, der Wiederherstellung der Verbindung mit dem All, die das Atmen ist! Wäre mir dieses Wissen und Fühlen eingeprägt geblieben, ich hätte gelernt, nach seiner Weisung zu leben, wie ich es vor dem Niederbruch, vor der Krankheit schon nicht mehr gewußt hatte. Es wäre mir heute leichter, auf die Gifte zu verzichten, darunter auch auf das Gift einer Liebe, die längst schon verzichtsreif gewesen ist; gar nicht zu reden vom Gift des Ehrgeizes, dem Gezappel des gekränkten Selbstbewußtseins, des Neides in jeder Form, des so oft ins Profane entarteten heiligen Zornes, der Rache, die ohnmächtig ist, ihr Ziel zu erreichen. Statt all dessen, oh bitte, innerste Ermächtigung zur Frugalität des Daseins, zur genügsamen Lebensfreude, deren ich ja fähig bin, der Garten des Himmelhofs hat es mich gelehrt, trotz aller Wiener Liederlichkeit des Betriebes dieses Sanatoriums, das dennoch ein Asyl war und mich ansiedelte so greifbar nahe dem Glück des Frühlings, der strotzenden Kerzenpracht blühender Kastanienbäume, den hohen Pappeln, an denen hoch oben Blättchen zitterten, lautlose Glöckchen, vom leisesten Windhauch bewegt, dem hundertfach abgestuften Orchester der Vögel, während die Eichkätzchen den Wegen und die Baumstämme entlang, als wären auch sie Wege, liefen und die Birken dastanden, wie hohe Jungfrauen, mit entblößter, leuchtender Brust. —

Und hinter den Gottseidank ungepflegten, üppig mit bescheidensten Blumen, den Blumen meiner Kindheit (bevor ich in Blumengeschäfte ging und für Frauen Liebesboten aussuchte), wuchernden Wiesen das Panorama der Stadt meiner Kindheit, auch von dort die schmale Spitze des Stephansturmes sichtbar —

REFLEXIONEN

Memorabilien

I.

Von so vielem und so vielerlei — fast nichts.
Was sich herumgesprochen hat in mir; was ich herumgesprochen habe, herum und herum. Immer wieder das gleiche, dieselben Züge, die wenigen, die sich nicht verwischt haben, in einem unruhigen Leben: von einer unruhigen Seele und von einer noch unruhigeren Zeit wurde das gewürfelt und zerstäubt. Zu Staub sollst du werden, noch ehe du in die Erde gelegt wirst, nein, während du noch hier umherrennst, irrend und tastend nach einem Wege, der dann doch nur immer wieder in die Irre ging. [...]
Da war viel Verworrenheit und Krieg, während er lebte. Bald lebt er nicht mehr, wenn er denn je gelebt hat.

Die gewaltigen Gesellen, die Raufbolde, Habebalds und Haltefests, seine Zeitgenossen, sind noch vor ihm zur Grube gefahren und haben unsägliche Ruinen, Weltentrümmer hinter sich zurückgelassen, Denkmäler ihres Weges und Wesens, darunter ihre Opfer — und deren waren mehr als Legion — begraben und verscharrt liegen. Ach, er ist mit ihnen zur Schule gegangen! Später gelang ihm, ihrem Griff zu entkommen. Und das ist vielleicht seine ganze Lebensgeschichte, so weit sie es wert ist, erzählt oder erwähnt zu werden. Gerauft hat er nur als Knabe, gehabt hat er selten, festgehalten nie. Wenn ihr das für rühmlich haltet, so schreibt auf seinen Grabstein, falls ihm ein solcher gesetzt werden sollte, wo und in welchem Lande, das weiß er kurz vor seinem Ableben selber nicht. Denn noch immer befindet er sich auf der Flucht. Nur vorläufig sieht er sich gelandet, wo er geboren ward. Noch zittert ihm in den Beinen die fremde Welt, die große, weite, die er duchlaufen hat, ohne sich in seinem Inneren von der Stelle zu bewegen. Seine Gedanken waren, wo sein Leib nicht war. Erst jetzt, seit er wieder hier ist, langen sie manchmal drüben an. Er weiß von dort wenig auszusagen, von hier nicht viel mehr.

Manche entfremden sich, andere sind fremd geboren, heimisch nur im Träumen von einem Ziel, das sie nicht erreicht haben. Dieses Ziel war ein irdisches, und ein irdisches ist es geblieben. Es lag nicht über den Wolken. Dennoch weiß er nichts gar zu Gewisses darüber, er ahnt es mehr als er es kennt. Gibt es Menschen, die Utopisten von Natur sind, oder werden sie es nur infolge einer falschen Erziehung? Das Konkrete und das Abstrakte, beides ist schwer zu erlernen. Dazwischen gibt es etwas, das ist weder genug konkret, noch genug abstrakt, ein Zwischengebiet der Gedanken und Gefühle: sollte es dahin die Faulpelze ziehen, die ewig Halbausgereiften, oder die Lyriker? Oder jene, denen es nur gegeben ist, auf der Bühne zu agieren, statt in der Wirklichkeit zu handeln? Er aber war ein Einer, der auf der Bühne zu wirklicher Handlung strebt, in der Vision zur Realität und in der Realität zur Vision. Statt Schauspieler zu werden, wurde er also Regisseur, er versuchte den Schein des Theaters zu verdichten, was ihm übel angerechnet wurde. Dem Spiel wollte er den Ernst wiedergeben, so verspielte er seine Jahre, gab sie hin für wenige Abende, die schließlich sein ganzes Dasein ausmachten.

II.

Aber ein unterirdisches Gewässer war sein Dichten, das, einem Karstfluß gleich, immer wieder verschwand, um immer wieder an die Oberfläche wiederzukehren, aus dem Unbewußten und Halbbewußten in das Bewußtsein zu drängen. Eine Kontinuität, die seines inneren Menschen, trotz aller Zerrissenheit der Zeit, Zerpflücktheit und Zerriebenheit seines Ichs, in dem mehrere Iche einander abzulösen, einander zu verdrängen schienen. So ward in der Pubertät der denkende und staunende Knabe vom Geschlecht verdrängt. Dieses wieder ward beiseitegeschoben von dem Teilnehmer des ersten Weltkriegs, vom Gläubigen der Revolution, später vom Zorn des Emigranten. Die Schwermut der Kindheit hat die Katastrophe vorausgewußt. Einer, der die Greuel und Opfer überlebte und doch den Frieden nicht erleben wird. Zeitgenosse der Umwälzung, an ihr vergehend, würdigt er doch den großen Bruch als seine teuerste Erfahrung. Auch der alternde, der es mit dem eigenen Tode zu tun bekommt, möchte die Sicherheit im Nein nicht vermißt haben, die allein ihm die Spur des Ja bloßlegte. Hierin allein erreichte er mehr als Theater. Das Gedicht war ihm das Siegel der Wirklichkeit. Oder die Sprosse einer Leiter, die er gerade noch erreichte. Die Leiter, frei im Geschehen hängend, schwang ihm immer wieder zu, und er betrat sie im Augenblick, für einen Augenblick. Lies sie dann wieder fahren, in der Gewißheit, daß sie wiederkehren würde.

III.

Wie paßt das eine zum anderen, wie das Zerstreute dieser Existenz zum starren Festhalten an einigen Punkten und Linien? So haben auch diese „disjecta membra" der Gedanken und Gefühle (auch die Gedanken sind hier mehr gefühlt als gedacht) ihr fliegendes Gerüst, ihr elastisches Skelett. Untreue und Treue umarmen einander, klammern sich aneinander, um in vielfachem Fragment die geahnte Einheit nicht endgültig zu verlieren. Solange ein Ich lebt, hängt es zusammen, mit allem und jedem, aber auch mit sich selber: darin und dadurch ist es eben ein Ich, auch wenn es nur die Skizze eines Ichs bleibt. Oder ein Fragment. Und welches Ich, welches Einzelleben bliebe kein Fragment? Es erhebt sich, vom Ich her gesehen und vorlaut geurteilt, der Verdacht, daß alle Erscheinungen zusammenhängender Art, soweit sie ein Ganzes vortäuschen, Fragment bleiben müssen. Organismus empfindet alles und jedes als Organismus. Freilich ist das eine Personifikation, die trotz aller kritischen Verfeinerung immer naiv bleibt. Kein Ich beginnt und endet bei sich selbst. Jedes ist Vertreter einer Art, Sprosse in der Leiter der Fortpflanzung, Teil eines größeren Prozesses; Familie, Nation, das ganze humanum; Glied einer Gesellschaft, einer Klasse, sozial und historisch eindeutig bestimmt. Wir können nicht anders als an die Einsinnigkeit der Zeit glauben, die uns verbrennt, aufbraucht, verschlingt. Jeder von uns ist ein Zeitbrenner, Zeit-Verbrenner, tempiert wie eine Granate. Wir sind Explosionen, die wir durch die Zeitlupe unseres Bewußtseins wahrnehmen. In uns verknoten sich Zeit und Raum, aber es ist ein elastischer Knoten, der mit uns dem individuellen Tode zuwandert; der Selbstmörder hofft, diesen Knoten durchhauen zu können. Diese Absicht, dieser Glaube haben mich immer am Selbstmörder fasziniert. Er macht sich gewissermaßen selbst zum Fragment, er setzt, mit Gewalt, einen Schlußpunkt. Es gibt Menschen, die sich selbst richten und mit diesem Akt die Gesellschaft nachahmen, die sich sonst das Richteramt zuschreibt. Sie mögen die Vollzieher eines Urteils sein, das ihnen von außen suggeriert wird. Solche Leute sind gute Medien. Andere erleiden einen Betriebsunfall ihrer Existenz, dem sie erliegen, etwa einer Drohung, der sie nicht gewachsen sind: Krankheit, soziale Entehrung, Gefängnis, die Folter. Alle diese Fälle erlauben die feinsten und besondersten Abwandlungen und Kombinationen. Es gibt noch andere Selbstmörder, die sich mit einem Zeitalter erledigt sehen. Sie machen sich klar, daß sie keine Zukunft mehr für ihresgleichen zu sehen imstande sind. Eine merkwürdige Ausnahme bildet ein Mensch wie Marcel Proust, der abschließt, jede Zukunft ausschließt, und nun mit großer Entschlossenheit zurückzuleben beginnt: ein eigensinniger Krebsgang, eine Forschungsreise in gelebte Zeit, Experiment eines Historikers seiner selbst. Jeder Autobiograph versucht dergleichen, wenn auch nicht als ein so umfassendes Unternehmen. Die Erinnerung begleitet jeden Menschen als eine mit ihm wandernde Dimension, deren Funktion vergleichbar wäre dem an der Front eines Automobils angebrachten Spiegel zur Beobachtung der hinter ihm schwindenden Strecke. Historie überhaupt ist solch ein Spiegel. Wir sind im Begriff, Geschichte als eine sich mit uns bewegende Perspektive aufzufassen und sie zu betreiben, während wir es treiben und getrieben werden. [...]

IV.

Uralte Konzeption des Makrokosmos und des Mikrokosmos. Oder: pars pro toto, der Teil fürs Ganze. Der Mensch das Maß der Dinge. — Sicher ist, daß die Wahrnehmung des Menschen über seine Möglichkeiten hinausreicht. Die von der Menschheit erfundenen Apparate sind verlängerte, erweiterte, vervielfachte Sinnesorgane. Das spannt sich in Drähten aus, häuft Kraft in Akkumulatoren, macht Explosionen dienstbar; bezwungene Riesen sind überall eingestellt und angestellt. Gewaltige Ifrite umgeben unsere Städte, tragen als Karyatiden unsere babylonischen Türme, durchkreuzen den Ozean und das Firmament. Verbunden mit den Medien von Lichtjahrmillionen, tasten wir uns zur Vorzeit zurück, da die Menschheit noch nicht der Erdkruste entsprossen war, und nach vorne hin zur Nachzeit, wenn die erfrorene Erde unserer Gattung keine Zuflucht mehr bieten wird.

Dichtung und Wahrheit

Der klassische Ausdruck, den Goethe für seine Memorabilia geschaffen hat: Dichtung und Wahrheit; wobei, wie oft bemerkt wurde, die Dichtung an erster Stelle steht. Erinnerung ist eine Dichterin. Es gibt darüber einen gedankenreichen Aufsatz Kierkegaards, der das Vorwort zu seinen „Stadien auf dem Lebenswege" bildet, worin er einen Wesensunterschied zwischen Erinnerung und Gedächtnis macht. Dem Gedächtnis schiebt er die mechanische Arbeit zu; Erinnerung betrachtet er als eine andere Art von Funktion und Leistung. Erinnert wird das Erinnerungswerte; es handelt sich da um bewußte und unbewußte Auslese. Die Erinnerung konstituiert die „Identität" der Person, gehorcht dabei jedoch den vitalen Notwendigkeiten des Individuums, wie die Psychoanalyse festgestellt hat. Theorie und Praxis der letzteren, als Forschung und als Heilung, hat den pathologischen Charakter des Sublimierungsprozesses beschrieben und belegt. Dichtung und Wahrheit: Sublimierung und Tatsache. Betreffend das Was und das Wie der Erinnerung. Folgerichtig fortgesetzt, ergäbe sich eine Kritik der Geschichte. Historie, als kollektive Erinnerung, wird in der neueren Epoche von einzelnen Autoren betrieben, welche das Resultat der Forschungen verwerten, meistens zu Zwecken des Staates und der Partei. Es wird ausgemerzt, vergessen und übergangen, was dem bewußten oder unbewußten Auftraggeber schädlich erscheint. Es gibt Klassenjustiz, aber auch Klassenhistorie. Die Geschichtsbücher, aus denen unsere Kindheit ihr Wissen holte — das uns eingepaukt wurde — dienten einer verhüllten Propaganda. Sie beeinflußten von vornherein auch die Vorstellungen, die wir uns vom eigenen Erleben machten, bildeten ein psychologisches „a priori". Der Geschichtsschreiber, der in unserem Gedächtnis sitzt, empfing von dort seine Richtlinien, ja seine Begriffe. Von vornherein wurde das Erfahrungsmaterial eingeschränkt, Unliebsames, das uns zum Widerspruch gegen das Bestehende hätte anregen können, planmäßig und sorgfältig weggeräumt, sodaß es überhaupt nicht vorkommen konnte. Alle spätere Korrektur unseres Wissens und Meinens wurde dadurch äußerst erschwert.

Hierher gehört unsere frühe Unterweisung durch Märchen, Sagen und Legenden, durch die Bibel. So wie das menschliche Embryo den Entwicklungsprozeß verkürzt repetiert, so wird der junge Mensch, das Kind, mit Prähistorie gespeist. Legenden sind Geschichten vor aller Geschichte, Geschichte im Primitivzustand. Wir alle sind Buschneger gewesen, bevor wir Europäer wurden. Forscher behaupten, daß alle diese Vorgeschichten, der magische Zustand, und so weiter, der kindlichen Entwicklungsstufe entsprechen, dem Verständnis der Kindheit angepaßt sind. Progressive Europäer (Liberale und Sozialisten) vor dem faschistischen Bruch haben diesen Brauch zu vermeiden gesucht. Wir haben unseren Kindern Märchenkritik beigebracht und die Bibel ganz fortgelassen. Dann durften wir uns aber auch nicht wundern, daß diese Kinder, zur Reife vorrückend, anders bedingt erscheinen als wir selbst. Ein späteres Nachholen erwies sich als vergeblich. Ein Mensch, der erst nach der Pubertät in der Bibel blättert, wird sie nicht mit unseren Augen lesen.

Einer meiner Söhne, der so erzogen war, hat eine jugendliche Autobiographie geschrieben. Sie zeigte, welchen Ersatz er sich statt der Vorstellungen, die ihm nicht beigebracht worden waren, schuf. Er war als Knabe nach Amerika versetzt worden und hatte auf der Schule im neuen Lande sehr wenig Geschichte — vor allem europäische — zu lernen gehabt. Natürlich lehnte er sich an die Vorbilder neuerer amerikanischer Literatur an, die skeptischen Charakter hatten. Der improvisierte, pubertäthaft romantische Naturalismus eines Hemingway mußte ihm einleuchten und ihn unmittelbar überzeugen. Er ersetzte den Abenteuerroman, den wir dem Kinde durch unsere Kritik verleidet hatten. Es wäre einiges zu sagen über den Pubertätscharakter der neueren amerikanischen (realistischen) Romantik. Darin äußert sich auch ein Abklingen des Pioniertums, einer Menschenart, der die Wurzeln der europäischen Geschichtstradition abgeschnitten worden waren: ein chirurgischer Eingriff, der gewiß auch positive Folgen hatte. Der radikale sozialistische Neubeginn in der Sowjetunion mag ähnliche Resultate zeitigen; aber auch das faschistische Interregnum, die Umbruchzeit der beiden großen Weltkriege. Es wird für ältere Europäer seine Schwierigkeit haben, uns mit der Jugend, die nach diesen Ereignissen kommt, in Rapport zu setzen und uns mit ihr zu verständigen. Wie wird sie unsere Kunst- und Kulturdenkmäler aufnehmen und betrachten? Die Verbrennung der liberalen Bücher im nationalsozialistischen Deutschland mag sich als eine dilettantische und unzureichende Maßnahme erweisen, verglichen mit den Folgen dieser Weltkatastrophen.

Heimkehr nach Europa

Von allen Heimkehrern stellen sich mir sofort zwei ein, wenn das Wort an das innere Gehör rührt: der eine ist jener an Listen und Erfahrungen reiche Odysseus, der, heimkommend, einige Schwierigkeiten zu überwinden hat, bevor er sich behaglich hinsetzen kann — und seine Reiseabenteuer erzählen. — Als Bettler überschreitet er die Schwelle seines Hauses. Aber er kommt zurecht, um das Gesindel zu verjagen, welches davon Besitz ergriffen hat. Und die Treue sitzt am Webstuhl. Ihr ging die Wolle niemals aus.

Wie anders jener neuere Odysseus, Ibsens Peer Gynt. Er ist der an Lügen — oder sagen wir: an Illusionen Reiche.

Heimat ist, wo er zuerst — schon als Kind — gelogen hat. Heimat ist, wo ihm die Lüge oder sagen wir nochmals: die Illusion — mit der Muttermilch eingeflößt, mit dem Ammenmärchen eingeflüstert wurde. Seitdem hat er sich mächtig umgetrieben.

Zwar sitzt auch für ihn die Treue am Spinnrad. Aber er selbst hat den Faden seines äußeren und inneren Zusammenhanges verloren.

Er hat so oft seine Haut gewechselt, seinen Beruf — sein Kostüm, und mit dem Kostüm sein Ich: daß er schließlich, wegen Mangels an Identität, im Irrenhaus einkehren mußte.

Aber er war nicht nur in der Isolierzelle — er ist auch in der großen Welt gewesen. Er hat in Amerika allerchristlichen Negerhandel getrieben, er hat in Afrika den Prophetenmantel getragen und eine braune Gans geliebt.

(Damals war er der Übermensch. Damals schrieb er wohl seinen „Zarathustra", der ihn direkt ins Irrenhaus geführt hat.)

Wie bedeutungsvoll muten uns seine Stationen an.

Bei den Pyramiden haben Jahrtausende auf ihn herabgeblickt. Und wenn er an der Küste mit seinen Geschäftsfreunden, den Platzvertretern aller europäischen Nationen, Zechgelage feiert, glauben wir einer Versammlung des Völkerbundes beizuwohnen. — Der Versuch, sich gegenseitig hereinzulegen — indem man idealistische Tischreden hält. —

Wirklich, alle geistigen Abenteuer, die in Europa Geschichte und Verhängnis gemacht haben, mischen sich in ihm: von Napoleon bis Nietzsche, bis Cecil Rhodes: alles geschieht ihm, was Europa so herrlich entwickelt — und verwickelt hat. —

Was er zustande bringt, ist die modernste der europäischen Biographien. Die hat kein Emil Ludwig geschrieben! Während nämlich bei Emil Ludwig — dem deshalb in aller Welt und Umwelt, auch in Amerika, so beliebten Biographen — die Ideen der großen Menschen als dramatischer Faltenwurf drapiert erscheinen, wodurch sie an pittoresker Kleidsamkeit gewinnen, was sie an simplem Lebensernst einbüßen, führt beim Peer Gynt umgekehrt alles Lügen, Schwärmen, Planen, Abenteuern, mit Kontinenten spielen (inneren und äußeren Kontinenten) — alle große Spekulation in jedem Sinne des Wortes, im Philosophischen wie im Kommerziellen, alle Handels- und Weltpolitik mit Kronen, Thronen und Religionen, aller Weltverkehr und Film und Poesie obendrein — und darin verrät sich eine höchst aktuelle Relativität der Bewegung sowie der Wertung — am Ende nur zur Ernüchterung eines

Bankrottes, der fast jede moderne Idee als Großmannssucht und Megalomanie entlarvt.

Wenn er endlich — im wahrsten Sinn des Wortes — Schiffbruch erleidet, dann ruft ihm auf der rettenden Planke der Tod selbst jenes Wort zu, das heute als gewaltige Lichtreklame über dem Abendkorso von London, Paris, Berlin, Wien — und New York zu flammen scheint, ein sardonisches Menetekel: *„Man stirbt nicht mitten im letzten Akt!"*

Wo er, alt und arm, sich ausgesetzt findet: es ist die heimatliche Küste.

Wir sehen ihn sich mit welkem Laub im Winde herumtreiben, er selber nicht viel mehr als welkes Laub — und sich unterreden mit allem, was er versäumt hat, was er zu kurz kommen ließ an Liebe, an Gedanken, an Tat, an Charakter. Alles, worüber er — Illusionen und Spekulationen nachjagend — schwach und oberflächlich, lügenhaft und verlogen hinweggelebt hat, alle versäumte Bewährung und Verwirklichung im Einzelnen und Ganzen, wirbelt jetzt um ihn her, und ihn mit sich herum.

Es passiert ihm die Parabel von der Zwiebel, die nur aus Häuten besteht, aber keinen Kern hat.

Er kommt zurecht zur Versteigerung der alten Mühle, des väterlichen Anwesens — und warum nicht des Vaterlandes, der Vaterstadt? Dazu hätte nur ein wenig mehr Inflation und Deflation vorhergehen müssen.

Es begegnet ihm der Knopfgießer, der ihm klar macht, daß ein Peer Gynt kaum mehr wiege als ein Knopf mit einem Materialschaden, mit verdorbener Öse, der umgegossen werden müsse. Dagegen wehrt sich seine moderne Individualität — das höchste Glück des Menschenkindes. Wie? Ist er nicht, wie Faust, eines Himmels — oder, wie Mephisto, Faustens satirischer Teil, einer Hölle würdig? *Umgegossen werden:* das ist die Angstvorstellung seiner Todesangst: der Todesangst des modernen Ichs. Und das Ich beginnt zu rennen und zu rennen auf der Suche nach irgend einem Wert, der es beglaubigt. Wo ist das Register, darin die Leistungen der bürgerlichen Kultur eingetragen werden? — Wozu die Hast? Ist nicht die Sowjetrepublik eine ganz hübsche Knopfgießerei? Und tut es so weh, umgegossen zu werden?

Sollte es nicht am Ende auch hier heißen: „Wer immer strebend sich bemüht —"? Das wäre für den Peer Gynt vielleicht nur eine Illusion mehr, und als solche ihm nun verpönt und verboten.

Wir wollen nicht untersuchen, was ihn rettet und ob es ihn rettet: genug, es erfolgt Begnadigung statt eines Rechtsspruches — denn vom Rechte allein kann der Mensch nicht leben und nicht sterben.

Wozu habe ich Sie nun durch dieses gewaltige Drama der seelischen Inflation und Deflation, den Peer Gynt, geführt?

Zwar, wenn Ibsen den Peer Gynt heute geschrieben hätte, vielleicht hätte er sich nicht versagt, ihn auch als Filmregisseur in Hollywood zu zeigen.

Aber deswegen darf sich ein Filmregisseur, der aus Hollywood kommt, noch lange nicht anmaßen, ein Peer Gynt zu ein.

Denn dieser Peer Gynt ist ein Riesenkerl gewesen — und wir alle sind nur ein Teil von ihm.

Wenn wir uns recht erinnern: Sein Vater hat ein großes Haus gehalten und in Saus und Braus gelebt und so recht aus dem Vollen alles vergeudet — ein Grandseigneur aus der Gründerzeit.

Und der Sohn ist mit falschen Maßstäben aufgewachsen. Er ist sozusagen in Milch gebadet und mit Nektar und Ambrosia gefüttert worden. Er ist ein Lügner, weil er ein Dichter ist — und in allem Dreck Gold sieht.

Ein großer Dichter steckt in ihm, ein großer Genießer und Wüstling in der Einbildung. Ein großer Spekulant und Kapitalist von Weltweite, bleibt er ein großer Bummler und erzielt einen großen Bankrott — aber immer behält er seine große Phantasie, dieses große Kind, das mit dem lieben Gott auf Du und Du steht; und er verschwendet immer noch mehr Geist als Geld! — Und die Liebe seines Lebens hat er zwar verlassen und vergessen, aber nie verraten! — Und am Ende hat er wirklich einen Riesenkatzenjammer und eine Riesenangst! Nein, mit ihm kann man sich nicht so bald vergleichen.

Nein, sondern das Werk, dessen Darstellung auf dem Deutschen Theater in Berlin meine letzte europäische Arbeit, mein Abschied von Europa gewesen war, begann plötzlich zu geistern, ich sah die Züge des heimkehrenden Peer nicht im Spiegel, sondern im Gesicht eines interessanten Mannes, der meine

Jugend mit bestimmt hatte und der sich, als ich ihn wiedersah, die wagemutige Vivheit erhalten hatte, nur daß jetzt etwas eigentümlich Transparentes um seine Züge geisterte, als hätte sich seine unausrottbare Unternehmungslust mit einem skurrilen Staunen vermischt, darüber, wie sonderbar es sei, in reiferem Alter Weite und Nähe zu tauschen und sich mit der Beobachtung der verhexten Maßstäbe abfinden zu müssen.

Denn es gibt heute eine eigentümliche Verhextheit der Maßstäbe, die in allem fühlbar wird — zum Beispiel bei den Zauberstücken, die das Geld an allen Landesgrenzen spielt. Das internationale Zahlungsmittel, der allgemeine Wert, den wir besitzen — oder vielmehr nicht besitzen — schrumpft und dehnt sich je nach Landesgrenze wie die Quecksilbersäule in einem Thermometer. Bedenklicher aber ist es noch um alle übrigen Werte und Geltungen bestellt. Nicht nur, daß der Geistes- und Seelenschatz, den wir wechsel- und ausgabebereit mit uns herumtragen, bei der Überfahrt von Europa nach Amerika in rätselhafter Weise zu schwinden beginnt, daß, wer drüben mit seiner besten Währung herausrücken will, statt des Goldes plötzlich Würmer in seinen Fingern findet: umgekehrt, bei der Rückkehr nach Europa erlebt er von Land zu Land immer neue, höchst problematische Enttäuschungen, macht er stupende Erfahrungen der Relativität der Werte, jener, die Einstein nicht entdeckt haben will. Und die Sache wird ganz verteufelt kritisch, wenn einer gar nach Rußland hinüber wechseln will. Diese Wertunbeständigkeit erscheint uns heute als das meist charakteristische Zeichen der Zeit.

Mir erschien nun dieser Wertzerfall je länger, je lieber als ganz enorm Peer Gyntisch. Soll er doch, auch wo es um den bankmäßig erfaßbaren Wert geht, auf einen Schwund des Vertrauens, und dieses wieder auf ein Schrumpfen des Selbstvertrauens zurückgehen: sodaß die Krisis am Ende nichts anderes wäre als ein Rückschlag unserer fortschrittsgewissen Übersicherheit, die nicht einmal der Krieg zu erschüttern vermochte — unserer unternehmungslustigen Großmannssucht, die sich an Wissenschaft und Zivilisation, an Technik und Kapitalskraft genährt und — bei gewiß erstaunlichen Resultaten — übernommen hatte. Wir hatten — Wirtschaft, Horatio! — vom Kredit gelebt und verlieren ihn nun, weil wir ihn uns selbst nicht mehr gewähren können. Und am Ende werden wir daraufkommen, daß das Geld uns flieht, weil es uns kein Vertrauen mehr entgegenbringt. Wir haben ihm zu viele Peer Gyntische Märchen erzählt. —

Sodaß die zivilisierte Menschheit schließlich — ganz wie Peer Gynt — herumrennt und nach einem Bürgen sucht, um nur dem Knopfgießer und einem — vielleicht so wohltätigen — Umschmelzungsprozeß zu entgehen.

Und jeder von uns, sobald er sich über die Bewährung im engsten Lebens- und Arbeitskreis hinausgewagt hat, sobald er an der Erzeugung geistiger und ideeller Werke in irgend einer Weise beteiligt war und sich nicht begnügen kann mit dem: *„Troll, sei dir selbst genug"* —, kommt heute leichter als je, wenn er in reiferem Alter innere Bilanz macht, in die fatale Lage, sein Leben, und wäre es auch an äußeren Erfolgen nicht das ärmste gewesen, absuchen zu müssen nach der Leistung, die noch gilt, nach dem positiven Etwas, das noch nicht entwertet ist. Und es widerfährt so manchem, der noch gestern ein Herr der Schöpfung war, heute der panische Schrecken, der sich im Herzen Peer Gynts verdichtet zu dem Aufschrei: „So unsäglich arm kann ein Mensch also gehn zurück in die grauen Nebel des Nichts."

Es handelt sich doch wieder — wie man sieht — um das Persönliche und Allerpersönlichste. Denn das ist ja gerade die Eigentümlichkeit dieser Krisenethik, daß sie das Gyntische als Maßstab anlegt an unser Versagen im Großen und im Kleinen, daß sie auf Nationen anwendbar ist, ja auf jene bisher mit so blutiger Drastik mißglückte Kollektivität, die sich Menschheit nennt, damit die Flora und Fauna nicht beleidigt werde —, aber immer wieder zurückschlägt in das Herz des einzelnen, in dessen Gewissensqual, in dessen peinvoller Leere sie Wurzel faßt. -

Und von diesem Augenblick an entdeckt man die verdorbene Öse an allem und jedem: an den disparatesten Dingen — etwa am Berliner Theaterspielplan und an der amerikanischen Prosperity!

Sie alle liefern dann — bis ins Unzählige vernehmbare — Episoden zu dem grandiosen Peer Gynt-Epos unerer Zeit. — Einem metaphysischen *Hochstapler-Heldengedicht* mit peinlichem Ausgang.

Mit schmerzlichem Übergang. Ich glaube mich zu erinnern, daß der erste deutsche Herausgeber den Peer Gynt für eine Studie des norwegischen Nationalcharakters, für eine — trotz der Größe der Konzeption — mehr lokal-antipatriotische Besonderheit hielt.

Später hat Otto Weininger in einem großartigen Aufsatz die Allgemeingültigkeit erwiesen.

Er wußte noch nicht, wie sehr wir Ibsen überwinden würden — so lange, bis er uns wieder am Kragen hatte. Heute könnte Peer Gynt sehr wohl von der Waterkant ausgehen. Ja, noch das Vorkriegs-Berlin ergäbe einen verhältnismäßig idyllischen Startplatz — dann trüge er die sieghafte Maske von Hans Albers. Es käme nur darauf an, daß diese Maske im Laufe der Begebenheiten genügend durchlöchert würde. Die große Schnauze selbst, der schnodderige Tonfall, ist freilich unkorrigierbar.

Da ist der Österreicher, der Wiener gar, aus weicherem Stoff gebildet. Aber zäh genug ist auch bei ihm der nichtsnutzige Adam, der sein Gewand verkaufte und in einen Weltkrieg fuhr, als ob er der Himmel wäre. Er, der da hätte singen können: „Es wird ein Wein sein, und wir werden nimmer eine Weltmacht sein!" Er, der Lieblingsheld des Märchendichters für Erwachsene, Ferdinand Raimund, der schließlich in die Wurzel aller Illusionen — sein Herz — eine Kugel schoß, eine, die nicht länger wie beim Kegelspiel im „Bauer als Millionär" aus Gold war, sondern aus gemeinem Blei. Jener Flottwell, gegen dessen blutenden Gyntismus der treue Valentin vergeblich den Hobel ansetzt. (Es gibt übrigens keine bessere Besetzung für den Flottwell, als den Grafen Berchthold). —

Wer in jenem Wien Kind gewesen ist, wo Lueger dem Doktor Victor Adler gegenüberstand, der Stadtmann dem Staatsmann: der weiß, wie mächtig in die Weite und in die Enge wir es inzwischen gebracht haben. Damals waren wir noch ein Binnenstadtwinkel, der von Originalgenies strotzte. Wir exportierten unsere Talente und behielten unsere Originale. Unsere Musik — nicht nur die große, das Herz Schuberts, und die liebenswürdige des älteren Strauß, auch die schale der allesverbindlichen späten Operetten, die das Volksstück verschlungen haben — spielt heute alle Welt auf. Amerika holt sich davon Mut in der Krisis.

Wir hatten die Psychoanalyse scheinbar nötiger als sonst wer, deshalb wurde sie hier erfunden — heute kennt jedes Tippfräulein in Amerika den Komplex ihres Geliebten genau und nennt ihn beim terminus technicus.

Wir hatten unsere Peer Gynts des Deutschnationalismus, die überforschen Romantiker diesseits der Grenze, die Großdeutschland, das beneidete, überkompensierten. Heute ist unser Hitler über die Grenze marschiert und hat Großdeutschland mühelos unterjocht, es droht ihm anheimzufallen wie eine reife Frucht.

Als ob es sich in dieser Welt der Not darum handelte, sich das Gyntische Selbstbewußtsein zu erhalten, um jeden Preis, es überall her zu beziehen, was es auch koste und woher man es auch zu holen habe.

Ganz zu schweigen davon, daß Wien kein großes Theater mehr besitzt, seit unser Parlament die dramatischen Sprecher eingebüßt hat all jener Nationen, die von dem Verein mit uns avanciert sind in die große Entente der noch Unbesiegten, wo sie den nächsten Krieg vorbereiten helfen.

Damit können wir nicht mehr Staat machen, im Doppelsinn des Wortes. Wir sind kommunal geworden. — Wenn aber dann einer die Kommune der Bedürftigen mit Häusern, Spitälern, Bädern ausbaut, wie der Stadtrat Breitner in Wien, dann ist er wieder im Ausland — bis weit ins dunkelste Amerika hinüber — weit mehr angesehen als in Wien, wo er antipopulär wurde, wie kein zweiter. Es heißt von ihm, daß er die Opfer genommen hat, die das Bürgertum nicht bringen konnte. Jedenfalls ist er das Gegenteil eines Peer Gynt — einer, der anpackt und tut!

Ich glaube, Otto Weininger belauscht den charakteristischen Klang im Namen „Peer Gynt", der wie das zweimalige Aufhüpfen eines bunten Balles klingt. Dieser Spielball war eine bemalte Schweinsblase. Und er ist geplatzt.

Es begann alles so idyllisch und hatte doch in uns den Konflikt vorweggenommen.

Laßt unser Wiener Kind vor fast einem halben Jahrhundert in einem jüdischen Hause geboren sein. Dann zog es katholisches Fühlen mit der Milch einer polnischen oder tschechischen Amme ein. Schillers und Goethes Gedichte, vermischt mit Volksliedern, lernte es von einem nieder- oder oberösterreichischen Dienstmädchen, einer Marie oder Anna. Die sexuelle

Aufklärung besorgten die Hausmeisterbuben, die politische Aufklärung die Volksschulkameraden in zahllosen Raufereien. Und die eigentliche österreichische Herzensbildung erfuhr es im Esterhazypark oder im Volksgarten beim „Nationenspiel", wobei der Tschech und der Ungar, der Pole und der Kroat, ebenso wie der Delaware, der Grieche und der Römer einen Ball nachgeschossen bekam, und, wer besser „schoß", die Ehre eines Volkes rettete, eines realen oder eines imaginären. Europa hat seitdem noch immer nicht aufgehört, Nationen zu spielen.

Wunderbare Institutionen waren zwischen die jungen Menschen und die Wirklichkeit gestellt. So arbeitete das humanistische Gymnasium mit großem Erfolg gegen das Leben an. Jahrelang in den trojanischen Krieg verwickelt, fand man kaum Zeit für Straßenschlachten zwischen Gymnasiasten und Realschulen, die doch viel besser für die Zukunft übten und erzogen.

Man lernte zwar Physik und Chemie, aber wie man sie lernte, das eiferte nicht zur Welt der Technik an, in die wir uns später ausgesetzt finden sollten. Man lernte nichts von Biologie und von Soziologie. Man hörte kaum Gerüchte vom Bankwesen, obwohl doch so viel werdende Bankbeamte die Schulbank drückten; nichts von der Börse, die eine Sache der Väter war, nichts von Industrie und Kapitalismus. In Amerika lernen die Kinder Checks ausstellen. In unserer Welt spielte das Geld keine Rolle. Es war eine ideale Welt griechischer und römischer Dichter und Grammatiker. — Auch von der Geschichte wurde man nicht gewahr, daß sie, unvorsichtig weiter verfolgt, eines bösen Tages in die Gegenwart führen konnte.

Was die Gesellschaftsklassen anlangt, in die man geboren wird, so liefen sie auf zwei hinaus: die der Gebildeten und die der Ungebildeten; von der zweiten entfernte man sich mit jedem Tage mehr, indem man in einen Zustand hineinwuchs, der damals Kultur hieß — und mit dem dann der Krieg gründlich aufgeräumt hat.

Zugegeben, daß die Schule, die wir erlitten, alles dazu getan hat, falsche Illusionen in uns zu erwecken und zu bestärken; aber es war eine Lust ohnegleichen, in Wien schulzustürzen. Das wollen wir nie vergessen! Und etliche von uns lasen unter der Bank die „Fackel". Wir waren also nicht unbelehrt und nicht ungewarnt. Wir hatten einen externistischen Lehrer gefunden, der uns, auch während der Schulstunden, Nachhilfestunden gab. —

Freilich, was der gottbegnadeten Landschaft hier nicht gelang, und Schubert nicht und Stifter nicht: die Menschen zu einem innigen Leben zu bekehren, sie vom Schwindel, der mit der modernen Entwicklung wuchs, wie der Hunger mit dem Essen, abzuziehen — das konnte auch dem Nörgler unter den Leichtsinnigen und Leichtlebigen, dem Störer dieses ewigen Faschings in der Maske des Knopfgießers, der auf die schlecht schließende Öse am Zeitcharakter hinwies: es konnte auch ihm nicht gelingen. — Die letzten Tage dieser liebenswürdig fidelen Menschheit rückten heran. — Freilich gab es bis zum letzten Augenblick — und darüber hinaus — in diesem mit Schönheit gesegneten Winkel Dichter, Maler, Musiker. Aber es walteten, erfolgreicher als sie, mitten im Glanz der Kaiserstadt und bei strahlendem Kaiserwetter jene Bergtrolle aus dem Peer Gynt, bemüht, dem österreichischen Menschen das Auge zu verschneiden und ihm den Affenschwanz umzuhängen! Da half kein Christentum, auch nicht jenes, das sich sozial nannte, sich aber auf eine kleinbürgerliche Interessenpolitik beschränkte. Da half auch nicht jener wahre, umfassende Sozialismus, der, in einzelnen Köpfen, Zugang suchte zum größeren Weltzusammenhang, über die nationalen Grenzen hinaus.

Unvergessen bleibt die sonderbare Figur jenes heilig verrückten Peter Altenberg, des Sokrates jenes Athens an der Donau, der, wenn auch nicht auf dem Marktplatz, so doch im Kaffeehaus, die Seele zur Weltordnung einer besseren, einer schöneren Welt rief.

Die Alkibiadesse, die in Uniform und die im Diplomatenfrack, die sich schließlich einer nach Kriegsgewinn zielenden Spekulation und Überspekulation hingaben, die Eintänzer der blutigen Redoute: sie waren stärker — hier wie überall und hier mehr als überall!

Der Schützengraben stellte die Verbindung mit der Welt da draußen dar: er einigte Europa, er verlängerte sich bis nach Asien, der alten Welt, und bis nach Amerika, der neuen, sie einbeziehend, als böte die alte nicht genug des Elends und genug der Schmach.

Es bleibt: Das österreichische Ultimatum war es, das die Katastrophen auslöste — den Weltuntergang, der als der Kreuzzug einer Zivilisation unternommen wurde, die er doch widerlegte. Machten die anderen der Welt demokratische Hoffnungen? Sie haben sich nicht erfüllt, trotz der gigantischen Opfer an Blut und Gut! Sie waren nur eine Etappe auf dem Wege zur Bloßlegung von Fundamenten, auf dem wir uns jetzt befinden — und die nur als Tabula rasa erreichbar scheinen. Damit die Ansiedlung, der Aufbau der Menschheit beginnen kann!

Als wir achtzehn waren, hatten wir den Lebens- und Berufsangeboten dieser bürgerlichen Gesellschaft den Rücken gekehrt. Wir wollten zum Volke — zum Proletariat, das den Wurzeln der Dinge näher wohnen mußte. Wir kamen nicht bis dahin. So wurden wir Künstler.

Als der Krieg begann, verließen wir mit 30 Jahren das Wiener Caféhaus und trafen nun, in den Baracken und Gräben, in die Wien sich evakuiert hatte, das Volk — oder doch zumindest die Völker. Und die Revolution wurde zur letzten Aussicht. Man konnte sie bald ohne Fernrohr gewahren. Damals schrieb ich, in der Schrift: „Karl Kraus, ein Charakter und die Zeit" — die seitdem vergriffen ist — aber der Charakter, dem sie galt, ist es nicht:

Vieles freilich hat diese Zeit dazu getan, daß einer das scheinbar Altbekannte neu erfasse! Diese Zeit gibt Distanz sogar den Unglücklichen noch, die sie in ihre tödlichen Wirbel reißt. Hat sie doch eine Kluft eingeschaltet, welche unser aller Leben in zwei rätselhaft ungleiche Stücke auseinander sprengt. Jenes Wien, das uns so schmeichelnd umgeben hatte, liegt heute — wo? In einem Hinterland. Wer uns verläßt, um ein Wiener in Wien — im schönen Wien! zu sein, hat uns verlassen; und ist in eine unwiederbringliche Vergangenheit zurückentwichen, wie ein Gespenst, das ins Reich der Schatten heimkehrt. Und wenn wir uns vorstellen, daß auch wir nach Wien heimkehren werden — so sehr wir es wünschen, wissen wir doch nicht, ob wir es hoffen oder fürchten sollen. Der unwahrscheinliche Ort, wo wir jetzt stehen, ist der Schnittpunkt zweier entgegengesetzter Bewegungen; zweier kontradiktorischer Blicklinien — oder vielmehr: hier scheint die Zeit gleichzeitig vorwärts und rückwärts zu laufen. Da weiß keiner, wohin er gelangen wird. Keiner weiß, was ihm bestimmt ist; ob er, indem er jetzt lebt, der Vergangenheit oder der Zukunft angehört. Sonst pflegte man wohl in den Tag hineinzuleben — jetzt treibt es übergewaltig aus dem Tag hinaus, und auch in den Jahren ist kein Verweilen mehr. Man versuche, sich am geistigen Himmel zu orientieren! Vergebens. Der Rauch, der vom vergossenen Blut aufsteigt, verdunkelt ihn. Und die bewährtesten Zeichendeuter sind durch die doppelsinnige Bewegung der verhexten Zeit drehkrank geworden. Sie taumeln, es reißt sie hierhin, dorthin. Die Gewissenhaftesten, also Vorsichtigsten sind bestrebt, stehen zu bleiben, wo sie gerade standen, als der Boden unter ihren Füßen ins Rollen geriet.

Ja, es war fraglich, wo wir anlangen würden: ob in einer barbarischen Vergangenheit, einem nochmals zu absolvierenden Mittelalter oder in einer Über-Neuzeit. — Heute wissen wir, daß beide identisch sind.

Der Krieg war unsere wahre Schule. Aber wir haben unsere Lektion nicht tief genug aufgefaßt. Und sie rasch vergessen.

Die da fielen, sie haben überzahlt. Die Überlebenden wollten sich von der Schuld drücken. Ich meine aber nicht jene Kriegsschuld, die an den Sieger zu zahlen ist.

Und es kam Revolution, und es kam Evolution, und es kam Inflation und es kam Deflation.

Wir haben immer mitgemacht, immer Peer Gyntisch an der Entscheidung vorbei.

War nicht der Krieg eine falsche Spekulation gewesen, aufgebaut auf falschen Berechnungen, auf Illusionen, auf Größenwahn und Selbstbetrug?

Der Frieden hat dafür gesorgt, daß auch jene, die zu gewinnen glaubten, beim schwindelnden Verluste anlangten. Der Frieden ist selbst wieder ein unsicheres Geschäft geworden. Mit List und Druck nach Bruderkrieg und Volksverrat wurde er in die [Richtung] des Krieges gedrängt.

Das ist unser europäisches Erlebnis. Es ist das Erlebnis, vom Kopf bis zu Füßen in schwindelhafte Spekulationen eingewickelt zu sein, wie ein Säugling in Windeln.

Und das ist der Schnitt durch alles — durch Wirtschaft und Politik und Kunst. Wie immer der Schnitt verläuft, die gleiche Fassung, die gleiche.

Er verläuft (trotz aller täuschenden Windungen des Weges), wie es die Unglückspropheten vorausgesagt haben: die radikalen Lehrer der Wirtschaft, die Umkehr predigten; die großen Dichter und Philosophen, die wir ehren, um sie nicht wahr haben zu müssen.

Aber es gelingt zunächst dem Leben ebensowenig wie den Lehren, den eingefleischten Adam Europa zu bekehren.

Die da besitzen — Macht und Geld —, werden davon nicht lassen, um kein Blut der Welt. Die da dienen und arbeiten, tun es ohne Überzeugung und brauchen immer noch dringender als Brot die Illusion, der sie sich eher aufopfern als der Durchsetzung wahrerer Lebensgrundlagen. Sagte ich, die Menschen haben den Frieden verdorben? Sind es dieselben, die der Krieg verdarb? Die sind dahin. Sind es die Massen, die trotz aller Not ins Ungeheure wachsen? Sich dort, wo kein Raum ist, schwindelnd verwachsen — als wären sie einer unüberlegten Spekulation, der Großmannssucht der Natur entsprungen? Ist die Natur selbst — ein Peer Gynt?

Die Krisis eint die Menschheit — wie der Krieg es tat. Kommt es deshalb zur wahreren Einigung? Zur Einigung auch nur Europas? Oder bleibt es — in Reaktion und Restauration — bei dem Reich Gynts mit der Hauptstadt Persepolis, für die jede Metropole sich hält?

Da war es — denn dies alles sah man bereits schaudernd vor fünf Jahren — verlockend, an Ort und Stelle zu überprüfen, ob die neue Welt, die, der unseren entspringend, sich in eine ungeheure kinetische Energie, in die rasante, unaufhaltsame Bewegung zu neuen Zielen hin versetzt hat, wahrhaft weitergekommen ist. Eines mindestens hätte man in Amerika gewinnen können — Luft! Distanz!

Ich nannte zuvor Hollywood. Halb im Scherz. Man nennt Hollywood immer nur halb im Scherz.

Wie berichtet der Heimkehrer Peer Gynt?

In San Francisco grub ich nach Gold.
Da gab es Euch Gaukler, so viel Ihr wollt.
Dem war mit den Zehen zu geigen verliehen;
Der tanzte spanisch auf den Knien;
Ein Dritter herrliche Verse schrieb,
Indes man durchs Hirn einen Nagel ihm trieb.

Und er setzt fort:

Kam auch der Teufel dazu gottloben —
Wollt', wie manch andrer, nur Stücke erproben.
Seine Kunst bestand darin: mit täuschendem Schein
Zu grunzen als wie ein leibhaftiges Schwein.
Die Persönlichkeit zog: war sie gleich nicht bekannt,
Das Haus war voll, die Erwartung gespannt.
Vor trat er, in fliegendem Mantelkragen —
Man muß sich drapieren, wie die Deutschen sagen —
Doch unter dem Mantel — von keinem gewußt —
Verbarg sich ein Ferkel an seiner Brust.
Und so begann denn die Produktion,
Der Teufel kniff, und das Schwein gab den Ton.
Das Ganze gab sich als Phantasei
Übers Schweinedasein, gebunden und frei.
Ein Quieken zuletzt, wie getroffen vom Stahl —
Worauf sich der Künstler verbeugt und empfahl.
Der Stoff ward von Fachleuten sorglich durchdacht,
Die Stimmung geschmäht oder lobend belacht;
Der Kehllaut klang doch zu dünn, meinte Kunz,
Und Hinz, daß der Todesschrei allzu studiert war —
Doch alle war'n eins, daß in puncto Gegrunz
Die Produktion denn doch äußerst outriert war —
Seht, so ging's dem Teufel; denn er war dumm
Und berechnete nicht sein Publikum.

Das klingt wie ein bösartiger Bericht von der Erfindung des Tonfilms. — Und was hier Nörgler dem Teufel vorwerfen, ist ganz dasselbe, was von Idealisten der Produktion Hollywoods vorgeworfen wird: daß sie, trotz all ihrer Statistiken, ihr Publikum nicht richtig berechnet, welches immer noch das Publikum der ganzen Welt ist. — Ob das nur wahr ist? Ob vielleicht Hollywood doch das Publikum, den Massengeschmack der ganzen Welt, die Kleinstädterei der Erde, das Illusionsbedürfnis — trotz aller Not oder wegen der Not — besser kennt, als wir Wenigen, die wir den Film lieben und an den Film glauben? — Diesen Zweifel hat Hollywood in mir erweckt und Europa später, als ich heimkehrte, nur verschärft! —

Sollte das Lachen über Hollywood nicht über uns selber sein, ein Lachen der schmerzlichen Scham, wie Nietzsche sie gegenüber dem Affen empfindet.

Im übrigen lehrt uns der Film — zu dem in Hollywood auch mit Leidenschaft und lerneifrigstem Können gestrebt wird, und von dem nicht alle dort nur materiell profitieren — seine eigene Ethik: die der *Kontinuität:* daß jedes Bild dem vorausgegangenen und dem folgenden verpflichtet und daran gebunden ist, mit einer inneren Logik, die zu erfüllen viel Kopfzerbrechen macht. — Und was brauchen wir heute mehr als Kontinuität, wenn wir nur erst den richtigen Anfang gesetzt hätten. — Daß Hollywood diesen Anfang nicht setzen will, das weiß auch Amerika und wirft es ihm vor.

Hollywood ist nicht Amerika.

Es ist — sagen wir bildlich — ein Goldgräbernest am Stillen Ozean — zur Wirklichkeit aller Welt in jene magische Entfernung gerückt, in der der angenehme Schein gelingt.

Hollywood ist nicht einmal Kalifornien, welches politisch ein sehr reaktionäres Land ist, aber biologisch eines der glücklichsten (übrigens eine Art Bayern, eine Art Österreich im subtropischen Stile).

Hier scheint eine unendliche Freiheit von Raum und Luft gewährt zu sein — und die Milde dieser Luft beglückt das Leben. Welch ein liebenswürdiges Volk, mit ihm umzugehen und zu arbeiten. Die Arbeit nehmen sie leicht, wie ein Spiel, und sind alles in allem dem körperlichen Gedeihen mehr zugewandt als dem Geiste. — Die Wolkenkratzerzone hat hier ein Ende, und das demokratische Behagen in leicht gebauten Hütten — Hütten mehr als Häusern — besitzt etwas Utopisches. — So könnte schwärmen, wer nicht fühlt, daß dieses Paradies auf einer Wüste gebaut ist, und wer nicht die panische Angst erlebt hat, den Zuammenhang mit der Not der Zeit zu verlieren — und an Geist und Seele zusammenzuschrumpfen zu einem Nirwana-Lächeln, das wieder etwas Bergtrollisches hat, solange auch da Riesenmillionen um ihr nacktes Dasein und aller Geist um Verwirklichung ringen.

Der gewaltige Raum, der dem Leben geöffnete —: dieses ist das Erlebnis Amerikas überhaupt. Nicht in New York freilich, auf der Manhattan-Insel, diesem auf der Enge emporgeschossenen babylonischen Turm. Aber auch New York ist nicht Amerika. Es ist ein Über-Europa, ein Über-Berlin.

Und trotzdem man nicht viel mehr kennt, trotzdem die Erfahrung eines gewissen Typs sich einem gewissen engen sozialen Zirkel schwer entwindet: es war eine mächtige Erfahrung, der amerikanischen Prosperität zu begegnen und sie von der Weltkrisis unterbrochen, wenn nicht abgelöst zu sehen.

Ein imponierend großes Volk, — wenn es uns auch geistig manchmal ebenso krumm als groß escheint. Ein Volk auf dem Marsche.

Ein Volk, das einen Vorsprung hat, das nahezu erst dort beginnt, wo wir enden.

Es hatte den Ballast unserer Tradition abgelegt, bevor es den neuen Boden betrat. Im weiteren Verlauf der Dinge trachtet es, sie wieder einzuführen.

Es ist ein gutes Stück vorwärts gekommen auf der technischen Linie — und sein Lebenskomfort, seine eugenische Modernität ist ein weiterer Vorsprung, den niemand unterschätzen wird, der ihn genossen hat.

Nochmals, ein gutes, starkes Volk, von dem man sagen könnte, es habe es herrlich weit gebracht, wenn es nicht dem System erläge, das es als Herrn über sich gesetzt hat, wenn seine junge Korruption nicht mit *so* infernalischer Genauigkeit die Korruption Europas fortsetzte und übertriebe.

Für das Peer Gyntische seines Optimismus und Pragmatizismus wird es zu zahlen haben. —

Der Krieg — unser Krieg — war für dieses Volk ein frischfröhliches Abenteuer, ein Argonautenzug: es hat sich dabei mit Europa angesteckt. — Nun ist es, als Weltgläubiger, in die Weltkrise hineingerissen worden. Nun beginnt es sich umzustellen und umzubilden. Es hat den Glauben an sein Spielglück, an das Glück und die Klugheit seiner wirtschaftlichen Konquistadoren, seiner kapitalistischen Leithämmel verloren. Die Herde stutzt — und wendet sich zur Flucht.

Es war eine Menschheit vor der Sintflut, vor dem Sündenfall gewesen. — Das ist aber unser Vorsprung, daß wir sahen, wie Reiche fielen, Großmächte sich wie Chimären auflösen ins Nichts.

Dieses Volk war politisch nicht affiziert gewesen. Sein Staat — ohne geistige Verantwortlichkeit — eine Garantie des ungehemmten Raubbaus der Kräfte, die, als Privatinitiative in allem und jedem, als Konkurrenz aller gegen alle, im neuen Raume vorstoßend gediehen, bis diese Entwicklung an die Grenze stieß, die wir längst hinter uns haben.

Freilich war diese Privatwirtschafts-Anarchie gemildert und geregelt durch eine biologisch-geistige Kollektivierung, durch eine Standardisierung des Fühlens und Denkens, durch eine von uns noch kaum geahnte Massenmenschlichkeit (und Massenunmenschlichkeit), die die Umkehr, den Wiederbeginn auf wahrhaft kollektiver Grundlage erleichtern mag. Aber dieser größere Peer, Amerika, ist noch nicht um- und heimgekehrt. —

Einstweilen ist die Konsolidierung, die Ent-Gyntision des Lebens hier wie überall nur gefragt, nicht gewagt. —

Einstweilen marschieren die Hungermärsche aufs Kapitol — und der Kampf um die Alkoholfreiheit ist eine Fassade, welche die soziale und wirtschaftliche Problematik verbergen soll. —

Die Auseinandersetzung hat begonnen. Die Upton Sinclair, Sinclair Lewis, Dos Passos setzen sich fort in einer öffentlichen Diskussion von Riesenausmaß, neben der gewissenlosesten Sensationspresse der Welt sammelt eine offenherzige Publizität, in Büchern und Zeitschriften, warnende, planende Stimmen. — Freilich, Babbitt ist stärker, als vielleicht sogar sein Schöpfer, der ausgezeichnete Schilderer Sinclair Lewis weiß und zugeben will. — Und es rüsten sich, wie überall in der Welt, die Vertreter vom „Troll-nationalen Geiste" — sie, die einem neuen Krieg überall in der ganzen Welt zutreiben.

Hin und zurück ist ebenso weit,
Draußen und drinnen ebenso breit.

In den Straßen von New York begegnet man auf Schritt und Tritt den Bettlern, jenen Marodeuren unseres Wirtschaftskrieges, die ebenso viele Arbeitswillige sind. Die Überfahrt auf einem Luxusdampfer, ein Expreßzug sind kurze Unterbrechungen.

Und in Berlin angelangt, hat man das Gefühl, das Abschreiten der Bettlerparade unverzüglich fortzusetzen. Die Wirklichkeit gewordene Drei-Groschen-Oper, die der genialisch erbitterte Brecht als Drama unseres spaßhaftesten Lebens erneut ausgegraben hat. —

Freilich, der Troll-nationale Geist feiert nirgends höhere Triumphe. — Und Hollywood: ist es nicht unser? Ist nicht alles, was wir hüben — genau wie drüben — an Theater und Film produzieren, an circenses statt der panes den geistig und physisch hungernden Massen reichen, Hollywood? Ist nicht alle unsere Dramaturgie die Dramaturgie der Angst geworden? des Vermeidens aller vitalen Fragen und Antworten durch betrügerischen Schein? Oh du Schönheitsfleck im ewig lächelnden Gesicht der Ufa! Oh Gewesenheit der Themen, Nirgendwo des Lokalkolorits, Flucht in die Operette, die Über- und Unteroperette, Idylle, die vergeblich der Wirklichkeit aufgedrängt werden soll, Singen der Arbeitslosen, und Proletarier in Seidenwäsche, und vom Großen Friedrich die Flöte, und der Krückstock, und Sanssouci heißt: keine Sorgen mehr, und vom Giftgaskrieg den Feldherrnhügel aus den österreichischen Kaisermanövern im Jahre Zehn. Vergebens hatten wir, nach der Revolution, im neuen Deutschland die Bühne zur Tribüne gemacht; vergebens alle opferbereiten Versuche, wenigstens dem Theater Gesinnung einzupflanzen, ohne es an Spielglück verarmen zu lassen, vergeblich aller Aktivismus und Expressionismus, der unserer Furcht und unserer Hoffnung Ausdruck verleihen sollte.

Der Große Krumme, der sich immer wieder erhebt,
Der Krumme, der tot ist — und der Krumme, der lebt —

Ja, er gewinnt alles mit der Zeit. Und ich sehe ihn sich wie einen Riesenschatten über die ganze heutige Welt erheben, so weit bürgerliche Kultur reicht. —

Es tut weh, dem Volke der Dichter und der Denker sagen zu müssen, daß drüben in Amerika heute mehr ungebrochener Mut zu finden ist — mehr Aufrichtigkeit gegen sich selbst. — Man hat dort wenigstens noch den Mut, sich zu unterhalten.

Freilich — darin hat die deutsche Bitterkeit recht: die Schuld muß nicht nur eingefordert, sie muß auch mitübernommen werden! — Das bleiche Bild eines anderen Heimkehrers taucht auf, Wilsons — der als ein Bankrotteur seiner Ideale heimkehrte, so gut wie irgend ein Peer Gynt. Der Utopist, der Schiffbruch erlitten hat — aber es war unser aller Schiffbruch — aller Menschen und Völker, die nicht in den Tod flüchten konnten wie Wilson. —

Ja, die deutsche Bitterkeit ist berechtigt. Aber sie dürfte einem so großen Volk nicht über Herz und Kopf wachsen. — Das ist unsere Hoffnung. — Die Hoffnung, daß Deutschland nicht verfallen möge einer Autarkie des Ressentiments! Daß es sich nicht Scheuklappen anlegen lasse von den Bergtrollen, die in der Stunde der Not zu politischen Faktoren angeschwollen sind!

Indessen — wo befinden wir uns hier — jetzt — in diesem Augenblick? — In einer Stadt, die wir lieben? Weil sie schön ist? An deren europäische und übereuropäische Bedeutung und — Zukunft wir glauben? Wie nützen wir den Augenblick, da diese Stadt, dieses Land sozusagen *posthistorisch* ist? Können wir ihr überhaupt nützen? Eine isolierte Stadt, die aber aufhören muß, sich ihrer Vergangenheit hinzugeben, weil sie leben muß, weil sie leiden muß. Wir befinden uns auf einer Insel — und mehr noch: momentan — in einem engsten Kreis von Menschen, die an Worte glauben. An Worte — oder an Illusionen?

Überall in der Welt sind heute solche Krisen — und überall wird die gleiche Frage gefragt. —

Außerhalb dieses Zirkels wächst und drängt, wartet und staut sich die Welt der Massen.

Die engen Kreise dienten der Bildung des Ichs, das aber verzweifeln und aufgeben muß, wenn es nicht das Organ eines größeren Natur- und Weltzusammenhanges sein darf.

Es sieht so aus, als ob der *Einzelne* — der mir hier gegenüber sitzt — nichts mehr bedeutete, wenn er sich nicht zum Führer und Unterführer aufschwingt, oder sich anreiht der Summation einer politischen Partei. Sonst habe er nichts zu tun. —

Es sieht so aus, als ob das Individuum mehr als je zu warten hätte, bis die Massen sich in Bewegung setzen und die morsch gewordenen Dämme wegreißen.

Das alles mag stimmen!

Trotzdem — es wird dann — und jetzt — und später, wenn eine große neue Gruppierung der Kräfte durchgesetzt sein wird, wenn nach der Flut die neue Hochflut kommt, immer wieder auf den Einzelnen — wie eng der Umkreis seines Wirkens auch sein möge — ankommen!

Damit meine ich nicht, was der Altösterreicher Grillparzer in „Ein Traum ein Leben" rät:

Eines nur ist Glück hienieden
Eins: des Innern stiller Frieden
Und die schuldbefreite Brust.

Seelenfrieden ist für die meisten, wenn nicht für alle, ein unerschwingbarer Luxus geworden.

Auch unter der strengsten Forderung der Kollektivität ist es ja immer wieder der Einzelne, der im gegebenen Moment sein Opfer zu bringen hat, der viel hingeben muß — je nach seinen Kräften — und wie wenig es auch sei, das er zu geben habe. Der gerüstet zu sein hat, sich hinzugeben.

Nicht jeder ist zum Märtyrer geschaffen.

Aber für jeden kann Wahrheit werden, was einem anderen Helden Ibsens, dem Gegenstück zum Peer Gynt, *Brand*, widerfährt. Er ist der Mann des: *Alles oder Nichts!*

Er soll diesen Wahlspruch aufgeben und sein Kompromiß schließen. Aber er bleibt bei dem Alles oder Nichts (das die Zeit von uns allen fordern mag, sodaß wir dazu zu gelangen haben, ob wir wollen oder nicht.)

Brand will —
Vollbringen was ich muß!
Leben, was ich bis jetzt nur geträumt —
Endlich tun — was noch versäumt.

Und weiter:

Erscheinung: *Du vergißt, wie man Dir lohnte,*
Äffte doch am Ziel ein Trug Dich!
Man verließ Dich, Brand, man schlug Dich!
Brand: *Nicht für mich hab' ich gelitten*
Nicht für eignen Sieg gestritten.
Erscheinung: *Für ein Volk in Grubengängen!*
Brand: *Einer kann viel Nacht verdrängen!*
Erscheinung: *Denk der ältesten der Fehden!*
Wessen Zorn trieb uns aus Eden?
Nimmermehr geöffnet werden
Pforten, die der Arm zutat!
Brand: *Offen blieb der Sehnsucht Pfad!*

ANHANG

Editorische Notiz

Über den Editionsplan, einige Prinzipien und Voraussetzungen der Edition der Berthold Viertel-Studienausgabe in vier Bänden informiert die „Editorische Notiz", 323—326, in Band 1 dieser Ausgabe, „Die Überwindung des Übermenschen. Exilschriften" (erschienen 1989). Der vorliegende zweite Band vereinigt unter dem Titel „Autobiographische Fragmente" eine Auswahl der in den Jahren 1915—1953 entstandenen autobiographischen Texte und Tagebuchaufzeichnungen. Wie die essayistischen Arbeiten unterscheiden sie sich von der erzählenden Prosa Berthold Viertels oft weniger durch die äußere Form, als durch die Thematik und die Schreibintention. Nicht jeder Text ist eindeutig zuordenbar. Die „Konzepte zu den autobiographischen Fragmenten", in diesem Band, geben Einblick in die Zusammenstellung, die Viertel vorschwebte und rechtfertigen in einem gewissen Ausmaß die von den Herausgebern getroffene Auswahl.

Viertels autobiographische Fragmente und Tagebuchaufzeichnungen sind uns überliefert 1.) in handschriftlichen Entwürfen in Notizbüchern und auf losen Blättern; 2.) in Typoskripten mit handschriftlichen Korrekturen und Zusätzen Viertels; 3.) in Typoskripten, die keine Spuren der Handschrift Viertels tragen; 4.) in Zeitungsdrucken; 5.) in den „Autobiographischen Fragmenten". 281—393, in dem von Ernst Ginsberg herausgegebenen Berthold Viertel-Buch „Dichtungen und Dokumente" (erschienen 1956). Die Standorte sind im Glossar jeweils nach dem Titel des Textes angegeben.

Die meisten der handschriftlichen Entwürfe lagen im Nachlaß bereits transkribiert vor; Transkriptionen durch die Herausgeber waren nur in einigen Fällen erforderlich. Soweit sich die handschriftlichen Entwürfe zu vorhandenen Transkripten auffinden ließen, wurden sie miteinander verglichen; im Zweifelsfalle wurde der Handschrift oder der handschriftlichen Korrektur der Vorzug gegeben.

Nur aufgrund der in den Notizbüchern aufgefundenen handschriftlichen Entwürfe war es möglich, die Entstehungszeiten einer Vielzahl von Texten annähernd genau zu bestimmen. Als „wahrscheinlich" ist ein Datum im Glossar angegeben, wenn es mit ziemlicher Sicherheit feststeht; als „vermutlich", wenn einzelne Indizien dafür sprechen.

Die Anordnung der Texte erfolgte nicht nach der Chronologie ihrer Entstehung, sondern ergab sich erst nach wiederholter Sichtung und

Gruppierung der Texte um sich dadurch erst herauskristallisierende Knotenpunkte des autobiographischen Diskurses. Die so gewonnenen Gruppen von Texten wurden wiederum nach den in ihnen dominierenden Motiven entsprechend dem Lebenslauf von Kindheit zu Alter angeordnet.

Die unter dem Übertitel „Reflexionen" versammelten Schriften dokumentieren Viertels Reflexion des autobiographischen Schreibens (und stehen hier für eine Vielzahl von Aphorismen, kleinen Aufsätzen, Notizen, in denen er sich mit der Problematik auseinandersetzt).

Die vorliegende Auswahl umfaßt etwa die Hälfte der den Herausgebern bekannten autobiographischen Schriften Viertels. Nicht berücksichtigt sind bei dieser Schätzung die verschiedenen Versionen der Texte. Es wurden vor allem die Texte nicht aufgenommen, die sich inhaltlich mit anderen Texten erheblich überschneiden. Auch auf einige kaum ausgearbeitete, nur flüchtig skizzierte Texte mußte verzichtet werden. Inhaltlich stark übereinstimmende Passagen in den abgedruckten Texten zwangen die Herausgeber zu Auslassungen, die mit [...] gekennzeichnet sind. Das Inhaltliche der ausgelassenen Passage findet sich meist an anderer Stelle ausführlicher oder prägnanter dargestellt. In eckige Klammern sind auch die von den Herausgebern gewählten Titel gesetzt.

Im Glossar werden Erläuterungen, die schon weiter vorne gegeben sind, weiter hinten nicht wiederholt. In der Regel wird ein Name, ein Sachverhalt an der Stelle erläutert, wo er zum ersten Mal auftritt. Abweichungen davon sind angemerkt.

Für Unterstützung durch Rat und Hilfe beim Zustandekommen dieses Bandes danken die Herausgeber in erster Linie Elisabeth Viertel-Neumann, ohne deren beharrliche Unterstützung die Fertigstellung nicht möglich gewesen wäre. Weiters danken sie Friedrich Pfäfflin und Werner Volke sowie den Mitarbeiterinnen und Mitarbeitern des Deutschen Literaturarchivs in Marbach am Neckar, dem Dokumentationsarchiv des österreichischen Widerstandes, Solveig Dolejsi, Bernhard Kuschey und Emmerich Kolovic (Hermann Hakel Gesellschaft), dem Direktor des „Mariahilfer Gymnasiums" Dr. Höglinger, den Mitarbeiterinnen und Mitarbeitern des Verlags für Gesellschaftskritik, Wien, und ganz besonders Astrid Gmeiner, Peter Roessler und Herbert Staud für deren sachkundige Hilfe auf verschiedenen Gebieten.

Die Drucklegung des Bandes wurde in dankenswerter Weise von der Kulturabteilung der Stadt Wien, dem Bundesministerium für Unterricht und Kunst und dem Bundesministerium für Wissenschaft und Forschung gefördert.

Im Glossar verwendete Abkürzungen:
Bd., Bde. — Band, Bände.
B.V. — Berthold Viertel.
DLA — Deutsches Literaturarchiv, Marbach am Neckar.
DLA/Deposit — Depositum Elisabeth Viertel-Neumanns im DLA.
DuD — Berthold Viertel: Dichtungen und Dokumente. Herausgegeben von Ernst Ginsberg. München: Kösel-Verlag 1956.
in Bd. 1 dieser Ausgabe — in: Berthold Viertel: Die Überwindung des Übermenschen. Exilschriften. Wien: Verlag für Gesellschaftskritik 1989.
Jhd. — Jahrhundert.
Nachlaß H.H. — Nachlaß des Schriftstellers Hermann Hakel, Wien.
ÖNB — Österreichische Nationalbibliothek, Wien.
P — Premiere.
R — Regie.
S. — Seite, Seiten.
Sammlung E.N. — im Besitz von Elisabeth Neumann-Viertel befindliche Teile des Nachlasses.
SzT — Berthold Viertel: Schriften zum Theater. Herausgegeben von Gert Heidenreich. München: Kösel-Verlag 1970.
U — Uraufführung.
u.a. — unter anderem.
u.Z. — unserer Zeitrechnung.
v.u.Z. — vor unserer Zeitrechnung.

KONZEPTE

Im Nachlaß finden sich verschiedene Konzepte Berthold Viertels zu seinem autobiographischen Projekt, Gliederungen des Stoffes, bzw. Hinweise auf jene Texte, die Viertel in einem autobiographischen Buch versammelt wissen wollte. Die Konzepte spiegeln verschiedene Phasen des Herangehens an das autobiographische Schreiben wider. Das früheste dieser Konzepte ist vermutlich „Wir nette Menschen alle. Ein Sagenkreis" und ist erhalten nur als gemeinsamer Übertitel der Texte „Goldfinger" und „Sonnenschein", 71—72, bzw. 165—167, in diesem Band. Die im folgenden wiedergegebenen Konzepte stehen in chronologischer Ordnung. Die Anmerkungen der Herausgeber sind kursiv gesetzt.

Disposition

Handschriftlicher Entwurf in Notizbuch DLA 69.3143/50, entstanden vermutlich nach 1935 (wahrscheinlich 1936) in England.

Der Traum.
Der nächste Morgen.
Das Zimmer.
Die Gedichte.   Ende dieses Buchs.

Mehr über sein Verhältnis zu Anna.   Das nächste Buch.

Ihre Kindheit.
Ihr Vaterkomplex.
Seine Kindheit.
Die Propheten.
Das Opfer Isaaks.

Der Krieg.
Korijacu.
Der Rückzug.

Der Tod des Vaters.

Die neue Welt.
Amerika.

Erste Er-Innerung: Der Watteau an der Wand.
Zurückgelassen bei Großeltern: das Geographiebuch — die Rassen

Der verbrecherische Onkel — Verrat an der Familie
Auf dem Lande — die Feinde, die Distelkönige, Gold im Wald, am Abhang, die Samenkapsel, die Libelle
Sonnenuntergänge: die Dämmerung, Gott geht vorüber
Ist die Natur außen oder innen?
Der christliche Katechismus
Der marternde Knabe
Das gestohlene Buch

Früher. Ringtheaterbrand[/]Der Papierdrachen[/]Der Selbstmord des Kronprinzen

Das Theater: die gefesselte Phantasie
Schopenhauer

Das christliche Zwischenspiel[/]St. Augustin[/]Pascal

Mauritio Ravatta[/]Lauterbach[/]Berny

„Die Klasse"[/]Freiübungen[/]Bockspringen
Professor Ficker
Kleist, der Selbstmörder
Die Romantik
Gustav Landauer
Paul Adler
Victor, Fritz und *Karl* Adler[/]Der Letztere — durchgegangen nach Paris

Junge Bolschewisten
(Wedekind — Loslösung von bürgerlichem Heil[.] Once for ever![)]
Das Alpenkränzel [?]
Café Ronacher
Peter Altenberg
Hasard

Bemerkungen zu „Finis Austriae"

Handschriftlicher Entwurf in DLA/Deposit, Heft „Autobiographie — Österreichische Illusion". — In der Sammlung E.N. findet sich hiezu ein Typoskript mit dem in der Handschrift Berthold Viertels geschriebenem Titelblatt:
Äußerer Umriß eines Romans „Österreichische Illusionen" oder „Väter und Söhne in Österreich" von Berthold Viertel[,] 11a Maresfield Gardens London N.W.3[.] Niederschrift der historischen Skizze: 1938[.]

In diesem Typoskript figuriert der autobiographische Protagonist als der Knabe Robert Fürth. Der Text ist vermutlich noch vor der Okkupation Österreichs durch Hitlerdeutschland im März 1938 entstanden, während „Bemerkungen zu ‚Finis Austriae'" wohl einen Versuch darstellen, das autobiographische Romanprojekt nach dem März 1938 neu zu konzipieren. — Anfang 1940 schrieb Viertel dann noch unter dem Titel „Der Knabe Fürth" zwei kurze Kapitel des Romans, deren Themen in den unter „Kindheit eines Cherub", 19—57, in diesem Band versammelten Texten wieder aufgenommen werden.

Franz Joseph ist eine Vater-Natur, aber eine von der trockenen, nörgelnden Art. — Er erlebt seine Enttäuschung im Sohn, den er zerbricht. —
In den Söhnen, *den Völkern*, die für ihn unartige Kinder sind, die er als solche behandelt — auch mit der Eisenrute, wenn es sein muß — deren unbändiger Egoismus, wie halt die Kinder sind.
Nach dem Tode des Sohnes sagt er: *„Was mir der Rudolf angetan hat!"*
Das gilt auch für die Czechen, die Polen, die Deutschen, die Ruthenen, die Ungarn: was sie ihm angetan haben! —
„Auf" die Wiener ist er oft beleidigt. Er ist sehr empfindsam; *ob* sie ihn grüßen, *wie* sie ihn grüßen — er bemerkt da jede Nuance.
Eine Familie an der Spitze —: ihr Schicksal entscheidet das Schicksal der anderen Familien. In Österreich ist alles Familiengeschichte. —

Von den Familien, deren *Desintegrierung* das Buch verfolgt, ist die Habsburgische die eine. Sie steigt zur Bürgerlichkeit herunter, sinkt und bröckelt ab: Johann Orth, Rudolf, Franz Ferdinand. — Elisabeth irrt umher wie ein Geist, wie eine mit Stummheit geschlagene Kassandra — als *wäre* schon alles untergegangen. —

Die anderen Familien, die ich verfolge:
die Klausners:
die Viertels: alles Untergang,
die Werters:
die Karplus.
die Dr. Lang: Absinken, abbröckeln
die Victor Adler'sche

Die kleinbürgerlichen Familien haben den *Sinn fürs Höhere*, den Auftrieb, die Illusionen. Es reicht nicht, es reicht niemals ganz. Gebrochene Flügel.
Anna u. Salo — die Gegensätzlichkeit im Hinaufstreben.

Schicksal Leopolds —

Fannies (das tragischste) —
Leo, sein Streben, als Karikatur, als Satyrspiel.

Helene — Berthold — Paula — die zweite Generation

Der *alte Karplus* (Riese aus der großen öst. Zeit — Aufbau
ein Pendant: Victor Adler[)]
die Karplus-Buben

Altenberg: der Sokrates u. Plato dieser Welt (in den Clown verzerrt)

Kraus: ihr Timon u. Savonarola (mit Thersiteszügen — nicht als *Warner* u. *Prophet*, nur als *Künstler* ernstgenommen: Österreich ist eben nicht mehr zu raten u. zu helfen).

Otto *Weininger* u. sein Selbstmord.
Ludwig Münz — u. die Grüner's (von dort aus Freud)

Der Verfall der Familie *Adler* — die Frau[/] irrsinige Tochter
Karl und Fritz
Forster's Lebensgeschichte muß hinein
Komponiert werden — Katholizism — *Seipel später*

Gustav *Mahler* — u. die Frau — Kokoschka — Werfel
Schönberg
Otto Soyka —: die *Universität* — Weininger — Weiningers Bruder
von hier, für das spätere Buch — die *Schieber*: (Castiglioni, Bosel, Lustig) *Bekessy*

die Fürstin Metternich — *Umlaucht* [?]

Hugo Wolf — Edmund Lang[:] — Carpenter[/] Havelock Ellis
Die Musterkinder   England
Erwin   Lilith   Heinz — Selbstmord — Lina Loos
Die Wiesenthal   Altenberg   Loos

Dichter Schindler — Maler Schindler — Annie (Enkelin) — Eisler (der Bücherdieb) — Schey[?]

Eva, die Närrin, heiratet einen breitschultrigen Mann, lebt u. stirbt in engen Grenzen. — Der Drang geht weiter in ihrem Sohn: *Film*, der in den Sielen — vergiftetes Essen bei einer Außenaufnahme — stirbt.

Aber der tragischste Fall ist „Fanny", das Opfer. Eine Schönheit, voll Adel, neigt zur Epilepsie.
Sie liebt den Reisenden *Horn*, einen älteren Mann, mit einer Glatze,

aber er repräsentiert wirklich das Höhere. Er ist voll Takt, Wärme — ein gebildeter Mensch, ein Gentleman. Aber er ist Christ. Damals schien das noch ein unüberwindliches Hindernis

Hier bricht der Text mit dem Unterrand einer Seite ab.

[Die Stadt der Kindheit]

Typoskript in der Sammlung E.N., mit dem Vermerk „Anschließend an Seite 44". Was damit gemeint war, ist nicht mehr feststellbar. Es geht aber um die Weiterführung des Textes „Die Stadt der Kindheit", 73— 125, in diesem Band; das Konzept ist daher wahrscheinlich im Frühjahr 1950 entstanden. Das bereits im Glossar zu „Die Stadt der Kindheit" wiedergegebene Konzept „Die Stadt der Kindheit. Ein Wiener Brevier in Vers und Prosa" dürfte dagegen vor der Niederschrift von „Die Stadt der Kindheit" im Dezember 1949 entstanden sein.

Ertüchtigung des Jünglings — statt „Buckels": Turnen, Laufen, Springen, Klettern, der Zehenhang.
Überwindung des jüdischen Minderwertigkeitskomplexes, „beschnittener Penis" etc. —
Wlachs Erinnerung an Spiele im Esterhazypark —
das „große Glück" —
Turnlehrer Jahn, „Arsch" statt „Marsch".
Vorzüglich im Turnen.
„Gimpel und Rattler" — Amerlinggasse gegen Marchettigasse. —
Straßenschlachten — Diebstahl vom fahrenden Wagen. —
Mitschüler Hitler. —
Der Vorkämpfer: Feind, dessen Schwester S. verführte (oder sie ihn — Amazone —).

Kunst.
Theater — Klassikeraufführungen im Deutschen Volks-, Raimundtheater — die Burg — Sonnenthal, Lewinsky — Baumeister (Philippi) — Robert. (Der Meister von Palmyra) — Kainz — Schnitzler — Hofmannsthal — Gastspiele der Berliner. —
Die Secession — Klimt — Klinger — Mestrowitsch — (führt zu Kokoschka).
Die Oper — Gustav Mahler — Wagner — Don Juan — Karl Adler. —
Moderne Architektur (führt zu Loos). —
Sada Yakko — Gastspiel — Orlik —
Alois Grünberger

Die Septima

Berg — der kleine Mayer — Pollak — Cammerloher — Schenkel — Bank — Vorberger — Stein — Maure Raretta — der „rote" Weiss — Schwester im Irrenhaus — (Thersites) (Tzanto)

„Nach Paris" — und Heimkehr.

Café Central (Werfels Buch „Barbara")
Dr. Sperber
Dr. Schwoner
Friedell
Leo Perutz
Die Kellner
Münz — Soyka — die Grüners —
Kryszanowski

Österreich
Der österreichische Mensch — Lebenskunst — Musik — die Sozialdemokratie — Dr. Victor Adler — Karl Adler — Fritz Adler — Pernersdorfer —
Das Café Ronacher — Arbeiterheim (Volksbühne) —
Einjährigen-Jahr — Antisemitismus — *der Krieg* — Attentat gegen Stürgkh

Die russische Revolution —
Öst.: die Habsburger — *der große Krumme* — *der kleine Krumme*

Umgang mit Karl Kraus —
Vorlesung in München — (Draga Maschin)

Väter:	*Söhne:*
Franz Josef I.	Kronprinz Rudolf
Victor Adler	Erzh. Ferdinand
Dr. Steuermann	Fritz Adler
Aro	Karl Adler
Ficker	Weininger
Karl Kraus	Kokoschka
Werfel?	Gustav Mahler
Soyka	Hitler
Gustav Grüner	Wilhelm II.
Karl Marx	Kafka
Freud	Werfel
	Grüner Franz
	Eduard Steuermann

GLOSSAR

Die Zukunft von gestern. Aus dem Nachlaß, undatiertes Typoskript, Sammlung E.N.
9 *Januskopf* — Janus, der römische Gott des Torbogens, wurde mit einem Doppelantlitz dargestellt. So vermag er, in übertragenem Sinn, zugleich nach innen und außen, auf das Ende und den Anfang, in die Vergangenheit und Zukunft zu schauen.

Mein Urgroßvater mütterlicherseits ... Aus dem Nachlaß, undatiertes Typoskript, Sammlung E.N.
Im Typoskript folgt nach einem Absatz noch der Satz: „Mich hat das fette, gesalbte Judentum nie angesprochen."
B.V.s Mutter Anna (Kressel) Viertel (Tarnow 1861 — Wien 1932) war eine geborene Klausner. Neumann war der Mädchenname Mindel Viertels (gestorben 1906 in Tarnow), der Großmutter väterlicherseits B.V.s. Ihr Vater, B.V.s Urgroßvater, hieß Baruch Neuman(n). — B.V. gehörte bis zu seinem Tode der Jüdischen Kultusgemeinde an.

Gespaltenes Ich. Aus dem Nachlaß, undatiertes Typoskript in zwei übereinstimmenden Abschriften, Sammlung E.N. und DLA/Deposit.
11 *Biographie ... Stendhals* — der französische Schriftsteller Stendhal (eigentlich Henri Beyle, 1783 — 1842) verfaßte die Selbstdarstellungen „Leben des Henri Brulard" (1835) und „Das Leben eines Sonderlings" (1836).
12 *Kierkegaard* — der dänische Theologe und Philosoph Sören Kierkegaard (1813 — 1855) verwendete u. a. die Pseudonyme: Vigilius Haufniensis, Johannes Climacus, Anti-Climacus und Johannes de silentio. „Entweder-Oder" (1843) gilt als sein Hauptwerk.
13 *Gespinst der Penelope* — in Homers „Odyssee" trennt die Frau des vom trojanischen Krieg nicht heimfindenden Odysseus das Leichentuch für ihren Schwiegervater Laertes nachts immer wieder auf. Sollte das Leichentuch fertig werden, müßte sie sich wieder verehelichen.

Auf der Reise des Lebens. Aus dem Nachlaß, undatiertes Typoskript mit handschriftlichen Korrekturen, der Titel in der Handschrift B.V.s eingesetzt; Sammlung E.N. Mit einer Kürzung abgedruckt in: Die Schau. Halbmonatsschrift für Kultur und Politik Nr. 12/1953, 9.

Kindheits-Saga. Aus dem Nachlaß, undatiertes Typoskript, Sammlung E.N. Erstdruck in: Das jüdische Echo 2. Jg., Nr. 1 (Juli/August 1953). Wiederabgedruckt in DuD, 283—288.

Weggelassen wurde am Ende des Textes die Passage, in der sich B.V. mit der Deutung des biblischen Abraham-Isaak-Stoffes beschäftigt, die, inhaltlich übereinstimmend, in „Ein Brief", 232—239, in diesem Band wieder aufgegriffen wird.

16 *Der Name der Familie ... auf eine Stadt in Deutschland hinweist* — B.V. führte den Namen Viertel auf die Stadt Fürth (bei Nürnberg) zurück, deren jüdische Gemeinde (Lehrhaus zur Ausbildung von Rabbinern, hebräische Druckerei) vor allem im 18. Jhd. hohes Ansehen genoß. Vermutlich wurden die Vorfahren der Viertels aber schon im 13. oder 14. Jhd. aus Deutschland vertrieben. — In B.V.s. „Österreichische Illusionen oder Väter und Söhne in Österreich" („Äußerer Abriß eines Romans", London 1938) heißt der autobiographische Protagonist noch „Robert Fürth".

Diaspora — die jüdische Diaspora (griechisch: Zerstreuung) datiert seit der Zerstörung Jerusalems durch römische Truppen im Jahre 70 u. Z.

Judentum ... dieses Etwas ist — post-historisch — „Die Juden ... sind das posthistorische Volk katexochen." (B.V., „Der posthistorische Mensch", unveröffentlichter Aufsatz im Nachlaß, entstanden zwischen 1933 und 1939. In diesem Aufsatz erscheint die Tendenz zum Posthistorischen als eine allgemeine, von B.V. aus kritischer Distanz beobachtete europäische Entwicklung).

Die sieben Jahre sind um. Aus dem Nachlaß, undatiertes Typoskript, Sammlung E.N. Der Text überlappt sich thematisch mit [„Marie"], 26—37, „Wiederkehr eines kleinen Lebens", 37—46, „Die Menschenrassen", 46—51, und „Autobiographisch", 54—57, in diesem Band, sowie mit „Kindheit eines Cherubs". Nahezu übereinstimmende Passagen wurden daher hier und in den folgenden Texten weggelassen, wenn sie an anderer Stelle ausführlicher oder prägnanter dargestellt sind.

Bei „Die sieben Jahre sind um" wurden der Anfang, der eine Parallele in „Autobiographisch" hat, und eine Passage über die Amme Marie, deren Schicksal in dem gleichnamigen Text geschildert wird, weggelassen.

20 *Mariahilferstraße* — B.V. wurde in Wien VI., Mariahilferstraße 96, geboren; benannt nach dem früheren Vorort Mariahilf; schon 1885 Einkaufs- und Geschäftsstraße.

Kaiserstraße — B.V.s Familie übersiedelte bald nach Wien VII., Kaiserstraße 4 (auf die andere Seite der Mariahilferstraße); benannt nach Kaiser Josef II., dem Gründer der Vorstadt Schottenfeld.

Denkmal des Komponisten Josef Haydn (1732—1809) — 1887 in der Mariahilferstraße vor der Mariahilfer Kirche errichtet.

21 *Meine Schwester ... fünf Jahre jünger* — Helene Viertel, geboren 1890, heiratete den Opernsänger Wilhelm Bruckner-Karplus, mit dem sie 1935 nach England emigrierte. Sie starb 1968 in London.
Mutter ... ihrer Brautzeit — Anna Klausner heiratete Salomon Viertel am 10. 2. 1884 im Tempel der Israelitischen Kultusgemeinde in Wien.

22 *ein Knabe und zwei Mädchen* — Berthold, Helene und Paula (Wien 1897 — London 1945).
als ich, siebzehn Jahre alt, nach Paris — siehe „Paris", 139—147, in diesem Band.

24 *Adolf Ritter von Sonnenthal* — Schauspieler am Burgtheater (1832 — 1909).

[Der kleine Cherub]. Aus dem Nachlaß, Auszug aus „Kindheit eines Cherubs", Handschrift in Notizbuch DLA 69.3142/37, paginiert, 5 — 32. Transkription durch die Herausgeber. Undatiert, auf Seite 33 folgt ein mit 29. 5. 1946 datierter Aphorismus:

„Es muß auch im Schlaraffenland Leute gegeben haben, die nicht zu dem süßen Brei gelangen konnten, obgleich der durch alle Straßen floß."

„Kindheit eines Cherubs" — der autobiographische Protagonist heißt hier Franz — stellt einen der Versuche B.V.s dar, seine Autobiographie in Romanform zu entwerfen. Der fragmentarische Text bietet einen Überblick über die verschiedenen Themen, die auch in den anderen Texten B.V.s zur Kindheitsperiode wiederkehren, ist aber nur in Teilen ausgearbeitet.

25 *Schönbrunner Tierpark* — die kaiserliche „Menagerie" im Park des Schlosses Schönbrunn wurde ab 1751 in spätbarockem Stil errichtet.

[Marie]. Aus dem Nachlaß, zwei einander ergänzende handschriftliche Entwürfe, undatiert, DLA/Deposit. Der ihnen gegebene Titel „Kindheit in Wien" stammt nicht von B.V. Transkription durch die Herausgeber. Entstanden vermutlich zwischen 1943 und 1947.

Im Nachlaß, Typoskript, Sammlung E.N., datiert 1949, findet sich noch eine andere Schilderung des Wienerwald-Erlebnisses (unter dem Titel „Wienerwald"):

„Wie einsam er hier als Knabe herumgewandert ist, aus dem ihm früh eingepflanzten Minoritäts-Gefühl Balsam kelternd. Der Städter in der Natur, der Sommerfrischler, von den gebahnten Wegen abirrend und im Dickicht, wo es am kirchendunkelsten war, seine Panik, seine Urangst vor dem Beseelt-Unbeseelten erlebend. Und seine Exzesse im grellen Sonnenlicht.

Einen steilen Wiesenhang mit klopfenden Pulsen hinaufrennend und zusammenbrechend, daß der Atem versagte und er sich verbrennen glaubte in der Mittagsglut eines Augusttages.

Geneigt, grünes Gras zu fressen wie der Has; aber da waren Augenblicke, da er den Zauber des Chlorophylls durchschaute und begriff, daß die Natur das Reich des Rübezahl war, heute blühend, morgen welk, so daß die ganze Pracht wie Plunder an den dürr gewordenen Stengeln hielt, und, kurz vor Schulbeginn, der ihn in die Stadt rief, die Blätter wie abgehackte Krallen, braun und rot, auf allen Wegen lagen.

Gewitter.

Gedichte. Nicht diese veröffentlicht, sondern —.

Untätig in der Natur, das rächt sich, denn nicht zum Zuschauen ist der Mensch gemacht.

Wie verbissen in sein Ich, wie verstrickt der Knabe leider war, zeigt sich darin, daß es Zweifel und Grauen in ihm erregte, daß Schönheit — auch bei den Mädchen — „außen" war, ein Schein der glatten Oberfläche. So war er, ein kleiner Nachzügler, auf die „Transzendentalität", auf die Gaukeltricks der Vorstellung, auf Kant und Schopenhauer vorbereitet, noch ehe er sie zu lesen begann.

Natürlich — darin behält Marx Recht — war auch diese Kindheitsmystik ein Kennzeichen seiner Klasse. Der falschen Sicherheit des Kleinbürgertums, das Ahnungen hatte, daß nicht alles stimmt, daß es nicht für immer garantiert war; lyrisch-prophetische Anwandlung, an der der Knabe zum Dichter wurde."

Siehe auch „Die Stadt der Kindheit", „III. Die Strecke", 82—85, und „Ein Brief", 232—239, in diesem Band.

26 *Hochquell-Wasserleitung* — führte vom Schneeberg-Rax-Gebiet nach Wien und wurde 1873 in Betrieb genommen.
Weidling-Au (Weidlingau) — eine an der Westbahnstrecke liegende, heute zu Wien gehörtende Ortschaft.

27 *Himmelswiese* — eine Wiese auf dem Kobenzl, Berg bei Wien.

28 *Rotte Korah* — Erhebung Kora(c)hs gegen das Priestertum Moses' und Aarons; er und seine „Rotte" werden vom Erdboden verschlungen. (Exodus).

30 *Morbus Viennensis* — (lateinisch) Wiener Krankheit. Unter der ärmeren Wiener Bevölkerung war die Lungenschwindsucht um 1890 die häufigste Todesursache.

34 *Kaiserin Elisabeth von Österreich* — bayerische Prinzessin, geboren 1837, seit 1854 mit Franz Joseph I. von Österreich verheiratet. Sie wurde am 10. 9. 1898 in Genf von dem Anarchisten Luigi Lucchseni ermordet. Am Abend des 15. 9. 1898 wurde ihr Leichnam in feierlichem Zug vom Westbahnhof durch die Mariahilferstraße zur Hofburg gebracht. — B.V.s Projekt eines „Elisabeth-Films" mit der Schauspielerin Elisabeth Bergner in der Titelrolle

wurde 1938 in London durch den sogenannten „Anschluß" Österreichs an Hitlerdeutschland illusorisch (Unmöglichkeit von Außenaufnahmen an den historischen Stätten).
37 *Kaiser Franz Josef* — Franz Joseph I. (1830 — 1916) regierte von 1848 bis zu seinem Tod; sein liebster Aufenthalt war Bad Ischl (Oberösterreich).

Wiederkehr eines kleinen Lebens. Aus dem Nachlaß, undatiertes Typoskript, Sammlung E.N. Abgedruckt in DuD, 303 — 310. Entstanden vermutlich zwischen 1938 und 1945.

Weggelassen sind Passagen, die in „Autobiographisch", 54—57, ausführlicher und prägnanter dargestellt werden (Beschreibung einer Photographie im Matrosenanzug; Leben im Inneren des Traumschlosses).
37 *der schönen Fanny* — jüngere Schwester von B.V.s Mutter Anna. In dem unveröffentlichten Typoskript im Nachlaß, Sammlung E.N., „Österreichische Illusionen ..." wird Fannys späteres Schicksal skizziert:

„Die schöne Tante Fanny, die er seit der Knabenzeit so liebte, hat einen unglücklichen Liebesroman gehabt mit einem feinfühligen Menschen, der älter und reifer war als sie, aber ihr Sicherheit und Frieden geboten hätte und ein besseres Leben. Er war kein Jude. Noch schreckt in diesen Kreisen das Vorurteil vor der sogenannten Blutmischung zurück. Der jüdische Gatte wird ihr durch Familientratsch und Heiratsvermittlung zugesellt. Er ist ein Syphilitiker. Bei ihrem Sohn wird Wahnsinn ausbrechen und der frühe Tod des Mannes unter schrecklichen Erscheinungen wird sie ohne Zuflucht, ohne Hilfe lassen. Sie wird proletarisieren und eines Tages im Armenhaus sterben, nachdem ihr schönes edles Gesicht zu einer gelähmten grausigen Maske erstarrt ist. —"
38 *Doktor Pollaczek* — nicht ermittelt.
39 *Prater* — Parkgelände, ursprünglich Auwald, im II. Bezirk Wiens; ein Teil, der „Volksprater" oder „Wurschtelprater", Belustigungsstätte; seit 1766 öffentlich zugänglich.

Praterstern, wo die Tegetthoffsäule stand — sternförmiger Kreuzungspunkt von sieben Straßen vor dem Eingang zum Prater; die Tegetthoffsäule wurde 1886 zur Erinnerung an den Seesieg der österreichisch-ungarischen Flotte über die italienische von 1866 vor der Insel Lissa (Adria) errichtet; der österreich-ungarische Befehlshaber war der Admiral Wilhelm v. Tegetthoff (1827 — 1871).
40 *Gilgamesch* — siehe „Ein Brief", 232—239, in diesem Band.

Josua — das erste der dem Pentateuch (Tora) folgenden Geschichtsbücher (Frühere Propheten), in dem die Eroberung und Verteilung des verheißenen Landes, „wo Milch und Honig fließt", geschildert wird.

40 *Samson* (Simson) — Episode (Kapitel 13 — 16) in dem dem Buch Josua folgenden Buch der Richter. Geschildert wird der Kampf des mit übermenschlichen Kräften ausgestatteten Simson (hebräisch Sonnenmann) gegen die seinen Stamm Dan beherrschenden Philister.

41 *Da hängt sich der Held an die Türklinke* — Anspielung auf den Selbstmord Ernst Tollers am 22. 5. 1939 in New York. Seine Sekretärin, Ilse Herzfeld, war gerade auf eine Stunde zum Mittagessen gegangen. Siehe zur Reaktion B.V.s Band 1 dieser Ausgabe, 346.

42 *die Ermordung eines Thronfolgers* — gemeint ist die ‚Tragödie von Mayerling', einem Jagdschloß des Hauses Habsburg im Wienerwald. Der österreichische Thronfolger Rudolf (geboren 1858 als Sohn Franz Joseph des I. und Elisabeths) erschoß am 30. 1. 1889 zuerst seine Geliebte, Mary Freiin von Vetsera, und dann sich selbst. Rudolf, der 1881 eine Pflichtehe mit der Prinzessin Stefanie von Belgien eingehen mußte, hatte 1878 eine zusammen mit seinem Lehrer, dem Nationalökonomen Carl Menger, verfaßte Schrift gegen den österreichischen Adel anonym veröffentlicht und in Verbindung mit dem Zoologen Alfred Brehm ornithologische Studien publiziert. Er stand in Verbindung mit dem als liberal geltenden Redakteur des „Neuen Wiener Tagblattes" Moritz Szeps.

In „Österreichische Illusionen ..." skizziert B.V. Rudolf aus der Perspektive des Vaters, Franz Joseph:

„Nun hatte der Dreißigjährige sich und seine Geliebte, die Baronin Vetsera, getötet. Die Kronprinzessin, eine belgische Stefanie, hatte dieses Liebesverhältnis nicht aushalten können, sie hatte ihm Szenen gemacht und schließlich die Einmischung des Kaisers erwirkt. Dem Vater in die Hand hatte Rudolf versprechen müssen, daß er das Verhältnis aufgeben und zu seiner Gattin zurückkehren werde. Er war schwach genug gewesen, dieses Versprechen zu geben. Zum angesagten Familiendiner erschien er nicht, am selben Abend trat die Katastrophe ein, die in der „Wiener Zeitung", dem offiziellen Blatt mit dem Doppeladler auf der Stirn, der Monarchie und der Welt als ein Schlaganfall bei der Jagd verlautbart wurde. Niemand wagte dem Kaiser die Nachricht zu überbringen. Man getraute sich eher an die Kaiserin heran, die eine ihrer Griechischstunden unterbrechen mußte, um zu erfahren, daß sie ihren einzigen Sohn verloren hatte. Aber auch sie hatte nicht das Herz, es dem Kaiser ins Gesicht zu sagen. Noch vor ein paar Tagen, in einer Opernloge, hatte der Sohn die Hand des Vaters geküßt. Elisabeth schickte um die Schratt, und die beiden Frauen betraten gemeinsam das Arbeitszimmer des Alten.

Diese Szene wird geschildert. Der Kaiser hatte in seiner Familie mit mancher Liebesgeschichte zu tun. Die Erzherzöge gaben sich entweder einer äußersten sexuellen Libertinage hin, wie sein Neffe Otto, dessen Leben eine einzige Skandalgeschichte war, oder sie verbanden sich mit einer Bürgerlichen und strebten in ein anonymes Leben hinaus wie Johann Orth. Gerade weil er der zähe Zusammenhalter und Erhalter war, bekämpfte er diese Symptome des Abbröckelns. Und nun sein eigener Sohn. Erst ein Freund von Revolverjournalisten, der seinen besonderen Ehrgeiz darin setzte, in einem Schmierblatt einen Leitartikel zu haben, ein falscher Wissenschaftler, von freisinnigen Phrasen über das wahre Wesen der Menschen getäuscht, dem er nie nahe gekommen war, ein Dilettant bis in sein dreißigstes Jahr hinein, und schließlich ein Mörder und Selbstmörder, ein Doppelmörder, der mit seinem Leben die Hoffnungen der Dynastie vernichtet. [...] Die Vetsera muß vertuscht werden, ihre Leiche heimlich aus dem Schloß entführt und, als wäre sie noch eine Lebende, über die Stiegen hinuntergeleitet und in den Wagen gesetzt werden. Ihre verzweifelte Mutter darf nicht herangelassen werden. Die Tochter muß heimlich begraben werden. Aber — hier zeigt sich die Doppelnatur des Mannes — nicht ohne den Segen der Kirche, der der Selbstmörderin ja gar nicht gebührt. Den sollen beide bekommen, der Rudolf und die Vetsera, wegen Sinnesverwirrung, denn bei Verstand waren sie ja nicht gewesen. Die Kirche würde ein Auge zudrücken, — aber der Selbstmord mußte verlautet werden! Zuviel war herumgeredet und getuschelt worden, und das Gottesgericht über den Verführer mußte auf die Völker wirken. Sein Sohn hatte abgedankt, von Thron und Leben.

Und so erfuhren die Wiener am nächsten Tage eine offizielle zweite Version des Kronprinzentodes, die sie ebenso wenig glaubten wie die erste. Daß eine Liebesgeschichte dahinter war, wußten gewisse Kreise, die anderen witterten es. Und bei der liberalen Bevölkerung erregte das Ereignis eine besondere Besorgnis, denn sie sahen in Rudolf einen Hort des Freisinns. Sie definierten ihn nicht nur als den Sohn seiner Mutter, der sie ja instinktiv auch gewisse rebellische Instinkte zumuteten, sondern als den echten Nachfahren jenes Josef II., der ein Freund des Volkes und ein Feind der Pfaffen gewesen war, und von dem immer noch so viele Harun al Raschid-Geschichten umliefen. Dunkle Mächte hatten den Thronfolger aus dem Weg geräumt."

42 *Ludwig dem Vierzehnten* — absolutistischer französischer König (1638 — 1715), dem die Devise „Der Staat bin ich" zugeschrieben wird.

43 *(Franz) Schubert* — österreichischer Komponist (1797 — 1828). *Friedrich Schiller* — deutscher Dichter (1759 — 1805). Die Ballade „Der Taucher" entstand 1797.

45 *Erzherzog Otto* — Otto Franz Joseph (1867 — 1906), Neffe Franz Joseph des I., Feldmarschalleutnant; Vater Karl des I., der 1916 — 1918 Franz Joseph auf den Thron folgte.

Hotel Sacher — Nobelhotel und Café in der Inneren Stadt, erbaut 1876 durch Eduard Sacher an der Stelle des abgerissenen Kärntnertortheaters; das Café war Treffpunkt von Offizieren, Adeligen und Leuten aus dem Operettengeschäft.

Maria Theresia-Orden — militärischer Orden, von Kaiserin Maria Theresia zur Erinnerung an den Sieg über den preußischen König Friedrich II. bei Colin 1857 gestiftet und mit 2,255.000 Gulden dotiert.

von der Ausnahmegesetzgebung befreit — trotz des „Judenpatents' Joseph des II. (1782) erlangten die Juden in Österreich erst mit dem Staatsgrundgesetz 1867 die bürgerliche Gleichstellung. Noch in der kurzen Periode des Neoabsolutismus (1851 — 1859) wirkte — durch die Aufhebung der Verfassung von 1849 — die alte Judengesetzgebung: Verbot des Grunderwerbs, eingeschränktes Erbrecht, Ehe- und Gewerbebeschränkungen...

46 *de jure und de facto* — (lateinisch) dem Recht und der Tat nach. Gemeint ist hier eher die durch kein Gesetz gehemmte Polizei-Despotie.

Die Menschenrassen. Aus dem Nachlaß, zwei einander ergänzende Typoskripte, datiert 6. 10. 1946 und „B.V./49?"; Sammlung E.N. Abgedruckt in DuD, 323 — 326. (Der Abdruck folgt dem mit 6. 10. 1946 datierten Typoskript, ohne die spätere Neubearbeitung zu berücksichtigen).

Zu dem mit „B.V./49?" datierten Typoskript existiert ein handschriftlicher Entwurf „Bei den Großeltern", entstanden nach dem 19. 8. 1949, in Notizbuch DLA 69.3142/49.

47 *Leopoldstadt* — II. Wiener Gemeindebezirk, zwischen Donau und Donaukanal liegend. 1625 — 1670 bestand hier die „Judenstadt am unteren Werd" (Ghetto), die 1669/70 unter Leopold I. geräumt wurde; die Neue Synagoge wurde in eine St. Leopoldskirche umgebaut, der Bezirk in Leopoldstadt umbenannt und für ‚judenfrei' erklärt. Die Stadt Wien mußte die der Jüdischen Gemeinde auferlegte jährliche Kontribution („Judensteuer') von 10.000 Gulden (mindestens) übernehmen, konnte sie aber ohne

die vertriebenen Juden nicht aufbringen. — 1857 wurden in Wien 6.000 Juden gezählt (bei einer Gesamtbevölkerung von 500.000); 1900 waren es 146.926 (bei einer Gesamtbevölkerung von 1,674.957); die Bevölkerung der Leopoldstadt war etwa zu einem Drittel jüdisch, in diesem Bezirk wohnten vor allem die Neuzuwanderer und die ärmeren Juden.

48 *glatten schwarzen Scheitel* — Naturhaarperücke, die die verheiratete jüdische Frau nach orthodoxen Vorstellungen über dem eigenen kurzgeschorenen Haar zu tragen hatte.

50 *ihres jüngsten Sohnes* — vermutlich Leo Klausner (gestorben 1937?); siehe auch „Die Stadt der Kindheit", „I. Ankunft", 73—78, in diesem Band.

51 *Augarten* — 1775 von Kaiser Josef II. öffentlich zugänglich gemacht. Widmung am Hauptportal: „Allen Menschen gewidmeter Erlustigungsort von ihrem Schätzer."

Die Kaiserstraße. Aus dem Nachlaß, undatiertes Typoskript, Sammlung E.N. Abgedruckt in DuD, 294 — 296, unter dem Titel „Wien".

51 *Seidengasse* — in Wien VII., wie die Kaiserstraße auf dem Gebiet der früheren Vorstadt Schottenfeld, wo Seidenverarbeitung und -handel ein häufiges Gewerbe war. B.V. wohnte mit seinen Eltern ab 1899 in der Seidengasse 44 (und nicht, wie der Text unterstellt, schon als Kind).

Gürtel — entstand durch die Schleifung des 1704 zum Schutz der Wiener Vorstädte errichteten Linienwalls Ende des 19. Jhd.

52 *Schmelz* — unbebautes Gelände im XV. Bezirk Wiens, 1847 — 1918 auch Parade- und Exerzierplatz.

53 *Marie* — nicht identisch mit der Amme Marie. (Die Namen von Köchin, Dienstmädchen und Amme schwanken in verschiedenen Texten zwischen Anna und Marie).

Ringtheaterbrand — am 8. 12. 1881 brach bei einer Vorstellung von Jacques Offenbachs „Hoffmanns Erzählungen" im Ringtheater ein Brand aus. Es gab mehr als 300 Tote.

Autobiographisch. Aus dem Nachlaß, undatiertes Typoskript, Sammlung E.N. ·Abgedruckt in DuD, 289 — 293. Das Typoskript stimmt mit dem handschriftlichen Entwurf, undatiert, Notizbuch DLA 69.3142/39, entstanden vermutlich im Frühjahr 1947, bis auf den letzten, im Typoskript eliminierten Satz überein: „Verwöhnung ist eine fahrlässige Amme." Der Titel „Autobiographisch" stammt nicht von B.V., sondern wurde von anderer Hand als Stichwort über den handschriftlichen Entwurf geschrieben.

Daß sich B.V. hier Georg nennt, hat seinen Grund in dem lange gehegten Wunsch B.V.s, die direkt autobiographische Form zu vermeiden.

In einem unveröffentlichten und fragmentarischen Text aus dem Nachlaß, undatiertes Typoskript, Sammlung E.N., mit den Anfangsworten „Das Verhängnis in die Welt des Theaters geraten zu sein ..." wird das Traumleben in dem Bild von dem später erlernten „Sehen der Bilder, um des Bildens und um des Bildners willen" abgegrenzt: „Diese Andeutungen sollten genügen, um klar zu machen, wie anders das spätere Sehen richtiger Gemälde war. Und daß es nichts zu tun hatte mit der Art von Leben, die der Kupferstich über dem Bett in den Halbschlaf des Knaben flößte."

[„Die gefesselte Phantasie"]. Aus dem Nachlaß, undatiertes Typoskript mit handschriftlichen Korrekturen B.V.s, Sammlung E.N., mit dem Titel „Erinnerungen eines Regisseurs". Der Titel in dieser Ausgabe ist von den Herausgebern gewählt worden, weil sich B.V. in diesem Text nicht an seine Arbeit als Regisseur, sondern an prägende erste Theatererlebnisse erinnert. Teilweise abgedruckt unter dem Titel „Der Weg zur Volksdichtung" in: Geist und Zeit (Darmstadt), 1. Jg. (1956), H. 2, 40—42.

Der österreichische Schauspieler und Dramatiker Ferdinand Raimund (geboren 1790) starb am 5. 9. 1836 an den Folgen eines Selbstmordversuches. „Die gefesselte Phantasie. Original-Zauberspiel in zwei Aufzügen" (U: Wien 1828) endet, anders als B.V. sich erinnert, mit einer Niederlage des „Volkssängers" Nachtigall, zwar nicht gegen den „hochdeutschen Hofpoeten" Distichon, wohl aber gegen den Hirten Amphio, der sich in heute hölzern anmutenden Versen als der Erbprinz eines benachbarten Königreichs zu erkennen gibt. — Das Raimundtheater wurde am 27. 10. 1893 mit „Die gefesselte Phantasie" eröffnet.

59 *Großwien, auf dem Terrain der geschleiften Wälle entstand die Ringstraße* — 1857 wurde die Umwallung der Inneren Stadt zur Schleifung freigegeben und Wien mit etlichen Vorstädten auf acht Bezirke ausgedehnt. 1890 umfaßte Wien bereits 19 Bezirke. Nach dem Stadterweiterungsplan von 1859 wurde auf dem Terrain der geschleiften Wälle die Ringstraße errichtet (Eröffnung 1865); an ihr sollten nach dem Plan vor allem öffentliche Gebäude (Theater, Museen, Akademien, Universität) erbaut werden, die bis Ende der 80er Jahre des 19. Jhd. fertiggestellt wurden.

Auerbrenner — das von Auer v. Welsbach 1885 erfundene Gasglühlicht.

„Venedig in Wien" — ein am 18. 5. 1895 eröffnetes Vergnügungsgelände mit künstlichen Kanälen und Nachbauten venezianischer Paläste auf dem Areal des „Englischen Garten" beim Praterstern mit einem „Römersaal" für 2000 Gäste.

60 *der eiserne Rathausmann ... Donauweibchen* — eiserne Monumentalfigur auf dem Turm des 1872—1883 nach Plänen von Friedrich Schmidt in neugotischem Stil errichteten neuen Rathauses; 1865 wurde im Stadtpark ein Brunnen mit der steinernen Figur des sagenhaften Donauweibchens enthüllt.
die bürgerliche Revolution, 1848, blutig unterdrückt — im Oktober 1848 erstürmten die von Ban Jellačić und Fürst Windischgrätz geführten kaiserlichen Truppen das aufständische Wien und richteten ein Gemetzel unter der Bevölkerung an. Windischgrätz seinerseits machte exzessiven Gebrauch vom Standrecht.
(Adolf) Fröden (eigentlich Meyer, 1861—1932) — österreichischer Schauspieler, 1893—97 am Raimundtheater.
(Joseph) Schildkraut (1895 oder 96—1964) — Debüt 1910 in New York, 1916 Wiener Freie Volksbühne, bis 1932 Volkstheater Wien; 1932 Emigration USA, Erfolge am Court-Theatre New York.
(Auguste) Wilbrandt-Baudius (1843—1937) — österreichische Schauspielerin, u. a. Burgtheater, Gattin des Dramatikers Adolf Wilbrandt, 1881—87 Burgtheaterdirektor.
(Agathe) Barsescu (1858—1939) — kam bereits in der Direktionszeit Wilbrandts ans Burgtheater.
61 *Shakespeare ... Julius Caesar* — U: London, um 1601. Brutus, Cassius und Casca sind gegen den Tyrannen Caesar Verschworene.
62 *Caesars eigenen Bericht über seine gallischen Kriege* — „De bello Gallico", geschrieben 58—51 v. u. Z., schildert die römische Unterwerfung Galliens bis zum Rhein.
Esterhazypark — im VI. Bezirk Wiens, so benannt, weil er zu dem 1816—1868 im Eigentum der Fürsten Esterházy befindlichen Palais gehörte, in dem sich das von B.V. besuchte Mariahilfer Gymnasium befand (siehe „Die Stadt der Kindheit", 73—125, in diesem Band). 1868 kaufte die Gemeinde Wien Palais und Park; der Park wurde öffentlich zugänglich.
63 *Schiller ... Wilhelm Tell ... Jungfrau ... Fiesco ... „Kabale und Liebe"* — Friedrich Schillers Dramen „Wilhelm Tell" (U: 1804), „Die Jungfrau von Orleans" (U: 1801), „Die Verschwörung des Fiesco zu Genua" (U: 1784; Fiescos aristokratische Verschwörung gegen den Dogen von Genua Andrea[s] Doria scheitert ebenso wie die gegen den eigenen Onkel gerichtete dynastische Verschwörung des Gianettino Doria; Verrinas republikanische Verschwörung wird aufgegeben, um nicht der des Fiesco in die Hände zu arbeiten), „Kabale und Liebe" (U: 1784).

Die Kindheit. Aus dem Nachlaß, undatiertes Typoskript, DLA/Deposit.

64 *„Zriny", ein Drama von Theodor Körner* (1791—1813) — Trauerspiel (U: Burgtheater 1912; entstanden in Wien) um den Türkenkriegs-Helden Nikolaus (Miklós) Zriny (1508—1566), Ban von Kroatien, gefallen bei der Verteidigung der Festung Szigetvár gegen die Truppen des Sultans Soliman (Suleiman II.).

Harry Heine. Aus dem Nachlaß, handschriftlicher Entwurf in Notizbuch/DLA 69.3143/31. Transkription durch die Herausgeber. Entstanden in London nach Lektüre von Max Brods Biographie „Heinrich Heine" (Amsterdam 1934). Der Titel in der Handschrift ist „Harry Heine-Co". Dem hier abgedruckten Textteil gehen allgemeine Überlegungen über Probleme des biographischen Schreibens voraus. Nach dem hier abgedruckten Textteil folgen in der Handschrift durch die Beschäftigung mit Heine angeregte Notizen. — Harry war Heinrich Heines (1797—1856) amtlicher Vorname.

66 *Lessing: „Wie die Alten den Tod gebildet"* — siehe „Tod des Vaters", S. 203, in diesem Band.

67 *Griechensehnsucht des Nazareners* — Heine selbst sah sich im Gegensatz von Nazarenern und Hellenen eher als einen Hellenen. „... alle Menschen sind entweder Juden oder Hellenen, Menschen mit asketischen, bildfeindlichen und vergeistigungssüchtigen Trieben oder Menschen von lebensheiterem, entfaltungsstolzem und realistischem Wesen." (Ludwig Börne, Erstes Buch). Die Dichter haben „immer eine stille Gemeinschaft gebildet, wo die Freude des alten Bilderdienstes, der jauchzende Götterglaube sich fortpflanzte von Geschlecht auf Geschlecht, durch die Tradition der heiligen Gesänge ..." (Ludwig Börne, Zweites Buch).

68 *Buch der Lieder* — Heines zweiter und zu seinen Lebzeiten erfolgreichster Gedichtband, erschienen erstmals 1827.

Lazarus, der Märtyrer seines physischen Verfalls — von 1848 bis zu seinem Tod lebte Heine gelähmt in seiner „Matratzengruft". „Zum Lazarus" heißt ein Gedichtzyklus in Heines 1854 erschienenen „Gedichten 1853 und 1854".

Napoleon ... in Schönbrunn Obelisken gepflanzt und die Emanzipation der Juden ein gut Stück vorwärts gebracht — sowohl nach der Niederlage Österreichs bei Austerlitz 1805 als auch vor und während des Friedensschlusses von Schönbrunn 1809 residierte Napoleon im Schloß Schönbrunn. — Die französische Nationalversammlung proklamierte die bürgerliche Gleichstellung der Juden am 28. 9. 1791; durch die Siege Napoleons wurde französisches Recht auch in anderen Staaten, vor allem in den Rheinlanden, maßgeblich; Napoleon berief 1807 ein „Großes Synthedrion" jüdischer Notabeln nach Paris, das mit einer Erklärung Napoleons zum Retter des jüdischen Volkes endete. — Im Zuge der durch die napoleonischen Kriege auch in Österreich wirksamen Reformbestrebungen setzte Kaiser Franz I. 1814 eine Hofkommission ein mit der Aufgabe, die Grundsätze einer gleichmäßigen und liberalen Behandlung der Juden im Gesamtstaat auszuarbeiten. Die Tätigkeit der Kommission blieb ohne Resultat.

69 *Scharfrichter mit dem Beil ... mit einem Judenknaben zu buhlen* — Anspielung auf die in Heines „Memoiren" (entstanden ab 1848) geschilderte Kinderfreundschaft mit der Tochter eines Scharfrichters. Durch das NS-Gesetz zum „Schutze des deutschen Blutes und der deutschen Ehre" vom 15. 9. 1935 wurde der außerehelicher Geschlechtsverkehr zwischen Juden und „Staatsangehörigen deutschen und artverwandten Blutes" zur strafbaren Rassenschande erklärt und mit Zuchthaus bedroht.

Hinauswurf der Juden durch die deutschnationalen Studenten — in den 80er Jahren des 19. Jhd. vollzog sich bei ursprünglich liberalen Studentenverbindungen wie „Teutonia" und „Libertas" eine antisemitische Wende; sie führten Arierparagraphen ein. („Was der Jude glaubt ist einerlei, in der Rasse liegt die Schweinerei.") Der in Sachen Antisemitismus besonders aktive „Waidhofener Verband" erkannte Juden 1893 die Satisfaktionsfähigkeit ab, ein Beispiel, dem die anderen Verbindungen folgten. Mit dem Ziel, sich gegen antisemitische Übergriffe zu wehren, entstand 1883 die schlagende jüdische Studentenverbindung „Kadimah". Immer wieder wurde versucht, jüdischen, aber auch polnischen, tschechischen und italienischen Studenten den Zutritt zur Universität zu verwehren, was zu heftigen Auseinandersetzungen führte, so z. B. am 5. 11. 1905 vor dem Haupteingang der Universität an der Ringstraße.

Kommilitone — Mitstudent, abgeleitet von „Waffenbruder".

Sonderbar! trotz ihrer Unwissenheit ... — zitiert nach „Ludwig Börne. Eine Denkschrift von H. Heine" (erschienen 1840), Viertes Buch (zweiter Absatz). Zitat von den Herausgebern eingesetzt. Im Text schrieb B.V. an diese Stelle nur: Zitat.

Maßmann — der Germanist Hans Ferdinand Maßmann (1797—1874),

70 *„Harzreise"* — geschrieben 1824 (Zeitungsdruck 1826); Heine beschreibt anfangs die Verhältnisse in der Universitätsstadt Göttingen.

Atta Troll — Wintermärchen — „Atta Troll. Ein Sommernachtstraum" (entstanden 1841/42); „Deutschland. Ein Wintermär-

chen" (entstanden 1843/44).
70 *Peter Altenberg* — siehe „Erinnerung an Peter Altenberg", 131—138, in diesem Band.
Frank Wedekind (1864—1918) — Kabarettist und Dramatiker, siehe auch „Zwei Dichter", 46—52, in Bd. 1 dieser Ausgabe.
Otto Weininger (1880—1903) — Philosoph, der durch sein Werk „Geschlecht und Charakter" (1903) großen Einfluß auf den Kreis um Karl Kraus ausübte.

[Jesus, der Jüngling]. Aus dem Nachlaß, Auszug aus dem Text „Die mir begegnet sind", undatiertes und fragmentarisches Typoskript, Sammlung E.N.; Titel von den Herausgebern eingesetzt.

Auf ein anderes nicht überliefertes Jugenddrama B.V.s weist die Notiz „Karl der Fünfte", undatiertes Typoskript, Sammlung E.N. hin:

„In Nächten schrieb er als ein Knabe Großgeplantes, Karl der Fünfte, ein Drama des Goldes, bereits begriffen als Geldmacht, als Amerika, die neue Welt, von der alten ausgebeutet, ausgeschöpft. Das Drama ward nicht vollendet, das Manuskript ging verloren, ein anderer schrieb es später, immer schrieben seine Werke andere. Freilich in einem anderen Sinn, als er seinen ausgekocht hatte. Ahnte der Knabe, was Amerika eines Tages für ihn bedeuten sollte, Geldknechtschaft, der er mit Müh und Not entkam, sein Bestes hinter sich lassend, seine Frau, seine Söhne, und gute Jahre seines Lebens, seiner Schaffenskraft?"
70 *Jahreszahl des Vertrags von Verdun* — Vertrag über die Teilung des Frankenreiches 843 u. Z. in ein Mittel-, Ost- und Westreich.

Goldfinger. Aus dem Nachlaß, undatiertes Typoskript mit handschriftlichen Korrekturen B.V.s, Sammlung E.N. Ein handschriftlicher Entwurf, entstanden vermutlich 1926 oder 1927 in Düsseldorf, findet sich in Notizbuch DLA 69.3143/17. Im handschriftlichen Entwurf ist der Text zusammengestellt mit „Sonnenschein", 165—167, in diesem Band, unter dem gemeinsamen Übertitel „Wir nette Menschen alle. Ein Sagenkreis". Es handelt sich vermutlich um den frühesten Ansatz B.V.s, autobiographisch zu schreiben.
71 *Moses ... hat ... gestottert* — im biblischen „Buch Exodus" spricht Moses zu Jahwe: „... unbeholfen ist mein Mund und meine Zunge." Daher berichtet dann Moses' Bruder Aaron dem Volke, was der brennende Dornbusch verhieß. (Exodus, 4. Kapitel).

Die Stadt der Kindheit. Aus dem Nachlaß, undatiertes Typoskript, Sammlung E.N. Ein handschriftlichter Entwurf des ersten Kapitels (Ankunft) findet sich in Notizbuch DLA 69.3142/39, entstanden vermutlich im Dezember 1949.

Abgedruckt in DuD, 329—389. — Nicht aufgenommen wurde in diesen Band die in Dud, 384—389, an den eigentlichen Text anschließende Passage, die im Typoskript nicht nachweisbar ist (siehe dazu „Zürich", 148—149, in diesem Band):

„Es ist durchaus wahrscheinlich, daß die Methode der Erzählung, welche in diesen autobiographischen Erinnerungen versucht wird, vielmehr der hier waltende Mangel an methodischem Erzählen, das regellose Hinundherspringen in der chronologischen Anordnung, die Lektüre erschweren, wenn nicht unmöglich machen wird. Wenn etwa ein ehemaliger Mitschüler diese Aufzeichnungen eines Mariahilfer Gymnasiasten, oder ein ehemaliger Gewohnheitsbesucher, ein alter Gast des Café Central die dort lokalisierten, mit Opfern an Jahren erworbenen Erlebnisse zu Gesicht bekommt, so wird ein solcher Lebensveteran — ein alter Mensch muß es ja sein — die geschilderten Personen ebensowohl wie die örtlichen Bedingungen, den lokalen Hintergrund der Vorkommnisse sofort agnoszieren und vielleicht, wenn dieses Wiedererkennen ihm heute noch etwas bedeutet, interessiert, vielleicht sogar amüsiert, weiterlesen. Seine private Anteilnahme stützt dann den Zickzackkurs des Berichtes mit pesönlichen Mementos, die als emotionelle Lesezeichen wirken und bei der Orientierung helfen mögen. Das um so mehr, wenn seine und meine Schicksalslinien ähnlich verlaufen sind, was einen gemeinsamen Ursprung in der gleichen Rasse und Klasse bedeuten wird. So habe ich dir, lieber Alois, ehemaliger Mitschüler und späterer Genosse der Emigration, als du aus den Vereinigten Staaten unser gemeinsames altes, inzwischen so tief verändertes Wien besuchtest, wo ich vorher, ein Heimkehrer mit amerikanischem Paß, eingetroffen war, jene Kapitel, die wir seinerzeit gemeinsam erlebten, an einem sommerlich schönen Orte des Salzkammergutes, während ein melancholisch-lieblicher See mitzuhören schien, vorgelesen. Es war der Abschluß unserer Volks- und Mittelschulzeit, die wir gemeinsam erlitten haben. Ach, du verstandest dich schon damals so herrlich aufs Zuhören! Immer wieder legten wir, nach Schulschluß, den Weg von der Zieglergasse, später von der Amerlinggasse, zu unseren Elternhäusern, die unweit voneinander lagen, zurück, ihn unzählige Male durch Wiederholung verlängernd, so viel und stürmisch hatte ich zu reden, so sanft-gelassen, mit der Geduld innigsten, freundschaftlichsten Verständnisses, hörtest du zu! Wohl hast du nicht an Einwendungen gespart, aber niemals sind wir darüber in Streit geraten. Du warst mit einer ruhigeren Auffassung gesegnet, ohne aber vor meinen radikalen Zuspitzungen, die schon damals höchst dramatischer Natur waren, zu erschrecken. Außer vielleicht damals, als ich dich zu überzeugen versuchte, daß es keinen Gott gebe, und als es mir schließlich gelang. Nein, erschrocken bist du eigentlich auch damals nicht, dein Gesicht bekam nur einen traurigen Ausdruck, daran erkannte ich ja, daß ich mit meiner Ansicht durchgedrungen war, und wurde selbst etwas kleinlaut und niedergeschlagen. Es tat mir plötzlich leid, daß ich dich überzeugt und dir die Welt entgöttlicht, sie dir mit einem Schlage, wie ich dir vom Gesicht ablas, in eine leere nüchterne Welt verwandelt hatte, und das schon in der vierten Gymnasialklasse. Wir waren beide in ein unlustiges Schweigen geraten und repetierten an jenem Tage den Nachhauseweg nicht noch einmal. Denn über diesen abgeschlossenen Gegenstand gab es unter Schicksalsbrüdern zunächst nichts mehr zu reden.

Als wir uns, nachdem wir einander dreißig Jahre lang nicht gesehen hatten, von der Katastrophe zusammengeführt, in New York wieder trafen, hatten wir viel zu reden und zu erzählen, aber nicht die Schulzeit war der Gegenstand, der sich uns aufdrängte, außer der dringenden Erkundung der Schicksale von ehemaligen Kameraden, Schulfreunden und Schulfeinden, deren Spur wir verloren hatten. Wie entging der oder jener dem Untergang unserer und seiner Welt, wer ward gerettet und wer zerschellt, wer hatte sich als Opfer, wer als Henkersknecht herausgestellt. Das war die große Ballade, an der wir damals dichteten, in der Form von Fragen, Klagen, Anklagen. Während gleichzeitig eine Unzahl der grausigsten Tragödien geschah, konnte keine Schulidylle aufkommen. Mit Recht wurde einer Erziehung nicht gedacht, die den Rückfall eines, wie wir immer geglaubt hatten, vielleicht leichtsinnigen, aber auch leichtherzigen und im Grunde gutherzigen Menschenschlages in die blutigste Barbarei und Bestialität nicht hatte vorbeugend verhindern können. Jetzt aber, nachdem der Hexensabbat vorüber war und die Pestsäule auf dem Graben sich nicht länger auf ein wiedergekehrtes Mittelalter bezog, fanden wir in der alten Stadt auf Schritt und Tritt unsere Kindheit wieder, jede Gasse zeigte sie uns in einer traumhaft verkürzten Perspektive, und das am hellichten Tage. Und Alois war liebevoll bereit, sich mitzuerinnern, und wer konnte wie er die Sprunghaftigkeit verstehen, in der es geschah, in rapid und kaleidoskopartig wechselnden Luftlinien zwischen dem Einst und dem Jetzt. Wie um einen Zwirnsfaden, der in eine salzgesättigte Lösung gehängt wird, bildeten sich die Erinnerungskristalle um den Leitfaden der Heimkehr. Anders gesagt: Auf Schritt und Tritt konnten wir das Gewesene in flagranti ertappen als den Puppenzustand dessen, was nachgekommen und daraus geworden war. Jede Anekdote aus der Kindheit wurde nun zum historischen Symptom. —

Wien ist die Stadt unserer Kindheit geblieben, ist das alte Wien, und ist es nicht mehr. Nicht Wien, die Haupt- und Residenzstadt der Monarchie, in dem wir Kinder, Mitschüler, Freunde gewesen sind.

Und nicht das Wien der deutsch-österreichischen Republik, die durch den verlorenen Weltkrieg aus dem Völkermosaik herausgebrochen wurde, mit seinen sozialistischen, demokratischen Anläufen und Versuchen, eine moderne Urbs zu bleiben oder erst zu werden, bis es schließlich die Stadt der Hitlerischen Ostmark wurde, um hernach durch Bomben und einmarschierende Truppen befreit zu werden. Dieses verarmte Wien, das sich dagegen wehrte, eine Provinzstadt zu werden, das von den Wohltaten der Sieger abhing und von ihrer Duldung, eine zwischen Ost und West eingeschobene Menschensiedlung, die unter den Ruinen, die es beherbergte, auch die Ruine einer ehemaligen Gesellschaft, ja, einer internationalen Kultur und so manche menschliche Ruine aufwies —: kannten wir es denn wirklich, verstanden wir es überhaupt? Wieviele für uns undurchdringliche Schicksale zeigte und verbarg es? Nicht nur jene Leute, wieviele oder wie wenige es sein mochten, die an den tätigen Greueln, sogar als Henkersknechte oder Helfer von Henkersknechten, teilgenommen, die von dem Unglück entrechteter und der Vernichtung preisgegebener Mitbürger Vorteil gezogen, oder solche, die falsch spekuliert oder falsch votiert hatten und sich nun zu keiner Entscheidung, außer der Enthaltung von jedem Urteil, jeder ideologischen und politischen Entscheidung, mehr aufraffen konnten: all dieses Gewesene, noch nicht Verschmerzte lag, mit den Ausdünstungen vieler Leiden, vielen selbstverschuldeten und auch schuldlosen Unglücks, nun in der Luft und vernebelte jeden klaren Blick. Wie sehr es auch nottun mochte, einen radikalen neuen Anfang zu setzen, schon die geographischen Verhältnisse, die sich in ökonomische umsetzten, verboten und verhinderten es. Hier blieb alles in der Schwebe, sozusagen im Rutschen, von schweren Gewichten eine schiefe Ebene hinabgezogen, so daß nur ein neues europäisches Gleichgewicht Halt gebieten und die Dinge zum Stehen bringen konnte. Wien war schon seit dem Ende des ersten Weltkriegs eine Metropole ohne ein ihr an Größe entsprechendes Hinterland geworden und, von den Garantie-Mächten im Stich gelassen, das wehrlose Opfer einer räuberischen Annexion, die das Gebiet Österreich nicht ohne hoffnungsvolle Zustimmung von innen her erfaßte. Der Riesenkampf um die Neuverteilung der Welt zwischen den großen, gigantischen Mächten und Systemen, wobei ganz Europa nur noch als ein in seiner Bedeutung fragwürdiges Überbleibsel vielleicht überlebter historischer Entwicklungen erschien, war noch nicht ausgetragen, und die Gegensätze verschärften sich in dem sogenannten kalten Kriege der ungeheuren, ungeheuerlichen Rüstungen von Tag zu Tag. Deutschland war, auch ideologisch und kulturell, in zwei Teile gespalten; es gab, an Ruinen gleichmäßig gesegnet, nur noch ein Ostberlin und ein Westberlin, nur scheinbar, bei drohend geschiedenen Begriffswelten, die gleiche Sprache redend. Wien war noch ganz geblieben und sprach seinen eigenen Dialekt. Lief durch Berlin eine Front, an der der Krieg nur loszubrechen brauchte, in Wien glaubte man sich auf Erdbebengebiet zu befinden, auch wenn dort noch der konservative Zusammenhang mit der europäischen Lebensstimmung von vorgestern, der Anschluß an noch unvergessene Ergebnisse und Leistungen der Kultur gepflegt wurde. Hätten Alois und ich uns dort getroffen, wir hätten kaum die innere Muße und Bereitschaft aufgebracht, uns unseren Kindheitserinnerungen hinzugeben.

Dagegen hier, im Salzkammergut, gar am Grundlsee, einem idyllischen Orte, der sogar von der sommerlichen Völkerwanderung des Fremdenverkehrs fast gar nicht berührt wurde, war alles beim Alten, ja beim Uralten geblieben. Hier befanden wir uns mitten in einer Natur und einem Kleinleben, die auch während unserer Kindheit, vor dem Weltkrieg, im letzten Jahrzehnt eines Friedens, der für immer festzustehen schien, nicht um ein Jota anders ausgesehen hatten. Die Tiefe des Sees hatte das Dritte Reich zu militärischen Übungen herangelockt, die man aber bald wieder abbrach. Kriegsgefangene, hauptsächlich Franzosen, hatten hier ihren Zwangsaufenthalt gehabt und etwa einer Grundlseerin ein Kind hinterlassen, die lebendige Spur ihres Hiergewesenseins. Etwaige Wunden, vom Krieg geschlagen, die auch hier nicht fehlten und auf dem Marterl eines Grabes einheimischer Soldaten verzeichnet standen, hatten sich wieder geschlossen. Die Holz- und Salinenarbeiter, Kleinbauern und Jäger, die seit früher Zeit hier ansässig waren, in ihren alten Trachten ein stattliches Geschlecht, sangen ihre alten Lieder, stießen ihre alten Jodler aus und schwangen sich in alten, würdevollen und zeremoniellen Tänzen, viele von ihnen Sozialdemokraten vom alten Schlage und kaum je, wenn nicht der Krieg sie fortrief, aus dem von Bergen, wie von teils blühenden, teils unbewachsen steinigen Kulissen umgrenzten engen Rund hinausgekommen in eine Welt, von der sie voraussetzten, daß sie ihnen nicht so wohlgefallen würde wie ihre eigene des geliebten Sees, in dem Boot zu fahren, zu baden und zu fischen sie nicht überdrüssig wurden. Viele von diesen Holzhäusern hatten ihre Eigentümer eigenhändig gezimmert... Du, lieber Alois, wärst, wie die meisten Sommerfrischler, nur bis Aussee gelangt, wenn du mich nicht hättest besuchen wollen. Und nun saßen wir beisammen, eingesponnen in die unveränderte Idylle dieser Landschaft, unabgelenkt von dem Lärm der neuen Autostraße, die ja doch nur vorbeiführt, obwohl der große Autobus direkt am Hause hält, und erinnerten uns an das damlige Wien, unser Wien, und an unsere Hin- und Widerwege im siebenten Bezirk, zwischen der Schottenfeldgasse und der Seidengasse, zwischen der Volksschule in der Zieglergasse und dem Gymnasium in der Amerlinggasse, und die kleinsten Vorfälle von damals werden uns zu Symptomen des

Untergangs, während das Land uns zuzuwinken und uns der Dauerhaftigkeit der einfachen menschlichen Dinge zu versichern scheint."

Im Nachlaß, Sammlung E.N., findet sich auch das undatierte Typoskript eines umfasseneren, nicht realisierten Konzepts:

„*Die Stadt der Kindheit*/Ein Wiener Brevier in Vers und Prosa, beginnend mit einem bisher unveröffentlichten Gedicht der Heimkehr, im Jahre 1949, in die Stadt der Kindheit.

Die nun folgenden: I. Erinnerungen und Begegnungen gehen bis ins Jahr 1900 zurück und reichen bis zum Beginn des ersten Weltkrieges, 1914.

Der in Wien heranwachsende Knabe wird in den Erlebnissen geschildert, die seinen Charakter und seine Weltanschauung bilden. Die Schilderung ist nicht sentimental, das Soziale und Politische spielt überall hinein, die Entwicklungslinie wird aufgezeigt, die, über das Individuelle hinaus, erst heute ganz gesehen und verstanden werden kann, die in der heutigen Wiener- und Weltsituation mündet und dadurch jetzt wieder eine aktuelle, erregende Bedeutung hat. Die Darstellung bleibt nirgends im Idyllischen stecken. Haus und Schule, die Erziehung zu den typischen „österreichischen Illusionen", während die Wirklichkeit bereits die Symptome des Verfalls aufweist.

Der Knabe erlebt auf seine Weise die sich in dieser Zeit schroff und immer schroffer herauskristallisierenden Gegensätze. Die Sozialdemokratie und die deutschnationale Fraktion haben sich eben erst richtig konstituiert, der Antisemitismus hat sich schon manifestiert. Das Wien Luegers und Schönerers, aber auch das Wien Victor Adlers bilden sich in der Seele des Knaben heraus, wirken auf sie und formen sie. Der innere Verlauf erweist sich als ebenso dramatisch wie der äußere. Der Schiffbruch der Monarchie droht: wohin rettet sich der werdende begabte Mensch mit seinem Lebensdurst und Bildungshunger? Auch die Fieber der Pubertät nähren sich von diesen Konflikten.

Der Horizont weitert sich dem Mittelschüler allmählich zur Fin de siècle-Perspektive. Er ist vorbereitet, sich zur Opposition in Kunst und Leben zu schlagen, noch bevor er deren Repräsentanten in Peter Altenberg, Karl Kraus, Alfred Polgar, Adolf Loos etc. persönlich kennen lernt. Der persönliche Umgang mit Karl Kraus in den Entwicklungsjahren, der zur Mitarbeit an der „Fackel" und zu einer 30jährigen Freundschaft führt, wird ausführlicher in „Erinnerungen an K.K." behandelt und schließlich, vom heutigen Gesichtspunkt aus, in ein kritisches Resumée zusammengefaßt.

Zur Vorperiode gehört auch die Wirkung Gustav Mahlers auf den zukünftigen Theatermenschen.

Bereits dem Siebzehnjährigen hat sich ein wahrhaft apokalyptisches Kulturpanorama enthüllt. Mit dem Instinkt der Jugend, der auf Unerbittlichkeit hinzielt, wobei der Radikalismus aber noch immer auf dem schwankenden Fundament von Illusionen beruht, sieht er die bürgerliche Klasse und ihre Kultur als erledigt und geliefert, als dem Untergang geweiht an. Er schwingt sich zu einem utopischen Sozialismus auf, aber, von heute aus gesehen, überwiegt in seiner Anschauung, die sich früh dichterisch äußert, das anarchische und nihilistische Element. Er frißt Kant und Schopenhauer in sich hinein, aber auch Stirner. Ein Fluchtversuch nach Paris und ins Proletariat bleibt ein Jugendstreich mit komischen Zügen.

Eine religiöse Periode der Kindheit (die jüdischen Propheten) hat später ein kurzfristiges Pendant in einer von Kierkegaard, Pascal, Augustinus heimgesuchten Periode.

Die Tragödie Otto Weiningers und ihre Wirkung. Der Einfluß von Strindberg und Wedekind auf Denken und Leben des jungen Menschen von damals, der dramatische Anlagen besitzt.

Die Tabula rasa-Stimmung nimmt überhand, die mit der isolierten Lebens- und Unlebenskunst der damaligen Wiener Bohème im Café Central, nachts im Café Ronacher zusammengeht. Scharfer Gegensatz zum „Wiener Olymp" der Schnitzler, Hofmannsthal, Beer-Hofmann. Dagegen die Pariser Dekadenz: Verlaine und Baudelaire, die Verlockung Hamsuns.

Die Ziellosigkeit wird erkannt und bereut, aber kein Ausweg gefunden, es sei denn in die Gestaltung durch die Lyrik, die Kritik, das Theater. —
So wird das Studium an der Universität zum Vorwand, zur bloßen Maske.
Bei der Gründung der „Wiener Volksbühne" erfolgt endlich die Berufswahl. Das Zusammentreffen der beiden Motive, des Sozialen und des Künstlerischen, gibt den Ausschlag.

Volksbühnen-Erfahrung: 1911—1914.

1. Weltkrieg.

II. Aus im 1. Weltkrieg verfaßten, bisher unveröffentlichten Tagebüchern.

III. Heimkehr nach Europa: Rede, gehalten in Wien, 1932, im Dezember.

IV. 1947. Gedichte der Emigration und der Wiederkehr, mit rückwärts und vorwärtszielender Abrechnung.

73 *An einem trüben Dezembermorgen des Jahres 1948* — B.V. traf, von Zürich kommend, am 4. 12. 1948 um 7 Uhr 30 am Wiener Westbahnhof ein. Er war zuletzt zur Jahreswende 1935/36 in Wien gewesen. Am 5. 12. 1948 notierte er sich (Notizbuch DLA 69.3142/43): „... wie wird das werden, diese Doppelkonfrontation ... mit der Kindheit, dem Ursprung, der angeborenen Vergangen-

heit, und der jungen Vergangenheit der Greuel, und der Gegenwart."
73 *Café schräg gegenüber dem Bahnhof* — vermutlich das Café Westend.
Der geistreiche Lehrer der Naturgeschichte — wahrscheinlich ein Dr. Gustav Ficker, Lehrer am Mariahilfer Gymnasium. Siehe auch „[Tod eines Lehrers]", 180—181, in diesem Band.
74 *Mariahilfer Gymnasium* — begründet von der Gemeinde Wien als eines der ersten Gymnasien in der eingemeindeten Vorstadt; es befand sich zuerst in der Schmalzhofgasse 18 und übersiedelte 1869 in das von der Gemeinde 1868 erworbene und umgebaute Palais Esterházy. Das Gartenpalais, ursprünglich nach Plänen von Fischer v. Erlach 1695—1698 errichtet, wurde 1777 von einem Sohn des Staatskanzlers Wenzel Kaunitz zu einem Palais ausgebaut, das die berühmte Gemäldesammlung der Familie Kaunitz beherbergte. Das Gebäude wurde nach dem 2. Weltkrieg abgerissen und durch einen neuen Schulbau ersetzt.
75 *Deutsches Volkstheater* — gegründet 1889 zur Weiterführung des 1884 abgebrannten Wiener Stadttheaters als eine neue Heimstätte der durch Operette und Lustspiel verdrängten Volkstheatertradition. Von privaten Geldgebern wurde über eine halbe Million Gulden für den Bau aufgebracht.

Schnitzlerpremieren — so wurden u. a. Arthur Schnitzlers (1862—1931) „Liebelei" 1895 am Burgtheater, „Das Märchen" 1893 und „Lebendige Stunden" 1903 am Volkstheater uraufgeführt.
76 *„Kampf um Rom" von Felix Dahn* (1834—1912) — Roman in vier Bänden, erschienen 1876—78.
Lederstrumpf ... Chingachgook — der Mohikaner-Häutling in Charles Fenimore Coopers Romanzyklus „Lederstrumpf" (1823—41).
Abraham — siehe „Ein Brief", 238 f., in diesem Band.
77 *nach der dritten Geburt* — also nach 1897, nach der Geburt von B.V.s Schwester Paula.
78 *Peter Altenberg* — siehe „Erinnerung an Peter Altenberg", 131—138, in diesem Band.
Café Central — in dem 1856 von Heinrich Ferstel erbauten Börsengebäude an der Freyung (I. Bezirk) wurde 1876 im Kuppelsaal ein Kaffeehaus eingerichtet, das nach der Demolierung des Café Griensteidl 1897 zum wichtigsten Künstlertreffpunkt Wiens wurde.
„Hunger" von Knut Hamsun (1859—1952) — Roman (1890, deutsch 1891). Siehe auch „Paris", 139—147, in diesem Band, und

„Der Angeklagte Knut Hamsun", 215—219, in Bd. 1 dieser Ausgabe.

79 *im Jahre 1928, nach Amerika aufgebrochen* — auf Grund eines Dreijahresvertrages mit der Fox Film Corporation, Hollywood, verließen Salka Viertel und B.V. am 22. 2. 1928 von Cuxhaven aus Europa.

am 1. August 1914 für immer verlassen — Tag der Kriegserklärung Deutschlands an Rußland und der Mobilmachung Deutschlands (Beginn des Ersten Weltkriegs); Österreich-Ungarn hatte Serbien am 28. 7. 1914 den Krieg erklärt; B.V. trat am 9. 8. 1914 seinen Dienst als Leutnant der Reserve bei der Traindivision Nr. 14 (Gebirgsjäger) an.

80 *Theaterregisseur der Wiener Volksbühne* — B.V. war von 1912— 14 Dramaturg und Regisseur der „Wiener Freien Volksbühne" im Renaissancetheater, Wien VII., Neubaugasse 36.

81 *als der Siebzehnjährige von Schule und Haus fortlief* — siehe „Paris", 139—147, in diesem Band.

Hilfsarbeiterbuch — gemeint ist wohl ein Arbeitsbuch, das, in den meisten Ländern bereits abgeschafft, als Mittel der sozialen Kontrolle in Österreich bis 1918 beibehalten wurde. Ins Arbeitsbuch wurden vom Arbeitgeber die Dauer der Beschäftigung und Bemerkungen (im Sinne eines Zeugnisses) eingetragen.

Frank Wedekind ... von den Wienern mit faulen Eiern beworfen — möglicherweise eine Verwechslung B.V.s: Es war am 16. 11. 1901, daß das „Jung-Wiener Theater zum lieben Augustin" im Theater an der Wien erstmals auftrat; Wedekinds Vortrag von drei Liedern stieß auf stürmische Ablehnung.

82 *Josef von Schöffel* (1832—1910) — siehe auch „Zu Karl Kraus' sechzigstem Geburtstag", Seite 17, in Bd. 1 dieser Ausgabe.

83 *Prosa Adalbert Stifters* (1805—1868) — gemeint könnte insbesondere sein Roman „Nachsommer" (3 Bde., 1857) sein.

85 *diesen heimkehrenden Peer Gynt* — siehe „Heimkehr nach Europa", 269—288, in diesem Band.

im Sommer 1932, aus Amerika heimgekehrt — im Juli 1932 kehrte B.V. nach Europa zurück, um, angewidert von Hollywood, als Filmregisseur in Europa Fuß zu fassen (erfolglose Verhandlungen mit Alexander Korda in Paris).

erzählten ihm in London — B.V. arbeitete von Oktober 1947 bis Juli 1948 als Radioregisseur beim German Department der BBC in London.

86 *Shakespeare, der in „Maß für Maß" behauptet ...* — in dieser Komödie (U: London 1603) sind Angelo der vom Herzog Vicentio eingesetzte grausame und korrupte Statthalter, Lucio ein

Wüstling und Claudio ein junger Edelmann, dessen Geliebte ein Kind von ihm erwartet. Nach einem vom Herzog wieder in Kraft gesetzten Gesetz soll der Verführer eines reinen Mädchens mit dem Tod bestraft werden.

86 *Kaspar-Hauser-Ausdruck* — Kaspar Hauser (1812 — 1833) tauchte 1828 in Nürnberg auf; gab an, bis dahin in einem Verlies ohne menschlichen Kontakt gelebt zu haben. (Roman von Jakob Wassermann: Caspar Hauser oder Die Trägheit des Herzens, 1908).

87 *Ostmark* — das am 13. 3. 1938 von Hitlerdeutschland annektierte Österreich wurde im deutschnationalen Jargon als Ostmark bezeichnet; um die Erinnerung an Österreich zu tilgen, wurde später die Verwendung des Ausdrucks „Alpen- und Donaugaue" angeordnet.

88 *der kranke Proust* — Marcel Proust (1871 — 1922) zog sich 1906, asthmakrank, vom gesellschaftlichen Leben zurück und schrieb „Auf der Suche nach der verlorenen Zeit" (7 Bde., 1913—27).

89 *moribundus* — (lateinisch) Sterbender, dem Tod Geweihter.
artifex — (lateinisch) Künstler.

90 *Zieglergasse ... Volksschule* — 1891—95 besuchte B.V. die Volksschule, Wien VII., Zieglergasse 23.
Lueger — Dr. Karl Lueger (1844—1910), 1897—1910 Bürgermeister von Wien; 1926 wurde ihm ein Denkmal auf dem Dr. Karl Lueger-Platz, I. Bezirk, enthüllt. — Legendär ist der Widerstand, den Franz Joseph I. 1895—97 der Bestätigung Luegers als Bürgermeister entgegensetzte. — Lueger wurde 1889 Vorsitzender des Wahlbündnisses „Vereinigte Christen" (umfassend die klerikalfeudale Gruppe und die christlich-soziale Bewegung Karl v. Vogelsangs), aus der 1891 die „Christlichsoziale Partei" entstand. — B.V. schreibt in „Äußerer Umriß eines Romans ‚Österreichische Illusionen oder Väter und Söhne in Österreich'", Typoskript im Nachlaß, Sammlung E.N.: „Karl Lueger, der Advokat und Hausbesorgerssohn, ist eine ganz andere Erscheinung. Er organisiert den sozialen Putsch des Kleinbürgers und des Kleingewerbetreibenden gegen den Industrialismus [...], in Wahrheit die vergebliche Notwehr einer Klasse, die nicht zum Proletariat hinuntersinken will, und nicht zum Kapitalismus emporzusteigen vermag, sondern zwischen beiden zerrieben wird. Er ist das Musterbild des Demagogen, aber eine liebenswürdige Ausgabe, der „schöne Karl", dem die Frauenherzen zufliegen. Er leitet eine Reaktionsbewegung ein, encouragiert den bürgerlichen Haß, aber will einen unblutigen Bürgerkrieg, der vergeblich die Erhaltung der alten Art erstrebt und schließlich in einem Zusammenschluß

mit der Agrarbewegung und mit dem Klerikalismus endet. In dieser Form trotzt die Partei heute noch dem Aufgesogenwerden durch den Nationalsozialismus; sie hat sich im Lauf der Zeiten, besonders vom Zusammenbruch der Monarchie an, als eine Art Rückgrat des reinen Österreichertums erwiesen, während der proletarische Sozialismus auf internationalen Grundsätzen aufgebaut ist und von der Weltrevolution abhängt. Alles andere ist natürlich Guerillakrieg und Rückzugsgefecht. Aber jeder Schritt Bodens wird hartnäckig verteidigt. Und diese Verteidigung, über deren Sinn für die Kultur der Zukunft wir heute wenig Bestimmtes voraussagen können, ist ein Auslaufen der habsburgischen Anstrengungen."

90 *Sozialismus des dummen Kerls*— der Ausspruch stammt nicht von Friedrich Engels, sondern von dem liberalen Reichsratsabgeordneten Ferdinand Kronawetter.
Dr. Victor Adler (1852 — 1918) — Arzt und Politiker, Herausgeber der Zeitschrift „Gleichheit" (seit 1886) und der „Arbeiter-Zeitung" (seit 1890), Begründer und Vorsitzender der Sozialdemokratischen Arbeiter-Partei; trug maßgeblich zur Durchsetzung des allgemeinen Wahlrechtes für Männer (1907) bei. — Mit seinem Denkmal dürfte B.V. das 1928 neben dem Parlament am Ring enthüllte, 1934 abgetragene und 1948 wiederaufgestellte Republik-Denkmal meinen (das neben Adler noch Jakob Reumann und Ferdinand Hanusch zeigt). — B.V. schreibt über ihn in „Äußerer Umriß eines Romans ‚Österreichische Illusionen oder Väter und Söhne in Österreich'":
„Dem Knaben erschließt sich der Sozialismus, und er lernt aus einer Freundschaftsverbindung einen der größten Österreicher dieser Zeit kennen, Dr. Victor Adler, den Begründer der österreichischen Sozialdemokratie, an Objektivität und unpersönlicher Arbeitstreue ein kleiner Lenin. Er hat sein Privatvermögen geopfert, um die Partei zu gründen, und erlebt in seinen Genossen und Mitarbeitern in seiner Weise die Tragödie Österreichs. Er fehlt die Möglichkeit eines großen Durchstoßes und so kommt auch er zu einem abwegigen Skeptizismus, der sich in der Partei vergröbert. Das revisionistische Element wirkt aus der Weltsozialdemokratie herüber. Es ist eine merkwürdige Parallele in Dr. Victor Adler zu Franz Joseph, das Bürokratisch-Väterliche bildet sich in ihm aus, das allzu wilde Ansätze zu disziplinieren versucht, und er hat in seinem eigenen Haus den Sohnkonflikt. Während er immer mehr zu einem staatserhaltenden Organ wird, allerdings von einer wirklichen staatsmännischen Begabung getragen, die in einem common wealth, in einer Autonomie der Nationen den

einzigen Ausweg sehen würde, wird sein Sohn Friedrich Adler zum Attentäter und erschießt in den ersten Kriegsjahren den Minister Stürgkh. Die Sozialdemokratie ist solch ein langsamer Weg, das fühlt der Knabe, und immer dringender wird das Bedürfnis, die Welt radikal und sofort zu erleben."

91 *Dr. Schönerer* — Georg v. Schönerer (1842 — 1921) begründete 1885 den völkisch-antisemitischen „Verband der Deutschnationalen" als Abspaltung vom Parlamentsklub der Deutschnationalen. Schönerers Alldeutsche Partei strebte den Anschluß der deutschsprachigen Gebiete Österreich-Ungarns an das Deutsche Reich an. Seit 1897 propagierte sie den Austritt aus der katholischen Kirche, die als geistliche Stütze des habsburger Vielvölkerstaates bekämpft wurde („Los von Rom"-Bewegung). — B.V. schreibt in „Äußerer Umriß eines Romans ‚Österreichische Illusionen oder Väter und Söhne in Österreich'":
„Es gibt zwei Parteien, damals, aus denen Hitler die Summe zieht. Die eine ist die der Deutschnationalen, die den Anschluß an das deutsche Reich verlangen, den Kampf gegen Rom führen und die Zeitrechnung nicht mit der Geburt Christi, sondern mit der Schlacht im Teutoburger Wald beginnen. Ihr Führer, der Ritter von Schönerer, ist ein direkter Nachfolger jenes Turnvaters Jahn aus den deutschen Freiheitskriegen. In Österreich nimmt die Bewegung die Form einer Irredenta an. Ihre Vertreter sind große Redner wie der Abgeordnete Wolf. Sie führen in das Parlament, — Wiens farbigstes Theater —, die Obstruktion und die Schlägereien ein, die Brachialgewalt, Gewalt der Stimme und der Faust."
knapp vor dem Ende der siebten Klasse ... erfolgt die Flucht — siehe „Paris", 139—147, in diesem Band; B.V. muß die Schule ungefähr Ende Mai 1903 verlassen haben. Da er die vierte Klasse wiederholt hatte, befand er sich 1902/3 in der siebten Klasse.
ein freundlicheres Zwing-Uri einer milderen, nur geistigen Unterdrückung — spielt auf eine später unterdrückte Stelle an, in der B.V. den Wiederbesuch des Esterhazy-Parks mit dem 1940 unter der NS-Herrschaft errichteten Fliegerabwehr-Turm (Flakturm) schildert:
„Die Gedanken des Heimgekehrten wurden starr wie der betonhelle Stein des Turmes. Wo des Knaben eigenstes Revier gewesen war, dessen Freiheit nur von einem als Wächter angestellten, steifbeinigen Veteranen bedroht wurde, stand der Greis plötzlich in Feindesland. Zwar hatte, wie ehemals der spielende Knabe, nun auch der Feind den Platz räumen müssen. Das war erst vor kurzem — unter welchen Opfern! — geschehen. Aber dieses Zwing-Uri, das er hier zurückgelassen hatte, gerade hier, gab

sichtbares Zeugnis von der Macht, der verderblichen, die er ausgeübt hatte, und die solange fraglos erschienen war, mit der Fraglosigkeit der radikalsten Unterdrückung. Der Feind hatte diesen Platz geräumt, ob aber auch das Terrain aller Herzen und Hirne, die er sich angeeignet hatte? Die Kälte, die der überragende Stein mit seinen leeren, absichtlich öden Hochflächen ausströmte, hatte etwas zu sagen, so stumm sie auch war. Sie erzählte, wie sich die Kinderträume des Nationalismus entwickelt und verwandelt hatten, als sie eines bösen Tages reif und erwachsen geworden waren."

92 *sehr kränklich gewesen* — siehe „[Tod eines Lehrers]", 180—181, in diesem Band.

93 *(Arthur) Schopenhauer* (1788 — 1860) — deutscher Philosoph; in Österreich gewann seine Lehre erst ab den 60er Jahren des 19. Jhd. Einfluß. Mit den „Schriften zur Lebensweisheit" könnten „Parerga und Paralipomena" (2 Bde., 1851) gemeint sein, in denen Schopenhauer vorschlägt, die menschliche Geschichte als eine Fortsetzung der Zoologie zu betrachten. „Der Mensch ist im Grunde ein wildes, entsetzliches Tier. Wir kennen es bloß im Zustande der Bändigung und Zähmung, welcher Zivilisation heißt: daher erschrecken uns die gelegentlichen Ausbrüche seiner Natur."

94 *Dr. Alfred Schwoner* — nicht ermittelt.
Myrmidonen — Gefolgsleute.

95 *Auditor* — Militärrichter.
Valentin im „Verschwender" — Figur des treuen Dieners in Ferdinand Raimunds „Original-Zaubermärchen" (U: 1834). Siehe auch das Gedicht „Der Valentin" im dritten Band dieser Ausgabe.
(Johann) Nestroy (1801 — 1862) — der österreichische Schauspieler, Stückeschreiber und Theaterdirektor.
Die Klasse nannte ihn den Jäger — möglicherweise Dr. Josef Jüttner, Professor am Mariahilfer Gymnasium.

97 *Galimathias* — ‚Hähnchenwissen': verworrene Wiedergabe.
„Eine im Parlament verabreichte Ohrfeige" — Anspielung auf Krawalle im Reichsrat (Parlament); in Zusammenhang mit der von Ministerpräsident Badeni betriebenen Reform der Amtssprache konnte am 26. 11. 1897 erst durch einen Polizeieinsatz die Prügelei der Abgeordneten beendet werden.
Hermann der Cherusker — im 17. Jhd. fälschlich aufgekommene Bezeichnung für den Cheruskerfürsten Arminius, der 8 oder 9 u.Z. ein römisches Heer unter Varus im Teutoburger Wald vernichtend schlug.
Herostrat — steckte, um berühmt zu werden, 356 v.u.Z. den

Artemis-Tempel in Ephesos in Brand.

99 *ad usum Delphini* — (lateinisch) zum Geprauch des Dauphin (des französischen Thronfolgers); meint eine glättende und beschönigende Darstellung der Geschichte durch die Erzieher.
ad majorem gloriam — (lateinisch) zur höheren Ehre.
Reform der Griechen — gemeint sind wahrscheinlich die Reformen des Kleisthenes in Athen, 509 — 507 v.u.Z. (Gleichberechtigung der männlichen Polis-Bürger).
Verschwörung des Catilina — 63/62 v.u.z. gegen die Senatsherrschaft in Rom gerichtet. Von Cicero aufgedeckt, endet mit Niederlage und Tod des Catilina.
Aufstand des Spartacus — Sklavenaufstand in Süditalien, 71 v.u.Z. niedergeschlagen.
braven Mannes, der ... Latein und Griechisch unterrichtete — vermutlich Dr. Ferdinand Dreßler; in der vierten Klasse, der Quarta, schloß B.V. in Griechisch und Physik mit Nichtgenügend ab und mußte die Klasse wiederholen.
Aorist(s) — (aus dem Griechischen) Unbegrenztes; Zeitform im Erlebnisbericht.
Tacitus (55 v.u.Z. — 16 u.Z.) — römischer Geschichtsschreiber („Annalen", „Germania").

101 *Kalligraphie* — Schönschrift.

102 *Peritepie der Tragödie* — entscheidender Wendepunkt, Höhepunkt der Handlung.
der Direktor ... „Aro" — vermutlich Dr. Viktor Thumser, 1897 — 1910 Direktor des Mariahilfer Gymnasiums.

103 *die erste „Fackel"* — „Die Fackel", hrsg. von Karl Kraus, Nr. 1, Anfang April 1899. Die letzte „Fackel", Nr. 917—922, erschien im Februar 1936. 1903—11 erschienen in der „Fackel" auch Beiträge anderer Autoren; ab 1911 schrieb Kraus die „Fackel" allein.
„(Die) Welt als Wille und Vorstellung" — Schopenhauers Hauptwerk (2 Bde., 1819; letzte Fassung 1859).
„Der Einzige und sein Eigentum" — Max Stirner (1806 — 1856) philosophisches Hauptwerk (1845).
„Die Kritik der reinen Vernunft" — Immanuel Kants (1724 — 1804) Hauptwerk (1781).
„Gespenster" — Drama von Henrik Ibsen (1828 — 1906), U: 1882.
„Nana" — Roman von Emile Zola (1840 — 1902), entstanden 1879/80. 1898 war Zola mit seiner Schrift „J'accuse" gegen die Verurteilung des jüdischen Hauptmannes Alfred Dreyfus (1894) aufgetreten. 1899 — also zur Zeit von B.V.s Zola-Lektüre — wurde Dreyfus begnadigt.
„Peer Gynt" und „Brand" — siehe „Heimkehr nach Europa", 269

— 288, in diesem Band.

103 *„Der Tor und der Tod" und „Gestern"* — Hugo v. Hofmannsthals (1874 — 1929) 1893 entstandenes Dramolett (erschienen 1893, U: 1898) und der Einakter „Gestern" (1890).

Wiener Olymp — die Gruppe jener von Hermann Bahr einst als „Das junge Österreich" (1894) proklamierten Autoren: Hofmannsthal, Schnitzler, Richard Beer-Hofmann, Leopold v. Andrian, die — so Bahr — nicht „die wirkliche Wahrheit von der lauten Straße" holen wollten.

Alfred Polgars Kritiken — Alfred Polgar (1873 — 1955) war ab 1895 Gerichtssaalreporter und Parlamentsberichterstatter der „Wiener Allgemeinen Zeitung", ab 1897 Opern- und Theaterkritiker.

„Simplicissimus" — politisch-satirische Wochenschrift, München 1896 — 1944. B.V. publizierte in ihr 1910—16 einige Gedichte und kleine Prosaarbeiten.

Gedicht „Farewell" — nach B.V.s eigener Angabe 1900 entstanden; von B.V. in seine Gedichtsammlung „Der Lebenslauf" (New York 1946) aufgenommen.

104 *Spittelberggasse* — im VII. Bezirk Wiens, benannt nach dem Vorstadt-Teil Spittelberg (ein Hügel); damals Prostituiertenviertel.

Gutenberggasse — im VII. Bezirk Wiens, benannt nach dem Erfinder der Buchdruckerkunst; zum Spittelberg-Viertel gehörend.

105 *Fußballklub* — nicht ermittelt; der First Vienna Footballclub wurde 1894 gegründet.

106 *Emigranten in Hampstead* — Stadtteil Londons, Wohngebiet vieler österreichischer und deutscher Emigranten 1933—45; hier wurde im Dezember 1938 mit Beteiligung B.V.s der Freie Deutsche Kulturbund in Großbritannien gegründet.

108 *bei Kleist ein moderner Held* — in Heinrich v. Kleist (1777 — 1811) „Prinz Friedrich von Homburg" (U: Wien 1821) gesteht der Titelheld seiner Braut Natalie die Angst vor dem ihm drohenden Todesurteil. In „Kleist der Überlebende. Ein Epilog" (1911; SzT 135 — 137) schrieb B.V.. „Hier, an dem Seelengestalter Kleist, konnte unser Zeitalter der Psychologie seine neugereifte Einsicht, die es mit so hohen Preisen bezahlen mußte, bewähren." (136).

109 *Gerhart Hauptmann* — siehe „Für Gerhart Hauptmann", 42 — 45, und „Gerhart Hauptmann. Ein kritischer Nachruf", 227 — 231, in Bd. 1 dieser Ausgabe.

Richard Dehmel (1863 — 1920) — deutscher Schriftsteller, auf dessen Gedicht „Der Arbeitsmann" (kein Lied von den Webern)

B.V. hier anspielt.
109 *Leckerbissengeschäftes am Kohlmarkt* — die 1776 gegründete, 1857 von Christoph Demel übernommene Konditorei („Hofkonditorei", da Hoflieferant). Die Innenausstattung und das Design der Torten (aus Marzipan, Zuckerguß u. a.) stammen von Friedrich v. Berzeviczy-Pallavicini, einem mit Klara Demel verheirateten bildenden Künstler.
110 *Knut Hamsun* (1859 — 1952) — siehe auch „Der Angeklagte Knut Hamsun", 215 — 219, in Bd. 1 dieser Ausgabe.
Glahn, der Naturmensch in ‚Pan' — der zur Natur zurückfliehende Einzelgänger Leutnant Thomas Glahn in Hamsuns Roman „Pan" (1894).
Nagel, der schwärmerische Held — Johan Nilsen Nagel stürzt sich in Hamsuns Roman „Mysterien" (1892) schließlich ins Meer.
das Bild von Sais — Anspielung auf Friedrich Schillers Gedicht „Das verschleierte Bild zu Sais" (beruhend auf einer Erzählung des Plutarch), in dem der Versuch, hinter den Schleier zu blicken, mit dem Tod endet.
112 *„Den fünfzehnjährigen Selbstmördern"* — in: Die Fackel, Nr. 298—299, S. 33 (1910).
114 *Stadt der Weltausstellungen und des Blumenkorsos* — 1873 fand in Wien eine Weltausstellung statt; anläßlich des Frühlingsfestes im Prater Ende Mai organisierte die Fürstin Pauline Metternich ab 1886 den jährlichen Blumenkorso (Festzug mit Blumenschmuck durch die Praterhauptallee, II. Bezirk).
115 *am ersten Mai die Arbeiter* — seit dem 1. Mai 1890 organisierte die Sozialdemokratische Partei den Arbeiter-Aufmarsch für den Achtstundentag, einem Beschluß des 1. Kongresses der II. Internationale, 1889 in Paris, folgend. Der Zug führte über die Ringstraße und endete im Prater. Die Teilnahme war mit dem Risiko der Entlassung verbunden.
Aufruf Victor Adlers in der Arbeiter-Zeitung, ... sich des Alkohols zu enthalten — „Die Arbeiterschaft hat keinen größeren Feind als diese verdammte Gemütlichkeit! Ich hasse sie, diese Schlaffheit, mit kurzatmigen Aufregungen, diese spießerhafte Simpelei, deren letzte Steigerung das letzte Wort des gemütlichen Wienertums ist: ‚Verkauft's mei G'wand, i bin im Himmel!'" (Victor Adler, 1902).
118 *Goethes „Tasso"* — in Goethes Schauspiel „Torquato Tasso" (U: 1807) scheitert der Dichter an der gesellschaftlichen Wirklichkeit.
120 *Alfresco Richard Wagners* — Alfresco (aus dem Italienischen) sinngemäß etwa: frisch (auf den feuchten Verputz) aufgetragen; B.V. besprach Wagners „Tristan und Isolde" (entstanden 1857—59) in einem frühen, unveröffentlichten Aufsatz „Tristan und

Isolde" (undatiertes Typoskript im Nachlaß): „Hier ist nur noch das unendliche Quellen und Strömen, Ausströmen und Überströmen des maßlosen Gefühls, das sich vollendet, indem es in den Tod hinüberströmt: die Ekstase, über Tod und Leben hinaus!" — 1903 hatte Gustav Mahler mit seiner Aufführung von „Tristan und Isolde" (Bühnenbild: Gustav Roller) an der Hofoper (heute Staatsoper) in Wien großes Aufsehen erregt.

121 *Café Museum* — im I. Bezirk Wiens, eröffnet 1899, geplant und eingerichtet von Adolf Loos; wegen seiner strikt anti-ornamentalen Gestaltung nach einer Bemerkung des Kritikes Ludwig Hevesi als ‚Café Nihilismus' bezeichnet.

124 *bric-à-brac* — (französisch) kunterbunt Zusammengewürfeltes.

Der Mitschüler Hitler. Aus dem Nachlaß, undatiertes Typoskript, Sammlung E.N., wahrscheinlich 1941.

Der Text weist gedankliche Parallelen zu „Hitler und Österreich", 131—137, Bd. 1 dieser Ausgabe, auf und steht im Zusammenhang mit mehreren Entwürfen und Versuchen, das Verhältnis Hitlers zu Österreich zu deuten. Diese unpubliziert gebliebenen Versuche richten sich auch gegen eine Tendenz der österreichischen Exilpolitik, in der Geschichte Österreichs und der Entstehung des Nationalsozialismus absolut nichts Gemeinsames zu finden. — In einem anderen, früher entstandenen (1938/39?), undatierten Typoskript mit handschriftlichen Korrekturen B.V.s „Verleumdung der Nazis" werden die Mitschüler geschildert, die in ihrem Typus dem Hitlers entsprechen:

„Vor einem Menschenalter, in der Reichs- und Residenzstadt Wien, da war doch der kleine Hinterhuber, Sohn einer Beamtenwitwe, in der dritten Bank rechts. Und sein Freund Untergruber, in der letzten Bank, der war auch nicht so übel. Sie tobten schon damals das Ressentiment der kleinbürgerlichen Klasse aus. Sie verschlangen den Karl May, das deutschnationale Indianerbüchel, wenn die Intelligenz der Klasse — meistens Juden, natürlich — bereits bei Joris Huysmans hielt, beim aufgeklärten Satanismus. Der Hinterhuber und der Untergruber waren schon damals für Ertüchtigung. Sie liebten, im Geistigen, frugale Kost, aber wenn sie das Maul auftaten, zeigten sie die falschen Zähne einer papierenen Pathetik. Sie gebrauchten einen prahlerisch verdorbenen Dialekt, der nicht mehr österreichisch und noch nicht preußisch war. — Sie waren, mitten in der Weltstadt, Höhlen- und Hügelbewohner. Mit ihnen schien die Steinzeit wiedergekehrt zu sein, und wir betrachteten sie mit hochmütiger Verwunderung (das rächt sich jetzt). Der Deutschprofessor hatte eine schwere Not mit ihnen; wenn er nicht selbst den deutschen Radau über die deutsche Sprache stellte. Der „Kleine Rädelsführer", der später so groß wurde, hatte offenbar einen solchen Lehrer; das beweist der ausgewachsene Stil des Schülers. Es war ein Fest für die Klasse, wenn der Hinterhuber Franzl bemüßigt wurde, den Inhalt des „Faust" nachzuerzählen. Aber beim „Nibelungenlied" strengten sie ihre Kräfte an, soweit die reichten; erfolgreicher freilich bei den Straßenschlachten, mit Lineal und Turnschuhriemen und Modellierkitt. Die Realschüler, „Rattler" genannt, lieferten uns Gymnasiasten, den „Gimpeln", erbitterte Kämpfe, mit Hinterhalt und vorstürmendem Angriff unter Geheul. Die Realschüler, dem dekadenten Einfluß der hellenischen und lateinischen Literatur entzogen, stellten noch mehr, und noch prächtigere Hinterhubers und Untergrubers."

Bemerkenswert ist die konfessionelle Zusammensetzung von B.V.s Schulklasse beim Schuleintritt 1895; 20 Schüler waren isrealitisch, 10 evangelisch, 2 ohne religiöses Bekenntnis, 21 katholisch. (Die Klasse hatte 53 Schüler). Im Jahresbericht für das Jahr 1904/5 werden von 406 Schülern insgesamt 248 als römisch-katholisch und 129 als israelitisch ausgewiesen. Die jüdischen Schüler waren also am Mariahilfer Gymnasium nicht in der Situation einer kleinen Minderheit.

126 *Turnvater Jahn* — Friedrich Ludwig Jahn (1778 — 1852), Mitbegründer der deutschen Turnerschaften und Burschenschaften, Propagandist der „Freiheitskriege" 1813/14.

Inferioritätskomplex, der gerade damals von jüdischen Psychologen erfunden wurde — wohl eine Anspielung auf den ‚Minderwertigkeitskomplex', dessen Erfindung dem Begründer der Individualpsychologie Alfred Adler zugeschrieben wird. Adler sprach von einem „Gefühl der Minderwertigkeit". („Studie über Minderwertigkeit von Organen", 1907 — erster Versuch). Nach Adler suchen neurotische Menschen Anerkennung in der Gemeinschaft nicht durch wirkliche Leistungen, sondern durch Arrangements, z. B. Flucht in die Krankheit oder Überbetonung körperlicher Ertüchtigung (etwa um von intellektuellen Schwierigkeiten abzulenken). Den Begriff „Überkompensation" dagegen wendet Adler auf Fälle an, in denen gerade auf dem Gebiet einer Schwäche besondere Leistungen erbracht werden.

127 *Sozialdemokratie ... in einem Programm ... geeinigt* —Anspielung auf die Beendigung der Spaltungen auf dem Hainfelder Parteitag (Jahreswende 1888/89), welchem eine Periode des kontinuierlichen organisatorischen Aufbaus folgte. (Zusammenschluß der ‚Radikalen' und der ‚Gemäßigten' unter Victor Adlers Vorsitz).

Erinnerung an Peter Altenberg. Aus dem Nachlaß, Typoskript mit dem Vermerk „Geschrieben 1923 in Berlin", Sammlung E.N. Abgedruckt in DuD, 311 —318.

Peter Altenberg (eigentlich Richard Engländer, 1859 — 1919) benannte sich nach dem Ort seiner ersten Liebe, Altenberg an der

Donau, galt seiner Familie als berufsunfähig; 1896 erschien sein erster Skizzen-Band „Wie ich es sehe", ab 1896 publizierte er seine, später zu Büchern zusammengefaßten Skizzen in Zeitschriften und Zeitungen („Liebelei", „Wiener Rundschau", „Extrapost" u. a.); weitere im Text erwähnte Bücher: „Ashantée" (1897), „Was der Tag mir zuträgt" (1901). Altenberg gab das Café Central selbst als seine Adresse an. — Siehe auch „Die Herrengasse", 249 — 251, in diesem Band.

132 *Blutgasse* — in der Inneren Stadt, unweit des Stephansdoms.

133 *Marie Grubbe* — Titelfigur des dänischen Romans „Frau Marie Grubbe" (1876) von Jens Peter Jacobsen, die erst in der Selbsterniedrigung, in der Verbindung mit einem Stallknecht ihr Glück findet.

Sada Yakko. Aus dem Nachlaß, undatiertes Typoskript, Sammlung E.N. Weggelassen wurden reflektierende Passagen, die dem abgedruckten Text voran- und nachgestellt sind. Aus ihnen geht hervor, daß „Sada Yakko" nach der Rückkehr nach Wien (1948) entstanden sein muß.

Paris. Aus dem Nachlaß, undatiertes Typoskript, Sammlung E.N. — Vermutlich Ende Mai 1903 (nicht 1905) verließ B.V. fluchtartig Schule und Elternhaus, um sich mit seinem Freund Karl Adler (Sohn Victor Adlers) in Paris zu treffen. — Nach einem Bericht von Gerda Hoffer, der Tochter des Romanciers Stefan Pollatschek, soll B.V. mit diesem schon 1900 einen Ausbruchsversuch unternommen haben, der schon in St. Pölten endete. — Karl Adler (1884 — 1942) war kein Mitschüler B.V.s. Er entwickelte sich nach einer gescheiterten Ehe zu einem Einzelgänger, gab 1925 die gleichermaßen gegen die sozialdemokratische Führung wie gegen Karl Kraus gerichtete Zeitschrift „Der Querulant" heraus (zuerst 1920 zusammen mit Albert Paris Gütersloh). Im Gegensatz zu seinem Bruder Friedrich, der ihn finanziell unterstützte, war Karl Adler ein Anhänger der Eigenständigkeit Österreichs.

Über die Flucht nach Paris schreibt Karl Adler in einem Brief an B.V., Wien, 6. 7. 1937 (DLA/Briefe): „... Ich hatte viel Taschengeld, Du wenig. Wir lebten, solange wir befreundet waren, aus gemeinsamer Börse. Wir gingen nach Paris durch auf die Rechnung meines Fahrrades und meiner Kreditmöglichkeiten. Die Rechnung im Institut Laemmel, sie war ziemlich hoch, wurde fast ausschließlich von meinem Vater gezahlt ..." Im Institut Laemmel in Zürich bereitete sich B.V. im Herbst 1903 auf das externe Abitur vor, das er am 19. 12. 1903 ablegte.

An die „Flucht nach Paris" erinnert sich der Schriftsteller Otto Soyka:

„Karl Adler, blondlockig, schlank, von ungewöhnlicher Schönheit, hat alles Anrecht auf sympathiebetonte Erinnerung. Gleich nach der Matura reisten die beiden Achtzehnjährigen, er und sein Schulkamerad Berthold Viertel, nach Paris. Sie machten den Ausflug ohne Wissen ihrer Familien und ohne Geld; damals und auch heute nennt man das: Durchbrennen. Karl Adlers Vater Victor Adler, der Begründer von Österreichs Sozialdemokratie, tat das Vernünftige (und auch, wie sonst, Gütige): er sandte sofort Geld an alle Pariser Bekannten, bei denen sein Sohn sich voraussichtlich melden würde, um ihn vor Not zu bewahren. Nach ihrer Rückkehr fanden die beiden jungen Leute den Anschluß an das geistige Wien." (Erinnerungen ans Café Central. In: Lynkeus, Nr. 16/17, Mai/Juni 1981, S. 45).

139 *Monte Christo* — „Der Graf von Monte Christo", Roman von Alexandre Dumas (Vater), entstanden 1845/46. Edmont Dantès wird im Château d'If auf der Insel If vor Marseille gefangengehalten. Nach seiner Flucht kann er einen Schatz auf der Insel Monte Christo bergen.

140 *Erinnye* — griechische Rachegöttin.

141 *Tabula rasa* — (lateinisch) gelöschte Schreibtafel; reiner Tisch.

143 *Cyrano von Bergerac* — französischer Dichter, Philosoph, Soldat (1619 — 1655) mit übergroßer Nase, Drama von Edmond Rostand (1897), in dem Cyrano um seine Geliebte wirbt, indem er seine Zunge einem wohlgestalteren Freund leiht.

145 *Shawl* — (englisch) Schal.

147 „*Le Pape est mort!"* — (französisch) „Der Papst ist tot!"
Leo XIII. (1810 — 20.7. 1903) — ging in der Enzyklika ‚Rerum Novarum' auf die soziale Frage ein, beeinflußte damit die christliche Arbeiterbewegung stark.

[Zürich]. Aus dem Nachlaß, undatiertes Typoskript mit dem Titel „Biographische Notizen", DLA/Deposit. Das Typoskript (7 Seiten) umfaßt fünf Abschnitte, I. — V. Abgedruckt sind hier der II. und III. Abschnitt unter einem von den Herausgebern gewählten Titel. Die anderen Abschnitte beinhalten Parallelen, insbesondere zu den Texten „[Marie]" und „Autobiographisch". Der IV. Abschnitt ist ein Aphorismus, der den letzten Satz des hier abgedruckten Textes weiterführt und verallgemeinert:

„Die Lebenskraft der Illusionen erweist sich nicht selten als so zäh, daß sie die Kräfte des Individuums aufbraucht und weit hinter sich läßt. Besonders die Illusionen eines Österreichers pflegen allen Unbilden der Wirklichkeit standzuhalten. Die Distanz vom Lächerlichen zum Tragischen betrug hier oft nicht einmal einen Schritt."

An seinen Aufenthalt in Zürich erinnert sich B.V. auch in einem 1948 vor dem Schutzverband Deutscher Schriftsteller in der Schweiz gehaltenen Vortrag.

„Hier in Zürich war ich 1903, achtzehn Jahre alt, ein Flüchtling vom Wiener Humanistischen Gymnasium, das uns gegen das Leben abschloß: die Schweiz war also mein erstes Exil. In Unterschächen, in einer Sennhütte, hat mir Dr. Rudolf Lämmel die analytische Geometrie beigebracht. Dank seiner Lehrmethode, die sich von der meiner Wiener Professoren wesentlich unterschied, absolvierte ich mein damaliges Gastspiel an der Züricher Universität, wo ich meine Reifeprüfung ablegte, mit positivem Erfolg. Möge mir dieses Glück bei meinen zukünftigen Gastspielen treu bleiben!" (DuD, 390).

149 *bezog ich also die Universität* — B.V. inskribierte im Oktober 1904 an der „k.k. Universität zu Wien" in der juridischen Fakultät. Schon im Sommersemester 1905 wandte sich sein Interesse der Philosophie (Lehrveranstaltungen bei Friedrich Jodl, Emil Reich, Heinrich Gomperz, Laurenz Müllner, Wilhelm Jerusalem) und der Literaturwissenschaft zu. Nachdem B.V. 1908/9 „als Einjährig-Freiwilliger beim Trainregiment No. 1 gedient" hatte, brach er mit dem Studienjahr 1909/10 sein Studium nach 10 Semestern ab.

Der rote Weiß. Aus dem Nachlaß, undatiertes Typoskript mit handschriftlichen Korrekturen B.V.s, Sammlung E.N.

Im Typoskript lautet der Titel: „Der rote Weiß. Aus den Erinnerungen eines vergeßlichen Menschen" und ist handschriftlich von B.V. mit dem Hinweis überschrieben „Kapitel aus Ariadne". An einem Ariadne-Roman arbeitete B.V. bereits 1926/27, als er als Regisseur und Dramaturg am Düsseldorfer Schauspielhaus engagiert war. Das Typoskript eines weiteren Kapitels „Die erste Reise", ebenfalls den Untertitel „Aus den Erinnerungen eines vergeßlichen Menschen" tragend, findet sich in der Sammlung E.N. Dieses letztere Kapitel ist allem Anschein nach nur zum geringen Teil autobiographisch.

In einem dem Konvolut „Die Stadt der Kindheit" angefügten stichwortartigen Konzept „Die Septima" (Typoskript, Sammlung E.N.) wird der ‚rote Weiß' ausdrücklich in den autobiographischen Zusammenhang gestellt: „— der ‚rote Weiß' — Schwester im Irrenhaus — (Thersites)". — Daß die Darstellung nicht in allen Punkten mit der Realität übereinstimmt, zeigt die nochmalige Erwähnung des ‚roten Weiß' in „Nobody's Nothing", 227 — 232, in diesem Band, wo sein Tod ein Unfall (und nicht, wie S. 150 angedeutet, ein Selbstmord) ist.

150 *Ungebühr, Peter ... Steiner, Robert* — erfundene Namen (scheinen wie Alfred Weiß nicht unter den Klassenkameraden B.V.s auf).

Thersites — Anspielung auf die Figur des Thersites in Homers „Ilias", der „häßlichste Mann vor Ilios", der zum Abbruch der Belagerung Trojas rät und von Odysseus deshalb verprügelt wird.

— Thersites wird an anderer Stelle von B.V. auch in Zusammenhang mit Toulouse-Lautrec und Karl Kraus gebracht. „Wir Juden lassen dem Thersites mehr Gerechtigkeit widerfahren. Unsere Propheten mögen für griechische und deutsche Begriffe als Thersites gewirkt haben. Sogar Moses, der ein gewaltiger Mann war, hat gestottert." (Notizen ohne Titel, Notizbuch Hollywood 1929, Nachlaß Hermann Hakel, jetzt ÖNB).

155 *Direktor Schwaerzel* — identisch mit „Aro", Dr. Viktor Thumser, siehe S.102.

156 *Christian (Dietrich) Grabbe* (1801—1836) — deutscher Dramatiker, Urbild eines Genies, das verkommt.

157 *außerhalb der Stadt ... im Irrenhaus* — gemeint ist die 1904—1907 nach Plänen von Otto Wagner errichtete „Heil- und Pflegeanstalt für Geistes- und Nervenkranke am Steinhof", XIV. Bezirk, Baumgartnerhöhe; umfaßt 60 Pavillons, ein eigenes Theater und die Kirche am Steinhof (Leopoldskirche).

161 *Königin von Zion* — Zion: Tempelberg in Jerusalem, synonym auch für Jerusalem und für die ganze Judenheit; Königin von Zion meint daher Königin der Juden.
Esther — Anspielung auf das biblische Buch Est(h)er, in dem die persischen Juden durch Ester und Mordechai von der Ausrottung bewahrt werden. Der Erinnerung daran dient das Purim-Fest.
einem Prinzen mit einem ungemein jüdischen Namen — Anspielung auf Napoleon Bonaparte.

163 *Wenn die Ältesten nicht von Samuel einen König und Soldaten verlangt hätten* — Anspielung auf das Buch Samuel (auch eines der „Geschichtsbücher"), in dem der Richter (Hohepriester) Samuel sich vergeblich dem Wunsch des Volkes nach Einsetzung eines Königs widersetzt. Jahwe spricht zu ihm: „... sie haben ja nicht dich verworfen, sondern mich haben sie verworfen, daß ich nicht mehr König über sie sei."
Lemuren — (aus der römischen Mythologie) nächtlich spukende Seelen Verstorbener.

Sonnenschein. Aus dem Nachlaß, undatierter handschriftlicher Entwurf in Notizheft DLA 69.1343/17, entstanden vermutlich 1926/27 (Düsseldorf), und in einzelnen Formulierungen davon abweichendes Typoskript, Sammlung E.N. Im handschriftlichen Entwurf steht der Text mit „Goldfinger", 71—72, in diesem Band, unter dem gemeinsamen Übertitel „Wir nette Menschen alle. Ein Sagenkreis".

166 *vierzig Wüstenjahre* — Anspielung auf den der Befreiung aus Ägypten folgenden Zug durch die Wüste (Pentateuch, Buch Exodus).
spanische Inquisition — sie bestand von 1478 bis 1834; sie richtete

sich u.a. gegen die zum Christentum konvertierten Marranen (spanisch eigentlich: Niederträchtige, Gemeine) und entwickelte die Vorstellung, daß unabhängig vom religiösen Bekenntnis das jüdische Blut zur Ketzerei, zum Teufelsdienst führe. Am 31. 3. 1492, nach dem Fall der letzten maurischen Feste Granada, dekretierten Ferdinand und Isabella von Kastilien-Aragon die Austreibung aller Juden aus Spanien. (1497 folgte die Austreibung der Juden aus Portugal).

166 *Schlachtschitzen* — die privilegierten polnische Adeligen, Angehörige der zur Königswahl berechtigten Geschlechter.

167 *complication de l'ame* — (französisch) etwa: Verwicklung des Geistes.

Und im Kriege —. Aus dem Nachlaß, undatierte handschriftliche Notiz in Notizbuch DLA 69.3143/50, entstanden wahrscheinlich zwischen 1935 und 1940. Transkription durch die Herausgeber. — B.V. wurde nach dem gescheiterten Feldzug gegen Serbien nach Galizien verlegt; mit 1.11. 1915 zum Oberleutnant in der Reserve befördert; in Galizien war er u.a. in Stanislau und Halicz stationiert. Er war u.a. als Adjutant beim Korpstrainkommando Nr. XXV, als Kommandant von Transporten an die russische Front und als „Kommandant i. V." des Traingruppenkommandos 23 eingesetzt. Er dürfte sich also zwischen gefährlichen und anstrengenden ‚Einsätzen' immer wieder längere Zeit in der ‚Etappe' befunden haben.

Auf der Flucht. Aus dem Nachlaß, undatiertes Typoskript, Sammlung E.N. Der Titel „Auf der Flucht" und die Bemerkung „Serbien, Weltkrieg I" von B.V. selbst über den Text gesetzt. — Der österreichische General Oskar Potiorek mußte nach einem zunächst erfolgreichen abenteuerlichen Vorstoß auf Belgrad im Dezember 1914 einen katastrophalen Rückzug vor zahlenmäßig überlegenen serbischen Kräften antreten. Potioreks Kriegsführung war u. a. von dem Wunsch motiviert gewesen, Kaiser Franz Joseph I. zu seinem Krönungstag am 2. Dezember die Stadt Belgrad ‚zu Füßen zu legen'.

Nicht aufgefunden werden konnten weitere Texte B.V.s, die den Serbien-Feldzug betreffen, weder im handschriftlichen Entwurf noch als Typoskript. In englischer Fassung liegt der Text „Cyanide" (Zyankali) vor, abgedruckt in „Accent. A Quarterly of New Literature", Summer 1945, 238 — 241. B.V. schildert in ihm seinen Versuch, die ihm als Offizier übergebene Zyankali-Kapsel loszuwerden.

Der alte Jude. Die Neue Weltbühne 34. Jg. (1938), Nr. 20, 632 — 633.

[Halicz 1915]. Aus dem Nachlaß, Sammlung E.N., Auszug aus den Anfangspassagen eines undatierten Typoskripts mit dem Titel (in der

Handschrift B.V.s) „Kriegstagebuch".
Das Typoskript hat einen Gesamtumfang von 200 Seiten, enthält jedoch nicht, was der Titel vorgibt. Geschildert wird eine Episode des Kriegs, ein Aufenthalt hinter der Front in der ostgalizischen Kleinstadt Halicz (Halitsch), unweit von Stanislau (Stanislaw) auf heute russischem (ukrainischem) Gebiet am Dnjestr (Dniester) liegend. Der Zeitraum des Tagebuches erstreckt sich vom 14.7. bis zum 25.8. 1915. In den Text sind eine Reihe von Gedichten eingeflochten; das Typoskript ist eine Abschrift des wirklichen Tagebuchs in DLA/Deposit. Im Original Tagebuch gehen die Eintragungen bis zum 4. 9. 1915. Vermutlich 1938/39 in England, hat B.V. eine zweite handschriftliche Abschrift des „Kriegstagebuches" verfaßt und eine wortgetreue Übersetzung ins Englische vorgenommen, die als Typoskript im Umfang von 129 Seiten vorliegt. Von der Schilderung des Garnisonslebens geht B.V. zur Darstellung seines vergeblichen Liebeswerbens um die Gattin eines polnischen Gutsbesitzers (das Gut wird von B.V. als Meierhof Buste in Horozenka bezeichnet) über.

174 *unser Capua* — spielt auf das Wohlleben der Truppen Hannibals in den Winterquartieren 216/215 v. u. Z. bei Capua an.

175 *Ruthenen* — offizielle österreichisch-ungarische Bezeichnung für die Ukrainer (die in Ostgalizien die Mehrheit der Landbevölkerung bildeten). Die Ruthenen wurden sowohl von russischer als österreichischer Seite zu politischen Manövern gegen den Gegner verwendet. Die Ruthenen selbst waren politisch gespalten: in eine „russophile" konservative Gruppe, die in einer vom Zaren versprochenen autonomen Ukraine eine nationale Heimstatt erhoffte, und in eine liberale Gruppe, die anti-monarchistisch war. Zur Zeit von B.V.s Tagebuch war der Einbruch der russischen Armee in Galizien vom Frühjahr 1915 zurückgeschlagen worden, und es kam zu Massenverhaftungen und Hinrichtungen der Kollaboration und Spionage verdächtigter Ruthenen.
furor slavicus — (lateinisch) slawische Raserei.

178 *Charles-Louis Philippe: „Mutter und Kind"* — Roman des französischen Schriftstellers (1874 — 1909).

[Tod eines Lehrers]. Aus dem Nachlaß, S.1 — 3 eines undatierten Typoskripts, Sammlung E.N., mit dem Titel „Die Septima. Fluchtversuch". Die reflektierenden Passagen der Seiten 4 — 13 sind in DuD, 384 — 389, als Schlußteil von „Die Stadt der Kindheit" abgedruckt und sind in diesem Band im Glossar zu „Die Stadt der Kindheit" wiedergegeben. Der Lehrer, dessen Tod geschildert wird, ist der in „Die Stadt der Kindheit" vielfach erwähnte Naturgeschichtslehrer Dr. Gustav Ficker. Der Text ist 1949 oder später entstanden.

Heimkehr (4. Dezember 1948). Aus dem Nachlaß, undatiertes Typoskript mit dem Titel „Heimkehr (4. Dezember 1949)", Sammlung E.N. B.V. irrt sich, wie an anderen Stellen auch, in der Datierung seiner „dritten Heimkehr" nach Wien um ein Jahr.

182 *Mitarbeiter der „Fackel", in den Jahren 1910 und 1911* — es erschienen Gedichte und Essays (Theaterrezensionen, Buchbesprechungen) B.V.s in der „Fackel", beginnend mit dem Gedicht „Den fünfzehnjährigen Selbstmördern" in der Nr. 298 — 299 vom 21. 3. 1910 und abschließend mit dem Gedicht „Einsam" (in der Version mit vier Strophen) in der Nr. 334—335 vom 31. 10. 1911.

mein erstes Gedichtbuch „Die Spur" — erschien im Oktober 1913 als Bd. 13 der Reihe und wurde 1918 wiederaufgelegt. B.V. datiert das Erscheinen des Gedichtbandes an mehreren Stellen aus unbekannten Gründen nach den Beginn des 1. Weltkriegs.

Karl Kraus liebte und zitierte die erste Strophe des Gedichtes „Einsam" — „Wie starr steht hier, innerhalb der ganzen aus dem geringsten Inventar bezogenen Vision, viermal endlos, diese Wand, entgegen dem zu Ende gebrannten Tag. Schließlich fügen sich die Welten in den Reim wie der Heimkehrende in den Raum, wo das Grauen wartet. Wie ist hier alles Schwere des Wegs bewältigt und alles Leere am Ziel erfüllt. Die Fälle in der neueren Lyrik sind selten, wo sich die Wirkung so an den eigentlichsten Mitteln der Sprache nachweisen läßt." (K. Kraus: Der Reim, „Die Fackel" Nr. 757 — 758, April 1927, S. 28).

183 *Franz Werfel* (1890 — 1945) — Werfels unter dem Einfluß seiner Frau Alma Mahler-Werfel vollzogene Annäherung an den faschistischen österreichischen „Ständestaat" (1934 — 38) dürfte B.V. etwas befremdet haben. Siehe auch „Bernadette", 122 — 127, in Bd. 1 dieser Ausgabe.

Häuser wie den Karl Marx-Hof — gemeint sind die von der Gemeinde Wien 1923 — 1933 aus Mitteln der Wohnbausteuer (Luxussteuer) errichteten Wohnbauten, unter denen der von Karl Ehn geplante Karl Marx-Hof im XIX. Bezirk Wiens der größte ist. An ihm entstanden durch Beschuß des Bundesheeres im Februar 1934 größere Schäden. — Siehe auch „Zu Karl Kraus' sechzigstem Geburtstag" in Bd. 1 dieser Ausgabe, S. 18.

184 *„Karl Kraus, ein Charakter und die Zeit"* — erschien zuerst in 12 Folgen in „Die Schaubühne" (ab 1918 „Die Weltbühne") vom 15. 3. bis 28. 6. 1917, als Buch 1921 bei Kaemmerer in Dresden. Wiederabgedruckt in DuD, 203 — 280.

Erinnerung an Karl Kraus. Aus dem Nachlaß, zwei einander ergänzende, undatierte Typoskripte im Nachlaß H.H. unter den Titeln „Erinnerung an Karl Kraus" und „(Karl Kraus)". Ein Teil des Textes geht auf eine Rede zurück, die B.V. am 9. 3. 1947 bei einer Karl Kraus-Feier des Austro-American Council in New York hielt. Der Rede folgte eine Leseaufführung von Szenen aus „Die letzten Tage der Menschheit" und ein Vortrag von Vertonungen Ernst Kreneks. Die Veranstaltung wurde am 11. 5. 1947 wiederholt. Erstdruck der Rede in: Austro American Tribune, April 1947, 3—4. Wiederabgedruckt (unter dem Titel „Erinnerungen an Karl Kraus") in: Neue Wege 10. Jg. (1954), Nr. 99, S. 12f.

185 *in Nummer 4 ... Zeilen aus einem Brief des Schülers B-d V.* — „Jüdischer Religionsunterricht" hieß eine Glosse in der „Fackel" Nr. 12, Anfang August 1899, 27 — 30, die die eifernde Strenge jüdischer Religionslehrer anprangerte und mit den Worten endete.

„Es ist an der Zeit, den jüdischen Hetzpfaffen — wir wollen sie Dunkelmänner nennen — jene Thüre zu weisen, die sie in ihrer ‚Sprechstunde' furchtsamen Eltern so oft vor der Nase zugeschlagen haben."

In Nr. 15 (und nicht Nr. 4), Ende August 1899, S. 31, wird unter der Rubrik „Antworten des Herausgebers" auf die im Nachlaß nicht erhaltene Zuschrift B.V.s eingegangen:

„B-d. V. Vielleicht waren es zwei Ausnahmen an Härte und orthodoxer Anmaßung, die ich genannt. Nach Ihrer Darstellung sieht der Durchschnittsreligionslehrer freilich anders aus. ‚Vor den Augen seiner Schüler windet er sich an dem Katheder, indes Knallkugeln lustig um ihn prasseln ... Die Rangenschar hat für den Hilflosen nur ein Hohngelächter, mag er unternehmen, was er nur will.' Hat er in seiner Verzweiflung die Schüler beim Ordinarius verklagt, so ‚geht er hinterher selbst für sie um Schonung bitten'. ‚Der schwache Greis, der vor einer Horde, die aus Überlieferung den Religionslehrer als Schwächling kennt, mit saftlosen Argumenten eine saftlose Sache verfechten muß, der sich demüthig vor allen anderen Professoren beugt — das ist das richtige Bild des jüdischen Religionslehrers.' Somit ist, was Sie zur Vertheidigung des Lehrers sagen, die treffendste Ad absurdum-Führung des Unterrichts."

Erstaufführung der „Büchse der Pandora" — im Trianon-Theater (im Nestroy-Hof, II. Bezirk Wiens) am 29.5. 1905 (U: Nürnberg 1904) „vor geladenen Gästen" (Wiederholung 15. 6. 1905). Die „Einleitende Vorlesung von Karl Kraus" erschien unter dem Titel „Die Büchse der Pandora" in der „Fackel" Nr. 182, 9. 6. 1905, 1—14.

186 *Albert Heine* (1867 — 1949) — deutscher Schauspieler und Regisseur, kam 1900 ans Burgtheater, war 1918—21 Burgtheater-

direktor.
186 *Tilly Newes* (1886 — 1970) — deutsche Schauspielerin, heiratete 1906 Frank Wedekind.
Anton Edthofer (1883 — 1971) — österreichischer Schauspieler (Deutsches Volkstheater, Theater in der Josefstadt).
Adele Sandrock (1863 — 1937) — österreichische Schauspielerin, 1895—98 am Burgtheater.
Arnold Korff — deutschamerikanischer Schauspieler (geboren 1868), seit 1894 in Europa, 1897 in Wien, 1899—1913 am Burgtheater.
187 *der junge Kokoschka mit seinen Porträts* — Oskar Kokoschka (1886 — 1980) erregte ab 1910 mit seinen ‚psychoanalytischen‘ Porträts Aufsehen. U. a. porträtierte er 1912 Karl Kraus. — B.V. war mit Kokoschka persönlich bekannt.
Café Europe — in der Inneren Stadt, Operngasse, im 2. Weltkrieg zerstört.
188 *Literaturgeschichte Paul Wieglers* (1867 — 1949) — „Geschichte der deutschen Literatur", 2 Bde. (1930).
189 *Essay „Heine und die Folgen"* — wurde von Kraus zuerst am 3. 5. 1910 in Wien unter dem Titel „Gegen Heinrich Heine (Aphorismen zum Sprachproblem)" vorgetragen und erschien zuerst als Broschüre (München, Dezember 1910). — Kraus' Verdikt gegen Heine („Er hat das höchste geschaffen, was mit der Sprache zu schaffen ist; höher steht, was aus der Sprache geschaffen wird.") beeinflußte B.V. stark. Am 21. 2. 1936 schreibt er aus London an Salka Viertel in Santa Monica: „Ein wirklicher Egoist war Stendhal. Diese Leute haben es leichter, sie sind in sich abgeschlossen. Aber Heines Nerven waren offen für die ganze Welt. Er hat an allem gelitten, was überhaupt passierte. Er war eben ein jüdisches Herz — und jetzt erst kann ich ihn verstehen."
die paar körperlichen Attacken, die ihm nicht erspart geblieben sind — so wurde Kraus von dem Schriftsteller Felix Salten, den er in „Die demolierte Literatur" verspottet hatte, am 14. 12. 1896 im Café Griensteidl geohrfeigt.
190 *Timon von Wien* — Anspielung auf Shakespeares Tragödie „Timon von Athen", deren Titelheld sich in Menschenverachtung in die Wildnis zurückzieht.
„Letzten Tage der Menschheit" — entstanden 1915—19. Siehe auch Bd. 1 dieser Ausgabe, 168 — 171.
kat exochen — (griechisch) in vorzüglichem Sinn.
191 *Erscheinen jener letzten „Fackel"* — die letzte „Fackel" ist erst im Februar 1936 erschienen (Kraus starb am 12. Juni). B.V. meint die Nr. 890—905, Ende Juli 1934, mit dem Inhalt „Warum die Fackel

nicht erscheint". Die österreichische Sozialdemokratie wird darin als „komische Alte" genannt, „die sich den Luxus leisten kann, gegen zwei Faschismen zugleich zu ‚kämpfen‘, prinzipiell entschlossen, die Rettung durch den sogenannten ‚Beelzebub‘ abzulehnen" (S. 3). Kraus fragt: „Fühlt man denn nicht, eben Dollfuß und nicht Bauer erfülle die Definition der Politik als der ‚Kunst des Möglichen‘?" (S. 241) Mit Dollfuß stimmt Kraus überein, „gegen die Auferstehung Wotans sei der Parlamentarismus unwirksam, gegen das Mysterium von Blut und Boden versage die Demokratie" (S. 276 f.).

12. Februar 1934 — Tag, an dem sich die sozialdemokratischen Arbeiter gegen das diktatorische Regime des Bundeskanzlers Dollfuß erhoben; der Aufstand wurde bis zum 15. Februar blutig niedergeschlagen.

191 *Dollfuß* — Engelbert Dollfuß (geboren 1892), christlichsozialer Politiker, österreichischer Bundeskanzler (Regierungschef) seit Mai 1932, regierte seit März 1933 unter Ausschaltung des Parlaments mit Notverordnungen; seine Regierung erließ am 20.6. 1933 ein Verbot der NSDAP in Österreich. Dollfuß wurde am 25.7. 1934 bei einem nationalsozialistischen Putschversuch ermordet.

192 *Starhemberg* — Ernst Rüdiger Starhemberg (1899 — 1956), 1930 — 36 Führer der antiklerikalen, am Mussolini-Faschismus orientierten Heimwehren („Wehrfront"), 1934—36 Vizekanzler und Sicherheitsminister.

in der letzten Nacht — gemeint sind die Schlußszenen „Die letzte Nacht", mit denen Kraus' „Die letzten Tage der Menschheit" schließt.

Das neue Haus. Aus dem Nachlaß, undatierter handschriftlicher Entwurf in Notizbuch DLA 69.3143/16, entstanden vermutlich im Sommer 1929. Transkription durch die Herausgeber.

Nachdem B.V. am 1.5. 1928 seinen Dienst bei der Fox Film Corporation in Hollywood angetreten, als „Sklave" Friedrich Wilhelm Murnaus am Drehbuch des Stummfilms „City Girl" gearbeitet und den Stummfilm „Seven Faces" mit Paul Muni gedreht hatte, mieteten Salka Viertel und B.V. im Sommer 1929 das Haus in Santa Monica, Mabery Road 165. Die Kinder Johann (geboren 1919), Peter (geboren 1920) und Thomas (geboren 1925) folgten mit dem Kindermädchen „Nena", der Berlinerin Helene Gnichwitz, später.

194 *„God bless you, Ma'm!"* — (englisch) „Gott schütze Sie, gnädige Frau!"

Retrospektiv. Aus dem Nachlaß, undatierter handschriftlicher Entwurf in Notizbuch DLA 69.3143/120 und mit ihm übereinstimmendes

Typoskript, Sammlung E.N. Entstanden vermutlich 1938. — Der Text ist fragmentarisch und bricht mitten im Satz ab: „Lola, die ältere".

195 *Seine Frau* — Salomea Steuermann (1889 Sambor/Galizien — 1978 Klosters/Schweiz), Schauspielerin und Filmbuchautorin, heiratete B.V. 1918 (die Ehe wurde 1949 geschieden). Spielte in Hollywood 1929—31 unter B.V.s Regie in den Filmen „Seven Faces" und „Sacred Flame"; mit Greta Garbo arbeitete sie an der deutschen Fassung von deren erstem Tonfilm „Anna Christie"; Freundschaft mit Greta Garbo — Beginn einer zweiten Karriere als Filmbuchautorin („Königin Christine", 1933; „Der bunte Schleier", 1933; „Anna Karenina", 1935; „Maria Walewska", 1937; „Die Frau mit den zwei Gesichtern", 1941). — 1932 begann Salka Viertels langjährige Freundschaft mit Gottfried Reinhardt.

196 *vor zehn Jahren ... war er ausgewandert* — gemeint ist die Übersiedlung nach Hollywood, 1928.

seine Mutter starb — am 25. März 1932.

Er hatte sie acht Jahre lang nicht gesehen — B.V. war demnach seit dem April 1924 (Gastspiel der „Truppe" in Wien mit Karl Kraus' „Traumtheater" und „Traumstück") nicht mehr in Wien gewesen.

197 *der Sohn ... hetzte nach Europa* — B.V. reiste im Juli 1932 von New York über Cherbourg und Paris nach Wien, wo er vermutlich am 28. Juli eintraf.

pathetische Brief des Schwagers — der Operntenor Wilhelm Bruckner-Karplus, der Gatte von Viertels Schwester Helene. Er war möglicherweise im Schuljahr 1899/1900 ein Klassenkamerad B.V.s am Mariahilfer Gymnasium. (Der angesprochene Brief ist wahrscheinlich verlorengegangen).

198 *aufhörte, ein Opernsänger zu sein* — vermutlich durch die Emigration nach England, 1935.

[Tod des Vaters]. Aus dem Nachlaß, Sammlung E.N., von den Herausgebern aus folgenden Texten zusammengestellt:

„Über Pseudonyme", undatiertes Typoskript, entstanden vermutlich noch zu Lebzeiten des Vaters, vor 1932;

Auszug aus einer Notiz ohne Titel (Streit mit dem Hausbesorger), undatiertes Typoskript;

„De Senectute" (den Todeskampf des Vaters beschreibend), Typoskript, datiert „1949 ?";

„Tod des Vaters", undatiertes Typoskript.

Salomon Viertel (geboren 1860) starb am 30. Dezember 1932. B.V., der Wien im August wieder verlassen hatte, war am 22. 12., von Berlin kommend, in Wien eingetroffen.

199 *Gasconnade* — (französisch) Prahlerei (welche den Bewohnern

der Gascogne zugeschrieben wird).
199 *belastet ... mit ... einem Diabetes* — B.V. erlitt 1923/24 mit dem Experiment einer freien Theatergruppe „Die Truppe" ein finanzielles Fiasko in Berlin. „Für uns begann eine sehr schwierige Zeit. Bertholds Gesundheit hatte gelitten, er fand keinen Schlaf, war nervös und zeigte Symptome, die auf Diabetes hindeuteten." (Salka Viertel, „Das unbelehrbare Herz", Reinbek b. Hamburg 1987, 120). Aber erst im Jänner 1933 unterzog sich B.V. im Wiener Cottage-Sanatorium einer Behandlung seiner Krankheit bei Professor Norden (Altersdiabetes).
Dolus — (lateinisch) Absicht; juristisch die Voraussetzung für die Strafbarkeit des Vergehens.
Eigentümer des Hauses — obwohl der Wohlstand Salomon Viertels durch den Fehlschlag von 1905 erheblich gelitten hatte, besaß er doch das Haus Hietzinger Hauptstr. 55, XIII. Bezirk Wiens, in dem er mit seiner Familie wohnte.
201 *Susi* — die Tochter Helenes, geboren 1918 in Prag.
203 *Der Tod ... Die Alten bildeten ihn als einen nackten Jüngling ...* — bezieht sich auf Gotthold Ephraim Lessings Schrift „Wie die Alten den Tod gebildet" (1769): „... ein geflügelter Jüngling, der in einer tiefsinnigen Stellung, den linken Fuß über den rechten geschlagen, neben einem Leichname steht, mit seiner Rechten und dem Haupte auf einer umgekehrten Fackel ruht, die auf die Brust des Leichnams gestützt ist ..."
Sokrates in der Schlacht — Sokrates (469 oder 470 — 399 v.u.Z.) soll als athenischer Hoplit am Kampf um Potidäa (Poteidaia) 431 —29 v.u.Z. teilgenommen und dem Alkibiades, einem seiner vornehmen Schüler, das Leben gerettet haben.
204 *er sah aus wie ein Satyr* — also dickbäuchig, sichtbar der Freß- und Sauflust hingegeben; nach athenischer Vorstellung kämen Pferdeschwanz und ständig gerecktes Glied hinzu. (Satyr im Satyrspiel dem Dionysos zugeordnet).
Tod, welchen Cleon als eine Strafe über ihn verhängte — Sokrates wurde 399 v.u.Z. zum Tod durch Gift (Schierling) verurteilt aufgrund der Anklage, „die Götter des Staatskults nicht anzuerkennen, neue Gottheiten eingeführt zu haben und die Jugend zu verführen". Mit der Bezichtigung des Kleon (Cleon) als Verfolger des Sokrates unterliegt B.V. einem Irrtum, der sich aus der Gegenüberstellung des demokratischen Demagogen Kleon (gefallen 422 v.u.Z. in der Schlacht bei Amphipolis) und des aristokratischen Umkreises des Philosophen erklären mag. — Ein konventioneller Irrtum B.V.s ist übrigens auch die Vorstellung, im Umkreis Sokrates' hätten sich ausschließlich junge Männer (und nicht

auch erwachsene Männer und Frauen) befunden (siehe z. B. Diotima in Platons „Symposion"). — Die sogenannte sokratische Methode, die Mäeutik, bedeutet eigentlich Hebammenkunst (Sokrates' Mutter war Hebamme); die Rolle des Weiblichen ist also in Sokrates' Leben und Werk nicht so marginal, wie B.V. sie darstellt.

205 *Der letzte Seufzer!* — hier findet sich in der Handschrift B.V.s eine Überschrift „Der letzte Seufzer" ins Typoskript eingefügt.

208 *Platon* (427 — 347 v.u.Z.) — Sokrates hinterließ keine Schriften; seine Gedanken sind durch die Schriften Platons und die „Memorabilien" Xenophons überliefert.

Saul ... David — siehe das biblische Buch Samuel.

Exil. Aus dem Nachlaß, Typoskript, datiert 28. 11. 1950, Sammlung E.N. Abgedruckt in DuD, 322.

Die Vergangenheit. Aus dem Nachlaß, Typoskript mit handschriftlichen Korrekturen B.V.s, datiert 28. 8., ohne Jahresangabe. Entstanden vermutlich zwischen 1934 und 1939 in London, wahrscheinlich nach 1936.

215 *Die Stellung, in der sie mich anzutreffen hofft, ... inzwischen aufgeben müssen* — spielt auf die abgebrochene Filmregisseur-Karriere B.V.s an (1931/32 drehte er seinen letzten Film in den USA, 1935 seinen letzten — „Rhodes of Africa" — in England).

[Mutabor]. Aus dem Nachlaß, handschriftlicher Entwurf vom Jänner 1940 in Notizbuch DLA 69.3142/26. Transkription durch die Heausgeber. Der Text ist ohne Titel. „Mutabor" wurde von den Herausgebern eingesetzt.

216 *Vor-Weihnachtsbrief Beatrix'* — der Brief findet sich nicht im Nachlaß. B.V., war mit der englischen Schauspielerin Beatrix Lehmann (geboren 1903) seit März 1935 befreundet. Sie spielte unter seiner Regie in dem Spielfilm „The Passing of the Third Floor Back" (London 1934/35) und in der Theaterinszenierung von „The walk alone" von Max Catto (London 1939). B.V.s Versuch, Beatrix Lehmann für eine Neuinszenierung in New York, 1941, zu gewinnen, schlug fehl. — B.V. hatte England im Mai 1939, da ihm keine Arbeitserlaubnis mehr erteilt wurde, verlassen müssen. Nach einem Aufenthalt in New York verbrachte er die Zeit von Sommer 1939 bis Anfang 1940 in Santa Monica.

Hoplite — altgriechischer Schwerbewaffneter.

217 *ihren Geschwistern* — Rosamond, Helen und John Lehmann. B.V. inszenierte Rosamonds Stück „No More Music" 1938 in

London.
217 *Sam(uel) Hoffenstein* — Filmbuchautor, arbeitete gemeinsam mit Salka Viertel am Drebuch zu „Maria Walewska".
218 *im London der Blackouts* — London lebte bereits in Erwartung der heftigen deutschen Luftangriffe, die dann im Sommer 1940 einsetzten. Daher Verdunkelung (Blackout).
„*lousy entertainment*" — (englisch) lausiger Unterhaltungsbetrieb.
Fragwürdigkeiten der russischen Politik — Anspielung auf den von Stalin mit Hitler geschlossenen Nichtangriffspakt vom 23. 8. 1939.
219 *in Eichendorffs Tagen* — bezieht sich auf die romantische Hochschätzung des umherziehenden Poeten, wie sie etwa in Joseph v. Eichendorffs (1788—1857) Novelle „Aus dem Leben eines Taugenichts" zum Ausdruck kommt.
„*shortcomings*" — (englisch) Unzulänglichkeiten, Mängel.
Mutabor — (lateinisch) ich werde verwandelt werden. In Wilhelm Hauffs Märchen vom „Kalif Storch" ist Mutabor das Zauberwort, mit dem sich der Kalif und sein Wesir in Störche verwandeln, das sie aber dann vergessen und daher Störche bleiben müssen.
Annie — gemeint ist die österreichische Schriftstellerin Anna Gmeyner (geboren 1902), mit B.V. schon in Berlin bekannt geworden. Gmeyner lebte 1933/34 in Frankreich. Im Frühling 1933 hielt sich auch B.V. längere Zeit in Paris auf. Gmeyner arbeitete mit an den Drehbüchern zu B.V.s Filmen „Little Friend" (1934) und „The Passing of the Third Floor Back". 1935 übersiedelte sie endgültig nach England.
Venus vulgivaga — (aus dem Lateinischen) vielfach umherstreifende Göttin der Liebe.
ihr Fiasko in Rußland — Gmeyner bereiste Anfang der 30er Jahre die Sowjetunion.
Rappaport — der Komponist und Regisseur Herbert Rappaport (1908 in Wien geboren) vertonte Gedichte Gmeyners, emigrierte 1934 nach Warschau, 1936 nach Leningrad; Staatspreisträger der UdSSR.
Jascha — der spätere Religionsphilosoph Jascha Morduch (gestorben 1950), den Gmeyner 1933 in Paris kennenlernte und in zweiter Ehe heiratete. 1940 zogen sich Anna und Jascha von London nach Berkshire zurück.
Woburn House — Sitz von Hilfsorganisationen für Exilierte in London.
Christopher, der englische Karamasov — der englische Schriftsteller Christopher Isherwood (1904—1986) arbeitete mit B.V. am Drehbuch von „Little Friend" und porträtierte B.V. als Dr. Fried-

rich Bergmann in seinem Roman „Prater Violet" („Praterveilchen", 1945). — Isherwood blieb mit B.V. auch in den USA persönlich befreundet. — Die Anspielung auf eine Figur aus Fjodor Dostojewskis Roman „Die Brüder Karamasow" (1879/80) kann sich nur auf Iwan Karamasow, den Analytiker unter den Brüdern, beziehen.

219 *Miranda* — (aus dem Lateinischen) die Bewundernswürdige; hier Pseudonym für Beatrix Lehmann.

St. George's Square — Straße in der City von London.

Crusty — (englisch) verkrustet.

Liesl geistert vorbei — gemeint ist wahrscheinlich Liesl Frank (geboren 1903), die Tochter der Schauspielerin Fritzi Massary, die 1933 mit ihrem Mann, dem Schriftsteller Bruno Frank, nach England emigriert war.

220 *(Die Brontës)* — Vergleich der Geschwister Lehmann mit den Geschwistern Brontë Charlotte, Emily und Anne, von denen jede 1847/48 mit einem bedeutenden Roman hervortrat.

Paula — wahrscheinlich B.V.s Schwester.

„*cunnings*" — (englisch) Schlauheiten, Tricks.

„*schemings*" — (englisch) Pläne machen, Ränke schmieden (Mz.).

„*Rosmersholm*" — Schauspiel von Henrik Ibsen (1887), endet tragisch mit dem gemeinsamen Selbstmord des Pfarrers Johannes Rosmer und seiner platonischen Geliebten Rebecca (Rebekka) West.

223 *Trotzdem konzentriert sie sich zu einem Werk* — in London schrieb Anna Gmeyner den Roman „Manja. Ein Roman um fünf Kinder" (veröffentlicht unter dem Pseudonym Anna Reiner, Amsterdam: Querido 1938; englisch 1939 unter den Titeln „Five Destinies" in New York und „The Wall" in London). — Siehe „Ein Roman um fünf Kinder", 101—110, in Bd. 1 dieser Ausgabe.

Er glaubt an Chamberlain — d. h. dessen Appeasement-Politik. Siehe auch „Der englische Friede", 90—101, in Bd. 1 dieser Ausgabe. — Am 4. 10. 1938 schreibt B.V. aus London an Salka Viertel in Santa Monica: „In diesem Kriege" (der englischen Teilmobilisation am 27./28.9. 1939, der Chamberlains Kapitulation in München am 29. September folgte) „erlitt ich nur einen Verlust: den Annie Gmeyner's, mit der ich leider nicht weiterverkehren kann, da ihr Mann ein fanatischer Anhänger Chamberlain's ist."

224 *futility* — (englisch) Nichtigkeit, Vergeblichkeit.

„*Kampaner Tal*" *von Jean Paul* — siehe „Ein Brief", 232—239, in diesem Band.

225 *Peters Buch* — Peter Viertels erster, autobiographischer Roman „The Canyion" (1940), der in Santa Monica spielt.

225 *Biographie von Karl Marx (Rühle)* — Otto Rühle (1874—1943): Karl Marx. Leben und Werk, Dresden 1928. (Englisch: The living thoughts of K. Marx. London 1939).
Huxleys „After many summers" — Aldous Huxley (1894—1963) Roman „Nach vielen Sommern" (1939). (Englischer Titel eigentlich: After Many a Summer).
Petronius' „Trimalchio" — satirischer Roman des Gaius Petronius Arbiter (gestorben 66 u.Z.), entstanden 55/56 u.Z.
Maugham — „Christmas Holiday" — William Somerset Maughams (1874—1965) Erzählung. — 1931 führte B.V. in New York die Regie eines deutschen Remake des amerikanischen Spielfilms „The Sacred Flame" (Die heilige Flamme, 1928) nach W. S. Maugham.

226 *„Detachment(s)"* — (englisch) Absonderung, Loslösung.
Tropus — ausschmückende Wendung.
Bruno und Liesel — der deutsche Schriftsteller Bruno Frank (1887—1945) und seine Frau Liesel Frank, mit denen B.V. seit der Londoner Zeit befreundet war. Bruno und Liesel Frank waren im Oktober 1937 in die USA gekommen und lebten in Beverly Hills. Siehe auch „[Tagebuchaufzeichnungen, Santa Monica 1939]", 127—131, in Bd. 1 dieser Ausgabe.

[Nobody's Nothing]. Aus dem Nachlaß, undatierter handschriftlicher Entwurf auf losen Blättern, DLA/Deposit, und damit identisches Typoskript, Sammlung E.N. Entstanden vermutlich 1942 in New York.

227 *„I am nobody's nothing."* — (englisch) „Ich bin nichts von niemand."
Schlemihl — Anspielung auf „Peter Schlemihls wundersame Geschichte", eine Erzählung von Adelbert v. Chamisso, 1814. Schlemihl hat dem Teufel seinen Schatten verkauft und lehnt es ab, ihn um den Preis seiner Seele wieder zu erwerben. So lebt er als Weltreisender außerhalb der bürgerlichen Gesellschaft.
der Quäker (Christopher) — Christopher Isherwood wanderte 1939 mit seinem Freund Wystan Hugh Auden von China kommend in die USA ein, ließ sich in Kalifornien nieder, arbeitete aber 1941/42 in einem von den amerikanischen Quäkern betriebenen Hospiz für europäische Flüchtlinge in Haverford, Pennsylvania. In dieser Zeit Konversion zum Hinduismus.
Francesco ... Eleonora — die deutschen Schauspieler-Geschwister Francesco (Cesco) (geboren 1901) und Eleonora de Mendelssohn (1900—1951 durch eigene Hand) waren mit B.V. seit dessen Berliner Zeit bekannt. Francesco spielte in B.V.s Film „Die Abenteuer eines Zehnmarkscheins" (Berlin 1926) mit. Eleonora wirkte am 7.

2. 1942 an der von B.V. geleiteten Leseaufführung von Ferdinand Bruckners „Die Rassen" in New York mit, ebenso an der Leseaufführung von B.V.s Schauspiel „The Way Home" am 29. 4. 1945 in New York.

228 *Max Reinhardt* (1873—1943) — kam im Mai 1942 von Hollywood nach York mit der Absicht, ein Repertoiretheater nach europäischem Muster aufzubauen.

Roth — wahrscheinlich der Schauspieler Ludwig Roth; spielte u. a. in der von B.V. geleiteten Leseaufführung von Bruckners „Die Rassen".

„fast set" — (englisch) etwa: leichtlebige Gesellschaft.

Polgar - Frau Frank-Koritschoner-Kreis — gemeint sind vermutlich Alfred Polgar und Liesl Frank (seit 1922 miteinander bekannt); Koritschoner ist möglicherweise Franz Koritschoner (Wien 1892 — KZ Auschwitz 1941).

229 *(in der M. R.)* — in Salka Viertels Haus in Santa Monica, Mabery Road?

Flatbush ... Vorstellung der Bergner — Elisabeth Bergner (1897 — 1986) war 1940 mit ihrem Mann, dem Filmregisseur Paul Czinner, über Kanada in die USA emigriert und kam im März 1942 von Hollywood nach New York, wo sie erstmals wieder am 3. 8. 1943 im Booth Theatre in einer kommerziellen Aufführung auftrat.

Raimund — möglicherweise verschrieb sich B.V., meinte Reinhardt.

Gottfried — vermutlich Gottfried Reinhardt; war 1942 in New York mit der englischen Bearbeitung von „Die Fledermaus" beschäftigt („Rosalinda"), die von Max Reinhardt inszeniert wurde.

Irishman — (englisch) Ire.

der arme Jonathan — Anspielung auf das biblische Buch Jonathan, in dem der widerspenstige Prophet Jonathan (Jona) der Stadt Ninive predigt, Umkehr zu tun.

230 *Peter zahlt für uns alle* — Peter Viertel hatte sich nach dem Ausbruch des Krieges mit Japan 1941 freiwillig zu den „Marines" gemeldet.

Das neue Haus. — Möglicherweise ist mit Zacharias Carl Zuckmayer gemeint, der seit 1926 ein Haus in Henndorf (Salzburg) besaß, 1938 in die Schweiz, 1939 in die USA emigrierte und mit seiner Frau Alice seit 1941 die Backwood-Farm im Staate Vermont bewirtschaftete. — Alice Herdan-Zuckmayer (1900—1991) war besonders mit Elisabeth Neumann-Viertel, mit der sie in Wien die Schwarzwald-Schule besucht hatte, eng befreundet.

231 *Jara, Sohn russischer Eltern* — gemeint ist Jura Soyfer (1912—

1939), der allerdings nicht in Berlin, sondern in Wien die Mittelschule besuchte. Sein Roman „So starb eine Partei" ist als Fragment erhalten. Soyfer wurde 1937 in Wien verhaftet und in Untersuchungshaft genommen. Im Februar 1938 freigekommen, wurde er am 13. 3. 1938 beim Versuch, die Schweizer Grenze zu erreichen, festgenommen, kam ins KZ Dachau, dann nach Buchenwald, wo er am 16. 2. 1939 an Typhus starb. — Elisabeth Neumann-Viertel war 1937 zugleich mit Soyfer festgenommen worden; sie war — über das Kabarett „Literatur am Naschmarkt" — in Verbindung mit ihm gekommen. Aber auch John Lehmann, den B.V. über Beatrix Lehmann und Christopher Isherwood gut kannte, war — durch seine Aufenthalte in Wien in den Jahren 1932—38 mit Soyfer gut befreundet. (Er übersetzte Soyfers Stück „Vinetea", das „Dachaulied" und einen Teil des Roman-Fragments ins Englische). — Siehe auch „Jura Soyfer", 225—227, in Bd. 1 dieser Ausgabe.

231 *Schuschnigg* — Kurt Schuschnigg (1897—1977) war 1934—38 Dollfuß' Nachfolger als Bundeskanzler und Bundesführer der Vaterländischen Front.

B. L. — Beatrix Lehmann.

in New York spielt Wiener Gruppe sein Stück — im Sommer 1939 führte die von Herbert Berghof und Viktor Grünbaum initiierte Refugee (oder: Viennese) Artists Group im Rahmen ihres Programms „From Vienna" Soyfers Stück „Der Lechner Edi schaut ins Paradies" in englischer Sprache („The Trip to Paradise") auf. Wiederholung im Rahmen des Programms „Reunion in New York", März 1940.

F. K. — gemeint ist Fritz Kortner (1892—1970), mit B.V. seit 1913 bekannt, als er unter dessen Regie 1912 in der Wiener „Freien Volksbühne" in Herbert Eulenbergs „Alles um Geld" den Vinzent spielte. Von da an immer wieder teilweise sehr konfliktreiche Vesuche einer künstlerischen Zusammenarbeit. — Der große Erfolg Kortners in Berlin begann mit Shakespeares „Othello" 1921 am Staatstheater; doch schon 1922 brach er mit dem Staatstheater und dessen Intendanten Leopold Jessner mit Eklat. — Kortner war seit 1924 mit der Schauspielerin Johanna Hofer verheiratet. — 1933 emigrierte er nach Wien, 1934 nach England, 1937 in die USA. — Die amerikanische Journalistin Dorothy Thompson (1894—1961) hatte 1930—34 als Pressekorrespondentin in Berlin gelebt und wurde 1934 vom NS-Regime aus Deutschland ausgewiesen. Ab 1936 attackierte sie in ihrer ständigen Kolumne in der „New York Herald Tribune" die Nazis in Deutschland und in den USA. Ab 1937 setzte sie sich, vermutlich

auch durch die Freundschaft mit Kortner veranlaßt, für die Aufnahme und Versorgung der Flüchtlinge aus Hitlerdeutschland ein; 1940 Mitbegründerin des „Emergency Rescue Committee".
— Obwohl traditionell Republikanerin, setzte sie sich 1940 für die Wiederwahl F. D. Roosevelts ein, der anders als sein republikanischer Gegenkandidat eine Intervention in Europa nicht ausschloß.
— Sie schrieb mit Kortner das Emigrantenstück „Another Sun" (U: 1940 New York, R: Kortner), das es nur zu 11 Aufführungen brachte. Auch das von ihm mit Zuckmayer verfaßte Stück „Somewhere in France" (U: 1941 Washington) blieb erfolglos.

Ein Brief. Aus dem Nachlaß, zwei übereinstimmende undatierte Typoskripte, Sammlung E.N. und DLA/Deposit (mit handschriftlichen Korrekturen B.V.s). Entstanden vermutlich 1943 in den USA. — Der fiktionale Brief richtet sich an Alfred Polgar (1873—1955), mit dem B.V. seit etwa 1910 persönlich bekannt und befreundet war. In einem wirklichen Brief, den B.V. am 27. 2. 1952 in Wien an Polgar richtete, werden einzelne Formulierungen von „Ein Brief" wieder aufgenommen. Siehe den Bd. 4, Briefe, dieser Ausgabe. — Polgar kam im Oktober 1940 in die USA, lebte zuerst in Hollywood und von 1943—48 in New York. In New York wurde er wie B.V. zu einem wichtigen Mitarbeiter der österreichischen Emigrantenzeitschrift „Austro American Tribune".

233 *Kampaner Tal* — „Das Kampaner Tal oder über die Unsterblichkeit der Seele" (entstanden 1797) von Jean Paul (1763—1825). In einer Art Vorrede heißt es da: „Die Probe eines Genusses ist seine Erinnerung — nur die Paradiese der Phantasie werden willig Phantasie und werden nie verloren, sondern stets erobert — nur die Dichtkunst söhnt die Vergangenheit mit der Zukunft aus und ist die Leier Orpheus', die diesen zwei zermalmenden Felsen zu stocken befiehlt."

235 *Montague und Capulet* — Anspielung auf die verfeindeten Familien Romeos und Julias in Shakespeares Tragödie.

236 *... Hacking und Weidlingau wohnte. [...]* — die gestrichene Stelle ist eine Parallele zu „[Marie]", 26f., in diesem Band.

237 *Abraham-Legende* — die Geschichten um den Urvater Abraham oder Abram (aus dem biblischen Buch Genesis) haben B.V. zeitlebens fasziniert. Ein Beleg dafür ist auch die Prosa „Abraham" (in: Das jüdische Echo, Nr. 1/1954, 7—8). Auf drei Motive der Abraham-Geschichten kommt B.V. immer wieder zurück: auf das Fortziehen aus dem Land der Geburt und die Suche des verheißenen Landes; auf die Opferung des Sohnes Isaak durch Abraham; und auf die Fürsprache Abrahams bei Jahwe für die

Stadt Sodom um der Gerechten willen, die in ihr sind. — Einer talmudischen Legende zufolge lebte Abrahams Vater Terach von der Herstellung von Tongötzen in der Stadt Ur. Darauf spielt B.V. an, wenn er von den „Hausgöttern" im Gepäck von Abrahams Frau Sara (Sarai) spricht. — Bei den von Sir Leonard Woolley geleiteten Ausgrabungen von Ur 1919—34 wurde das Königsgrab freigelegt, von dem B.V. spricht.

237 *die Belagerten von Leningrad im vorigen Winter* — seit September 1941 war Leningrad vom Lande her von deutschen Truppen eingeschlossen (Befehl Hitlers, die Bevölkerung durch Aushungerung zu dezimieren). Bis zur Zerschlagung des Belagerungsrings in der Schlacht um Leningrad im Jänner 1943 starben in Leningrad 900.000 Menschen an Hunger und Seuchen.

Engländer graben heute ihre eigenen Häuser aus. — Der deutsche Luftkrieg gegen England, als Vorbereitung einer Invasion Englands im Juli 1940 begonnen („Schlacht um England", August /September 1940), wurde, obwohl eine Invasion Englands nicht mehr beabsichtigt wurde, bis Mai 1941 fortgeführt. Deutsche Luftangriffe auf England (zuletzt mit Raketenwaffen) bis März 1945.

Ein toter Gauleiter — gemeint ist vermutlich der ‚Stellvertretende Reichsprotektor' von Böhmen und Mähren Reinhard Heydrich. Als er am 4. 6. 1942 in Prag an den Folgen eines auf ihn verübten Attentats stirbt, werden alle Männer des Dorfes Lidice, in dem ein Widerstandskämpfer Unterschlupf fand, am 10. 6. 1942 ermordet, die Frauen in Konzentrationslager verschleppt und die Kinder einem Germanisierungsprogramm zugeführt. — Heydrich war der von Hermann Göring mit der Organisation der biologischen Ausrottung der Juden Beauftragte.

238 *Utnapischtim ... aus ... Schurrupak* — Utnapischtim, der Ahnherr des Gilgamesch, erzählt diesem (Elfte Tafel des sumerischen Gilgamesch-Epos, entstanden ab etwa 1800 v.u.Z.) von einer Sintflut, die die Götter zur Vernichtung der Stadt Schurrupak ersannen und von seinem Überleben in einer Art Arche Noah. — Die von B.V. zitierte Stelle mit der Krähe (oder dem Raben) findet sich: Elfte Tafel, Vers 145—154.

der gute Mensch Noah — auch mit dieser biblischen Figur hat sich B.V. eingehend befaßt („Noah in der Wüste", undatiertes Typoskript, Nachlaß H.H.).

apokryphen Prophetenschrift — Schrift, die nicht in den Kanon aufgenommen wurde, als unecht (im nachhinein geschrieben) hingestellt wird.

239 *Abraham ..., den Kierkegaard verehrt* — Anspielung auf Sören

Kierkegaard „Furcht und Zittern. Dialektische Lyrik von Johannes de silentio" (1843): Die „Lobrede auf Abraham" hebt dessen bedingungslose, blinde Gottgläubigkeit hervor: „Aber Abraham glaubte und zweifelte nicht, er glaubte das Widersinnige."

239 *Sommer nach dem Fall von Paris* — Paris wurde am 14. 6. 1940 kampflos der deutschen Wehrmacht übergeben; B.V. verbrachte den Sommer 1940 in New York und wohnte von Juli bis September in Elisabeth Neumanns Wohnung.

[Reserl]. Aus dem Nachlaß, mit 28. 8. (ohne Jahresangabe) datiertes Typoskript mit handschriftlichen Korrekturen B.V.s, Sammlung E.N., und ein handschriftlicher Entwurf, DLA/Deposit, mit dem Titel „Tage- und Nächte-Buch eines Europäers/November 1945/Reserl gewidmet". Entstanden vermutlich im November 1945. Der Titel deutet darauf hin, daß B.V. zunächst an eine breitere Ausführung des Themas dachte, diese jedoch unterließ. Es wurde daher von den Herausgebern der zutreffender scheinende Titel „Reserl" eingesetzt.

242 *O wie ist es kalt geworden ...* — von August Heinrich Hoffmann von Fallersleben (dem Dichter des Deutschland-Liedes, 1798—1874).

Die fehlende Zeile der vierten Strophe lautet: „... Schmücke wieder Feld und Wald."

Tagebuchnotiz 10. Januar 1947. Aus dem Nachlaß, Typoskript mit handschriftlichen Korrekturen B.V.s mit dem Titel „Tagebuchnotiz-Fragment". Abgedruckt in DuD, 327—328. Der bereits im Typoskript gestrichene letzte Absatz lautete: „Dorthin, wo mein Geist die Augen aufschlug — in Wien, das damals noch die Hauptstadt der österreichisch-ungarischen Monarchie gewesen — waren meine Eltern eingewandert gewesen, vielmehr die Eltern meiner Mutter, während mein Vater als sehr junger Mann dahin kam."

Bis September 1947 (Abreise nach London, um bei der BBC einen Jahresvertrag als Radioregisseur zu erfüllen) blieb B.V. in New York. Mit den Problemen einer „Rückkehr nach Europa?" beschäftigte er sich schon bald nach Kriegsende, siehe den gleichnamigen Aufsatz, 210—214, in Bd. 1 dieser Ausgabe. — B.V. erhielt 1947 Einladungen zu Regiegastspielen aus Berlin und Wien und sondierte verschiedentlich die Möglichkeiten zu einer Arbeit in Europa.

Ruinen in Wien. Handschriftlicher Entwurf in Notizbuch DLA 69.3142/49, undatiert, entstanden nach dem 4. 12. 1948 (Rückkehr nach Wien) und vor dem 19. 8. 1949 (nächstdatierte Tagebucheintragung). Transkription durch die Herausgeber.

Die Herrengasse. Undatiertes Typoskript aus dem Nachlaß, Sammlung E.N., entstanden nach dem 4. 12. 1948 (Rückkehr nach Wien).

251 *Adolf Loos-Haus* — das von dem Architekten und Freund Karl Kraus' Adolf Loos (1870—1933) 1910 am Michaelerplatz gegenüber dem Michaelertor der Hofburg errichtete Geschäftshaus.

Café Herrenhof — 1918 eröffnet; bis 1938 Künstlertreffpunkt; 1961 geschlossen. Benannt, wie die Herrengasse auch, nach dem Ständehaus (Herrenhaus), Versammlungsort der niederösterreichischen Stände seit 1513, und den Palais des Hochadels in dieser Straße.

Hochhaus — an der Stelle des 1913 abgerissenen Palais Liechtenstein wurde 1933 das erste Hochhaus Wiens errichtet.

Fragment Nr. X. Aus dem Nachlaß, mit Juli 1950 datierter handschriftlicher Entwurf in Notizbuch DLA 69.3142/48 und mit ihm übereinstimmendes Typoskript, Sammlung E.N. Entstanden vor dem 13. 7. 1950 während eines Kuraufenthalts in Bad Gastein, Hospiz Helenenberg.

253 *Bajazzo und Carmen* — Opern von Ruggiero Leoncavallo (1892) und von Georges Bizet (1875).

Johann Strauß (Sohn, 1825—1899) — österreichischer Kapellmeister und Komponist beliebter Walzer, Märsche und Operetten.

Ballett „Die Puppenfee" — von Josef Haßreiter und Franz Gaul (Libretto), Josef Bayer (Musik); U: Hofoper Wien 1888.

254 *unter Metternich* — Anspielung auf die von Clemens Fürst v. Metternich (1773—1859) beim Wiener Kongreß 1814/15 als österreichischer Außenminister betriebene konservative Neuordnung Europas, die er als österreichischer Staatskanzler 1821—48 mit polizeilichen Mitteln nach innen abzusichern suchte (Zensur, Geheimpolizei...).

Hermann Broch, in memoriam. Aus dem Nachlaß, undatierter handschriftlicher Entwurf in Notizbuch DLA 69.3142/51. Transkription durch die Herausgeber. Entstanden nach dem 30. 5. 1951 (Tod Brochs in New Haven, USA).

B.V. war mit Broch (geboren 1886) seit Jänner 1933 befreundet. Broch emigrierte über England in die USA (Ankunft im Oktober 1938) und lebte von 1942—1948 im Haus des Kulturphilosophen Erich v. Kahler in Princeton bei New York. — Die im Text erwähnten Werke Brochs sind: „Die Schuldlosen", Roman, Zürich 1950; „Der Tod des Vergil", Roman, New York 1945. Der Roman erschien zugleich in einer englischen Fassung, die Broch mit der amerikanischen Schriftstellerin Jean Starr Untermeyer erarbeitet hatte. — Brochs „Rede über Viertel" wurde u.a. abgedruckt in der Zeitschrift

„Plan" (Wien), 2. Folge (1947), Nr. 5, 297—301.
255 *James Joyce* (1882—1941) — Broch huldigte ihm 1936 in dem Essay „James Joyce und die Gegenwart".
Joyce läßt ihn überwuchern. [...] — die ausgelassene Stelle enthält eine Auseinandersetzung mit Marcel Proust, die eine Parallele zu der in „Die Stadt der Kindheit", S. 88 f., in diesem Band ist.
256 *aera perennius* — (lateinisch) dauernder als das Zeitalter.

[Spätes Tagebuch]. Aus dem Nachlaß, Typoskript ohne Titel mit handschriftlichen Korrekturen, Sammlung E.N.
258 *die neue Wohnung* — Elisabeth Neumann-Viertel und B.V. fanden bis dahin in Wien keine Wohnung, wohnten zeitweise in Pensionen, in wechselnden Untermieten und bei Freunden.
Liesl — Elisabeth Neumann (geboren 1900) lernte B.V. 1940 in New York kennen und heiratete B.V., nach dessen Scheidung von Salka Viertel, 1949 in Wien.
eine Zuflucht geistiger Freiheit — Salka Viertels Haus in Santa Monica war ein wichtiger Treffpunkt der deutschsprachigen Emigration. So trafen sich hier Brecht, die Gebrüder Mann, Lion Feuchtwanger, Bruno Frank, Ludwig Marcuse u.a. am 1. 8. 1943, um eine Erklärung zur Gründung des „Nationalkomitees Freies Deutschland" zu formulieren. Christopher Isherwood, Ruth Berlau wohnten zeitweise in der Mabery Road 165. In der McCarthy-Ära beteiligte sich Salka Viertel an Aktivitäten zur Verteidigung von vor dem „Ausschuß für un-amerikanischen Tätigkeit" Angeklagten.
259 *meiner ersten, wirklich eingreifenden Regie von Herbert Eulenbergs „Alles um Geld"* — die Premiere von Herbert Eulenbergs (1876—1949) Stück fand am 6. (oder 9. ?) Mai 1913 statt.
Heldendarsteller Lindner — nicht ermittelt. (Scheint im Wiener Theateralmanach nicht als Mitglied des Ensembles auf).
260 *nicht länger ein Spitalsbruder* — im April 1953 war B.V. im Krankenhaus Lainz und im Sanatorium Himmelhof, beide im XIII. Bezirk Wiens, vermutlich wegen eines Lungeninfarkts in stationärer Behandlung.

Memorabilien. Aus dem Nachlaß, handschriftlicher Entwurf in Notizheft DLA 69.3142/49, entstanden nach dem 19. 8. 1949 und vor dem 10. 8. 1950. Transkription durch die Herausgeber.
265 *„disjecta membra"* — (lateinisch) auseinandergeworfene Glieder, zerstreute Teile.
tempiert wie eine Granate — etwa: wie ein Sprenggeschoß mit eingestelltem Zeitzünder.

266 *treiben und getrieben werden. [...]* — in der ausgelassenen Passage führt B.V. die Spekulation über einen Selbstmörder weiter, der „die gesamte Weltgeschichte und das Genus humanum überhaupt negiert und seinen Selbstmord in diesem Sinne vollzieht ..."
267 *Karyatiden* — als weibliche Figuren ausgeführte Säulen, benannt nach den vom Erechtheion auf der Akropolis Athens her bekannten.

Dichtung und Wahrheit. Aus dem Nachlaß, undatiertes Typoskript, Sammlung E.N. Entstanden wahrscheinlich in den 40er Jahren. — Der Titel spielt auf Johann Wolfgang Goethes Autobiographie „Aus meinem Leben. Dichtung und Wahrheit" (4 Bde., entstanden 1809—31) an.
267 *„Stadien auf dem Lebenswege"* — Kierkegaards den ästhetischen, ethischen und religiösen Typus unterscheidende Schrift erschien 1845.
268 *psychologisches „a priori"* — (aus dem Lateinischen) psychologisches ‚von vornherein'; spielt auf Immanuel Kants Unterscheidung zwischen Begriffen und Urteilen, die a priori gegeben sind und Erkenntnis überhaupt ermöglichen, und den a posteriori (im nachhinein), durch die Erfahrung gewonnenen an.
Einer meiner Söhne ... — gemeint ist Peter Viertel und sein Buch „The Canyon".
(Ernest) Hemingway (1899—1961) — war bis 1940 vor allem durch seine Erzählungen und Kurzgeschichten und die beiden Romane „Fiesta" (1926) und „Haben oder Nichthaben" (1937) bekannt geworden.

Heimkehr nach Europa. Aus dem Nachlaß, undatiertes Typoskript mit handschriftlichen Korrekturen B.V.s, Sammlung E.N. Handschriftlicher Vermerk B.V.s: „Rede, gehalten in Wien, im Musikvereins-Saal, Dezember 1932". — In einem vermutlich am 15. 1. 1933 abgefaßten, am 16. 1. zur Post gegebenen Brief schreibt B.V. an Salka Viertel: „Gestern hatte ich einen Vortragsabend im Offenbach-Saal. Ich hatte eine große prinzipielle Rede gedichtet — über Europa, Amerika — die Krise — Wien — alles überhaupt. Die Rede dauerte eine volle Stunde. Dann las ich eine halbe Stunde lang Gedichte. Und fünfzehn Minuten Kleinigkeiten aus einem ‚Amerikanischen Tagebuch'. [...] Anwesend waren 150 Menschen. Darunter, aus meiner Kindheit Max Winter [?], Berczej, Breitner, Schulhof u. a. Erwin Lang, Czokor, Hugo Wolf, E.P. Tal, Hans Heller, Fülop-Miller, Beermann, Dr. Rundt, Fontana, Webern, Stein, Frau Heller, Oberst Nowak (aus dem Krieg), natürlich Eduard u. Münz u. die ganze Familie, Max Klein. Das war mein ganzer Glanz. —" (DLA/Briefe). — B.V.s Datierung mit Dezember

1932 scheint auch darum nicht richtig, weil er erst am 22. Dezember in Wien eintraf.

„Heimkehr nach Europa" wurde von B.V. verschiedentlich im Zusammenhang mit seinem autobiographischen Projekt erwähnt, wobei freilich die Verwechslung mit einem Text gleichen Titels (DLA /Deposit), in dem konkrete Reiseerfahrungen geschildert werden, nicht auszuschließen ist. In diese Sammlung der autobiographischen Fragmente wurde die Rede „Heimkehr nach Europa" deshalb aufgenommen, weil sie einen ersten großzügigen Abriß der Probleme gibt, die B.V. in seinem autobiographischen Projekt in den zwei folgenden Jahrzehnten immer wieder beschäftigen sollten.

269 *Ibsens Peer Gynt* — B.V. inszenierte Henrik Ibsens (1828—1906) Versdrama (U: 1876) 1928 an den Kammerspielen des Deutschen Theaters in Berlin (P: 6. 1. 1928) mit Werner Krauß als Peer Gynt und Johanna Hofer als dessen verschmähte Jugendliebe Solvejg (P: 6. 1. 1928). Es war B.V.s letzte Inszenierung in Deutschland vor der Emigration. Die Abweichungen in den von B.V. zitierten Passagen von der von Ibsen autorisierten Übersetzung beruhen wohl auf der Bearbeitung, die B.V. im Rahmen seiner Berliner Inszenierung vornahm. — Ibsens Peer Gynt ist ein Träumer und Lügner, der, von seiner bäuerlichen Umgebung zurückgewiesen, sich einem zynischen Treiben in der ‚weiten Welt' hingibt, als Alter in seine Heimat zurückkehrt und bei Solvejg, die ihn bewahrt hat („In meinem Glauben, in meinem Hoffen, in meinem Lieben."), Versöhnung findet. Eine Voraussetzung dieser Versöhnung besteht darin, daß Peer Gynt sich nicht zum Troll machen ließ, nicht der Selbstgenügsamkeit verfiel.

270 „*Zarathustra*" — Anspielung auf Friedrich Nietzsches (1844—1910) „Also sprach Zarathustra" (1883—85) und Nietzsches geistigen Zusammenbruch 1889 in Turin.

Cecil Rhodes (1853—1902) — britischer Kolonialpolitiker und Geschäftsmann, Eroberer Rhodesiens (Zimbabwe). — B.V.s 1935 in London gedrehter Film „Rhodes of Africa" stieß auf einige Schwierigkeiten, weil er dem britischen Kolonial-Mythos nicht entsprach. Am 28. 1. 1936 schrieb er aus London an Salka Viertel in Santa Monica: „Für London (England) wollen sie noch eventuelle patriotische Floskeln anbringen — vielmehr durch mich anbringen lassen, aber ich werde das wohl nicht selber tun." (DLA Briefe).

Emil Ludwig (1881—1948) — Verfasser zahlreicher historischer Biographien. Siehe auch „Zur Debatte über den deutschen Volkscharakter. Befreiung oder Bestrafung der Völker?", 161—163, in Bd. 1 dieser Ausgabe.

273 *(Albert) Einstein* (1879—1955) — wehrte sich wiederholt gegen spekulative Übertragungen der von ihm aufgestellten Relativitätstheorien auf das historisch-moralische Gebiet.
Horatio — Hamlets Freund in Shakespeares Tragödie.
274 *verdorbene Öse ... am Berliner Theaterspielplan* — siehe dazu „Dramaturgie der Angst", 9—16, in Bd. 1 dieser Ausgabe, worin B.V. Beobachtungen seiner Berlin-Besuche im Oktober und Dezember 1932 und im Jänner/Februar 1933 verarbeitet.
275 *Otto Weininger in einem großartigen Aufsatz* — gemeint ist Weiningers Schrift „Über Henrik Ibsen und seine Dichtung ‚Peer Gynt'. (Zum 75. Geburtstag des Dichters)" (1903), worin Weininger sich gegen Georg Brandes, der mit Paul Schlenther und Julius Elias 1898—1904 Ibsens „Sämtliche Werke in deutscher Sprache" herausgab, wendet. Weininger stellt „Peer Gynt" über die Dramen Shakespeares neben Goethes „Faust" und „beinahe" auf die Höhe von Richard Wagners „Tristan" und „Parsifal". In ihm werde das „Menschheits-Problem im allergrößten Umfang und mit den allerunerbittlichsten Alternativen" gestellt. Über den Klang des Namens sagt Weininger: „Peer Gynt — wie wenig Gravitation liegt doch hierin. Dieser Name ist wie ein Gummiball, der immer wieder von der Erde aufspringt."
Hans Albers (1892—1960) — deutscher Schauspieler.
„Bauer als Millionär" — Romantisches Original-Zaubermärchen von Ferdinand Raimund (U: 1826).
Flottwell — der verschwenderische Schloßherr in Raimunds „Der Verschwender".
Bercht(h)old — Leopold Graf Berchtold (1863—1942), 1912—15 österreichisch-ungarischer Außenminister, ein Mann, der es allen recht machen wollte, und der wesentlich zu dem verhängnisvollen Entschluß, Serbien 1914 den Krieg zu erklären, beitrug.
276 *Stadtrat Breitner* — Hugo Breitner (1873—1946) war als Finanzstadtrat Wiens so stark angefeindet, daß er trotz (oder gerade wegen) untadeliger Amtsführung 1931 zurücktreten mußte.
285 *Babbitt* — der konformistische amerikanische Mittelständler in dem gleichnamigen Roman (1922) von Sinclair Lewis (1885—1951). Lewis, mit Dorothy Thompson verheiratet, war mit B.V. persönlich bekannt. — Mit dem amerikanischen ‚Babbittismus' setzt sich B.V. auch in einem im handschriftlichen Entwurf erhaltenen Aufsatz „Babbits Ende" (entstanden vermutlich 1932) auseinander. Er vergleicht darin den Gouverneur, der Saccos und Vanzettis Gnadengesuche verwarf, mit Babbit: ein Mensch, der nichts ist und nichts tut als „seinen Typus, nicht mehr und nicht weniger. Er machte diesen Typus damit historisch. Er machte ihn

unverzeihlich."
285 *Drei-Groschen-Oper* — Bertolt Brechts (1898—1956) „Dreigroschenoper" (U: 1928), Musik von Kurt Weill.
286 *Wilson(s)* — gemeint ist der USA-Präsident Woodrow Wilson (1856—1924), der bei der Pariser Friedenskonferenz 1919 seine Vorstellungen über die Nachkriegsordnung („Vierzehn Punkte") nicht durchsetzen konnte.
287 *Grillparzer ... „Ein Traum ein Leben"* — Franz Grillparzers (1791—1872) Zauberspiel „Der Traum ein Leben" (U: 1834).
288 *Brand* — Ibsens dramatisches Gedicht (U: 1885); der Pfarrer Brand setzt sich mit seiner pastoralen und menschlichen Kompromißlosigkeit und seiner Vision eines Gottesreiches auf Erden in Gegensatz zu Gemeinde und Obrigkeit, wird im Hochgebirge, in das er flieht, von Lawinen verschüttet.

NACHWORT

Seit 1956, drei Jahre nach Berthold Viertels Tod, eine erste kleine Auswahl der *Autobiographischen Fragmente* in dem Band „Dichtungen und Dokumente" zugänglich wurde, blieb das Interesse daran vergleichsweise gering. Der Zeitpunkt des Erscheinens mag dazu beigetragen haben. Im deutschen Sprachraum interessierte die Auseinandersetzung mit jüdischer Herkunft und Identität damals ebensowenig, wie in Österreich eine kritische Sicht auf die letzten Jahrzehnte des Habsburgerreiches gewünscht wurde. Erfolgreich war damals vielleicht eine Autobiographie wie die Stefan Zweigs. In ihr werden die Erscheinungen, die auf den Untergang der Donaumonarchie hindeuten, zwar beklagt, aber der autobiographische Protagonist bleibt ganz in dem, was Viertel *Österreichische Illusionen* nennt, stecken. Ein Interesse am Wiener Fin du siècle, „das bessere Gewähr zu bieten" hat „als das Gänsehäufel und sogar die Kapuzinergruft" (so Viertel in dem Aufsatz „Austria Rediviva", Jänner 1945, Bd. 1 dieser Ausgabe, S. 198), war noch nicht erwacht. Ein Memoirenwerk, dem man Anekdoten über berühmte Zeitgenossen entnehmen konnte, waren die *Autobiographischen Fragmente* schon gar nicht. Weil sie sich motivisch auf eine Kindheit und Jugend in Wien konzentrierten, wurden sie auch nicht der Exilliteratur zugezählt.

Überhaupt schenkt die Literaturwissenschaft der autobiographischen Literatur als künstlerischer Gattung zu wenig Beachtung. Autobiographien werden noch immer nur als Quellen zu zeit- und literaturgeschichtlichen Ereignissen gelesen, denen man zudem Stellen entnehmen kann, die zur farbigen Illustration eben dieser Ereignisse tauglich sind. So werden Autobiographien in anderen Zusammenhängen als denen, die sie selbst herstellen, gelesen und zu verfügbaren Dokumenten nivelliert.

Werden dagegen Autobiographien ihrer Intention nach als Kunstwerke genommen, konzentriert sich die Aufmerksamkeit auf den konkreten Werdegang einer Individualität, auf die Darstellung eines persönlichen Schicksals, in dem ein Weltzustand in seinen Möglichkeiten und Schranken sichtbar wird.

Eine Schranke, die der biographischen Form der Darstellung insgesamt innewohnt, kann zum produktiven Widerspruch werden: daß nämlich das Einwirken geschichtlicher Mächte auf den Weg, den das Individuum fortgeht, in keiner Autobiographie unerwähnt bleiben kann, ohne aber das Entstehen dieser dem Einzelindividuum als Glück und Verhängnis entgegentretenden Mächte aus dem Einzelschicksal erklären zu können. Berthold Viertel versucht in mehreren Anläufen seines autobiographischen Projekts diese Schranke zu überwinden.

Erste Ansätze zu einem autobiographischen Schreiben, zu einem Schreiben im Rückgriff, lassen sich für die Düsseldorfer Zeit 1926/27 dokumentieren. Von der Konzeption, der die Texte „Goldfinger" und „Sonnenschein" entsprechen sollten, ist nur der gemeinsame Übertitel erhalten: „Wir nette Menschen alle. Ein Sagenkreis." Früher noch sind „Kriegstagebuch" und „Erinnerung an Peter Altenberg" entstanden, die in spätere Konzepte zwar aufgenommen worden sind, aber zunächst nicht in autobiographischer Intention geschrieben wurden.

Berthold Viertel führte von frühester Jugend an Tagebuch. (Ein „Kindertagebuch", von dem er wiederholt spricht, konnte bisher nicht aufgefunden werden.) Freilich ist auch das Tagebuch, wie es in zahlreichen Notizbüchern erhalten ist, kein durchgehendes und in irgendeinem Sinne systematisches. Es enthält, soweit es den Herausgebern bekannt ist, nur sporadisch Aufzeichnungen über den Tagesablauf, ist vielmehr ein Ort der Selbstverständigung und der kursorischen Fixierung von Einfällen, von Beobachtetem und Gehörtem. Bei der Ausarbeitung der *Autobiographischen Fragmente* stützte Viertel sich auf das Tagebuch. Doch ist zwischen dem Tagebuch und den *Autobiographischen Fragmenten* zu unterscheiden. Erst in einer späteren Phase finden sich Tagebucheintragungen, die als Teile der Autobiographie anzusehen sind.

Viertels Engagement am Düsseldorfer Schauspielhaus war das Scheitern des genossenschaftlichen Ensembles „Die Truppe" in Berlin vorausgegangen, für Viertel ein künstlerisches und finanzielles Fiasko. In der Weimarer Republik wurde eine rückläufige Entwicklung mehr und mehr fühlbar. Für Viertel wird die weitere Entfaltung seiner Tätigkeit als Theater-

und Filmregisseur in Deutschland fragwürdig. 1927 ergreift er die Gelegenheit, Deutschland zu verlassen, nach Hollywood zu gehen. Die Lebensperspektive eines Wirkens in Berlin — mit all dem, was sich in den 20er Jahren mit Berlin an Erwartung verband — ist gebrochen. Das autobiographische Schreiben beginnt als Episode im Bruch.

Die Rede „Heimkehr nach Europa", gehalten im Jänner 1933 in Wien, markiert eine nächste Stufe. Hollywood hatte Viertel weniger enttäuscht als zurückgeschlagen. Er sah keine Möglichkeit einer Weiterentwicklung und wurde doch als Filmregisseur durch für ihn belanglose Sujets und in seinem Alltag durch den geforderten geselligen Umgang im hypertrophen Hollywood nahezu aufgerieben. Mit den auf ihn einströmenden Eindrücken um die Wette schrieb er Beobachtungen, Reisenotizen, Reflexionen über den Unterschied von Amerika und Europa, über Geschichtslosigkeit und Geschichtlichkeit nieder. Er spürte sich in der Gefahr, den Ariadnefaden der eigenen Identität zu verlieren. „Ich treibe", schrieb er im Herbst 1931 aus New York an Salka Viertel in Santa Monica, „vergleichende Religionsgeschichte, am Vormittag, während ich am Nachmittag Film konstruiere, und was für einen Film. Von der *Bankhead* zu *Jeremias* — das ist schon eine radikale Spaltung. Ohne *gleichzeitig* mehrere tausend Jahre zurück zu leben, könnte ich das Jetzt nicht aushalten — *ohne das Wort kein Hier!*"

Der Tod der Mutter und die schwere Erkrankung des Vaters sind Anlässe zur „Heimkehr nach Europa". Nach dem Tod des Vaters gibt Viertel in seiner Rede einen ersten Abriß der Problematik, die ihn in seinem autobiographischen Schreiben zwanzig Jahre hindurch immer wieder beschäftigen wird. Von da an kann von einem *autobiographischen Projekt* gesprochen werden. Es ist kein Zufall, daß die „Häutung der Illusionen" fast gleichzeitig mit dem Machtantritt Hitlers in Deutschland zu einem zentralen Motiv Viertels wird.

Der Wiener Knabe, der durch die Lagerhetze in den neunziger Jahren des vorigen Jahrhunderts erfuhr, daß er Jude war, es von Geburt an war, ohne es gewußt zu haben: was fing er mit diesem ihm brutal durch Schimpf und Schande öffentlich beigebrachten Wissen an, was fing dieses Wissen mit ihm an? [...] Wie wurde einer, ein noch kleiner Mensch, mit dem Gefühl fertig, zu einer verachteten Minorität zu gehören? Suchte er Rückhalt in der Geschichte, oder lehnte er sich nach vorwärts an, also an erst zu leistende Geschichte, die allen Minoritäten ihr Menschenrecht erobern würde?

Viertel vergleicht sich mit Ibsens *Peer Gynt*, der, zurückgestürzt aus einer Sphäre geschäftiger Illusionen und kolonialer Spekulationen, auf die Suche nach einer nicht auffindbaren Identität geht: *Peer Gynt*, der keine Heimat verließ, um in der Welt sein Glück zu machen, sondern vom Ort seiner Herkunft weggestoßen wurde, vor die Alternative gestellt, zum *Troll* zu werden, sich einzupassen, oder wegzugehen.

In den Jahren in England 1934-39 nimmt das autobiographische Projekt allmählich konkretere Gestalt an. Am 1.8. 1937 schreibt Viertel aus London an Salka:

Was ich plane, und woran ich, Schritt für Schritt, geduldig arbeite, ist eine österreichische Trilogie. Der erste Teil reicht von 1889 bis 1914. Der zweite ist das Kriegstagebuch. Der dritte spielt nach dem Krieg. — Es soll mehr werden als eine Autobiographie.

Die unter „Konzepte" in diesem Band abgedruckte „Disposition" zeigt, was sich Viertel unter dieser Triologie vorstellte. Die Absicht, das eigene Werden zugleich mit den Bedingungen dieses Werdens darzustellen, scheint die autobiographische Form zu sprengen. Noch vor der deutschen Okkupation Österreichs im März 1938 entsteht ein „Äußerer Umriß eines Romans ‚Österreichische Illusionen' oder ‚Väter und Söhne in Österreich'". Der autobiographische Protagonist ist in ihm der Knabe Robert Fürth. „Die Psychologie des Kindes enthält die ganze Zeitgeschichte, zuerst in Form von Legenden, in die es sich einspinnt, und aus denen es sich seine Welt baut." Viertels Blick auf die Besonderheiten der Wiener Kultur um die Jahrhundertwende hat sich geschärft. Er thematisiert den Verlust der politischen und sozialen Dimension in der Generation der „Söhne", deren Rückzug auf Individualismus und Ästhetizismus:

... so war die Zeit, so war die Situation der bürgerlichen Klasse von dort und damals, daß das Individuum, das Ich sich nach allen Seiten abgrenzte, von allem auch Ähnlichen abhob, um zu sich selbst zu gelangen, um sich heran- und herauszubilden..

Durch die historischen Ereignisse wird das Romanprojekt in

eine neue Perspekte gezwungen. Das Österreich, an das Viertel seine Kritik der *Österreichischen Illusionen* richten wollte, existierte nicht mehr. Zudem muß Viertel 1939 England, wo seine Arbeitsgenehmigung nicht mehr verlängert wird und die Internierung als „feindlicher Ausländer" droht, verlassen. Das in „Bemerkungen zu ‚Finis Austriae'", einem Konzept zur Weiterführung des Romanprojekts *Österreichische Illusionen*, Geplante gelangt nicht zur Ausführung.

Die Romanform der Autobiographie war nicht nur gewählt worden, um Fragen aufzuwerfen, die in der rein biographischen Form vielleicht noch nicht gestellt werden konnten. Sie diente ebenso der Vermeidung eines ungelösten Konflikts, der Problematik des Ich, mit der sich Viertel gerade in den 30er Jahren parallel zum *autobiographischen Projekt* herumschlägt. Im Anfang dieser Auseinandersetzung erscheint das Ich als ein Gebot der zwanghaften Absonderung.

„Die Haut sei dir näher als der Rock", befiehlt uns unser Ich — und tief eingeschüchtert gehorchen wir.

So ein 1930, in der Hollywood-Zeit, niedergeschriebener Aphorismus. Neun Jahre später, wieder in Santa Monica, ist das Zerbrechen des *principuum individuationis*, das Friedrich Nietzsche als Voraussetzung für die Erneuerung der Kultur postuliert hatte, selbst fragwürdig geworden.

Aus vielen zeitlich und örtlich auseinander liegenden Stücken und Fragmenten stellt der Mensch im Verlauf eines Lebens sich seine Welt her, seinen Olymp, seinen Aeropag, seine die Menschheit stellvertretende Gesellschaft der Lebenden und der Toten. —

Auf der einen Seite ist das Gefängnis des Ich, in dem das Individuum zu lebenslanger Absonderung verurteilt lebt, nun zu einer kleinen (der einzig existierenden) Vertikale der Menschheit ausgebaut. Die Generationen treffen in ihr zusammen, und die Lebenden sprechen mit den Toten. Es ist nicht ausgeschlossen, daß es sich bloß um eine Ausschmückung der alten Gefängniszelle handelt. Aber das Individuum weiß jetzt um seine Vernichtbarkeit: gegen den Zugriff des Nationalsozialismus, der mit der totalitären Neuordnung der Gesellschaft auch noch das Vergangenste und Zukünftigste bedroht, behauptet es seine Eigenart.

Die „Gesellschaft der Lebenden und der Toten" ist eine

Metapher der durch die brutale Gegenwart des Nationalsozialismus mit einem Mal prekär gewordenen geschichtlichen Zeit: jener Zeit, die ihre Ausdehnung erst durch die fortgesetzte, vor- und rückgreifende Tätigkeit der Menschen, vieler Generationen von Menschen erhält. Bis zum Ersten Weltkrieg schien die Fortdauer der geschichtlichen Zeit eine selbstverständliche Bedingung des Daseins. Mit dem Ersten Weltkrieg und angesichts der noch weit radikaleren Drohung des Nationalsozialismus erscheint sie nun als eine Besonderheit, die verloren gehen, aber auch wieder gewonnen werden kann. Der Widerstand gegen den Verlust der Identität weitet sich aus zum Ringen um die Wiedergewinnung der geschichtlichen Zeit. Die spätere wiederholte Abgrenzung von Marcel Proust in den *Autobiographischen Fragmenten* hat die Funktion, die eigene Zielsetzung durch die Unterscheidung von der Prousts zu akzentuieren. Nicht darum ist es Viertel zu tun, ein Vergangenes aus dem Ablauf der Zeit zu sprengen, vor der geschichtlichen Verwandlung zu retten. Es geht ihm um das progressive Kontinuum der geschichtlichen Zeit, in der „das Versäumte", die ungenutzten historischen Möglichkeiten, die unterdrückten Traditionen, die gescheiterten Hoffnungen, „mächtig ist, dem Kommenden zu helfen".

Dennoch spricht Viertel weiterhin von der Autobiographie als einem „Buch des Todes" und bezeichnet Autobiographien als „Särge", in welchen geschminkte Leichen zur Schau gestellt werden. Darin wirkt, als ein Stachel, die unaufgelöste Problematik des Ich weiter. Das individuelle Ich der Autobiographie bleibt dem Allgemeinen der sozialen Gegebenheiten und der politischen Umstände unvermittelt als ein Partikulares, ein anzieh- und abstoßbares Teilchen gegenübergestellt. Dem Allgemeinen gegenüber hört das Partikulare bald auf; seine ganz besonderen Züge sind nichts als seine Grenzen; seine Einzigartigkeit ist die Gestalt seines Todes.

Das Ich ist nicht nur Prinzip einer egoistischen Individuation, die im Ringen um die geschichtliche Zeit als eine kulturelle Formung vorsichtig bejaht wird, sondern zugleich Ausgeschlossensein vom Allgemeinen. In der Problematik des Ich spiegelt sich die Problematik der österreichischen Kultur und des Habsburgerstaates wider. Es ist eine Kultur der auseinandergerissenen Lebenssphären, die durch den bürokratischen Staat, durch eine äußere Klammer zusammengehalten werden. Ein Zusammenhang zwischen diesem Allgemeinen und der Tätigkeit der Individuen läßt sich nicht herstellen. Es gibt, überspitzt ausgedrückt, einen Staat und eine Bevölkerung, aber keine Gesellschaft.

Der Gegensatz ist für Viertel durch das jüdische „Minoritätsbewußtsein" noch verschärft: denn die Juden lebten in diesem Staate gleichsam unter der Decke der Verhältnisse, zwar geduldet, aber ohne traditionelle Mitbestimmungsrechte. Sie konnten sich für den Staat als brauchbar erweisen — durch ihren Aufenthalt in ihm ebenso wie durch ihre zeitweilige Vertreibung. Sie waren anzieh- und abstoßbare Teilchen. Sie wurden durch die Gegensätze geworfen. Zwischen ihrem Einzeldasein und dem obrigkeitlichen Dasein des Allgemeinen war keine Mitte, kein Übergang.

Das *Staatsgrundgesetz* von 1867 befreite die Juden endlich vom „Judenamt" und vom „Judenreglement". Die Reform des Ritus drängte in Wien die rabbinatische Orthodoxie zurück. Die durchschnittliche jüdische Familie blieb nach innen jüdisch, wurde nach außen bürgerlich. Die *zweite Generation* suchte diesen Widerspruch zwischen innen und außen zu überwinden. Doch trat sie mit ihrem Emanzipationsanspruch in einer Zeit auf, in der eine neue, rassistische Form des Antisemitismus fühlbar und ins Allgemeine wirksam wurde.

Das der Partikularität gegensätzliche Allgemeine erweist sich gegen das Ich als Bruch. So heißt es in einem undatierten handschriftlichen Entwurf „Autobiographisch":

Der große Bruch, der durch unsere Zeit geht, ist das Einzige geworden, wonach wir uns noch orientieren können. Wer aus dem neunzehnten Jahrhundert stammt, hat erfahren müssen, daß das zwanzigste nicht viel Federlesens macht mit der Kontinuität des Ichs, und ebensowenig mit dem der Staaten, der Institutionen, der Weltanschauungen, der Religionen.

19., 20. Jahrhundert — sind Metaphern abstraktallgemeiner Zustände geworden, denen das Individuum in einer Haltung passiver und panischer Erwartung gegenübersteht. Die Ich-Problematik, in ihrer Gegensätzlichkeit verhärtet durch die kulturelle und soziale Situation Österreich-

Ungarns, verschärft durch das jüdische „Minoritätsbewußtsein", schlägt als Zweifel, Zögern, immer neu gesetztes Anfangen zerstörerisch ins autobiographische Projekt durch. Was eigene Tat, eigenes Erlebnis war, hält der Prüfung nicht stand, löst sich auf und schließt sich, wie die sich immer neu verbindenden Klänge einer alten Spieluhr, wieder zusammen. Aber die Spuren wiederholter Destruktionen sind im scheinbar idyllischen Resultat nicht mehr auszutilgen. Wie überhaupt das Idyllische, welches Viertel vermeiden wollte, nicht ein bestimmter Stoff war, sondern eine Darstellung unter dem Niveau der zerreißenden Konflikte.

Jedenfalls zielt die irgendwann zwischen 1932 und 1938 hingeschriebene Bemerkung auf Autobiographisches:

Weiningers Selbsthaß und Freitod. Letzter Versuch, sich von der Gattung, vom Weibe loszuschneiden. Weiningers Antisemitismus (um sich zu bestrafen) — Strafmandat gegen das Ich.

Die paradoxe Freiheit des vom Allgemeinen ausgeschlossenen Ich erfährt ihre Bestätigung und Widerlegung zugleich in Otto Weiningers Freitod. In Viertels *autobiographischem Projekt* wird eine Sphäre des Besonderen gesucht, eine Mitte zwischen dem Einzelnen und dem Allgemeinen, durch die ein Weiterleben über gewaltsame Brüche hinweg möglich ist. Das autobiographische Schreiben wird ein generativer Untergrund für die Lyrik und die Prosaarbeiten des Exils — wohl auch für ein Neudurchdenken des Theaters.

Im Zusammenhang damit muß an die von Viertel beschworene „Kontinuität der Scham" erinnert werden. Sie kann nun als grundsätzliche Bereitschaft, das eigene Handeln und Verantwortlichsein in einer vordergründig dem eigenen Handeln entzogenen Allgemeinheit aufzuspüren, gedeutet werden. Sie ist der Rückschlag, das plötzliche Bewußtsein, dies selbst zu sein, in einem scheinbar fremden Gefüge. Sie lehrt den Stolz, sich nicht davonzustehlen, die Verantwortung nicht an eine überindividuelle Instanz zu delegieren. „Du begegnest Deinem Ich in den anderen, und schreckst vor dir selber zurück."

Viertels Fortarbeiten an den *Autobiographischen Fragmenten* in den USA ist, ausgehend von den *österreichischen Illusionen*, durch eine zunehmende Subjektivierung des Stoffes gekennzeichnet. Es gilt, das *autobiographische Projekt* in eine Form zu retten, die der veränderten politischen Lage standhält. Das Ende Österreichs wird in den ersten Jahren noch als ein endgültiges verstanden. Die Befürchtungen, eine längere Herrschaft des Nationalsozialismus stehe, ein neues Mittelalter, in Europa bevor, verschränken sich mit Skepsis in die nationalstaatliche Daseinsberechtigung Österreichs. Wohl hatte die Okkupation Österreichs Viertel zutiefst erschüttert, wohl hatte er — hierin den Standpunkt seines Freundes Karl Kraus teilend — die Erhaltung der Eigenstaatlichkeit Österreichs als eine Barriere gegen das deutsche Machtstreben begrüßt, aber die „Vor-Bemerkung", die er nach dem März 1938 für *Österreichische Illusionen* entwirft, kommt einem Abschied gleich:

Wien ist für mich, für viele, für alle ein Ort geworden, den nur die Erinnerung findet, wenn der Wunsch ihn aufsucht. [...] Da ich den österreichischen Boden, seit er ein Teil des deutschen Dritten Reiches geworden ist, in diesem Leben nicht mehr berühren werde, findet nur noch die Phantasie den Weg zurück zu den Stellen, von denen mein Leben ausging. Ich könnte also ebensogut von Vineta erzählen, der im Meere versunkenen Stadt, als von Wien. Es ist ein Phantasiegebilde außerhalb der geographischen Realität. Und so sind auch die Menschen, welche in dieser Stadt gelebt haben und in meinem Buche leben werden, Phantasiegestalten, die nie wieder wirklich, nie wieder möglich werden können. [...] ... dieses Buch ist eine Arbeit der nachträglichen Treue, ein Penelopegespinst, das ein Odysseus, der nie heimkehren wird, selber knüpft, während die gewalttätigen Freier längst Haus und Herd und Schwelle in jenen Gebrauch genommen haben, der ihnen der richtige, ja der gerechte zu sein scheint.

In einer den Umfang der „Vor-Bemerkung" übersteigenden Anmerkung werden die „Wiener Juden" Arnold Schönberg, Hugo v. Hofmannsthal, Gustav Mahler, Sigmund Freud und Arthur Schnitzler genannt, deren Werk in die Welt gedrungen ist und so auch nach dem Untergang Wiens erhalten bleibt. Wiens kulturelle Eigenart wird nun in geänderter Perspektive skizziert.

Hier fand die neueste Entwicklung Deutschlands einen Widerstand, der aus einer tiefen Wesensverschiedenheit stammte. Hier war eine Kontinuität nach rückwärts erhalten, die in einem alten Kulturboden wurzelte. Diese Eigenart, die jeder Fremde, der nach

Wien kam und sie genoß, besser verstand als der Norddeutsche, mag aufgeopfert werden, sie ist es wohl schon. Wer sie gekannt hat, fühlt, daß etwas unersetzliches verloren geht. Eine Jugend, die nach dem Krieg [= der Erste Weltkrieg] *geboren wurde, ist vielleicht imstande, ihre Hoffnungen auf eine völlige Entfremdung zu setzen. Von denen aber, die noch den Wert dessen erlebt haben, was jetzt verloren geht, werden viele eher sterben als sich wandeln wollen.*

Die Generation, der Viertel angehört, die sogenannte *zweite Generation* (nach der Zuwanderung aus dem Osten), war bereits in einer Atmosphäre möglicher Assimilation und fragwürdiger Integration aufgewachsen. Die von den Vätern für sie geplante bürgerliche Karriere, die Individuation entlang den Kraftlinien der gegebenen Verhältnisse, wurde von ihr als entfremdende Unfreiheit empfunden. Von daher erklärt sich der gewaltige Einfluß der Kulturkritik Nietzsches auf diese Jugend. Der Nationalsozialismus nun erscheint als Ausdruck und Verursacher einer „völligen Entfremdung", in der das identitätsstiftende Potential einer ganzen Kultur beiseite geworfen wird. Viertel umschreibt das kulturelle Potential, das in Gefahr ist, unwiederbringlich der Vernichtung anheim zu fallen. Es ist als eine passive Masse von Vergangenheit, nicht aber als eine mögliche Zukunft bestimmt.

Diese Perspektive auf den Ort der Herkunft ändert sich in dem Maße, in dem der Verlauf des Zweiten Weltkrieges eine Rückkehr nach Europa und Österreich denkbar werden läßt. Die „Heimkehr" nach Wien am 4. Dezember 1948 ist der letzte der lebensgeschichtlichen Brüche, die für Viertels autobiographisches Schreiben bedeutsam geworden sind. Das *autobiographische Projekt* nimmt nun die Gestalt eines „Wiener Breviers" an (das schließlich in „Die Stadt der Kindheit" teilweise ausgeführt wird). Den Inhalt des „Wiener Breviers" charakterisiert Viertel im Frühjahr 1949:

Reflexe der Vergangenheit, empfangen von der Gegenwart, die sich entschließen muß, Zukunft zu werden.

Hier ist Brechung, in mehrfacher Hinsicht, angesprochen. Die „Zukunft von Gestern" kann aber von der Gegenwart ‚entborgen' werden. Die Doppeldeutigkeit von Erinnern und Vergessen bleibt jedoch erhalten (ihr Januskopf):

Was Vergessen wurde, machte Raum für neues Ereignis: auch das, was nach uns kommt, wird vergessen sein wollen. Zukünftige Kindheit ... Ich antizipiere dich als eine Kindheit in fortgeschrittener Zeit. Was mich, als ich Kind war, geängstet hat, wird dann nicht mehr geistern können, das erwarte ich mit meiner besten Hoffnung. [...]
Es stellte sich später heraus, wie gerechtfertigt die Angst der Kinder gewesen. Jawohl, prophetisch war unsere Kinderangst! Wäre es nicht gefährlich, das zu vergessen? Das Vergessen hat sein Risiko. Also erinnern wir uns!

In seiner letzten Phase beschränkte sich das autobiographische Schreiben Viertels völlig auf die Zeit der Kindheit und der Jugend. Es hatte sich immer schon in diese Richtung bewegt. Wichtige Lebensperioden wie die Weimarer Zeit, die zu einer mehr memoirenhaften Darstellung geführt hätten, waren immer schon ausgeklammert gewesen. Über seine Beziehungen zu Salka Viertel und zu Elisabeth Neumann finden sich im autobiographischen Kontext höchstens Andeutungen — in einem autobiographischen Diskurs, der um die Probleme der Wiener Kultur der Jahrhundertwende gravitiert, verwundert das nicht. In dieser Wiener Kultur entstand aus der Befreiung oder Abstoßung vom familiären Umgang der Geschlechter noch lange kein emanzipiertes Bild der Frau, eher ein mit Ranküne geladenes Bild der emanzipierten Frau, dem bei Altenberg und Schnitzler das „Mädel" und die Prostituierte entgegengesetzt wurden. Es war, als würden die Männer unter der Last, eine neue Welt zu entwerfen, der Frau nur als Bestätigung ihrer visionären Anstrengungen und als Medium bedürfen. Zum anderen spielt hier Viertels eigenes, begründetes Mißtrauen gegen eine allzu rigorose Scheidung von Phantasie und Realität eine Rolle. Weder wollte er die Phantasie aus der Realität entlassen, noch die Realität gegen die Ergründung durch die Phantasie abschotten. Das Gegenwärtig-Reale bot ihm als Schreibendem weniger Spielraum als die schon ins Sagenhafte entrückte Kindheit und Jugend.

Das „Brevier" entstand, indem ich die Wiederkunft in die Stadt meiner Kindheit, wie wir es als Kinder taten, als einen Faden in das Salz- und Tränenwasser der Vergangenheit hängte, damit sich das einstmals Erlebte daran kristallisiere. [...] Die Erinnerung sollte, vom Faden gereizt, sich selbstständig ansetzen, hier und dort zu einem Kristall zusammenschießend. Der Faden war eben die Heimkehr, er spannte sich von der Kindheit, über Jugend und Mannesalter hinweg, vom Beginn des Lebens ... bis in das Noch-nicht-gewußte des Endes. Zu seiner Erstrecktheit gehörte die lange Spanne und Spannung des Exils, zu seiner Gerichtetheit das Motiv der Wiederkehr. Es stellte sich mir im Fortgang heraus, daß zur Kristall-Bildung sich eigentlich nur die Zeit bis 1914, bis zum Ausbruch des ersten Weltkrieges darbot. [...] Da kam dieser Krieg und brach sein Leben in zwei Hälften.

Auch in der letzten Phase seines autobiographischen Schreibens stellten sich für Viertel neue Widersprüche ein. Er lebte in einem Land, das er 1950 „zur Lüge entschlossen" nannte. Es gelang Viertel nicht mehr, die in zwanzig Jahren entstandenen *Autobiographischen Fragmente* im Sinne seiner neuen, letzten Konzeption zu überarbeiten oder zu ordnen. Der vorliegende Band ist daher notwendig Rekonstruktion.

Viertel selbst war von einem durchgehenden Zweifel an der Authentizität des Erlebten getrieben und versuchte, im Rahmen einer kultur- und sozialgeschichtlichen Analyse seines Gewordenseins gleichsam hinter den Rücken des eigenen Ich zu gelangen. Das Fragmentarische, das Schreiben in immer wiederholten Anläufen dokumentiert das Aufbegehren gegen die zunächst übermächtige historische Legende, zugleich stellt es den Versuch dar, aus den Brüchen der Entwicklung die Möglichkeit der Person aufblitzen zu lassen, sie in der Reflexion zu retten. Die *Autobiographischen Fragmente* dokumentieren eine verloren gegangene Stufe der Emanzipation: eine befreiende Weiterführung der Wiener Moderne durch die Auseinandersetzung mit dem Faschismus hindurch.

Siglinde Bolbecher und Konstantin Kaiser

Personenregister

Handelt es sich nur um eine Hindeutung auf die Person (die Nennung eines Werkes, Zitates, eine Anspielung etwa), ohne daß der Name genannt wird, ist die Seitenzahl *kursiv* angegeben. Glossar und Nachwort sind in diesem Register nicht erfaßt.

Adler, Karl 141, *139-147*
Adler, Victor 90, 115, *147,* 275
Aeschylos 226
Albers, Hans 275
Altenberg, Peter 70, 78, 83, 105, 113, 131-138, 249, 250f., 278
Arminius (Hermann der Cherusker) 97

Balzac, Honoré de 190, 259
Barsescu, Agathe 60
Baudelaire, Pierre Charles 105
Beethoven, Ludwig van 83
Bercht(h)old, Leopold Graf 275
Bergerac, Cyrano de 143
Bergner, Elisabeth 229
Brecht, Bertolt 256, 285
Breitner, Hugo 276
Broch, Hermann 254-258
Bronte, Charlotte, Emily, Anne 220
Bruckner-Karplus, Susi 201
Bruckner-Karplus, Wilhelm *197f.*
Brutus, Marcus Iunius 97

Caesar, Gaius Julius 61-63, 97, 109, 150
Catilina, Lucius Sergius 99
Chamberlain, Neville 223
Cleon 204
Cooper, James Fenimore *76*

Dahn, Felix 76
Darius (Perserkönig) 226
David 208f.
Dehmel, Richard 109, 110, 111
Dollfuß, Engelbert 191

Dos Passos, John Roderigo 285
Dostojewski, Fjodor Michajlowitsch 114, 120
Dreßler, Ferdinand (Lateinlehrer) *99-103*
Dumas, Alexandre *139*

Edthofer, Anton 186
Eichendorff, Joseph Freiherr von 219
Einstein, Albert 273
Elisabeth von Österreich 34-36
Engels, Friedrich 90
Eulenberg, Herbert 259
Euripides 106

Ficker, Gustav (Naturgeschichtslehrer) *73-75, 78, 92-95, 180f.*
France, Anatole 78
Frank, Bruno. 226
Frank, Liesl 219, 226, 228
Franz Joseph I. 37, *44*, 54
Freud, Sigmund 114
Fröden, Adolf 60
Fürst, Artur 260

Garbo, Greta 259
Gmeyner, Anna 219-225
Goethe, Johann Wolfgang von 66, 118, 219, 267, 276
Grabbe, Christian Dietrich 156
Grillparzer, Franz 287

Hamsun, Knut 78, 110, 145, 147
Hauptmann, Gerhart 109, 187
Hauser, Kaspar 86
Haydn, Joseph 20, 51

369

Heard 225
Heine, Albert 186
Heine, Heinrich 66-70, 76, 189
Hemingway, Ernest 268
Herostratos 97
Hitler, Adolf *87*, 90, 125f., 231, *245*, 276
Hofer, Johanna *232*
Hoffenstein, Sam 217
Hoffmann von Fallersleben *242*
Hofmannsthal, Hugo von 103
Homer 88, 107, 109
Huxley, Aldous 225f.

Ibsen, Henrik 63, 78, *85*, 103, 109, *220*, 269, 272, 275, 288
Isherwood, Christopher 219, 226, 227

Jacobsen, Jens Peter *133*
Jahn, Friedrich Ludwig 126
Jean Paul 224, *225f.,* 233
Josef II. 51
Joyce, James 255
Jüttner, Josef (Deutschlehrer) 95-99

Kafka, Franz 256
Kant, Immanuel 103
Karl V. 37
Kierkegaard, Sören 12f., 239, 267
Klausner, Chiel (Großvater) *47-51*
Klausner, Ernestine (Großmutter) *47-51*
Klausner, Eva (Tante) 56
Klausner, „Fanny" (Tante) 37f., *39*, 42-44, 54f., 56
Klausner, Leo (Onkel) *49-51, 76*
Klausner, Netti (Tante) 42-44, 56
Kleist, Heinrich von 108
Kokoschka, Oskar 187
Korff, Arnold 186
Korinn (Leutnant) 167

Koritschoner 228
Körner, Theodor 64f., 119
Kortner, Fritz 231f., 260
Kraus, Karl 70, *78*, 113, 114, 182-184, 184-192, 249, 250 f., 256, 279

Lehmann, Beatrix 216-225, 231
Lehmann, John *217*, 231
Lehner (Oberleutnant) 171-173
Leo XIII. 147
Lessing, Gotthold Ephraim 66, 76
Lewis, Sinclair 285
Lindner 259f.
Livius, Titus 109
Loos, Adolf 251
Ludwig XIV. 42
Ludwig, Emil 270
Lueger, Karl 90, 91, 127, 275

Maria Theresia v. Österreich 45
Marx, Karl 114, 183, 225f.
Maßmann, Hans Ferdinand 69
Maugham, Somerset 225f.
Max (Onkel) 113-116, 119f., 121f., 124
May, Karl 76
Mendelssohn, Eleonora de 228
Mendelssohn, Francesco de 227-229
Metternich, Clemens Lothar Fürst von 94, 254
Morduch, Jascha 219-225
Mozart, Wolfgang Amadeus 83, 248

Napoleon, Bonaparte 68f., 270
Nestroy, Johann Nepomuk 95
Neumann, Baruch *9*
Neumann (-Viertel), Elisabeth 258, 259, 261
Newes, Tilly 186
Nietzsche, Friedrich 219, 270, 282

Otto (Erzherzog) 45
Ovid, Publius Naso 110

Petronius, Titus Arbiter 225
Philippe, Charles-Louis 178
Platon 50, 107, 208
Polgar, Alfred 103, 113, 185, 188, 228, 232-239, 249
Pollaczek (Kinderarzt) 38f.
Potiorek, Oskar 184
Prévost, Marcel 78
Proust, Marcel 88f., 266
Przybyszewski, Stanislaw 78

Raimund, Ferdinand 59-61, 95, 119, 275
Rappaport, Herbert 219
Reinhardt, Gottfried 229
Reinhardt, Max 228, 229
Rembrandt 11
Rhodes, Cecil 270
Roth, Ludwig 228
Rudolf (Kronprinz) *42*, 43f.
Rühle, Otto 225

Samuel 209
Sandrock, Adele 186
Saul 208f.
Schildkraut, Josef 60
Schiller, Friedrich 43, 63, 66, 77, 119, 276
Schnitzler, Arthur 75, 76, 98, 103
Schöffel, Josef 82
Schönerer, Georg v. 91, 127
Schopenhauer, Arthur 93, 95, 103, 120
Schubert, Franz 43, 83, 275, 278
Schuschnigg, Kurt 231
Schwoner, Alfred 94
Shakespeare, William 61-63, 76, 86, 119, 226
Sinclair, Upton 285
Sokrates 203-205, 208

Sonnenthal, Adolf Ritter von 24
Soyfer, Jura *231*
Spartacus 99
Starhemberg, Ernst Rüdiger 192
Stendhal 11f.
Stifter, Adalbert 83, 95, 278
Stirner, Max 103
Strauß, Johann 253, 275
Strindberg, August 78, 103, 187

Tacitus, Publius Cornelius 99
Tegetthoff, Wilhelm v. 39
Thompson, Dorothy 232
Thumser, Viktor („Aro", Schuldirektor) *102f., 106-125, 155f.*
Toller, Ernst *41*

Uhland, Ludwig 66

Vergil, Publius Maro 109
Verlaine, Paul 105
Vetsera, Mary 43f.
Viertel, Anna (Mutter) *15, 20-25, 25f., 31, 32, 33, 43, 57, 64f. 73, 75f., 77f., 79, 104, 112, 121f., 124, 125, 131, 142, 196f., 201, 244*
Viertel, Hans (Sohn) *193-195*
Viertel, Helene (Schwester) *21, 22, 63f.*, 64-66, *77*, 122f., *124, 141*, 149, *206*
Viertel, Paula (Schwester) *22, 28*, 149, 220
Viertel, Peter (Sohn) *194f.*, 225, 230, *268*
Viertel, Salka *193f., 195*, 258
Viertel, Salomon (Vater) *15, 22, 23f., 25f., 27f., 29f., 39, 43f., 64-66, 73-75, 76, 77, 78, 79-81, 84, 108, 112, 116f., 121-125, 148, 197f., 198-211, 212-214, 216*, 236
Viertel, Thomas (Sohn) *194, 195*

Wagner, Richard 120
Wedekind, Frank 70, 78, 81, 103, 105, 185, 186, 187
Weininger, Otto 70, 224, 275, 276
Werfel, Franz 183
Wiegler, Paul 188
Wilbrandt-Baudius, Auguste 60
Wilson, Woodrow 286
Wolff, Kurt 182

Xanthippe 204

Zakorski 184
Zola, Emile 63, 78, 103, 109, 190
Zuckmayer, Alice (Herdan-) *230f.*
Zuckmayer, Carl *230f.*

Berthold Viertel
Studienausgabe in vier Bänden

Herausgegeben von Konstantin Kaiser in der Buchreihe
"Antifaschistische Literatur und Exilliteratur –
Studien und Texte"

Band 1: **Die Überwindung des Übermenschen**
Exilschriften.

> Mit Glossar, Personenregister und Nachwort.
> Herausgegeben von Konstantin Kaiser und Peter Roessler
> in Zusammenarbeit mit Siglinde Bolbecher
> 416 Seiten, öS 348,-/DM 49,-

Band 2: **Kindheit eines Cherub**
Autobiographische Fragmente.

> Herausgegeben von Siglinde Bolbecher und Konstantin Kaiser
> 372 Seiten, öS 348,-/DM 49,-

Band 3: **Das graue Tuch**
Gedichte.

> Herausgegeben von Eberhard Frey und Konstantin Kaiser
> In Planung.

Band 4: **Der Städtebauer aus Gesichten**
Briefe.

> In Planung

Verlag für Gesellschaftskritik
Kaiserstraße 91, A-1070 Wien, Tel: 0222/526 35 82

"Über Kramer hinaus und zu ihm zurück"

Zwischenwelt – Jahrbuch 1 der Theodor Kramer Gesellschaft

270 Seiten, öS 180,-/DM 26,-

Die Welt des Theodor Kramer: die soziale Krise der 30er Jahre, das Exil in England und die unmögliche Rückkehr – dargestellt in Berichten von Zeitgenossen, in literaturwissenschaftlichen Analysen und von Autoren der Gegenwart.
Mit Beiträgen von Erich Fried, Erich Hackl, Murray G. Hall, Horst Jarka, Konstantin Kaiser, Theodor Kramer, Primus Heinz Kucher, Janko Messner, Gerhard Scheit, Jörg Thunecke, Willy Verkauf-Verlon u.a.

Frederick Brainin
Das siebte Wien
Gedichte
Mit einem Nachwort von Jörg Thunecke

168 Seiten, öS 198,-/DM 29,-

50 Jahre nach seiner Flucht in die USA kehrt der 1913 in Wien geborene Lyriker Fritz Brainin im "Gedenkjahr" 1988 in die Stadt seiner Kindheit und Jugend zurück. In der Spannung zwischen New York und Wien kristallisiert sich ihm ein vielschichtiges Bild beider Städte.

Verlag für Gesellschaftskritik
Kaiserstraße 91, A-1070 Wien, Tel: 0222/526 35 82

Georg Scheuer
Nur Narren fürchten nichts
Szenen aus dem dreißigjährigen Krieg 1915 - 1945

200 Seiten, öS 228,-/DM 33,-

Ein spannender Erlebnisbericht im Drehbuchtempo von Sarajewo bis Jalta: Kindheit während der "letzten Tage der Menschheit"; Jugend im "Roten Wien"; Abenteuer in Berlin und Paris unter den zerzausten Fahnen der 2., 3. und 4. Internationale; seit 1936 Linksrebell gegen Stalins Terror; Zuchthaus, Flucht, Untergrund und Widerstand. Nach Kriegsende Rückkehr nach Wien und Enttäuschung über das Ausbleiben erhoffter sozialer Umgestaltung.

Rosa Puhm
Eine Trennung in Gorki

192 Seiten, öS 228,-/DM 33,-

Rosa Puhm wächst in einem sozialdemokratischen Elternhaus in Wien auf. Gegen den Willen der Eltern schließt sie sich dem Kommunistischen Jugendverband an. Als 1932 ihr Freund Dino in die Sowjetunion emigriert, folgt sie ihm in das Land ihrer Hoffnungen. Dort arbeiten beide im Autowerk von Gorki. 1937 wird Dino von zwei Milizionären abgeführt. In den folgenden 10 Jahren ist sie als Frau eines "Volksfeindes" besonderen Schikanen ausgesetzt.

Verlag für Gesellschaftskritik
Kaiserstraße 91, A-1070 Wien, Tel: 0222/526 35 82

49,- DM   7/95
25,05 EUR